석기시대
경제학

일러두기

옮긴이 주는 원서의 주석과 혼동되지 않도록 *표시로 처리했다.

New Edition

석기시대
경제학

MODERN CLASSICS

002

인간의 경제를 향한 인류학적 상상력

Stone Age Economics

마셜 살린스 Marshall Sahlins 지음 | 박충환 옮김

한울
아카데미

신판 옮긴이 서문

마셜 살린스의 *Stone Age Economics*는 1972년 시카고의 앨딘·애서턴사 (Aldine·Atherton Inc.)를 통해 처음 출판되었다. 이 초판본은 몇 년 뒤 앨딘·애서턴사의 폐업으로 판권이 여러 번 다른 출판사로 이전되었고, 그 과정에서 원본 그대로 혹은 영인본 형태로 몇 차례 재출판된 적이 있다. 그후 이 책의 판권을 소유하게 된 영국의 루틀리지출판사가 2003년 살린스의 신판 서문을 추가해서 두 번째 판본을 출간했다. 2017년에는 다시 이 두 번째 판본에 오늘날 가장 영향력 있는 인류학자 중 한 명인 데이비드 그레이버(David Graeber)의 서문을 추가해서 루틀리지 클래식스 에디션으로 출판했다. 약 반세기 전에 출판된 초판본과의 차이는 두 편의 서문이 추가되었다는 것뿐이지만, 이 최신판에 실린 그레이버와 살린스의 서문 자체가 변화한 시대적 맥락에서 더욱 선명하고 단호한 어조로 주류 경제학 비판과 경제주의의 이데올로기적 신화 깨기를 시도한다는 점에서 중요한 학술적·실천적 가치를 가진다.

2014년 출간된 『석기시대 경제학』은 *Stone Age Economics*의 첫 번째 한국어판으로, 이는 1972년 초판본을 번역한 것이다. 근 10년 만에 다시 *Stone Age Economics*의 최신판인 루틀리지 클래식스 에디션을 한국어로 번역 출간하게 되었다. 역자가 이를 위해 한 일은 살린스의 2003년 신판 서문과 그레이버의

2017년 루틀리지 클래식스 에디션 서문을 번역해서 기존 원고에 추가하는 비교적 간단한 작업이었다. 하지만 이미 실패한 기획으로 판명된 글로벌 신자유주의가 여전히 가장 근본주의적인 형태로 맹위를 떨치고 있는 한국 사회에 또 한 번의 지적 자극을 줄 수 있다면 번역에 투여한 노력과는 비교할 수 없는 큰 보람을 느낄 수 있으리라 기대한다.

정치경제학자이자 철학자인 사미르 아민(Samir Amin)은 2014년 발표한 한 논문에서 자본주의의 고도화는 궁극적으로 파시즘의 부활로 귀결될 것이라는 의미심장한 주장을 했다. 이 묵시론적 예언을 증명하듯 한국과 미국을 포함한 지구촌 곳곳에서 파시즘의 부활 징후가 나타나고 있다.

이 와중에 우리는 정보 테크놀로지 혁명을 통해 부상한 플랫폼 자본주의하에서, 이른바 '먹방'처럼 과시적이다 못해 괴기스럽기까지 한 소모적이고 탐욕적인 소비행위가 윤리적으로 용인될 뿐만 아니라 미학적 가치와 금전적 가치를 동시에 가지는 수수께끼 같은 '관종경제'를 목도하고 있다. 『석기시대 경제학』이 한국에서 처음 출간된 10년 전이나 지금이나 한국의 주류 경제학은 점점 더 파쇼화되고 있는 권력의 비호하에 이 '화려하면서 암울하고 최선이면서 최악이며 희망적이면서도 절망적인 시대'를 성장, 합리화, 효율, 경쟁, 발전, 진보의 신화를 통해 떠받치며 강력한 지적·제도적 위세를 누리고 있다.

『석기시대 경제학』 루틀리지 클래식스 에디션에 추가된 두 편의 서문은 이렇게 여전히 맹위를 떨치고 있는 경제학적 지식권력 혹은 유발 하라리가 말하는 "상상의 질서"에 정면으로 도전장을 던진다. 따라서 이 최신판은 데이비드 그레이버와 살린스의 새로운 서문을 읽는 것만으로도 충분한 가치가 있을 것 같다. 유감스럽게도 2014년 소개된 이 책의 첫 한국어판은 의도치 않은 착오로 발생한 판권 문제로 인해 최소한의 홍보도 이루어지지 못한 채 출간되었다. 그럼에도 불구하고 데이비드 그레이버가 서문에서 한국 사례를 언급할 정도로 적지 않은 독자가 이 책을 접했던 것으로 보인다. 새로 출간되는 루틀리지 클래식스 에디션을 통해 『석기시대 경제학』이 이전보다 더 많은 독자에게 다가가기를 기대해 본다. 비록 마셜 살린스는 2021년 세상을 떠났지만, 그레이버의 희망대로 마셜 살린스가 노벨경제학상을 수상했더라면 이는 보다 나은 세계의 건설을 위한 새로운 상상의 질서가 구축되기 시작했음을 알리는 신호탄이 되었을 것이다. 업그레이드된 『석기시대 경제학』의 재출간을 기획해 주신 한울엠플러스의 윤순현 부장님께 감사드린다.

2023년 10월
온난화와 전쟁으로 더욱 뜨거워지고 사나워진 지구의 평안을 기원하며

루틀리지 클래식스 에디션 서문

내가 진화주의 인류학자였던 시절에 깨달은 것은 가장 일반화된 종이 가장 성공적인 종으로 인식된다는 사실이다. 이 사실을 깨닫지 못했다면 나는 아마 여전히 진화주의 인류학자로 남아 있었을 것이다. _마셜 살린스

나는 마셜 살린스가 노벨경제학상 후보로 추천되길 바라는 마음으로 이 서문을 쓴다. 단언컨대 밥 딜런(Bob Dylan)이 노벨문학상을 수상할 자격이 있다면, 『석기시대 경제학』의 저자이자 수많은 저술을 통해 경제적 삶의 본질과 목적에 대한 우리의 생각을 근본적으로 바꿔놓은 살린스 또한 노벨경제학상 후보로 충분히 자격이 있을 것이다. 이 책에 실린 글들은 여러 학문분과에 심대한 영향을 미쳤다. 예를 들어 「원시교환의 사회학(On the Sociology of Primitive Exchange)」에서 논의되는 호혜성의 세 가지 영역이라는 개념만 보더라도, 고고학자, 역사학자, 고전학자, 문학이론가, 정치이론가, 심리학자, 미술사학자, 사회학자, 철학자, 종교연구자 등 수많은 학자가 인용했다. 아마도 이 책이 제공하는 이론적 도구를 중요하게 논구한 적이 전혀 없는 분야는 오직 경제학뿐일 것이다. 경제학자들은 스스로 인간의 합리성에 대해 특유한 통찰력을 가지고 자연과학에 가까운 학문을 하고 있다고 철저하게

확신하고 있다. 즉, 그들은 사회과학 분야 중 유일하게 경제학만이 진정한 과학일 뿐만 아니라 인간이 가장 과학적으로 행위하는 삶의 영역을 연구하는 분야라고 믿음으로써 자신들의 용어가 아니면 다른 어떤 용어도 거부하는 오랜 역사를 가지고 있다. 따라서 경제학자들은 타 학문 분야에서 발달한 이론적 도구에 대해 악명 높은 무관심을 보여준다. 경제학은 가장 고립적이고 자폐적인 학문이다. 바로 이 때문에 경제학은 외부로부터의 충격을 가장 필요로 하는 학문이다.

물론 최근의 역사 자체가 경제학에 약간의 충격으로 작용했다. 역사적으로 2008년의 경제적 붕괴*가 하나의 전환점으로 간주된다. 경제학은 1980년대와 1990년대에 전례 없는 위세를 얻어 일종의 마스터 학문분과로 취급되었다. 심지어 대학이나 자선 분야에서도 누구든 무언가 중요한 일을 수행하는 데 적합한 인물로 인정받고자 한다면 최소한 일정 정도의 경제학 관련 훈련을 받아야 하는 것으로 기대될 정도였다. 하지만 경제학의 이러한 위세는 대체로 하나의 분과학문으로서 경제학이 진정으로 효율적이고 합리적이며 자립적인 글로벌 체계를 창조하는 데 책임이 있다면서 그럴듯하게 세상을 설득하는 데 기반을 두고 있다. 물론 그후 경제학은 모든 것을 망쳐버렸다. 경제학이 모든 것을 망쳐버렸을 때 거의 대다수의 주요 경제학자들[주류 경제학에 의해 철저하게 무시당해 온 마르크스주의자나 민스키주의자(Mynskyian) 같은 소수의 별종이 유일한 예외이다]이 경악을 금치 못했다는 사실은 많은 질문을 던지게 한다. 경제학자들이 진정으로 무엇에 유익하다는 것인가? 그들이 실제로 하는 일은 무엇인가? 이 분과학문의 존재는 도대체 어떤 목적에 진정으로 봉사하는가?

놀랍게도 이 같은 가장 공격적인 질문들은 경제학을 가르치는 방법에 변화

---

* 2008년 미국발 금융위기를 말함._옮긴이

루틀리지 클래식스 에디션 서문 9

가 일어나길 희망하는 전 세계 경제학과 학생들에 의해 제기되었다. 그들은 경제학을 전수된 진리의 통일체로 가르치는 것이 아니라 다른 모든 사회과학 분과학문처럼 복수의 경합하는 패러다임과 이론들의 장으로 가르치는 방향으로 변화해야 한다는 전 지구적 운동을 조직하기 시작했다.

＊ ＊ ＊

바로 이 같은 이유로 인해 이 책을 재발행하고 이 책의 가치를 재인식하는 일이 이 역사적인 순간에 매우 적절해진다. 나는 변모한 경제학과들이 이 책을 핵심 교과과정 중 하나로 가르치는 모습을 보고 싶다.

마셜 살린스는 활동가 지식인이라는 인류학계의 위대한 전통―아마도 가장 위대한 전통―의 대표적인 인물이다. 활동가 지식인으로서 인류학자는 사회운동에 참여할 뿐만 아니라, 인류학적 저술의 목적이 사회적, 가족적, 정치적, 경제적 가능성에 대한 대중적 이해에 영향을 미치는 것이기 때문에 정치적으로 훨씬 더 중요한 함의를 가지는 그런 종류의 지식인이다. 이와 같은 인류학자의 역할은 항상 독자를 자기 자신도 인식하지 못하는 특정한 의식의 족쇄로부터 해방시키는 것이라는 점에서 해방의 인류학이라 부를 수 있을 것이다. 이들 인류학자는 실재의 작은 끌로 가짜 경제학적 상식이라는 난공불락의 벽을 깎아낸다. 이 가짜 경제학적 상식은 우리로 하여금 인류가 항상 합리적으로 계산하는 부르주아적 개인이거나 부르주아적 개인이길 원하지만 단지 그 기술적 수단을 아직 완전히 실현하지는 못한 존재라고 흔히 아주 미묘한 방식으로 믿도록 만든다. 협동조합 운동에 활동적이었던 마르셀 모스(Marcel Mauss)(그는 실제로 수년 동안 파리의 한 제빵 협동조합을 운영하는 데 도움을 주었다)는 경제적 삶이 "물물교환에서 출현했다"는 신화에 효과적으로 도전한 최초의 인물이었다. 이 신화는 사람들이 이미 시장 행위에 참여하고 있었지만 아직 적합한 테크놀로지를 개발하지 못했기 때문에 화폐를 발명했다는 내용이다. 모스는 이 신화에 도전하는 과정에서 "포틀래치(potlatch)"와 "선물경제" 같은 용어가 그 이후 혁명이나 예술운동에 참여하는 모든 이들에게 익숙한 용어로 자리매김하도록 만들었다. 마셜 살린스는 1960년대에 학부 토론수업을 창시한 것으로도 유명하다. 그는 한 학부 토론수업에서 「원초적 풍요사회」를 학생들과 함께 읽고 "경제적 진보"라는 것이 존재한다는 생각 자체에 도전함으로써 모스보다 한 걸음 더 나아갔다.[1] 매우 적절하게도 이 글은 1968년 파리에서 발행된 사르트르의 학술지 ≪현대(Temps Moderne)≫에 처음 게재되었다. 인간성이 절박한 생존투쟁과 물질적 조건에 유효하게 예속되는 과정에서 시작했고, 과학과 그것이 수반하는 기술의 진보는 물질적 필요로부터의 점진적이고 필연적인 해방의 과정이라는 우리의 가정 자체가 과학적 증거를 무시한 데 기반해 있었다. 구석기시대―적어도 인류사의 90% 이상을 차지하는―의 삶은 결코 생존을 위한 투쟁이 아니었다. 사실 인간은 인류사 대부분에 걸쳐 물질적으로 매우 풍요로운 삶을 살았다. 이는 "풍요"에 절대적인 척도가 없기 때문이다. 풍요는 우리가 원하거나 필요하다고 생각하는 것들이 대체적인 양에 쉽게 접근할 수 있을 때를 뜻한다. 풍요라는 측면에서 보면 대다수의 수렵채집민은 부유했다. 무엇보다 수렵채집민의 노동시간은 현대의 여하한 임금노예도 부러워할 만한 것이었다.

이전에 진화주의 인류학자이자 유명한 정치적 진보주의자였던 학자가 이렇게 사회적 진보라는 관념 자체를 명백하게 부정하는 것은 실로 놀라운 폭로가 아닐 수 없다. 살린스는 이 폭로 한 방으로 인류사에서 실제로 발생했던 것에 대한, 그리고 기술적 진보의 목적 자체에 대한 십여 가지 가정을 동시에 날려버린다. 결과적으로 이 단 한 편의 글이 이전 혹은 이후의 어느 단일 인류학

---

[1] 고백건대 나는 내 나름의 방식으로 이러한 전통을 이어가고 있다고 생각한다. 이를 위해 나는 활동가로서 참여와 함께 경제인류학에 공개적으로 관여한 모스와 살린스의 전통을 추구하기 위해 매우 자의식적인 노력을 병행하고 있다.

적 연구보다 대중의 상상력에 더 강력한 영향을 미쳤다. 이 글은 히피와 사회주의자, 그리고 수많은 종류의 현대적 러다이트*를 아우르는 모든 이들에 의해 수용되었다. 살린스의 개입이 없었다면 일련의 정치사상 학파(원시주의, 탈성장주의 등등)도 결코 출현하지 못했을 것이다. 이 글은 크로아티아의 점유지에서 독서 모임을 하는 집단들 사이에서 그리고 한국과 일본의 대안적 학술 활동을 하는 사람들 사이에서 토론과 논쟁의 대상이 되고 있다. 심지어 유나바머로 불린 천재 수학자 테드 카친스키(Ted Kaczynski)도 감옥에서 이 글에 관한 심도 있는 논평을 쓰기 위해 수감 시간의 많은 부분을 할애했다.

살린스의 「원초적 풍요사회」는 인류사─현재까지는 주로 이미 발생한 역사─의 과정을 진정으로 변화시킨 글이다.

* * *

「원초적 풍요사회」를 포함해서 『석기시대 경제학』에 실린 글들─일반적으로 살린스의 '실재론자 국면'을 특징짓는 것으로 간주되는─은 그것이 출현한 보다 광범위한 지적 맥락 속에서 이해하는 것이 중요하다. 1950년대에 컬럼비아대학교에서 공부했던 살린스는 대학원 2~3년차에 비엔나-헝가리계 망명 경제사학자 칼 폴라니(Karl Polanyi)가 조직한 유명한 세미나에 참여했다. 이 세미나는 뉴욕에 있는 폴라니의 아파트에서 조직되었는데 고전학자 모제스 핀리(Moses Finley)와 아시리아학자 레오 오펜하임(Leo Oppenheim) 같은 출중한 인물들도 참여하고 있었다. 당시 폴라니는 "경제"라고 지칭할 수 있는 어떤 대상이 존재한다는 관념 자체가 상대적으로 최근에 발생한 역사적 현상이고, 보다 급진적으로 유럽의 시장은 아래로부터 일종의 자생적인 과정으로 출현했다기보다 실제로는 의식적인 정부 정책에 의해 부양되고 조성된 것이

---

* 18세기 말~19세기 초 기계 파괴를 통해 자본에 저항하는 러다이트운동에 참여했던 노동자들을 지칭함._옮긴이

라고 주장하면서 당대의 경제학적 정설에 직접적으로 도전장을 던지는 일을 주도했다. 당대적인 의미의 시장은 적어도 프랑스혁명기부터 그리고 확실하게는 러시아혁명기부터 모든 자유주의 사상가들이 가정해 온 국가와 시상 사이의 자연적 대립 혹은 심지어 투쟁의 산물이 아니라 대체로 국가의 창조물이었다. 폴라니가 컬럼비아대학교에서 수행한 연구의 많은 부분은 과거 다양한 종류의 공유, 선물, 재분배 경제가 어떻게 작동했는가를 조명함으로써 역사적인 대안을 구상하는 것을 목적으로 했다. 살린스 자신도 폴리네시아에 관한 미출판 논문을 통해 이러한 노력에 기여했다. 분명히 이 논문은 편집자들이 이 세미나를 기반으로 "초기 제국에서의 교역과 시장"에 초점을 맞춘 책을 출판하기로 결정하면서 따로 제쳐두었던 것으로 보인다.

당시는 그와 같은 관념과 그것을 구상한 사람들이 진정으로 위험한 존재로 간주되던 시절이었다는 사실을 상기하는 것이 중요하다. 당시 폴라니는 과거 헝가리 공산당 청년연맹의 회원이었던 자신의 아내가 미국에 입국하기를 거부했기 때문에 매주 몬트리올에서 뉴욕까지 통근할 수밖에 없었다. 핀리는 럿거스대학교(Rutgers University)에서 자신의 학생을 고발하는 증언을 거부했다는 이유로 블랙리스트에 올라 해고를 당하면서 망명을 택할 수밖에 없었다. 그 세미나에 참석했던 다른 학생들도 유사한 운명을 마주해야 했다.

돌이켜 보면 폴라니는 당시 경제학 분과의 지적·정치적 야망이 얼마나 과대망상적이었는지 그리고 그 야망이 성공한다면 얼마나 파국적인 결과가 빚어질지를 완전히 이해하고 있었던 몇 안 되는 실천적 사상가 중 한 명이었다. 따라서 폴라니의 일차적인 타깃은 항상 그가 "경제주의(economism)"라고 지칭했던 것이다. 경제주의는 당대 사회에서 경제활동이 경향적으로 취하는 특수한 형식(form, 시장적 계산)이 그 실질적 내용(substance), 즉 인류 사회가 자체의 물질적 조달을 배치하고 필요한 것을 공급하며 사치재의 분배를 조직하는 수단과 항상 일치한다는 가정이다. 이러한 형식과 내용의 혼돈은 단지 "시장과 사회의 동일시"를 초래하고, 궁극적으로 모든 인간 행동은 시장 관계를 통해서 설명될 수 있다는 가정으로 이끌 뿐이었다. 폴라니가 예측한 결과는 차갑고 계산적인 욕망이 인간의 유일하고 "합리적인"(따라서 수용할 수 있는) 동기라는 점을 함축하고 있었기 때문에 매우 사악했고 정치적으로도 재앙적이었다. 이 점에서 폴라니는 진정한 예언가였다. 폴라니의 예측은 그 이후에 전개된 상황과 정확하게 일치한다.

하지만 위험의 싹을 잘라내려는 폴라니의 시도는 첨예한 저항에 직면했다. 당시 대다수 주류 경제인류학자는 "형식론자(Formalist)"라는 명예로운 배지를 달고서 시장이 진정으로 합리적 계산이라는 보편적 형식의 작동을 명료하게 드러내준다고 주장하면서 폴라니의 결론을 부정했다. 그들의 주장에 따르면 인간(Homo)은 항상, 그리고 적어도 특정 범위에서는, 경제인(Oeconomicus)이다. 다시 말해 그는 경제인이어야 했다. (이 맥락에서는 인간을 '그'라고 지칭하는 것이 너무나 정당했다. 여기서 그들은 진정으로 여성은 염두에도 두지 않았다). 인간은 모든 곳에서 항상 일정 정도 자원의 희소성에 직면해 있고, 결과적으로 자신이 원하는 것을 획득하기 위해서는 항상 이들 희소한 자원을 배치하는 가장 효과적인 방법을 결정해야 하기 때문이다. 해럴드 슈나이더(Harold Schneider) 같은 극단적 형식론자는 폴라니의 끔찍한 예측에 충격을 받아 형식론을 당시 유행하던 에드먼드 리치(Edmund Leach)의 구조주의에 비유하면서 모든 인간 행동에 경제 논리를 적용할 수 있다고 주장했다(추정컨대 여기서 슈나이더는, 학술적인 논쟁까지 포함해서, 자신의 데이터를 반증할지 혹은 단순히 자신에게 동의하지 않는 사람들을 공격할지를 고의적인 편의주의에 지나지 않는 방식으로 결정했을 것이다). 즉, 형식론자는 사회체계 배후에 존재하는 심원한 원리를 탐구하면서 지적 유행을 선도하는 엔지니어였고, 실재론자는 단지 사회를 유형별(부족경제, 재분배경제, 시장경제 등등)로 분류하는 것으로 만족하는 래드클리프-브라운(Radcliffe-Brown) 류의 고루하기 짝이 없는 "나비 수집가"에 해당했다.

살린스는 지적 전투를 수행하는 데 결코 몸을 사리지 않았다. 그리고 이 책에 실린 글 대부분은 일정 정도 그러한 형식론적 입장에 대한 반박의 형태로 작성되었다. 물론 「원초적 풍요사회」는 "희소한 자원"이라는 관념 자체에 대한 직접적인 도전이었다. 희소성은 결국 경험되는 필요와의 관계 속에서만 존재한다. 브라질에서는 제설기를 보기 힘들지만, 그것의 희소성에 대해 캘리포니아의 공적 공간이 침 뱉는 통의 희소성 때문에 시달리고 있다거나 국제 우주정거장에 낚시 도구가 부족하다고 말하는 것 이상으로 의미 있게 말할 수는 없다. 이는 자명한 것으로 보일 수도 있다. 하지만 그것은 대부분의 사람들이 그 함의에 대해 결코 진지하게 고려하지 않는 그런 종류의 자명한 진리이다. 살린스는 그러한 함의에 대해 천착하는 데 지적 삶의 많은 부분을 바쳤다. 그는 효과적으로 질문을 던진다. 어떻게 해서 우리는 세계가 결여하고 있다고 판단되는 것, 즉 우리의 물질적 욕구 충족에 불충분하다고 판단되는 정도에 따라 우리의 세계를 정의하게 된 것일까? 일단 이런 식으로 질문을 던지면 기능한 답은 하나뿐이다. 우리의 욕구, 혹은 적어두 우리가 우리의 욕구라고 믿는 것에 무엇인가 잘못된 부분이 있다는 것이다(이는 실제로 상황을 더 복잡하게 만드는 요인이다. 역사의 대부분에서, 그리고 심지어 대다수 사람들이 인류는 구제 불가능한 피조물이라고 믿었던 시기에도, 지극히 소수만이 실제로 그렇게 행동했다). 우리는 왜 석기시대의 풍요로움을 포기하고 우리 중 대다수가 실질적으로 희소성의 삶 혹은 결핍의 삶을 살아가는 세계를 창조했을까?

살린스는 "가족제 생산양식"에 관한 두 편의 긴 글—마르크스주의 모델을 실험적으로 가장 근사하게 적용한 글—에서 잠정적인 해결책을 제시한다. 해답은 아마 생산의 사회적 조직 내에 존재할 것이다. 인류사의 대부분에 걸쳐 생산의 일차적 단위는 가구였다. 그리고 소련의 경제학자 알렉산더 차야노프(Alexander Chayanov)가 정성 들여 논증했던 것처럼, 농민가구는 구성원 모두에게 적합하다고 여겨지는 생활수준(예를 들어, 충분한 식량, 축제와 결혼식을 하는 데 충분한 비축, 그리고 아마도 가끔 이루어지는 탁발승이나 떠돌이 광대들을 위한 보시 등)을 보장하는 방식으로 가구의 노동력을 전개하는 경향성을 가진다. 그런 가운데 농민가구는 가구 내 과업을 효율성보다는 형평성에 입각해서 배분하는 모습을 경향적으로 보여준다. 하지만 결정적으로 일단 그러한 최소한의 적합한 수준을 달성하면 그들은 주로 작업을 중단하고 인생을 즐기면서 시간을 보내려고 한다. 살린스는 차야노프가 혁명 전 러시아 농민에게서 발견한 사실이 가구의 필요를 위해 노동을 조직하는 여하한 종류의 사회에도 대체로 사실이라는 점을 논증하기 위해 대량의 증거를 제시한다. 따라서 한편으로 수렵채집민의 풍요와 중세 농노의 행위 양태, 그리고 다른 한편으로 예를 들어 비 오는 날에는 택시 잡기가 너무 힘들다는 사실(일반적으로 하루 목표 수입을 채우기 위해서 일하는 운전사들은 목표치를 채울 때까지만 일하고 퇴근해 버리는 경향이 있기 때문이다) 사이에 직접적인 연관성이 존재한다.

이는 더 많은 부를 획득하는 것보다 여가를 선호하는 인류의 성향이 매우 오랫동안 지속되었음을 뜻한다. 그렇다면 무엇이 우리(혹은 우리 중 대다수)의 마음을 바꾸도록 만들었을까? 가족제 생산양식에서 산출을 증가시키려는 유일한 압력은 전형적으로 정치적인 것이었다. 빅맨, 추장, 혹은 유력인사가 되려는 자들은 예외 없이 더 많은 것을 원했다. 그들은 가족제 생산양식의 가구 구성원과 달리 상대보다 더 위대해 보이기 위해 혹은 전쟁에서 상대를 압도하기 위해 항구적으로 다투는 경쟁적인 개인이기 때문이다. 하지만 국가권력이 부재한 상태에서는 그러한 사람들이 얼마나 많은 것을 추출해 낼 수 있는가에 분명한 한계가 있었다. 가족제 생산양식하에서 사람들은 납득할 만한 약탈의 수준이 어느 정도인가에 대한 기준을 신속하게 구축했다. 살린스는 하와이의 경우 지도자가 그러한 납득할 만한 약탈의 수준을 넘어섰다고 생각될 때 사람들은 단순히 그 지도자를 죽여버렸다는 사실에 주목하면서 글을 마무리한다.

이것이 불가능해진 것은 오직 국가가 출현하면서부터이다.

물론 이 모든 주장과 논쟁은 베트남 전쟁이 한창일 때 전개되었다. 베트남 전쟁은 대체로 위와 같은 도덕적 분노로 동기화된 농민 가구 출신 게릴라 부대가 인류 역사상 가장 거대한 국가 전쟁기계 주둔군과 전투를 벌이는 형국이었다. 하지만 스탈린 치하의 농업집체화에 대한 이단적 관점 때문에 숙청과 총살을 당해야 했던 차야노프의 운명은 국가를 악으로 바라보는 살린스의 관점을 보다 양가적인 성격을 가지도록 만들었다. 통상적인 상황에서 생산의 증대보다 여가를 선호하는 것이 인류의 성향이라면, 그리고 역사가 생산을 극대화하려는 사람들과 소박함을 즐기기를 희망하는 사람들 사이의 전쟁이라면, 좌파는 실제로 어느 쪽에 속하는 것일까?

살린스는 내면에서 비롯된 추상적이고 철학적인 질문을 가능한 한 던지지 않았다. 그는 실질적 인간의 물질적 경험이 보여주는 구체적인 다양성에서 출발하는 외생적 질문의 형태로 문제를 제기했고 이것이 바로 그의 연구가 가진 힘이다. 결과적으로 그의 지적 개입은 가장 일반적이면서도 장기적으로 지속될 수 있었다. "가족제 생산양식"은 기억하는 이는 소수이지만, 모두가 여전히 이 개념이 제기한 쟁점에 관해 논쟁하고 있다.

1965년 처음 출판된 「원시교환의 사회학」은 실재론자들이 나비 수집가에 불과하다는 비판에 대한 살린스의 반격임과 동시에 구조주의에 천착하고 있던 그의 첫 번째 지적 실험이기도 했다. 칼 폴라니와 클로드 레비스트로스는 둘 다 교환을 세 가지 유형으로 구분할 것을 제안했다. 폴라니는 사회를 호혜성, 재분배, 시장에 기반한 것으로 구분했고, 레비스트로스는 모든 사회가 본질적으로 교환의 세 가지 수준, 즉 재화의 교환(경제), 여성의 교환(친족), 그리고 어휘의 교환(언어)—이는 레비스트로스가 경제적 하부구조, 중간의 사회구조, 이데올로기적 상부구조라는 당시 대중적이었던 마르크스의 구분을 변주한 것이었다—으로 구성된다고 주장했다.

이들 두 공식화 모두 문제가 있었다. 폴라니의 공식화는 조악했고, 문화들 사이에 존재하는 강조점의 차이를 취해서 그것을 유적 차이로 본질화한다는 비판에 직면했다(이매뉴얼 월러스타인(Immanuel Wallerstein)이 세계체계론을 구축하기 위해 폴라니의 세 가지 구분을 변형해서 적용하자, 안드레 군더-프랑크 (Andre Gunder-Frank)는 월러스타인이 실제로 한 모든 것은 기껏해야 가족, 정부, 교역에 대해 논한 것에 불과하다며 반박했다. 어느 정도 복합적인 모든 사회는 이 세 가지 모두를 조합하고 있는 것으로 보인다. 따라서 쟁점은 다시 층위의 문제로 회귀했다). 레비스트로스의 구분에는 다른 문제가 있었는데, 그것은 바로 자명한 부조리였다. 혼인이 항상 그리고 필연적으로 여성과 남성 간의 교환이라는 생각은 모거체계(母居體系, matrilocal system)가 실제로 존재하지 않는다는 주장에 근거해 있었는데, 이는 분명히 사실과 다르다. 그리고 발화에서의 단어 '교환'이 재화의 거래와 닮아 있다는 생각도 부조리하기 짝이 없다. 이는 과학의 가면을 쓴 마구잡이식 은유였다. 이 주장이 당시 수많은 프랑스 사상가들에게 진지하게 받아들여지고 심지어 분석의 토대로 사용되기도 했다는 사실은 오히려 당시 레비스트로스가 행사했던 엄청난 제도적 영향력(또한 부수적으로, 당시 프랑스 공산당―레비스트로스는 이에 대적하는 위대한 기수였다―이 지적 좌파에게 행사했던 매우 단순화된 마르크스주의의 영향력)은 물론이고 그가 누렸던 지적 경외를 반영하는 것이었다.

살린스는 소란스럽게 충돌하는 이들 관념을 취합해서 실제로 말이 되는 어떤 것으로 융합하고 종합하는 데 놀라운 능력을 발휘했다. 살린스는 어떠한 사회에도 항상 모든 가능성이 공존한다는 마르셀 모스의 주장이 옳다는 데 동의했다. 그리고 호혜성이 모든 사회관계의 토대라는 점을 인정하지 않았다는 이유로 레비스트로스가 모스를 비판한 것이 옳다는 데에도 동의했다. 하지만 레비스트로스는 이 문제를 해결하기 위해 유사 마르크스주의적 층위 관념에 호소함으로써 실수를 범했다. 우리가 진정으로 천착해야 할 문제는 사회적 우주가 그 내부에 있는 특정한 개인의 관점에서 어떻게 보일까라는 것이다. 모든 것은 사회적 거리에 의존한다. 따라서 모든 것은 다음과 같은 구분에 의존한다. 즉, 가까운 친척 혹은 가까운 친척처럼 대하는 사람들 사이에 작동하는 일반적 호혜성(기본적으로 모스가 "커뮤니즘"이라 칭한 것), 일종의 중간적 영역에 위치하는 것으로서 자매의 교환이든, 눈에는 눈 이에는 이 형태의 살인 같은 유혈 분쟁이든 상관없이 형평성에 의해 통제되는 균형적 호혜성, 마지막으로 너무 엷어서 실제로 호혜성이 단순하게 적용되지 않는 경우를 뜻하는 부정적 호혜성의 구분에 의존한다.[2] 확실히 불완전하긴 하지만, 이러한 사교성(sociability)의 도덕적 동심원이라는 관념(후에 살린스는 이를 부분적으로 포기했다)은 거의 모든 학문분과(다시 주류 경제학을 제외한)의 학자들에 의해 인용되고 활용되면서 끊임없이 생산적인 영향을 미쳐왔고, 20세기 중반부터 출현한 가장 강력하고 새로운 형태의 경제적 분석 중 하나를 확실히 대표한다 (20세기 후반에는 새로운 것이 거의 없었다).

* * *

살린스는 레비스트로스의 초청으로 1967~1968년을 파리에서 보냈다. 하우(hau)에 관한 살린스의 논문은 프랑스 지성계의 관심과 쟁점에 대한 첫 번째 도전(처음에는 무척 수용되기 힘들었던)으로 볼 수 있다. 1968년 5월에 발생한 소요 사태를 소르본대학교에서 목격한 살린스는 후속한 저술, 특히 『문화와 실용논리(Culture and Practical Reason)』(1976)에서 마르크스를 단순히 부르주아 경제주의의 또 다른 구체화에 불과하다고 논박했는데, 이것은 무엇

---

2) 나는 지적 수렴의 주목할 만한 사례로 이 세 개의 동심원 모델이 「동물 범주와 언어폭력(Animal Categories and Verbal Abuse)」에서 에드먼드 리치(Edmund Leach)가 혼인 유형과 동물에 대한 태도의 관계를 묘사하기 위해 구축했던 모델과 거의 정확하게 일치한다는 점을 언급한다. 이 두 편의 논문은 각각 1964년과 1965년 거의 동시에 출판되었고, 저자 중 누구도 사전에 서로의 작업에 대해 몰랐던 것으로 보인다.

보다 당시 프랑스 공산당의 냉소적인 계산 행위에 대해 급진주의 진영에 널리
확산되어 있던 반감의 표현이었던 것 같다. 그리고 이어진 살린스의 우주론
적 전환은 흔히 이 책에 실린 글들을 관통하는 관심사와 근본적으로 결별했음
을 뜻하는 것으로 간주되지만 실상은 그렇지 않다. 살린스는 동일한 근본적
인 질문을 계속해서 던진다. 왜 우리는 세계를 우리가 세계로부터 원하는 것
에 부적합한 것으로 볼까? 만약 이것이 단순히 자기 팽창적인 국가 엘리트의
영향 때문이 아니라면, 이야말로 훨씬 더 심원한 문제가 아닐까? 즉, 인간이란
무엇인가에 대한 그리고 인간이 나머지 우주와 관계 맺는 방식에 대한 서구의
개념화에 내재하는 근본적인 결함이 아닐까? 살린스는 「달콤함의 비애(The
Sadness of Sweetness)」(1996)에서 이 문제를 아우구스티누스(Augustine)의 원
죄 개념으로까지 되짚어서 추적한다. 인류는 신에 대한 불복종으로 인해 불
순하고 충족시킬 수 없는 욕망이라는 저주를 받았다.『인간 본성에 관한 서구
의 환상(The Western Illusion of Human Nature)』(2008)에서 살린스는 이 문제
를 더 과거의 소피스트(Sophist)까지 거슬러 올라가서 논한다. 말할 필요도 없
이 이들 개입의 대부분은 격렬한 논쟁을 촉발했다. 이러한 논쟁은 정확히 살
린스의 글이 의도했던 바이다. 그리고 미래에는 더 예측하지 못했던 폭로가
이어질 것이라고 분명히 기대할 수 있다.

* * *

대체로 주류 경제학은 여전히 전체적인 생산성을 어떻게 증대시킬 것인가
그리고 전반적인 희소성하에서 필수품의 효율적인 배분을 어떻게 보장할 것
인가라는 19세기의 문제를 해결하려고 시도하고 있다. 우리 인류 종이 생존
하고자 한다면, 우리는 매우 다른 질문(예를 들어 급증하는 생산성과 급감하는
노동수요라는 조건하에서 지구를 파괴하지 않으면서 삶의 수단에 대한 접근을 보장
하는 방법은 무엇인가?)에서 출발하는 새로운 경제학 분과와 함께해야 할 것임

이 분명하다. 모든 것을 새롭게 상상해야 한다. 이들 새로운 상상은 선입견으로부터 우리를 해방하기 위해 과거—단순히 우리의 지적 역사뿐만 아니라 인류사 전체, 즉 오직 인류학만이 봉인 해제할 수 있는 인류의 창조성과 실험의 무한한 보고—를 되돌아보는 일이 중요해지고, 우리를 진정으로 새로운 생각으로 인도하는 데 필요한 조건이다. 아마도 어떤 단일한 인류학적 연구도 『석기시대 경제학』만큼 이 과제에 부합하지는 못할 것이다. 이 책은 분명히 내가 인류학자의 길을 걷도록 만든 책 중 하나이다. 내가 이 책을 통해 얻은 것만큼 큰 영감을 독자들 또한 얻기를 희망한다.

2017년
데이비드 그레이버

신판 서문

1972년 『석기시대 경제학』이 출판된 이래 경제인류학 분야는 각각이 특정한 문화적 질서의 세부 영역과 연관된 인류학의 여타 하위분과들―정치인류학, 법인류학, 의료인류학 등등―과 마찬가지로 괄목할 만한 변화를 경험해 왔다. 이 변화는 너무나 광범위하고 다양해서 이를 반영하려면 새로운 서문이 아니라 또 다른 한 권의 책을 써야 할 정도이다. 따라서 나는 여기서 이 책의 초판에 핵심적이었던 종류의 쟁점과 사회들로 논의를 한정시키고자 한다. 그동안 경제인류학에서 발생한 변화는, "경제인류학"이라는 제목으로 개설되는 일반 대학 교과목이 점점 더 고루해 보이고 또 그만큼 드물어지고 있다는 사실로 미루어 볼 때, 적어도 치명적이지는 않더라도 부정적인 것으로는 보인다. 유사한 이유로 "정치인류학"과 "법인류학"에 대해서도 동일하게 말할 수 있다. 이는 물질적 혹은 정치적 삶의 다양한 사회적 변이에 대한 관심이 느슨해졌다기보다 확실하게 "경제" 혹은 "정치체계"로 지칭되던 것들이 "문화"로 재고되고 있기 때문이다. 경제적 활동은 존재의 분리된 영역이라기보다 문화적 질서에 포함된 것으로 인식된다. 따라서 그것은 주어진 인간 존재 양식의 상대적 조건 속에서 삶의 특수한 형태가 갖는 가치와 관계가 물질적 양태로 표현된 것으로 이해되어야 할 필요가 있다. 여기서 "경제"는 구조―모든 것을 결정하는 하부구조는 차치하고—가 아니라 기능이다. 따라서 스티븐 거드먼(Stephen Gudeman)과 리처드 윌크(Richard Wilk)를 위시한 전통 인류학의 주도적 학자들은 새로운 "문화경제학"의 시대로 우리를 인도하고 있다. 나는 『석기시대 경제학』을 그러한 바람직한 결말에 대한 초기 기여로 간주하고 싶다.

지금도 혁명이 완수되었다고 할 수는 없겠지만 이 책의 초판이 출판된 후 30년 동안 물질적 실천의 문화적 구성이 경험적이고 지적인 형태로 실현되는 많은 사례를 목격해 왔다. 역설적으로 그러한 결과에 순기능을 한 것은 현대화와 경제개발 전문가의 최선의 계획이 실패한 이유를 설명하는 과정에서 '문화'에 부여된 부정적인 역할로부터 비롯되었다. 미국의 도움을 받은 개발도상국은 결코 발전하지 못한다는 말이 속담처럼 회자되었다. 그러나 발전을 좌절시킨 유력한 용의자로 지목된 것은 거의 항상 지역 '문화'였다. 지역 사람들의 문화가 문제였다. 즉, 지역의 문화는 (부르주아) 경제적 합리성과 진보에, 그리고 우리처럼 행복하고 유복해지는 데 "장애"로 작용했다. (지역민이 아니라면 거의 숙고하지 않는 대안은 경제발전을 지역적 생활방식의 물질적 안정과 풍족함으로 정의하는 것이다.) 하지만 당시 경제인류학은 구조적 모순에 버금가는 고유의 자민족중심주의를 내포하고 있었다. 결과적으로 경제인류학은 심지어 경제가 없는 사회에서 "경제"를 분석적으로 분리할 것을 주장하기도 했다. 피지 혹은 티에라 델 푸에고(Tierra del Fuego)의 전통 사회에는 차별화되고 자율적인 경제 영역, 즉 자본주의-시장 체계의 (이념형적) 모델이 기반으로 삼는 순수하게 실용적인 관계의 영역이 존재하지 않았다. 경제인류학은 정의상 일정 정도 그러한 영역이 존재한다고 가정함으로써 시작부터 민족지적 범주의 오류라는 부담을 안고 있었다. 하지만 피지와 여타 사회에 우리의 문화적 체계를 덧씌우는 것을 수반하는 진정한 제국주의는 충분히 나쁜 것으로 판명되었다. 우리는 제국주의를 인류학적 이론의 형태로 복제하지 않아야 한다.

피지의 전통적인 경제관계는 우리의 경제과학이 인식하는 그런 종류가 아니었다. 피지인들의 경제관계는 "추장"(공물의 수령자이자 아낌없이 나누어주는 자), "누이의 아들"(특별한 권리를 가진 친척), "나의 친척들이여 인정을 베풀라"(물질적 도움을 요구하는 명령에 가까운 간청), "바다 사람"(어부와 항해자로 전문화된 씨족), "고래 이빨"(탁월한 가치제), "국경 동맹"(선물을 통해 맺어지는 관계), "전쟁의 신"(아낌없는 제물의 대상) 등등이다. 이것이 바로 개인들에게 유의미한 가치와 그들의 존재 목적에 따라 자연을 착취하고 사회적 필요를 조달하는 방식을 조직하는 그 유명한 생산, 분배, 소비의 관계이다. 이러한 문화적 실천을 통해 특수하게 피지적인 효과가 물질적 힘과 상황에 부여된다. 피지 군도 해안 지방의 성별 노동분업―생산관계의 중요한 측면―을 어떻게 이해할 것인가? 여성에 대한 남성의 관계가 육지에 대한 바다의 관계 그리고 내부에 대한 외부의 관계로 설정되는 상징적 비례와 함께 시작해 보자. 지역적 관계에 따르면, 숲 경작과 심해 어로는 남자의 일이고, 마을 근처에서의 채집(땔감류의 채집)과 석호에서의 그물 어로는 여성의 영역이다. 책의 여백이 충분하고 독자들이 충분히 참을성 있다면, 이런 식으로 생산을 조직하는 가치가 우주기원 신화에서부터 궁정 의례와 가내 공간의 구조에 이르기까지 문화의 전 영역에 걸쳐 각인되어 있다는 사실을 보여줄 수도 있다. 생산은 전체적인 문화적 구도를 가장 기본적인 물질적 활동에 적용하는 사람, 장소, 사물의 존재 논리이다. 하지만 피지인들이 자신의 섬들을 조직하는 독특한 방식이 유일한 가능성일 수는 없다. 그리고 개별 피지인들이 얼마나 분별력 있게 자신의 문화적 구도의 가치에 따라 행위하든 상관없이, 그들의 가치, 즉 바다의 우월성, 추장의 신성성, 외삼촌의 재화에 대한 조카의 권리, 인간 희생의 제공과 소비로부터 얻는 물질적 이익 자체가 물질적 효용의 극대화를 재현한다고 주장할 수는 없다. 합리성은 자체의 고유한 이치를 가진 상대적인 문화적 질서 내에서 작동한다.

여전히 신자유주의 이데올로기가 의기양양하게 전 지구적으로 확산하고 있는 지금 이 순간, 관련된 사람들에 대한 문화적 이해처럼 "문화적 경제"에 대한 이해는 금전적 효용과 시장적 합리성을 근거로 개진되는 강력한 반대주장에 정면으로 맞서야 한다. 이러한 상황을 더 잘 파악해야 하는 인류학자들을 포함해서, 최근 학계에는 비서구 사회의 전통적 경제를 한편으로는 개인적 합리성으로, 다른 한편으로는 사회문화적 질서가 혼합된 일종의 하이브리드로 인식하는 신뒤르켐주의적 합의가 점점 더 널리 확산하는 것 같다. 뒤르켐에 따르면 인류는 본성에 내재하는 자기중심적 욕망과 사회에서 비롯된 도덕적 제약으로 구성된 이중적이고 분열적인 존재이다(사회는 리비도적 주체에 대한 확산적 억압이다. 이를 통해 푸코와 프로이트가 어디에서 비롯되었는지 알 수 있을 것이다). 동일한 방식으로 경제적 삶은 너무나도 흔히 자기만족과 사회적 제약 사이의 경합, 혹은 다른 말로 게임의 국지적 규칙들 내에서의 경제화로 이해된다. 이러한 설명은 경제적 합리성과 문화적 비합리성이 모순적이기 때문에 매우 확실한 이점을 가진다, 결과적으로 이러저러한 조합을 통해 무엇이든 설명할 수 있게 된다. 당신이 물질적 효용을 극대화하지 않는다면, 당신은 다른 어떤 것, 즉 순수하게 사회적인 가치를 충족시키고 있음이 분명하다. 이러한 문제적 논리는 심지어 자기모순을 설득력 있는 동어반복의 형태로 제시하는 추가적인 이점도 가진다.

하지만 문화적인 것과 합리적인 것을 통합하는 현대적 합의는 그저 피상적으로만 그렇게 보일 따름이다. 실제로 문화적 질서는 모든 것이 자기 이익을 추구하는 주체의 부르주아 같은 전략화―단지 개인적 만족의 왜곡된 형태로 고려되는 문화적 조건―로 환원되는 한 실용적 합리성에 포섭되어 버린다. 이 하이브리드적 문제는 고대적 유아론에 대한 집착 때문에 시작부터 난관에 처한다. 이 유아론은 개인이 자신의 개별적 존재에 필요한 물질적 수단을 획득하고 처분하는 방식에 대한 철저히 부르주아적인 관점을 통해 연구의 경제적 대상—그 기원과 물질적·제도적 형태에서 전적으로 사회적인 현상이고, 따라서 그 개별적 표현에서도 사회적인—을 정의하고 싶어 한다. 사정이 그렇다면 가능한 한 가장 큰 만족을 도출하기 위해 대안적인 목적에 비추어 희소한 수단을 합리적으로 배치하는 과정에 문화를 어떻게 연관시킬 것인가? 문제는 합리적인 것과 문화적인 것이 비교 불가능한 담론의 질서에 속한다는 점이다. 전자는 개인적 행위의 실용적 계산법이고, 후자는 모계 씨족, 의례적 의무, 위계·가족·헌신의 관계, 혹은 사회적 필요의 충족을 조직하는 여하한 것들을 포함하는 사회적 형식을 참조한다. 이것들을 모두 뭉뚱그려 합리적 행위라고 묘사할 수 있는 유일한 방법은 문화적 조건을 자기충족적 주체의 수많은 욕망과 선호로 번역하는 것이다. 따라서 문화적인 것은 모계출계 혹은 추장의 의무라는 속성의 형태로 사라졌다가, 마치 그 혹은 그녀가 그 문화적인 것의 창조자이자 주인인 것처럼 개인이 소유하는 동기의 형태로 재출현한다.

실로 이러한 지적 생산양식은 어떠한 문화적 내용에도 적용될 수 있다. 트로브리안드섬 주민은 자신이 추수한 얌의 절반을 여형제의 남편에게 증여하고 아내의 남편은 수확한 얌의 절반을 받기를 기대한다. 이 주민은 만약 다른 방식으로 행동한다면 사회적으로 바람직한 삶을 살지 못하게 되고, 약간의 물질적 비용을 지불함으로써 일정한 도덕적 존경을 받으며 사회적으로 바람직한 삶을 살 수 있는 그러한 상황하에서 나름 분별력 있게 행동하고 있는 셈이다. 따라서 트로브리안드의 모계적 결연이 갖는 특수한 형태는 합리적 선택이라는 보편적 성향으로 재출현하게 된다. 사실 트로브리안드의 문화는 번역 과정에서 상실되어 버린다. 하지만 문화의 상실에 대한 보상으로서 경제화 공식이 자신의 유럽제 교역물을 약탈하는 외조카를 내버려두는 피지의 추장, 과시적인 파괴의 순간까지 이국적 재화를 축적하는 하와이의 추장, 혹은 그러한 물건을 가능한 한 관대하게 나누어주는 콰큐틀 추장에게도 동일하게 작용할 것이다. 이들 모두 특정한 문화적 상황 속에서 자신의 고유한 이익을 염두에 두고 행위한다. 그들 사이의 유일한 차이는 문화적 상황의 차이이고, 이 차이는 다시 복수의 경제적 결과를 수반한다. 하지만 이들 결과를 설명하기 위해 조명되어야 할 복수의 문화적 논리는 이미 합리적 행위자의 주관적 성향으로 가정되거나 신비화되어 있다. 이런 식으로 문화적 차이에 관한 인류학은 여하한 경우에도 문화를 "외재적인 요인"으로 간주하는 고전적 경제주의를 통해 모두 회복된다. 너무나 오랫동안 경제과학은 경제를 규정하는 문화적 형태를 "비경제적인 것"으로 범주화하면서 그럭저럭 잘 지내왔다.

여하튼 경제적 합리성과 문화의 강고한 대립, 그리고 설상가상으로 서구는 전자를 토대로 자유롭게 작동하고 나머지 세계는 후자에 예속되어 있다는 낡아빠진 자만은 서구의 자화자찬식 신비화에 지나지 않는다. 이 신비화는 또한 거부할 수 없는 미덕으로 포장되어 우리가 알고 있는 문명과 교육을 떠받치고 있다. 이것이 신비화에 지나지 않는 이유는 비서구 타자들도 자신의 물질적 자원에 대해 충분한 분별력을 가지고 있을 뿐만 아니라 우리의 합리성도 마찬가지로 상대적이고 비실용적인 문화적 가치에 토대를 두고 있기 때문이다. 사실 트로브리안드 군도에서 시간과 에너지의 손실을 제외하고 아무런 물질적 순변화 없이 이루어지는 얌 수확물의 순환적 유통은 우리의 경제적 관점에서 보자면 비합리적인 것으로 보인다. 하지만 사회적 가치의 측면에서 얻는 이른바 수익은 차치하고 시간과 에너지의 소비를 통해 물질적 이익을 실현한다는 강력한 공리주의적 의미에서 보면, 트로브리안드 주민들은 (다른 모든 이들과 마찬가지로) 분명히 모든 것을 고려해서 유리한 방향으로 행동한다. 만약 그들의 비합리적 문화가 물질적인 측면에서 순손실을 보도록 만들었다면, 그들은 그러한 종교의 전도사로 살아오지 않았을 것이다.

다른 한편으로 우리 (자본주의적) 존재의 모든 것을 상품화하는 것—이는 우리가 행하고 원하는 모든 것을 금전적 계산으로 환원하도록 요구한다—은 단순히 그러한 물질적 합리성이 사물의 광범위한 논리적·의미론적 체계와 사람들의 관계에 종속되어 있다는 사실을 숨길 뿐이다. 문화적 질서의 대부분은 실로 무의식적인 것, 즉 아비투스의 문제이다. 이러한 아비투스의 예로 슈퍼마켓에서 쇼핑하는 사람들이 지난밤 저녁 식사와 뭔가 "차이 나는" 것—여기서 "차이"는 주메뉴의 복잡한 유형학과 음식 준비의 다양한 형태를 통해 결정된다—을 먹어야 할 필요성 같은 특정한 기준에 따라 여러 종류의 고기와 생선 중에서 (합리적으로) 선택하는 방식, 그리고 오늘은 특별한 날이니까 저녁에 야외 바비큐를 하지 않고 돼지갈비가 아닌 소갈비를, 혹은 햄버거가 아닌 양고기 구매를 선택하는 방식을 들 수 있다. 특정한 소고기 부위를 특정한 사회적 상황과 연결하고 특정한 돼지고기 부위를 다른 사회적 상황과 연결하는 것 또한 영양학적 효용과 상관없다. 그것은 서구 원주민들 사이에 지배적으로 동기화된 인간-동물 관계의 방대한 코드인데, 이 대부분은 여전히 미지의 영역으로 남아 있다. 또한 남성과 여성, 휴일과 평일, 회사원과 경찰, 일과 레저, 극서부 지역 미국인과 중서부 지역 미국인, 성인과 십대, 상류층 여성의 사교춤과 디스코 사이의 사회적 구별 짓기를 표시하는 의복 스타일의 차이를 규정하는 것도 의복의 물질적 효용과는 관계가 없다. 의상이 의미하는 모든 것을 생각해 보라. 상품 생산자들이 자신의 이익을 위해 항상 새로운 차별화를 추구한다면, 그들은 더더욱 소비자와 동일한 문화적 파장에 동조해야 한다.

자본주의의 금전적 합리성 체계는 피지와 트로브리안드 주민들의 물질적 관행과 다른 방식이긴 하지만 동일한 효과를 발휘한다는 점에서 보다 큰 문화적 가치 체계를 구현하는 것이다. 비서구에서처럼 서구에서도 합리성은 문화의 안티테제가 아니라 효용에 관한 고유의 의미 체계를 가진 문화의 표현이다. 우리의 경제를 이해하기 위해서는 우리가 타자의 연구에 적용하는 것과 동일한 종류의 인류학적 감수성이 필요하다. 우리 자신도 타자 중 하나이다.

경제인류학은 잊어버려라! 우리에게는 진정한 인류학적 경제학이 필요하다!

2003년
마셜 살린스

차 례

표 차례

그림 차례

감사의 글

이 책을 집필하는 과정에서 많은 도움과 연구 인프라를 제공해 준 두 연구소와 그 관계자들에게 특별한 감사를 표하고 싶다. 나는 1963~1964년에 캘리포니아 팰로앨토(Palo Alto)의 행동과학고등연구소(the Center for Advanced Study in the Behavioral Science)에서 객원연구원으로 일했고, 1967~1969년에는 파리에 있는 프랑스 대학 사회인류학연구소(the Laboratoire d'Anthropologie Sociale de Collège de France)의 한 연구실에서 작업했다. 연구소장인 클로드 레비스트로스(M. Claude Lévi-Strauss)는 공식적인 지위도 없는 나에게 많은 친절과 관대함을 베풀어주었다. 언젠가 그가 미국을 방문한다고 하더라도 그에게 받은 은혜를 충분히 되갚을 길이 없을 것 같다.

존 시몬 구겐하임 재단(John Simon Guggenheim)의 펠로우십은 파리에 머문 첫 해인 1967~1968년에, 그리고 사회과학연구위원회(Social Science Research Council)의 펠로우십은 1958~1961년에 이 책에 필요한 자료를 수집하고 분석하는 데 중요한 재정적 지원을 제공해 주었다.

이 책을 구상하고 집필하는 긴 기간 동안 수많은 학자와 연구자들로부터 도움을 받았지만 여기서 일일이 다 언급할 수는 없다. 하지만 레모 귀디에리(Remo Guidieri), 엘만 서비스(Elman Service), 에릭 울프(Eric Wolf)는 빠트릴 수 없을 것 같다. 그들의 토론과 비판은 내게 항상 격려가 되었고 이 책의 집필에 무한한 도움을 주었다.

이 책의 일부는 지난 몇 년 동안에 걸쳐 전체적 혹은 부분적으로 번역되거나 출판되었다. 제1장 「원초적 풍요사회」는 *Les Temps Modernes* (No. 268, Oct. 1968: 641~680)에 "La première société d'abondance"라는 제목으로 출판되었다. 제4장의 제1절은 원래 "The Spirit of the Gift"라는 제목으로 *Echanges et communications* (Jean Pouillon and P. Maranda, eds., The Hague: Mouton, 1969)에 실렸다. 제4장의 제2절은 *L'Homme* (Vol. 8[4], 1968: 5~17)에 "Philosophie politique de *l'Essai sur le don*"이라는 제목으로 출판되었다. 제5장 「원시교환의 사회학」은 원래 *The Relevance of Models for Social Anthropology* (M. Manton, ed., London: Tavistock[ASA Monographs, 1], 1965)에 실려서 출판되었다. 이상의 모든 출판사가 논문의 재출판을 허락해 준 데 대해 감사하고 싶다. 제6장 「원시교역의 외교수완」은 *Essays in Economic Anthropology* (June Helm, ed., Seattle: American Ethnological Society, 1965)에 실려 처음 출판되었지만 이 책에서 전체적으로 수정되었다.

옮긴이 서문

역자가 이 책의 번역 출간을 처음 기획한 것은 오래전 대학원 시절이었다. 이른바 IMF 금융 위기로 한국 사회가 심한 몸살을 앓고 있을 때였다. 88올림픽을 전후로 승승장구하던 한국 경제가 순식간에 와해될 위기에 처했다. 수많은 사람이 하루아침에 직장을 잃고 길거리로 내몰렸으며, 그중 많은 이가 삶의 의미를 상실하고 스스로 목숨을 끊기도 했다. 당시 죽어가는 한국 경제를 되살리는 유일한 처방이 '신자유주의 경제정책'이었다. 저 멀리 지구 반대편에서 메시아의 얼굴로 도래한 이 처방은 효율성과 경쟁력 제고라는 달콤한 수사를 통해 구조 조정의 칼바람을 일으키고 인간의 탐욕을 무한대로 추동하는 악마적 금융자본에 날개를 달아주었다. 이때부터 경제는 무에서 유가 창조될 수 없다는 물리학의 기본 법칙을 비웃기라도 하듯 마술적인 방식으로 작동하기 시작했다. 실물경제에서는 아무런 가치가 생산되지 않음에도 불구하고 디지털신호로 전환된 화폐가 빛의 속도로 순환하면서 가치가 무한 증식되었고, 이 연금술보다 더 연금술적인 과정이 경제의 중심축으로 자리매김했다. 이렇게 금융자본의 마술이 실체 없는 '거품'을 만들어내면서 경제는 기사회생했고 다시 성장해 왔다. 하지만 대다수 사회 구성원의 삶은 더욱 힘들어지기만 했고 전례 없는 불평등과 불안으로 한국 사회의 자살률은 세계 1위를 기록해 왔다.

IMF 금융 위기가 발생한 지 20년 가까운 긴 시간이 흘렀다. 하지만 한국 사회는 여전히 그 몸살에서 벗어나지 못하고 있는 것 같다. 경제학자와 위정자들은 여전히 경제가 죽었다는 진단을 내리고 있고, 신자유주의적 '규제 완화'가 죽은 경제를 되살리는 유일한 길이라며 엄포를 놓고 있다. 그 와중에 세월호 참사로 수백 명의 꽃다운 생명이 안타깝게 목숨을 잃었다. 이명박 정부에서 '저탄소 녹색성장'이라는 이율배반적 모토를 내걸고 추진한 규제 완화가 이 어처구니없는 참사의 근본 원인 중 하나라는 사실은 주지하는 바이다. 그럼에도 불구하고 현 정부는 이미 작동 불능으로 판정된 신자유주의 경제정책의 역사적 선봉인 양 거대 자본과 상위 1%의 이익에만 봉사하는 규제 완화와 민영화를 더욱 강하게 밀어붙이고 있다. 세월호 참사의 원인을 규명하자는 유가족과 국민들의 외침은 '경제를 살린다'는 미명하에 행사되는 국가의 폭력과 '경제성장'이라는 이데올로기적 철옹성 앞에서 산산이 부서지고 있다. 진정 인간을 위한 경제란 무엇이고 진정한 풍요사회란 무엇인가 하는 근원적인 질문이 절실히 필요한 때인 것 같다.

오늘날 한 국가의 경제정책은 주먹구구를 통해 만들어지지 않는다. 그것은 경제학이라는 학문에 체계적으로 근거해 있다. 경제학은 그저 경제학자라는 전문가들 사이에서만 회자되는 '그들만의 말잔치'이거나 강단의 추상적이고 창백한 이론으로 그치지 않는다. 그것은 정책화를 통해 우리의 경제적 현실을, 더 나아가 우리의 세계를 적극적으로 조직하고 구성한다. 다시 말해 경제학은 단순히 지식 체계로 머무는 것이 아니라 우리의 삶을 모양 짓는 중요한 힘이자 권력으로 작동한다. 한 시대에 지배적인 경제학, 즉 주류 경제학의 프레임과 내용, 그리고 그것이 정책에 반영되는 방식에 따라 우리의 삶은 전혀 다르게 조직될 수 있다. 사회 구성원 대다수가 노력한 만큼의 보상을 통해 안락한 삶을 누릴 수도 있고, 생계 수준 이하의 임금을 받으며 하루하루를 비참하게 연명할 수도 있다. 젊은이들이 청춘의 에너지를 인간적 삶과 자아실현을 탐색하는 생동적인 활동으로 불태울 수도 있고, 더 잘할수록 모두가 더 힘들어지는 스펙 경쟁으로 헛되이 소모할 수도 있다. 비정규직을 전전하며 불안에 영혼을 잠식당할 수도 있고, 안정적인 직장에서 희망적인 미래를 꿈꿀 수도 있다. 평등한 사회에서 더불어 풍요로운 삶을 누릴 수도 있고, 심각한 불평등과 야만적인 경쟁으로 '만인의 만인에 대한 투쟁 상태'에서 적대적인 삶을 살아갈 수도 있다.

현재 우리는 어떤 삶을 살아가고 있는 것일까? 경제적 결핍과 문화적 야만의 상징인 수렵채집민보다 조금이라도 더 평등하고 풍요로운 사회에서 최소한의 자존감과 안정감을 누리며 살아가고 있는 것일까? 『석기시대 경제학』의 저자 마셜 살린스(Marshall Sahlins)는 단호하게 아니라고 답한다. 이 책은 미국의 저명한 인류학자 살린스 교수가 약 10년에 걸친 연구를 통해 저술해 온 주요 논문들을 모아 신고전파 주류 경제학 비판이라는 하나의 일관된 주제 의식하에서 엮은 책이다. 1972년에 이 책이 처음 출판된 이래 이미 반세기 가까운 시간이 흘렀다. 하지만 신고전파 주류 경제학의 신화는 '신자유주의'라는 새로운 가면을 쓰고 여전히 맹위를 떨치고 있다. 역자가 늦게나마 이 책을 번역 소개하는 이유는 이미 경제인류학의 고전이 된 이 책의 주류 경제학 비판이 바로 지금 현재 한국 사회가 앓고 있는 몸살을 치유하고 진정한 풍요사회를 지향하는 데 필요한 지적 발판과 상상력을 제공해 줄 수 있다는 판단에서이다.

인류학, 특히 경제인류학 내에서는 '형식론'과 '실재론'이라는 두 계열의 이론적 진영 사이에 오랫동안 논쟁이 있어왔다. 형식론은 신고전파 주류 경제학의 형식적 이론과 개념들이 원칙상 단순사회 혹은 비시장사회에도 보편타당하게 적용될 수 있으며, 경제학은 무엇보다 합리적 선택에 관한 학문이라는 입장을 취한다. 한편 실재론은 경제가 '행위의 범주'라기보다 '문화의 한 범주'이며 단순히 인간의 욕구 충족 활동으로만 구성되는 것이 아니라 한 사회의 물질적 생활 과정으로서 그 사회의 권력관계 및 문화와 불가분의 관계가 있는 것으로 본다. 따라서 형식론이 경제의 물질적 과정만을 지나치게 강조함으로써 문화적 가치와 정치적 권력관계에 깊숙이 착근해 있는 경제적 질서를 일종의 자연적 질서로 환원시키고 있다고 비판한다. 또한 명시적이든 묵시적이든 형식론자들이 전제하고 있는 진화와 진보에 대한 관념이 단순사회 혹은 원시 사회의 부정적인 측면만을 부각함으로써 비시장 경제체계 내에 존재하는 고유한 합리성과 적응성을 무시해 왔다고 주장한다.

살린스 교수는 실재론의 입장에서 신고전파 경제학의 '합리적 경제인'과 경제주의적 관점, 그리고 그와 연동되어 있는 진화와 진보라는 관념이 단순사회 혹은 원시 사회의 경제에 대해 엄청난 오해를 초래했고, 이것이 현대인의 경제적 상식으로 자리매김함으로써 현대 자본주의 체제와 성장주의적 경제관을 정당화하는 중대한 이데올로기로 작용해 왔다고 주장한다. 형식론의 입장에서 보면 원시 사회의 경제는 매우 불합리하고 비효율적인 형태로 드러나고, 이는 다시 현대 자본주의사회가 가장 효율적이고 발달한 사회라는 신화를 구축하는 발판이 된다. 즉, 형식론자들은 원시 사회의 경제를 진화의 사다리 맨 하단에 위치시키고 현대 자본주의 경제체계를 그 맨 꼭대기에 위치시킴으로써 인류를 파멸의 길로 이끌 수도 있는 무분별한 경제개발과 그것이 초래하는 엄청난 환경 파괴와 인간성 말살로부터 눈멀게 한다. 반면 실재론자들의 입장에서 보면 그러한 단순사회의 경제체계는 나름대로의 합리성과 효율성을 토대로 적응적 기능을 수행하고 있는 것으로 드러난다. 나아가 이러한 관점은 물질적으로 전대미문의 풍요로움을 가능케 하고 있는 현대 자본주의 시장-산업 경제체계의 역설적인 결핍과 불평등, 환경 파괴, 인간성 상실의 이데올로기적 토대를 폭로하기도 한다.

이 책의 제1장 「원초적 풍요사회」에서는 역사적으로 구석기적 생산양식으로 분류되는 수렵채집민의 생산에 초점을 맞추어 '신석기 혁명'이라는 신화와 신고전파 주류 경제학의 이면에 도사리고 있는 부르주아 이데올로기와 원시경제에 관한 편견을 폭로한다. 수렵채집민은 구석기 수준의 기술적 무능력으로 말미암아 끊임없는 노동의 멍에를 지고 기아선상에서 열악한 삶을 살아간다고 알려져 있다. 하지만 살린스 교수는 보는 관점에 따라 수렵채집민이 오히려 자본주의 산업사회에서 가공할 물질적 풍요를 누리며 살아가는 우리보다 훨씬 더 풍요롭고 여유로운 삶을 영위할 수도 있다는 사실을 풍부한 민족지 자료를 통해 제시한다. 제2장과 제3장에서는 가구가 생산과 소비의 기본 단위로 작동하는 '가족제 생산양식'에 관한 입체적인 분석을 통해 주류 경제학의 형식론적 관점과 개념으로는 설명해 낼 수 없는 원리가 그 생산양식에 내재한다는 사실을 보여준다. 제4장 「선물의 영(靈)」에서는 마르셀 모스(Marcel Mauss)의 『증여론(Essay on the Gift)』에 대한 비판적 재고를 통해 선물 교환의 사회적·정치적 속성을 논함으로써 물질적 교환관계를 사회적 권력관계 및 도덕적 가치와 분리해서 접근할 수 없다고 주장한다. 제5장에서는 분절적인 성격의 원시적 교환관계 및 그와 맞물려 있는 세 가지 호혜성에 관한 논의를 통해 경제가 정치, 종교, 친족관계 등 사회의 여타 층위와 밀접하게 연동되어 있음을 보다 포괄적으로 밝힌다. 마지막으로 제6장에서는 원시적 교역과 분배 체계의 분석을 통해 형식론의 핵심적 개념들이 노정하는 이론적 한계와 그에 투사된 부르주아 이데올로기를 비판함으로써 인류학적 교환가치이론의 가능성을 타진한다.

이 책은 경제인류학의 고전적 쟁점과 풍부하고 흥미로운 민족지 자료를 포함하고 있다는 점에서 일차적으로 인류학, 고고학, 사회학, 정치학, 경제학, 경제사, 사학 전공자들의 교재나 연구서로 유용하게 활용될 수 있다. 하지만 이 책을 관통하고 있는 신고전파 주류 경제학에 대한 인류학적 비판을 현재의 맥락으로 호출하면, 당대 금융자본주의 체제의 모순과 그것을 떠받치고 있는 신자유주의 경제학의 신화를 폭로하고 좀 더 인간 중심적인 경제 철학과 대안적인 세계관을 모색하는 데 의미심장한 지적 토대가 될 수 있다. 따라서 이 책은 현재 한국 사회를 넘어 전 세계적 이슈로 부상하고 있는 빈곤, 불평등, 폭력과 전쟁, 환경문제의 극복을 고민하는 광범위한 독자에게 풍부한 실증적 자료와 중대한 지적 비전을 제공해 줄 수 있을 것으로 생각한다.

국내 학술서 시장의 어려움에도 불구하고 이 책의 번역 출간을 흔쾌히 허락해 준 도서출판 한울에 감사드린다. 또한 번역 초고를 함께 읽고 독자의 눈높이에서 윤문하는 데 도움을 준 경북대학교 고고인류학과의 이준원 박사와 김광구·허보인·김수민·석효정·정유진·손다인 학생, 그리고 정치학과의 신동민 학생에게도 이 자리를 빌려 고마움을 전하고 싶다. "번역은 반역이다(traduttore, traditore)". 이 말은 10여 년 전 역자가 시카고대학교 인류학과의 한 연구실에서 살린스 교수를 만나 이 책의 한국어 번역 출간 계획을 전했을 때 그가 던진 첫 마디이다. 이 유명한 문구는 번역의 근본적인 어려움과 그것이 초래할 수 있는 오류와 왜곡에 관한 경고이다. 하지만 이는 동시에 번역이 원저의 의미 지평을 새로운 시공간적 맥락에서 창의적으로 확장할 수 있다는 적극적이고 긍정적인 의미 또한 담고 있기도 하다. 따라서 원저의 뜻을 최대한 있는 그대로 전달하는 데 방점을 두고 번역에 임했지만 문화적 맥락의 차이로 말미암아 직역이 어려운 부분은 과감한 의역을 통해 의미 전달의 효율성을 도모하고자 노력했다. 또한 텍스트의 가독성을 고려해서 원저에는 제5장과 제6장 사이에 있는 부록을 마지막에 배치하기도 했다. 이러한 노력에도 번역에 많은 한계와 오류가 있을 것으로 생각된다. 당연히 번역상의 모든 오류와 오타에 관한 책임은 전적으로 역자의 몫이다.

2014년 9월
입추의 풍경으로 물든 복현골에서

서문

    이 책은 총 여섯 개의 장으로 구성되어 있다. 그중 일부는 지난 10년 동안 다양한 시점에 걸쳐 쓴 글이고, 나머지는 특별히 이 책의 출판을 위해 집필한 것이다. 하지만 이 책에 실린 모든 글은 이른바 원시 사회와 경제에 관한 영리주의적 해석을 반박할 수 있는 인류학적 경제학을 구축한다는 바람에서 구상되고 편집되었다. 필연적으로 이 책은 '형식론적' 경제이론과 '실재론적' 경제이론 사이에서 전개되어 온 최근의 인류학적 논쟁에 개입하게 된다.

    경제과학 진영에 특유한 형식론과 실재론의 논쟁은 1세기가 넘는 역사를 가지고 있다. 하지만 이렇게 긴 역사에도 불구하고 이 논쟁의 내용은 보잘것 없어 보인다. 마르크스가 애덤 스미스를 논박하며 근본적인 쟁점들을 밝힌 이래 크게 달라진 바가 없기 때문이다(Althusser et al., 1966, Vol. 2). 하지만 인류학의 형태로 이루어진 최근의 논쟁들은 논의의 초점을 일정 정도 변화시켜 왔다. 출발 당시의 문제가 경제학의 '미숙한 인류학'이었다면, 오늘날은 인류학의 '미숙한 경제학'이 문제이다. '형식론 대 실재론'은 다음과 같은 이론적 선택으로 구성된다. 형식론은 정통경제학, 특히 '미시경제학'의 기존 모델이 원시 사회에도 일반적으로 적용 가능하고 보편적 타당성을 지닌다는 입장이다. 실재론은 형식론이 근거 없다는 전제하에서 인류학의 연구대상 사회와 지적 역사에 좀 더 적합한 새로운 분석방법을 개발할 필요가 있다는 입장을 취한다. 포괄적으로 정리하면, 이 논쟁은 형식론적 방법에 입각해서 원시 경제를 현대 경제의 단순한 저발전판으로 간주할 수밖에 없는 영리주의적 관점을 취할 것인가, 아니면 원칙적으로 상이한 사회들에 있는 그대로의 자격을 부여하는 문화론적 관점을 취할 것인가 하는 양자택일의 문제로 수렴된다.

이 논쟁은 아직 어떠한 해결책도 제시하지 못하고 있을 뿐만 아니라, '해답은 두 입장의 중간 어디쯤인가에 존재한다'는 식의 낙관적인 결론을 이끌어낼 근거도 없다. 이 책은 실재론적 관점에 입각해 있다. 따라서 실재론의 전통적 범주들이 제공하는 바와 유사한 구조를 취한다. 전반부의 글들은 생산에 초점을 맞추고 있다. 「원초적 풍요사회」와 「가족제 생산양식」이라는 장이 거기에 해당한다(후자를 편의상 제2장과 제3장으로 나누었지만 하나의 연속적인 논의를 구성한다). 다음에 이어지는 장에서는 논의의 초점이 분배와 교환으로 옮겨간다. 「선물의 영(靈)」, 「원시교환의 사회학」, 「교환가치와 원시교역의 외교수완」이라는 세 개의 장이 바로 그것이다. 하지만 무엇인가에 대한 주장에는 그에 대한 반박이 동시에 포함되어 있다. 즉, 이 책의 이와 같은 배열은 다른 한편으로 더욱 은밀한 논쟁전략을 숨기고 있기도 하다. 제1장의 「원초적 풍요사회」에서는 형식론의 용어들을 논박한다. 하지만 '경제'를 수단과 목적 간의 관계로 이해하는 통상적인 관점 자체에 도전하지는 않는다. 단지 수렵채집민이 이 두 개념 사이의 차이를 분명하게 인식한다는 점을 부정하는 것으로 만족한다. 그렇지만 이어지는 장에서는 경제적 대상에 관한 영리주의적·개인주의적 개념화를 분명하게 포기한다. '경제'는 행위의 범주라기보다 문화의 한 범주, 즉 합리성이나 분별성이라기보다 정치 및 종교와 동일한 차원에 있는 것이고, 개인의 욕구 충족 활동이 아니라 한 사회의 물질적 생활 과정으로 간주된다. 마지막 장에서는 경제학적 정통성에 관한 논의로 회귀하지만, 그 문제틀(problématique)이 아니라 구체적인 문제들(problems)로 돌아간다. 끝으로 미시경제학의 전통적 과제인 교환가치의 분석에 천착할 수 있는 인류학적 관점의 구축을 모색해 볼 것이다.

이상과 같은 모든 시도에도 불구하고 이 책의 목표는 그리 거창하지 않다. 단지 몇몇 구체적인 사례를 통해 인류학적 경제학의 가능성을 타진해 보는 데 만족할 것이다. 형식론의 한 대변인은 최근에 발행된 학술지 ≪당대 인류학(Current Anthropology)≫[*]의 지면을 통해 실재론적 경제학이 소멸했다고 유감없이 선언했다.

이 논쟁에서 낭비된 말들은 논쟁의 지적 중요성에 전혀 보탬이 되지 않는다. 폴라니(Polanyi)를 위시한 학자들의 유명한 연구들이 예증하는 바와 같이, 실재론자들은 출발단계부터 엉망진창이었고 오류를 범했다. 6년이라는 짧은 시간 동안에 그 오류가 어디에 있는가를 밝힐 수 있었다는 것은 경제인류학이 성숙하는 데 중대한 공헌이었음이 틀림없다. 쿡(Cook, 1966)이 대학원 시절에 쓴 논문이 논쟁을 깔끔하게 종결시켰다. …… 사회과학도 일종의 사업이라고 할 수 있지만, 그렇다고 해서 취약하고 무용하며 혼란스러운 가설들을 폐기처분하는 것은 사실상 불가능하다. 그리고 나는 고차원적인 혼란을 초래한 자들의 다음 세대가 또 다른 가면을 쓰고 경제에 관한 실재론적 관점을 다시 부활시킬 것이라고 예상한다(Nash, 1967: 250).

이 책의 논의는 부활한 것도 아니고 미미한 불멸의 흔적도 보여주지 않는다. 그렇다면 이를 어떻게 설명할 수 있을까? 단지 약간의 실수가 있었기를 바랄 뿐이다. 이와 유사한 사례인 마크 트웨인(Mark Twain)[**]의 경우처럼, 실재론의 종말에 관한 보고들은 지나치게 과장된 것이었다.

---

[*] 미국 시카고대학교 출판부가 발간하는 세계적 권위의 인류학 전문학술지._옮긴이
[**] 1835~1910, 미국의 풍속과 물질문화에 대한 사실적 묘사와 속어의 사용 등으로 미국인의 눈을 통해 미국적 세계를 재현하고자 시도했던 천재적 작가. 여기서는 그가 만년에 사교계의 명사가 되었으나 본분을 망각하고 진면목을 발휘하지 못했던 데 대해 쏟아져 나온 섣부른 비판들을 빗대어 말하는 것 같다._옮긴이

여하튼 나는 실재론을 방법론적 형태로 직접 부활시키려는 시도는 피하고자 한다. '경제인류학'의 최근 저술들은 이미 그러한 수준의 논의들로 넘쳐나고 있다. 그리고 그중 많은 논의가 긍정적인 의미에서 모범적으로 보인다. 하지만 전체적인 효과는 모든 이를 원래 자신들의 편견 속으로 다시 가두어버린 데 불과했다. "자신의 의지에 반(反)해서 설득된 자는 여전히 동일한 의견을 가지고 있을 따름이다." 이성은 불충분한 중재자로 밝혀졌다. 그러는 동안 논쟁의 청중들은 싫증이 나서 급격하게 감소하고, 이로 인해 주요 참여자들조차도 이제 논쟁을 그만두고 연구나 해야겠다고 선언하고 있다. 이 점 또한 이 책이 담고 있는 정신 중 하나이다. 공식적으로 나는 스스로를 과학이라고 생각하는 분야의 한 참여자로서, 이 책의 글들 자체에, 그리고 이 글들이 최소한 경쟁하는 다른 이론적 양식보다는 문제를 더 잘 설명해 줄 것이라는 믿음에 의거해서 논의를 전개할 것이다. 이는 바로 모든 꽃들이 만발하도록 두고 어느 쪽이 진정한 열매를 맺을지 지켜본다는 식의 전통적이면서도 건전한 절차이다.

하지만 이러한 공식적 입장이 나의 진정한 신념에서 우러나온 것은 아니라는 점을 밝히고 싶다. 이와 같은 종류의 인류학은 '사회과학'의 은유적 외피를 걸친 자연과학으로서 이론의 논리적 충분함뿐만 아니라 그 경험적 적합성에 관해서도 일정한 합의점을 도출해 낼 수 있는 능력을 거의 보여주지 못해왔던 것 같다. 홉스(Hobbes)가 오래 전에 말했듯이, "진리와 인간의 이익이 서로 대립하지 않는" 수학과 달리 사회과학에서는 아무것도 명백한 것이 없기 때문이다. 사회과학은 "인간을 비교하고 그들의 권리와 이해관계에 관여한다". 따라서 "이성이 인간과 대립하는 만큼 인간은 이성과 대립한다". 진리성이 아니라 두 입장 중 하나를 인정하는 것이 쟁점인 한, 형식론과 실재론 사이의 결정적인 차이는 이데올로기적인 것이 된다. 서구의 부르주아적 범주를 구현하는 형식론적 경제학은 국내에서는 이데올로기의 형태로 국외에서는 자민족

중심주의의 형태로 번성한다. 형식론은 실재론과 대립할 때 부르주아 사회와의 뿌리 깊은 양립 가능성에서 큰 힘을 얻는다. 그렇다고 해서 형식론과 실재론 사이의 논쟁이 두 이데올로기 사이의 대립일 수 있다는 사실을 부정하는 것은 아니다.

초창기 물리학자와 천문학자들은 기성 교회의 도그마 아래에서 연구하고 신과 군주에게 의탁했음에도 불구하고 최소한 자신이 무엇을 하고 있는지에 대해서는 알고 있었다. 이 책의 논의는 그러한 도그마가 융통성 있는 것으로 판명될 것이라는 환상에서가 아니라 신은 공평무사하다는 점에서 그와 동일한 모순을 이용한다. 비록 형식론적 사고와 인류학적 사고 사이에 존재하는 정치적·이데올로기적 차이는 논의에서 배제될 것이지만, 이 때문에 이 책에 실린 글들의 결과적 중요성이 감소하는 것은 아니다. 우리는 실재론이 사멸했다는 말을 듣고 있고, 정치적으로 최소한 세계의 특정 부분에서는 그럴 수도 있다. 즉, 그 꽃은 싹이 꺾여버린 것이다. 한편 부르주아 경제학은 역사적으로 그것을 부양해 주었던 사회와 운명을 함께하도록 기획되어 그 운이 다했다고 생각할 수도 있다. 둘 중 어느 경우도 결정은 현대 인류학의 몫이 아니다. 적어도 우리는 그러한 결정이 전적으로 사회의 몫이자 신의 몫임을 알 만큼 충분히 과학적이다. 그동안 우리는 신이 비를 내려줄 것인지 아니면 어느 뉴기니 부족의 신처럼 오줌을 뿌려줄 것인지 기다리면서 우리의 밭을 갈아야만 한다.

제1장

원초적 풍요사회

경제학이 음울한 과학(dismal science)*이라면 수렵채집 경제에 관한 연구는 그중 가장 음울한 분야임이 틀림없다. 수렵채집민에 관한 책들은 구석기 시대의 삶이 고달팠다는 주장을 거의 보편적으로 받아들여 그들의 삶이 파멸에 임박해 있다는 관념을 전하기에 여념이 없다. 하지만 수렵채집민이 실제로 어떻게 삶을 꾸려나갔으며, 또 그들의 삶이 도대체 삶다운 삶이거나 했던가에 대해서는 의구심만 남겨두고 있다. 책의 지면을 통해 굶주림의 유령이 이들 사냥꾼을 은밀하게 뒤쫓고 있다. 그들은 기술적인 무능력으로 인해 일말의 휴식과 잉여도 제공받지 못한 채 단순한 생존을 위해 끊임없이 노동해야 하고, 이 때문에 '문화를 창조하기 위한' 최소한의 '여가'도 즐길 수가 없다. 수렵채집민은 모든 노력에도 불구하고 열역학적으로 가장 낮은 수준, 즉 다른 어떤 생산양식보다 낮은 1인당 연간 에너지 소비량에 머물고 있는 것으로 묘사된다. 그리고 그들은 경제발전에 관한 논문들 속에서도 주로 부정적인 사례, 즉 이른바 '생계경제'를 대표하는 것으로 여겨진다.

이러한 종류의 전통적인 사고방식에는 상당히 강한 내성이 존재한다. 따라

---

*   영국의 빅토리아 시대 역사가인 토머스 칼라일(Thomas Carlyle, 1795~1881)이 인류의 미래를 부정적으로 전망한 맬서스(Malthus)의 경제학을 비판하기 위해 사용한 경멸적인 표현._옮긴이

서 그것을 바꾸기 위해서는 논쟁적으로 반박하고 필요한 수정을 변증법적으로 제시해야만 한다. 세밀하게 검토해 보면 사실 수렵채집 사회야말로 원초적으로 풍요로운 사회였음을 알 수 있다. 역설적이게도 이 진술은 또 하나의 유용하면서도 예기치 못한 결론으로 우리를 이끈다. 일반적인 이해에 따르면, 풍요로운 사회는 모든 사람의 물질적 필요가 쉽게 충족되는 사회이다. 수렵채집민이 풍요롭다고 주장하는 것은 인간의 조건이 이미 정해져 있는 어떤 비극이고 인간은 무한한 욕구와 희소한 수단 사이의 항구적인 불일치하에서 힘겨운 노동의 원죄를 짊어지고 살아가야만 한다는 생각 자체를 부정한다.

　풍요로움에는 두 가지 길이 있다. 다시 말해 욕구는 더 많은 생산을 통해 충족될 수도 있고, 조금 덜 원함으로써 '쉽게 충족될 수도 있다'. 우리 서구인들에게 익숙한 개념인 갤브레이스적 노선(Galbraithean way)* 은 시장경제에 특히 적합한 가정에 입각해 있다. 즉, 인간의 욕구가 무한하지는 않지만 매우 크고, 그것을 충족시키는 수단은 개선의 여지는 있지만 제한적이며, 산업생산성을 통해 수단과 목적 사이의 불균형을 적어도 '핵심 필수품'이 풍부해지는 정도까지는 해소할 수 있다는 것이다. 하지만 풍요로움에는 선(禪)적 노선(Zen road) 또한 존재한다. 이 노선은 우리 서구인들과는 다소 상이한 전제, 즉 인간의 물질적 욕구는 유한하고 작으며 기술적 수단은 변함없지만 전반적으로 적합하다는 전제에서 출발한다. 선적 노선을 택하면 낮은 생활수준에 입각해서 전대미문의 물질적 풍요를 누릴 수 있다.

　나는 이러한 선적 노선이 다름 아닌 수렵채집민의 삶을 묘사하고 있다고 생각한다. 그리고 이는 수렵채집민의 다소 기이하게 보이는 경제행위, 예컨대 수중에 있는 모든 포획물을 즉각 소비해 버리는 성향인 '낭비벽'을 설명하는 데도 도움이 된다. 수렵채집민의 경제적 성향은 희소성이라는 시장의 강

---

* 　갤브레이스(1908~2006)는 미국의 경제학자로서 자본주의를 비판적으로 바라보는 제도학파의 영향을 이어받았다._옮긴이

박관념으로부터 자유롭기 때문에 우리보다 더 일관적으로 풍요로움에 바탕을 둔 것일 수도 있다. 데스튜트 드트라시(Destutt de Tracy)*는 비록 '냉혈한적인 부르주아 교조주의자'로 칭해졌지만, 적어도 "가난한 나라의 사람들은 안락하게 생활하는 반면 부유한 나라의 사람들은 일반적으로 빈곤하다"는 그의 주장에 마르크스도 동의할 수밖에 없었다.

여기서 나는 전(前) 농경(農耕) 경제가 심각한 압박하에서 작동한다는 사실을 부정하려는 것이 아니다. 단지 현대의 수렵채집민들로부터 수집한 증거에 입각해서 일반적으로 성공적인 적응이 이루어졌다는 사실을 밝히고자 한다. 여기서는 먼저 이러한 주장을 입증하는 증거를 제시한 후에, 말미에 가서 구석기 시대의 빈곤이라는 통상적인 공식**을 통해서는 결코 적절하게 조명할 수 없는 수렵채집 경제의 실질적 어려움에 관해 다시 논의할 것이다.

오해의 원인

'순전한 생계경제', '예외적인 환경하에서만 가능한 제한된 여가', '끊임없는 식량추구', '불충분하고 상대적으로 불안정한' 자연자원, '경제적 잉여의 부재', '최대 다수의 사람으로부터 최대 에너지의 이용' 등의 표현은 수렵채집에 관한 매우 일반적인 인류학적 견해를 구성한다.

호주 원주민은 경제적 자원이 가장 부족한 사람들 중에서도 고전적인 예에 속한

---

* 1754~1836, 프랑스의 군인이자 철학자로서 이데올로기라는 개념을 처음 체계화한 사람으로 알려져 있다._옮긴이
** 신석기 혁명이라 불리는 농경의 시작으로 인해 생산성이 급격하게 높아졌다는 일반적인 도식을 통해 구석기 시대의 수렵채집형 생계양식이 신석기 시대의 농경보다 더 빈곤하고 열악했다는 결론을 도출해 낸다._옮긴이

다. 북부 지방은 예외일 수도 있지만, 많은 지역의 원주민들이 심지어 부시맨보다 더 열악한 환경에서 살고 있다. …… 서북부 중앙 퀸즐랜드(Queensland)의 원주민들이 거주 지역에서 획득하는 먹을거리의 목록은 많은 것을 시사한다. …… 목록에서 보이는 다양성이 인상적이기는 하다. 하지만 그 다양성이 풍요로움을 의미하는 것으로 착각해서는 안 된다. 목록에 기재되어 있는 각 품목의 이용 가능한 물량이 너무나 적어서 그것을 최대한 집약적으로 활용하는 한에서만 겨우 생계가 가능하기 때문이다(Herskovits, 1958: 68~69).

아니면 다시 남아메리카 수렵채집민의 경우를 보도록 하자.

유랑생활을 하는 수렵채집민은 생계상 최소한의 필요도 겨우 충족시키고, 그보다 훨씬 부족한 상태에 빠지는 경우도 흔했다. 10~20평방마일당 1명에 불과한 인구밀도가 그 사실을 잘 반영한다. 식량을 찾아 끊임없이 이동해야 하기 때문에 비생계활동을 위한 여가시간을 거의 가질 수 없었고, 남는 시간에 무엇인가 만들더라도 극히 소량만 운반할 수 있었다. 그들에게 충분한 생산은 단순한 육체적 생존을 의미했고, 잉여생산물이나 시간적인 여유도 거의 누릴 수 없었다(Steward and Faron, 1959: 60; cf. Clark, 1953: 27f; Haury, 1962: 113; Hobel, 1958: 188; Redfield, 1953: 5; White, 1959).

하지만 수렵채집민의 처지를 부정적으로 바라보는 전통적인 관점은 인류학이라는 학문 이전의 것이자 인류학을 벗어난 것이기도 하다. 이는 또한 역사적으로 특수한 관점일 뿐만 아니라 인류학이 작동하고 있는 더욱 큰 경제적 맥락과 맞물려 있기도 하다. 이 관점은 애덤 스미스가 저술활동을 하던 시대, 혹은 아무도 저술활동을 하지 않던 시대로까지 거슬러 올라갈 수도 있을 것이다.[1] 아마 이 부정적인 관점은 최초의 신석기적 편견들 중 하나, 즉 수렵

채집민의 자원이용 능력에 관한 이데올로기적 평가를 통해 그들에게는 자원
이용 능력이 결여되어 있다고 생각해 버리는 역사적 과제에 가장 적합했을
것이다. 우리는 '동으로, 서로, 북으로 널리 확산되었던' 야곱의 씨앗*과 함께
그러한 신석기적 편견을 물려받았고, 이는 그의 형이자 지혜로운 사냥꾼이
었지만 장자로서의 상속권을 박탈당했던 에서(Esau)에게 불리하게 작용했음
이 틀림없다.

하지만 수렵채집 경제에 관한 부정적인 견해가 단지 신석기적 자민족중심
주의에서 비롯된 것만은 아니다. 여기에는 부르주아 자민족중심주의도 마찬
가지로 연루되어 있다. 즉, 모든 면에서 인류학적 경제학이 반드시 벗어나야
할 이데올로기적 함정인 현존하는 영리주의 경제도 수렵채집 생활에 관해 동
일한 종류의 부정적 견해를 확산시키는 데 한몫 하고 있음이 틀림없다.

절대적인 빈곤에도 불구하고 수렵채집민이 나름대로 풍요로운 경제적 삶
을 누리고 있다는 주장이 그렇게도 역설적인 것일까? 현대 자본주의사회는
아무리 자원이 풍부하더라도 희소성이라는 문제에만 몰두하고 있다. 세계에
서 가장 부유한 사람들이 경제적 수단의 결핍을 제1의 원칙으로 신봉하고 있
다. 경제의 명백한 물질적 측면은 그것이 성취한 결과에 대해 어떠한 실마리
도 제공해 주지 못하는 것 같다. 따라서 경제의 조직양식 자체에 대해서 무엇
인가 논의되어야 할 필요가 있다(cf. Polanyi, 1947, 1957, 1959; Dalton, 1961).

시장·산업 체계는 완전히 전대미문의 방식으로, 그리고 그 어떤 곳에서도
근접하지 못한 수준으로 희소성을 제도화하고 있다. 생산과 분배가 가격변동
에 의해 결정되고 생계의 모든 측면이 수입과 지출에 의존해 있는 곳에서는,
물질적 수단의 부족이 모든 경제활동의 명백하고도 계산 가능한 출발점이 된

---

1)   적어도 루크레티우스(Lucretius, B.C.94?~55, 로마의 시인이자 철학자)가 책을 쓰던 시대까지는
     거슬러 올라갈 것이다(Harris, 1968: 26~27).
*   농경을 의미함._옮긴이

다.[2] 기업가는 한정된 자본의 대안적 투자라는 문제에, 그리고 노동자는 (희망에 불과한 경우가 대부분이지만) 적절한 보수를 받는 일자리의 대안적 선택이라는 문제에 직면해 있다. 그러면 소비자는 어떤가? 소비는 결핍에서 출발해서 상실로 끝나는 이중적인 비극이다. 시장이 국제 노동분업을 하나로 통합하면서 진열장에 진열되어 있는 휘황찬란한 생산품들을 이용하는 것이 가능해졌다. 우리는 이 모든 좋은 것들에 대해 접근 가능하지만 결코 모든 것을 수중에 넣고 있는 것은 아니다. 설상가상으로 이러한 소비자의 자유선택 게임에서 모든 획득은 동시에 상실이 된다. 무엇인가를 구매한다는 것은 대신 가질 수 있는 어떤 다른 것―그것은 일반적으로 약간 덜 원하는 것이거나 일부 특별한 경우에는 더 원하는 것일 수도 있다―을 앞서 포기하는 것이기 때문이다. 예를 들어, 플리머스(Plymouth) 자동차를 산다면 동시에 포드 자동차를 가질 수는 없다는 것이다. 그리고 최근 TV 광고를 보면 소비가 수반하는 상실이 단순히 물질적인 것 이상이라는 사실도 알 수 있다.[3]

　'고된 노동을 통한 생활'이라는 구절은 특이하게 우리 서구인들에게만 확산되어 있는 표현이다. 희소성은 우리의 경제가 천명하는 조건이다. 따라서 희소성은 주어진 상황하에서 가능한 한 최대의 만족을 이끌어내기 위해 부족한 수단을 양자택일적인 목적에 적용한다는 우리 경제학의 기본 공리이기도 하다. 우리는 바로 이와 같이 우월하면서도 불안한 위치에서 수렵채집민을 되돌아본다. 하지만 모든 기술적 혜택을 누리고 있는 현대인조차 필요한 수단을 여전히 확보하지 못하고 있다면, 하물며 가진 것이라고는 하찮은 활과 화살뿐인 그런 벌거벗은 원시인에게 도대체 어떤 가능성이 있을 수 있을까?

---

2)　이러한 계산에 필요한 역사적으로 특수한 조건에 관해서는 코데르(Codere, 1968)의 연구, 특히 pp.574~575를 참조하라.
3)　자본주의적 생산조건하에서 이루어지는 '희소성'의 추가적 제도화에 대해서는 고즈(Gorz, 1967: 37~38)를 보라.

만약 구석기 수준의 도구밖에 없는 수렵채집민이 부르주아적 욕망으로 무장하게 된다면, 그 즉시 절망적인 상황에 빠지게 되리라는 것은 불을 보듯 훤한 이치이다.[4]

하지만 희소성은 기술적 수단에 내재하는 특질이 아니다. 그것은 수단과 목적 간의 관계에 불과하다. 여기서 수렵채집민은 건강한 생존이라는 한정된 목적에 관심이 있고 그 목적을 달성하는 데 활과 화살만으로도 충분하다는 경험적 가능성을 인정해야 한다.[5] 하지만 인류학 이론과 민족지적 연구에 특유한 다른 종류의 관념들은 마치 공모라도 한 듯 그와 같은 이해를 배제해 왔다.

인류학이 수렵채집민의 경제적 비효율성을 과장하는 경향은 수렵채집 경제를 신석기 경제와 차별적으로 비교하는 데서 분명히 드러난다. 로위가 단호하게 주장하는 바처럼, 수렵채집민은 "살아남기 위해서 농경민이나 목축민보다 훨씬 더 열심히 일해야 한다"(Lowie, 1936: 23). 특히 진화주의 인류학자들은 이러한 통상적인 비난적 어조가 적합할 뿐만 아니라 심지어 이론적으로도 필수적인 것이라고 생각한다. 민속학자와 고고학자들은 신석기 혁명의 선봉에 서 혁명가였다. 그들은 신석기 혁명에 대한 열정으로 구체제(구석기시대)를 거침없이 비난했다. 구석기 시대에 관한 일부 매우 오래된 악평도 이와 동일한 맥락에 있다. 초창기 철학자들만이 인류의 초기 단계를 문화가 아닌 자연에 귀속시키려 했던 것은 아니다. "그저 짐승들을 잡아먹기 위해 쫓아다니거나 딸기류 밭을 여기저기 옮겨 다니는 데 일생을 소모하는 사람들은 실제로 짐승이나 마찬가지로 산다"(Braidwood, 1957: 122). 수렵민은 이런 식

---

4) 원시인의 빈곤에 관한 태도에서만큼은 당대 유럽의 마르크스주의 이론도 부르주아 경제학과 크게 다르지 않다는 점에 주목할 만한 가치가 있다. 부하린(Boukharine, 1967), 맨델(Mandel, 1962, Vol. 1), 그리고 루뭄바(Lumumba)대학교에서 사용되고 있는 경제사 매뉴얼(참고문헌에 'Anonymous, n.d.,'로 정리되어 있음) 등을 보라.

5) 엘만 서비스는 민족지학자 중 거의 유일하게 수렵채집민의 처지에 관한 전통적인 견해를 오랫동안 반박해 왔다. 이 글은 아룬타(Arunta)족의 여가생활에 관한 그의 분석(Service, 1963: 9)뿐만 아니라 그와의 개인적 대화를 통해서도 영감을 얻은 바가 크다.

으로 평가절하되었고, 인류학은 신석기 시대의 대약진운동, 즉 "순전한 식량 추구로부터의 해방을 통해 여가의 일반적 이용"(Braidwood, 1952: 5; cf. Boas, 1940: 285)을 가능케 했던 중대한 기술적 진보를 기꺼이 찬양했다.

레슬리 화이트는 「에너지와 문화 진화(Energy and Evolution of Culture)」라는 제목의 영향력 있는 논문에서, 신석기 시대는 "농경과 목축 기술을 통해 이용하고 통제하는 연간 1인당 에너지량의 괄목할 만한 증가로 인해 문화발전에 위대한 진보를 이룩했다"(White, 1949: 372)라고 주장했다. 화이트는 구석기 문화의 주요 에너지원인 **인간의 노력**을 신석기 문화의 **길들인 동식물자원**과 대비시킴으로써 두 문화 간의 진화상 차이를 더욱 분명히 했다. 동시에 이러한 에너지결정론으로 인해 수렵채집민의 열역학적 잠재력—이는 1인당 1/20마력의 '평균 동력 에너지원'(White, 1949: 369)을 가진 인간의 신체를 이용해서 발휘된다—을 명확히 낮게 평가해 버렸다. 심지어 신석기 시대의 문화적 프로젝트로부터 인간의 노력을 제거해 버림으로써 노동절약 장치(길들인 동식물)를 통해 인류가 노동에서 해방된 것처럼 보이게 만들었다. 그러나 화이트의 문제틀은 명백하게 잘못 구상된 것이었다. 구석기 시대와 신석기 시대에 이용 가능했던 주요 물리적 에너지는 모두 인간에 의해 공급되었는데 이는 동식물자원으로부터 전환된 것이었다. 따라서 무시해도 될 정도의 예외적인 경우(드물게 비인간 에너지를 직접적으로 사용하는 경우)가 있기는 하지만, 구석기 경제와 신석기 경제는 연간 이용된 1인당 에너지 면에서 동일했고, 이는 산업혁명 이전까지 긴 인류 역사 동안 거의 변함없는 조건으로 남아 있었다.[6]

---

6) 화이트 진화론의 명백한 오류는 '1인당'이라는 척도의 사용에 있다. 신석기 사회는 길들임을 통해 유지되는 에너지 제공 인구수가 더 많았기 때문에 전 농경 사회보다 더 많은 에너지 총량을 사용했다. 하지만 사회적 생산의 이러한 전체적 증가가 반드시 노동생산성의 증대—화이트의 관점에서 볼 때 이것 또한 신석기 혁명이 수반하는 것이다—에 영향을 받은 것은 아니다. 현재 이용 가능한 민족지 자료(아래의 책을 보라)는 단순농경 시대가 수렵채집 시대보다 열역학적—인간 노동 단위당 에너지 생산—으로 더 효율적이지 않을 수도 있다는 가능성을 제시하고 있다. 동일한 맥락에서 최근의 일부 고고학은 신석기적 진보에 대한 설명을 할 때 노동생산성보다는 거주

구석기 시대의 불만족에 관한 인류학적 편견의 또 다른 원천은 현지조사의 맥락, 즉 유럽인들이 호주 원주민, 부시맨, 오나(Ona)족, 야간(Yahgan)족 같은 현존 수렵채집민을 관찰하는 맥락 자체에서 비롯되었다. 이러한 민족지적 현지조사의 맥락은 수렵채집 경제에 관한 우리의 이해를 두 가지 방식으로 왜곡하는 경향이 있다.

첫째, 그것은 미개하다는 인상을 받을 수 있는 특별한 기회를 제공해 준다. 현존 수렵민의 문화적 무대인 멀고 이국적인 환경은 그들의 곤궁한 처지에 관한 유럽인의 평가에 대해 가장 심한 반감을 품은 사람들에게도 영향을 미치게 된다. 호주나 칼라하리의 사막은 농경에 적합하지 않을 뿐만 아니라 유럽인의 일상적 경험과도 크게 동떨어져 있다. 따라서 교육받지 못한 관찰자라면 누구나 '도대체 누가 이런 곳에서 살아갈 수 있을까?'라는 의문을 품을 수밖에 없도록 만든다. 원주민들이 순전한 생계도 근근이 꾸려 나간다는 추정은 놀라울 정도로 다양한 그들의 식단을 통해 더욱 강화되기 쉽다(cf. Herskovits, 1958). 이 지역의 음식은 통상 유럽인들이 불쾌하고 먹을 수 없는 것으로 간주하는 것을 포함하고 있고, 이는 수렵채집민이 굶어 죽을 지경에 처해 있다는 추정을 하도록 만드는 데 일조한다. 물론 그러한 결론은 후기보다는 초창기의 설명에서, 그리고 인류학자의 논문보다는 탐험가나 선교사들의 저널에서 더 쉽게 발견된다. 하지만 탐험가들의 보고서가 분명히 더 오래되었고 그로 인해 원주민들의 원래 환경과 더 근접한 내용을 담고 있다는 점 때문에 일정 정도의 타당성을 인정받고 있기도 하다.

그러나 그렇게 인정하는 데는 분명한 분별력이 필요하다. 조지 그레이 경이 남긴 기록(Grey, 1841)에 주목해 보도록 하자. 그레이 경은 1830년대에 호주 서부에 있는 상대적으로 가난한 지역들을 탐험했다. 그럼에도 지역 주민

의 안정성에 우위를 부여하는 경향을 보여준다(cf. Braidwood and Wiley, 1962).

에 관해 매우 세심한 주의를 기울인 결과 그들이 경제적으로 곤궁한 처지에 있다는 동료들의 보고를 비판하게 되었다. 그는 호주 원주민들이 "생계수단이 부족하거나 심각한 식량부족을 자주 경험하고 있다"라고 생각하는 것은 매우 일반적으로 저지르는 실수라고 기록했다. 이러한 측면에서 여행자들이 빠져들기 쉬웠던 오류는 매우 많았고, 그것도 "거의 우스꽝스러울" 정도였다. "그들은 여행기에서, 불행한 원주민들이 기근으로 인해 매우 제한된 종류의 식량에만 의존해서 생존해야 하는 비참한 운명에 처해 있고, 그런 종류의 식량을 오두막 근처에서 찾아 헤매고 있다면서 탄식한다. 하지만 대부분의 경우 그들이 언급한 음식은 원주민들이 가장 귀하게 여기는 것이고, 맛이 없거나 영양이 부족한 것도 아니다." 그레이 경은 야생 상태에 있는 사람들의 습속과 관습에 대한 몰이해를 분명하게 보여주기 위해 동료 탐험가였던 스터트(Sturt) 대령에 얽힌 흥미로운 예를 들고 있다. 스터트 대령은 미모사(mimosa)* 고무를 채집하고 있던 한 원주민 집단과 마주쳤을 때, "이 불행한 피조물들은 극단적인 상황에 처해 다른 종류의 식량을 전혀 조달할 수 없기 때문에 이런 끈적끈적한 것을 채집할 수밖에 없다"라고 생각했다. 하지만 그레이 경은 미모사 고무가 그 지역에서 가장 선호되는 식품이고, 제철이 되면 엄청난 수의 사람이 함께 모여서 야영생활을 할 수 있는 기회를 제공해 준다고 주장했다. 그는 다음과 같이 결론 내리고 있다.

원주민들은 전반적으로 잘 살고 있다. 어떤 지역에서 특정한 계절에 약간의 식량 부족이 발생할 수도 있지만, 그런 상황이 발생하면 당분간 그 지역을 버리고 떠난다. **여행자나 타 지역 원주민은 어떤 지역에 풍부한 식량이 있는지 전혀 판단할 수 없다.** …… 하지만 자기 지역에 있는 원주민의 경우는 상황이 매우 다르다. 그

---

* 아카시아의 일종._옮긴이

들은 그 지역에서 무엇이 나는지, 어떤 식량이 언제 제철인지, 그리고 그것을 채취할 수 있는 가장 용이한 수단이 무엇인지를 정확히 알고 있다. 그들은 상황에 따라서 여러 사냥터 중 어디를 찾아갈 것인지를 정한다. 그리고 **나는 그들의 오두막 안에서 항상 최상의 풍요로움을 발견할 수 있었다고 말할 수밖에 없다**(Grey, 1841, Vol. 2: 259~262; cf. Eyre, 1845, Vol. 2: 244f; 필자의 강조).[7]

그레이 경은 유럽인이 거주하는 지역과 그 인근에 사는 원주민 **룸펜 프롤레타리아**들을 이러한 긍정적 평가에서 배제시키려고 세심한 주의를 기울였다(cf. Eyre, 1845, Vol. 1: 250, 254~255). 하지만 이러한 배제 자체가 의미심장하다. 즉, 그것은 현존 수렵채집민에 관한 인류학적 연구가 전반적으로 옛 원시인에 관한 연구라고 생각하는 민족지적 오류의 이차적인 원인을 제공해준다. 그레이는 사라져버린 사회에 대한 연구가 현존 수렵채집민에 의거해서 수행되고 있다고 말한 바 있다.

현존하는 수렵채집민은 대체로 원래의 생활근거지로부터 추방당한 사람들이다. 그들은 자신들의 고유한 생산양식에 적합하지 않은 열악한 환경에 내몰려 있는, 권리를 박탈당한 구석기인들이다. 그들은 문화발전의 주요 중심권에서 너무나 멀리 떨어져 있어서 문화진화를 향한 전 지구적 차원의 행진으로부터 약간의 유예를 허락받은 채 이 시대의 은신처에서 살고 있다. 그들은 좀 더 선진적인 경제체계의 이해관계와 반응범위에서 멀리 벗어나 너무나 빈곤하게 살아가고 있기 때문이다. 북미 북서부 해안 인디언의 경우처럼, 유리한 환경하에서 논쟁의 여지없는 (상대적) 풍요로움을 누렸던 수렵채집민은 논외로 두기로 하자. 처음에는 농경에 의해 나중에는 산업경제에 의해 지구상의 좀 더 바람직한 영역으로부터 쫓겨났음에도 불구하고 여전히 살아남은

---

7) 이와 유사한 진술로 호주 동부의 사혈요법에 관한 선교사들의 오해를 다루고 있는 핫지킨슨 (Hodgkinson, 1845: 227)의 책을 참조하라.

수렵채집민은 후기 구석기 시대의 평균보다 다소 열악한 생태적 조건하에서 살아가고 있다고 봐야 할 것이다.[8] 더욱이 지난 2세기 동안 유럽의 제국주의적 팽창이 초래한 파괴는 너무나 심각해서, 인류학자들의 지적 상품창고를 채우고 있는 민족지적 기록 대부분이 오염된 문화적 재화에 불과하다고 해도 과언이 아닐 정도이다. 자민족중심주의적 곡해는 차치하더라도, 심지어 탐험가와 선교사들의 설명도 대부분 고통받는 경제에 관한 이야기에 지나지 않는다(cf. Service, 1962). 『예수회 관계(Jesuit Relation)』라는 책에서 볼 수 있는 캐나다 동부의 수렵채집민은 이미 17세기 초에 모피무역에 전념하고 있었다. 여타 수렵채집민의 환경은 그들의 토착적 생산에 관해 믿을 만한 보고서가 작성되기도 전에 유럽인들에 의해 선택적으로 파괴되어 버렸다. 우리가 아는 에스키모는 더는 고래사냥을 하지 않고, 부시맨은 사냥감을 빼앗겨 버렸으며, 쇼쇼니(Shoshoni) 인디언의 피논(pinon)*은 목재로 변했고 그들의 사냥터는 소들이 먹어치워 버렸다.[9] 우리는 다름 아닌 바로 이런 사람들을 두고 빈곤에 찌들어 있다고 하고 그들의 자원은 '열악하고 불안정하기 짝이 없다'고 주장해 왔다. 그렇다면 그것은 원주민들의 원래 조건을 보여주는 지표일까? 아니면 식민지적 강압을 나타내는 지표일까?

수렵채집민의 이러한 전 지구적 쇠퇴가 촉발한 진화론적 해석의 중대한 함의와 문제점들은 최근에 와서야 주목을 끌기 시작했다(Lee and Devore, 1968). 지금 이 시점에서 중요한 것은 수렵채집민의 생산능력을 정당하게 분석하는

---

8) 칼 사우어(Carl Sauer)가 지적하는 바처럼, 원시 수렵채집민이 처해 있었던 조건을 "호주 내륙지방, 북미 대평원, 극지 툰드라와 타이가 지역 등 지구상의 가장 열악한 지역에 한정되어 살고 있는 현존 수렵채집민을 통해서 판단해서는 안 된다. 원시 수렵채집민의 초창기 환경은 식량이 풍부한 곳이었다"(Clark and Haswell, 1964: 23에서 재인용).

* 소나무의 일종._옮긴이

9) 알렉산더 헨리(Alexander Henry)가 미시간 북부 치페와(Chippewa)족의 구성원으로 경험했던 풍족한 체류생활에 관한 설명을 보면, 좋은 환경에서 살아가는 수렵채집민의 삶이 어떠했는가를 문화접변이라는 창을 통해 엿볼 수 있을 것이다(Quimby, 1962).

일보다 바로 그들이 현재 처해 있는 환경을 분석하는 일이 더 우선적이라는 점이다. 수렵채집민의 환경을 제대로 고려한다면 다음에 제시되는 그들의 성취에 관한 보고가 더더욱 놀라울 수밖에 없다.

'일종의 물질적 풍요'

이론적으로 수렵채집민이 견디며 살아간다는 빈곤을 고려하면, 칼라하리 사막에 사는 부시맨이 적어도 식량과 물을 제외한 일상용품의 영역에서는 '일종의 물질적 풍요'를 누리고 있다는 사실이 매우 놀랍게 다가온다.

> 이미 확대되고 있는 유럽인과의 접촉이 더 확대된다면, !쿵(!Kung) 부시맨은 유럽에서 건너 온 물건들이 절실하게 부족하다고 느끼고 갈수록 더 많이 원하게 될 것이다. 그들이 벌거벗고 있다는 사실에 열등감을 느끼는 순간은 옷을 입은 이방인들 사이에 서 있을 때이다. 하지만 그들이 독자적인 삶을 살고 자신들의 물건만 가지고 있었을 때는 **물질적 압박으로부터 비교적 자유로웠다.** 그들은 식량과 물을 제외하면 필요한 모든 것을 가지고 있고 원하는 모든 것을 만들 수 있었다(엔예엔예(Nyae Nyae) 쿵족의 경우 충분한 식량과 물을 확보하고 있는 것으로 알려졌지만 이는 매우 예외적인 상황이었다. 또한 쇠약하다고 할 수는 없지만 모두들 야위었다는 사실로 미루어 볼 때 식량과 물이 그렇게 풍족하지는 않았던 것 같다. 모든 남자가 남성용 물건을 만들 수 있고 또 만들며, 모든 여자는 여성용 물건을 만들 수 있고 또 만들기 때문이다. …… **그들은 일종의 물질적 풍요 속에 살고 있었다.** 주변에 풍부하게 널려 있고 누구든지 가질 수 있는 원재료(무기나 도구를 만드는 나무, 갈대, 뼈, 줄을 꼬는 섬유, 잠자리용 풀 등), 혹은 최소한 그 인구의 필요에 충분한 정도의 원재료를 이용해서 생활을 위한 도구를 만들기 때문이

다. !쿵 부시맨은 언제든지 장신구나 교환용 구슬을 만들기 위해 더 많은 타조알 껍질을 사용할 수 있다. 하지만 실제로 모든 여성은 물을 담을 수 있는 10여 개(한 여성이 들고 다닐 수 있는 최대치)의 껍질과 적당한 수의 구슬 장신구만으로도 충분하다고 생각한다. 그들은 항상 계절에 따라 식량원을 찾아 여기저기 돌아다니고, 물과 식량 사이를 왔다 갔다 하는 유랑적인 수렵채집 생활을 영위하면서 어린 자녀를 데리고 소지품을 들고 다닌다. 그들은 필요할 때마다 공예품을 대체하는 데 사용되는 대부분의 원자재가 풍부하게 널려 있기 때문에 항구적인 저장수단을 발달시키지 않았고, 귀찮게 잉여나 여분을 가질 필요가 없으며 또 원하지도 않는다. 심지어는 가장 귀중한 것들조차도 가지고 다니기 싫어한다. 없는 것은 그냥 빌린다. 그들은 이렇게 편하기 때문에 축적하지 않았고, 재화의 축적이 지위와 연결되지도 않았다(Marshall, 1961: 243~244).

마셜(Marshall) 여사처럼, 수렵채집민의 생산을 분석할 때 그것을 두 영역, 즉 생계 영역과 비생계 영역으로 구분하는 것이 유용하다. 식량과 물은 '중요한 예외'임이 틀림없다. 따라서 이 영역에 관해서는 별도의 논의를 통해 심도 있게 다룰 필요가 있다. 식량과 물을 제외한 나머지 부분, 즉 비생계 영역의 경우 위에서 제시한 부시맨의 상황이 칼라하리사막뿐만 아니라 라브라도(Labrador)나 티에라 델 푸에고(Tierra del Fuego)의 수렵채집민에게도 동일하게 적용된다. 티에라 델 푸에고의 야간(Yahgan)족은 자주 쓰는 도구를 하나 이상 소유하지 않으려는 성향을 보여주는데, 구신드는 이러한 성향을 "자신감의 지표"라고 설명한다. 그는 또한 "우리 푸에고 사람들은 작은 노력만으로 도구를 만들고 조달한다"라고 적고 있다(Gusinde, 1961: 213).[10]

---

10) 턴벨도 콩고의 피그미족에 관해서 비슷하게 적고 있다. "주거와 의복을 비롯한 물질문화의 모든 필수품을 제작하는 데 필요한 원자재는 약간만 주의를 기울이면 모두 수중에 들어온다." 그리고 그들은 생계와 관련해서도 저장을 하지 않는다. "일 년 내내 풍부한 사냥감과 채소가 어김없이 공급된다"(Turnbell, 1965: 18).

비생계 부문에서는 사람들의 욕구가 전반적으로 쉽게 충족된다. 그러한 '물질적 풍요'는 부분적으로는 생산의 용이함에 또 부분적으로는 기술의 단순함과 소유의 민주성에 의거해 있다. 생산품은 '그들의 주변에 널려 있는' 것이나 다름없는 원자재인 돌, 뼈, 나무, 가죽 등을 이용해서 손으로 직접 만든 것이다. 일반적으로 천연원료를 채취하고 가공하는 데 큰 힘이 들지 않는다. 자연자원에 대한 접근도 통상 직접적이다. 다시 말해 '누구든지 가질 수 있다'는 뜻이다. 심지어 필수적인 도구와 필요한 기술적 지식도 누구나 소유하고 있다. 노동분업도 마찬가지로 단순해서 성별 노동분업이 지배적인 형태이다. 수렵채집민은 아낌없이 나누어 가지는 관습으로 유명하고, 통상 누구나 대단하진 않지만 현 상태의 번영을 누릴 수 있다.

하지만 물론 이러한 번영이 '그렇게 거창한 것은 아니다'. 이 번영은 바로 객관적으로 낮은 생활수준 때문이기도 하다. 소비자의 수뿐만 아니라 관습적인 소비의 몫이 문화적으로 가장 적합한 선에서 정해진다는 사실이 중요하다. 몇 안 되는 사람들이 쉽게 만든 몇 안 되는 물건을 훌륭한 재산이라고 생각하며 만족한다. 그들이 가진 것은 몇몇 사소한 옷가지와 약간의 날씨 변화에도 허물어지기 쉬운 주거지,[11] 장신구 몇 가지와 여분의 부싯돌, "원주민 치료사가 환자들로부터 받아낸 몇 조각의 석영"(Grey, 1841, Vol. 2: 266) 같은 잡다한 물건들, 그리고 마지막으로 충실한 아내가 이 모든 '호주 원주민의 재산'을 넣어서 들고 다니는 가죽 자루가 전부이다.

대다수 수렵채집민이 누리고 있는 비생계 영역에서의 이러한 지나치지 않은 충분함에 관해서는 장황하게 논의할 필요도 없다. 더욱 흥미로운 문제는 왜 그들이 그러한 몇 안 되는 소유물로 만족하는가 하는 점이다. 그 이유는 그

---

11) 최근에는 거창한 건축문화를 찾아볼 수 없는 일부 식량채집민 집단도 유럽인에게 쫓겨나기 전까지는 좀 더 그럴듯하고 견고한 주거지를 건설했던 것으로 보인다(Smythe, 1871, Vol. 1: 125~128).

것이 그들에게 하나의 방침, 다시 말해 구신드가 이야기하는 "원칙상의 문제"(Gusinde, 1961: 2)이지 불행은 아니기 때문이다.

　원함이 없으면 부족함도 없다. 하지만 수렵채집민이 그렇게 물질적 재화를 필요로 하지 않는 이유가 '최대 다수의 사람으로부터 최대의 에너지를 요구하는' 식량추구에 얽매여 다른 종류의 안락함을 추구할 시간도 에너지도 없기 때문은 아닐까? 놀랍게도 일부 민족지학자는 정반대의 이야기를 들려준다. 즉, 수렵채집민은 식량을 너무나 성공적으로 확보한 나머지 시간의 반을 무엇을 하며 보내야 할지 모르는 것 같아 보인다는 것이다. 다른 한편으로는 **이동** 자체가 그러한 성공의 한 조건으로 작용한다. 이동의 빈도는 집단의 성격과 상황에 따라 다르지만, 통상 재산의 소유에서 오는 만족도를 급속하게 저하시킬 정도로 잦은 이동이 이루어지고 있다. 실제로 수렵채집민은 재산이 일종의 짐이라고 말한다. 구신드의 주장처럼, 재화는 그들의 생활조건하에서 '매우 부담스러운' 것이 될 수 있다. 재화가 많을수록 더 오랫동안 힘들게 옮겨야 한다. 어떤 수렵채집민은 카누가 있고 또 어떤 경우는 개가 끄는 썰매가 있지만, 대부분은 소유하고 있는 모든 용품을 스스로의 힘으로 옮겨야 한다. 그래서 그들은 스스로의 힘으로 편리하게 운반할 수 있는 것만 소유한다. 아니면 단지 여자가 운반할 수 있는 것만 소유할 수도 있다. 남성들은 갑작스럽게 사냥을 하거나 긴박하게 방어를 해야 할 상황에 대처하기 위해 짐을 지고 다닐 수 없는 경우가 흔하기 때문이다. 유사한 맥락에서 오언 래티모어(Owen Lattimore)가 적고 있듯이, "순전한 유랑은 곧 가난한 유랑이다". 이동성과 재산의 소유는 모순관계에 있다.

　재산소유가 바람직한 것이라기보다 즉시 큰 골칫거리로 바뀐다는 점은 외부인의 눈에도 분명하게 드러난다. 로렌스 반 더 포스트는 부시맨 친구에게 작별을 고하면서 모순에 빠졌다.

선물문제 때문에 골치가 아팠다. 우리가 부시맨에게 줄 수 있는 것이 얼마나 적은가를 깨닫고는 당혹감을 금할 수 없었다. 거의 모든 것이 그들이 가지고 있는 일상적인 잡동사니 생활용품과 짐에 더해져서 생활을 더 힘들게 만드는 것 같았다. 그들은 사실상 아무런 소유물도 없는 것이나 마찬가지였다. 사자가죽으로 만든 벨트, 그리고 가죽 담요와 가방이 전부였다. 1분 이내에 짐을 싸고 담요에 말아 넣어 1,000마일을 여행하는 동안 어깨 위에 얹어서 운반할 수 없는 것은 아무것도 없었다. 그들에게는 소유관념 자체가 없었다(van der Post, 1958: 276).

이 일시적인 방문객에게는 너무나 분명하게 필요한 것도 당사자들에게는 부차적인 것임이 틀림없다. 이러한 물질적 욕구의 소박함은 다양한 경제제도를 통해 표현되는 긍정적인 문화요소로 자리 잡는다. 먼긴(Murngin)족에 관한 로이드 워너의 기록을 예로 들어보자. 지역적 프레임 내에서 재화의 가치를 평가하는 데 적용되는 결정적인 척도는 바로 휴대 가능성이다. 일반적으로 작은 물건이 큰 물건보다 더 좋은 것으로 간주된다. 어떤 물건을 어떻게 처리할 것인지 결정할 때 최종적으로 '운반상의 상대적 용이성'이 상대적 희소성이나 노동비용을 압도한다. 그래서 워너는 "궁극적으로 가치 있는 것은 이동의 자유이다"라고 적고 있다. 또한 워너는 "먼긴족이 뚜렷한 재산관념이 없고 기술적인 도구의 개발에 관심을 보여주지 않는 이유는 이동생활에 방해가 될 수도 있는 물건에 대한 부담과 책임으로부터 자유롭길 원하기 때문이다"라고 주장한다(Warner, 1964: 136~137).

이 지점에서 또 하나의 경제적 '특수성'을 언급하겠다. 하지만 이것이 보편적이라는 주장은 하지 않겠다. 이것은 물질적 축적에 대한 문화적으로 훈련된 무관심뿐만 아니라 그릇된 용변훈련을 통해서도 설명될 수 있을 것이기 때문이다. 여하튼 적어도 일부 수렵채집민은 소유물을 마구잡이로 다루는 성향을 분명하게 보여준다. 즉, 그들은 생산문제를 완전히 해결한 사람들에게나

가능한 그런 종류의 무관심을 보여주는데, 유럽인들은 이에 대해 상당한 불쾌감을 느낀다.

> 그들은 소유물을 어떻게 보살펴야 할지 모른다. 아무도 물건을 접어 넣고, 말리거나 청소하고, 걸어두거나 선반에 넣어서 정리·정돈하는 것을 꿈도 꾸지 않는다. 어떤 물건을 찾을 때면 작은 바구니 속에 뒤죽박죽 섞여 있는 잡동사니를 마구잡이로 뒤진다. 그들은 오두막 안에 쌓여 있는 조금 덩치가 큰 물건들도 부서지든 말든 아랑곳하지 않고 여기저기 끌고 다닌다. 유럽인 관찰자들은 이들 인디언(야간족)이 도구를 전혀 소중하게 생각하지 않고, 그것을 만드는 데 든 노력을 완전히 망각해 버린다는 인상을 받는다.[12] 실제로 걸핏하면 잃어버리고 또 그만큼 쉽게 대체할 수도 있는 몇 안 되는 재화와 가재도구에 집착하는 사람은 아무도 없다. …… 그들은 심지어 아주 쉽게 주의를 기울일 수 있는 상황임에도 불구하고 거의 그렇게 하지 않는다. 유럽인은 새 물건, 값나가는 의복, 신선한 식량 또는 가치 있는 재화를 진창 속에 끌고 다니거나 개와 어린애들이 금방 부숴버리도록 내버려두는 이 사람들의 하염없는 무관심에 머리를 내저을 것이다. …… 값비싼 물건을 얻는다 하더라도 호기심 때문에 불과 몇 시간 동안만 소중히 여기다가 곧 흥미를 잃어버린다. 그후 모든 것을 그냥 진창 속에 내버려둔다. 가진 것이 적을수록 더 편안하게 여행할 수 있고 부서진 것은 그때그때 대체하면 그만이다. 그래서 그들은 어떠한 물질적 소유에도 전혀 관심이 없다(Gusinde, 1961: 86~87).

이쯤에서 수렵채집민은 '비경제인(uneconomic man)'이라고 주장하고 싶을 것이다. 그들은 적어도 비생계 부문 재화에 관한 한 모든 종류의『경제학 원론』첫 페이지에 등장하는 표준적인 묘사와 정반대의 성향을 보여준다. 그

---

12) "우리 푸에고인은 힘들지 않게 도구를 만들고 조달한다"(Gusinde, 1961: 213)라는 구신드의 진술을 상기하라.

들의 욕구는 희소하고 수단은 (상대적으로) 풍부하다. 결과적으로 그들은 '물질적 압력으로부터 비교적 자유롭고', '소유관념이 없으며', '재산관념은 발달하지 않았고', '어떠한 물질적 압력에 대해서도 완전히 무관심하며', 도구를 기술적으로 발달시키는 데도 '무관심'하다.

수렵채집민이 세속적 재화와 관계 맺는 이러한 방식으로부터 중요한 논점 하나를 도출해 낼 수 있다. 즉, 수렵채집 경제 내부의 관점에서 본다면, 필요는 '제한되어 있고' 욕구는 '억제되어 있다'고 주장하거나, 심지어 부(富)에 대한 관념이 '한정되어 있다'고 표현하는 것조차 잘못된 것일 수 있다. 이러한 진술은 경제인(Economic Man)이라는 개념, 그리고 불리한 자연적 조건—결국 빈곤이라는 문화적 장치를 통해 극복되는—에 저항해서 분투하고 있는 수렵채집민이라는 관념을 미리 함축하고 있다. 이러한 개념을 사용한다는 것은 전혀 발달하지도 않은 욕망을 포기하고, 전혀 발생하지도 않은 욕구를 억제한다는 것을 의미한다. 경제인이라는 개념은 부르주아적 구성물이다. 즉, 경제인은 마르셀 모스(Marcel Mauss)의 표현대로 "우리의 뒤가 아니라 앞에 도덕적 인간처럼 존재한다." 수렵채집민은 묵직주의적 '충동'을 억제해 왔던 것이 아니다. 그들은 단지 물질적 충동을 결코 제도화하지 않았을 따름이다. "게다가 큰 악으로부터 자유로운 것이 큰 축복이라면, 이들 원시인[몬타그나이스족(Montagnais)]은 분명히 행복하다. 왜냐하면 많은 유럽인에게 고통과 고문을 가하고 있는 욕망과 탐욕이라는 두 전제군주가 원시인의 광활한 숲에서는 통치하지 않기 때문이다. …… 그들은 단지 살아가는 데 만족한다. 따라서 아무도 부를 얻기 위해 악마에게 영혼을 팔지 않는다"(LeJeune, 1897: 231).

사람들은 수렵채집민이 가진 것이 아무것도 없다는 이유로 빈곤하다고 생각하는 경향이 있다. 하지만 아마 바로 그 이유 때문에 오히려 자유롭다고 생각하는 편이 나을 것 같다. 즉, "그들은 극히 제한된 물질적 소유로 인해 일상적 필요와 관련된 모든 걱정에서 벗어나 인생을 즐길 수 있다"(Gusinde, 1961: 1).

생계

허스코비츠(Herskovits)가 『경제인류학(Economic Anthropology)』(1958)을 썼을 당시 인류학 진영 내에서 통상적이었던 관행은, 다름 아닌 부시맨이나 호주 원주민을 '경제적 자원이 가장 희박하고' 너무 불안정한 조건에 처해 있기 때문에 '오직 자원을 가장 집약적으로 사용하는 것을 통해서만 생존이 가능한 사람들의 고전적인 사례'로 간주하는 것이었다. 오늘날 이러한 '고전적' 이해는 대체로 이들 두 집단으로부터 얻은 증거를 토대로 완전히 뒤집어질 수 있다. 즉, 수렵채집민은 우리보다 더 적게 일하고, 끊임없이 식량을 찾아 고군분투하는 것이 아니라 가끔 필요할 때만 식량을 추구하며, 여가시간도 풍부해서 연간 1인당 낮잠 시간이 다른 어떤 사회적 상황에서보다 더 길다는 주장을 설득력 있게 할 수 있다.

초창기 자료에서 호주에 관한 실증적 증거들을 찾아볼 수 있는데, 그중에서도 특히 1948년 미국-호주 공동 학술조사단이 안헴랜드(Arnhem Land)에 관해서 수집한 양적자료를 현재 확보하고 있다는 것은 행운에 가깝다. 1960년에 출판된 이들 놀라운 자료를 보면 1세기 이상 거슬러 올라가는 호주 원주민에 관한 현지 보고서들뿐만 아니라 훨씬 긴 기간의 인류학적 견해를 재고할 필요가 있음을 알 수 있다. 핵심적인 조사는 매카시와 맥아서(McCarthy and McArthur, 1960)가 행한 수렵채집민에 관한 시계열적 연구인데, 이는 영양학적 성과에 대한 맥아서의 분석과 함께 이루어졌다.

그림 1.1과 1.2는 주요 생산 활동에 관한 조사를 요약하고 있다. 이들 결과는 의례가 없는 시기에 단기적으로 수행한 관찰에 의거해서 도출한 것이다. 피시크릭(Fish Creek, 14일 동안의 조사)에 관한 기록이 헴플배이(Hemple Bay, 7일 동안의 조사)에 관한 기록보다 조사기간도 길고 더 상세하다. 조사는 성인 노동에 관해서만 이루어진 것으로 보인다. 도표는 수렵, 식물류 채집, 음식 준

그림 1.1 **피시크릭 집단의 식량 관련 1일 활동 시간**

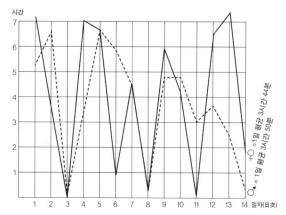

자료: McCarthy and MacArthur(1960).

비, 무기 수리에 관한 자료를 통합적으로 표시한 것이다. 두 캠프의 호주 원주민들은 비록 항구적이거나 통상적인 상황은 아니었다고 할지라도, 조사기간 동안만큼은 선교회나 다른 정주지역에서 벗어나 자유롭게 이동하며 살아가고 있었다.[13]

---

13) 피시크릭은 서부 안헴랜드의 내륙 캠프로서 성인 남자 6명과 성인 여자 3명으로 구성된 집단이었다. 헴플배이는 그루트아이란트(Groote Eylandt) 해안 지역에 있는 집단으로 이 캠프에는 성인 남녀 각각 4명 그리고 5명의 아동과 유아가 있었다. 피시크릭을 조사한 때는 건기가 끝날 무렵이었다. 이 시기는 채소식량의 공급은 줄어들고 캥거루 사냥의 결실은 풍부해지는 때였다―비록 계속되는 사냥으로 인해 캥거루의 경계심이 점점 더 높아지긴 하지만―. 헴플배이의 경우 채소식량이 풍부했고, 어로는 가변적이기는 했지만 조사단이 방문했던 다른 해안 캠프들에 비해 전반적으로 사정이 좋은 편이었다. 헴플배이의 자원이 피시크릭보다 더 풍부했음에도 불구하고 전자가 식량채집에 더 많은 시간을 소비하는 것은 당시 5명의 자녀를 부양하고 있었다는 사실을 반영하는 것 같다. 다른 한편, 피시크릭 집단도 실질적인 전업전문가 1명을 부양하고 있었기 때문에, 두 집단이 보여주는 노동시간상의 차이는 통상적인 해안·내륙 간 차이를 부분적으로 반영한 것일 수도 있다. 내륙 사냥의 경우 대형 사냥감이 흔히 잡히고, 그래서 하루 동안의 노동으로 이틀 동안의 생계에 필요한 양을 포획할 수도 있었을 것이다. 아마 해안 어로·채집 집단의 경우 산출이 안정적이기는 하지만 수확량 자체가 많지 않기 때문에 좀 더 길고 정규적인 노력이 필요했을 것이다.

그림 1.2 **헴플배이 집단의 식량 관련 1일 활동 시간**

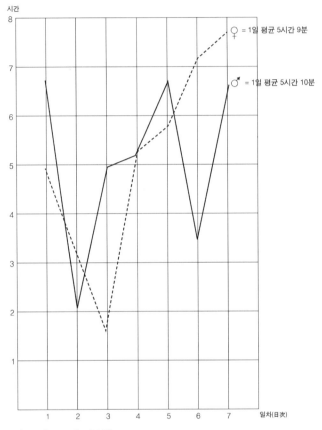

자료: McCarthy and MacArthur(1960).

안헴랜드의 자료에만 의거해서 일반적이거나 역사적인 추론을 이끌어내
는 데는 엄격한 제한을 둘 필요가 있다. 조사 당시의 맥락이 원래의 맥락과 많
이 다르고 연구기간도 너무 짧았다. 또한 현대적 상황에서 비롯된 요인들, 이
를테면 철재도구의 사용과 인구감소에 따른 지역적 식량압력의 감소 등으로
인해 원주민들의 생산성이 원래 수준 이상으로 높아졌을 수도 있다. 반대로

경제적 효율성을 저하시킬 수 있는 다른 현대적 요인들로 인해 불확실성이 완화되기보다 배가되었을 수도 있다. 가령 이들 수렵채집민은 부분적으로만 독립적인 생활을 영위하고 있었기 때문에 아마 조상들보다 기술적 숙련도가 낮았을 가능성이 있다. 일단 잠정적으로 안헴랜드 조사결과를, 여타 민족지적·역사적 자료를 통해 지지되고 경험적으로도 신뢰할 만한 것으로 간주하기로 하자.

이 연구로부터 도출할 수 있는 가장 분명하고도 즉각적인 결론은 바로 안헴랜드 원주민들이 열심히 일하지 않는다는 점이다. 식량의 획득과 준비를 위해 사용하는 1인당 1일 평균 노동시간이 4~5시간밖에 되지 않는다. 게다가 그들은 지속적으로 일하는 것도 아니다. 생계활동이 매우 간헐적인 양상을 보여준다. 당분간 충분할 정도의 식량을 조달해 놓으면 그동안은 생계활동이 정지되고, 이 때문에 여가시간도 풍부하다. 여기서 우리는 여타 생산부문과 마찬가지로 생계부문에서도 구체적이고 한정된 목적만을 가진 경제체계를 마주하게 된다. 이들 목적은 수렵채집 활동을 통해 불규칙적으로 달성되고, 따라서 노동패턴도 그에 상응해서 불규칙한 양상을 보여준다.

결과적으로 통상적인 관점으로는 상상할 수 없는 수렵채집 경제의 세 번째 특징이 도출된다. 즉, 이들 호주 원주민은 이용 가능한 노동과 처분 가능한 자원을 최대한 동원해서 분투하고 있는 것이 아니라, 오히려 객관적으로 주어진 경제적 가능성을 **충분히 사용하지 않고 있다.**

이 두 집단 모두 하루 동안 채집하는 식량의 양을 어떤 식으로든 증가시킬 수 있었다. 여성들의 식량채집 활동은 매일매일 쉼 없이 계속되는 일이다(그러나 그림 1.1과 1.2를 보라). 하지만 그들은 매우 자주 휴식을 취했고, 음식을 찾고 준비하는 데 낮 시간 모두를 소비하지는 않았다. 남성들의 식량 취득 활동은 더 산발적이어서 어떤 날 동물을 많이 포획하면 다음 날은 흔히 쉰다. 아마 그들은 더 많은 식량공급이 주는 이익과 식량을 획득하는 데 수반되는 노력을 무의식적으로 저울질해서 어느 정도가 충분하고, 또 언제 채집을 멈춰야 하는지를 판단하는 것 같다(McArthur, 1960: 92).

넷째, 수렵채집 경제는 육체적으로 소모적이지 않았다. 조사일지는 원주민 스스로 속도를 조절한다는 사실을 보여준다. 어떤 사냥꾼이 "완전히 지쳤다"라고 기록한 경우는 단 한 번뿐이다(McCarthy and McArthur, 1960: 150f). 안헴랜드 원주민들은 생계유지를 부담스러운 일이라고 생각하지 않았다. "그들은 그것을 가능한 한 빨리 극복해야 할 불쾌한 일로 간주하지도 않았고, 가능한 한 오랫동안 연기해야 할 필요악으로도 생각하지 않았다"(McArthur, 1969: 92).[14] 이러한 맥락에서, 그리고 경제적 자원의 불충분한 이용이라는 측면에서 볼 때, 안헴랜드 수렵채집민이 '순전한 생존'으로 만족하는 것 같지는 않다는 사실에 주목할 필요가 있다. 그들은 다른 호주 원주민들(cf. Worsley, 1961: 173)처럼 다양하지 못한 식단에 대해 불평하고, 단순한 충분함 이상의 다양한 먹을거리를 확보하기 위해 시간의 일부를 사용하는 것으로 나타난다(McCarthy and McArthur, 1960: 192).

여하튼 미국국립조사위원회(National Research Council of America: NRCA)의 기준에 따르면, 안헴랜드 수렵채집민의 음식섭취는 적절한 것으로 나타난다. 헴플베이의 1인당 1일 평균 소비량은 2,160칼로리(단 4일간의 관찰기간에 의거한 계산)였고, 피시크릭의 경우 2,130칼로리(11일간의 관찰에 의거한 계산)였다. 표 1.1은 다양한 영양분의 1일 평균 소비량을 보여주는데, 이는 맥아서가 NRCA의 1일 권장 섭취량에 대한 백분율로 계산한 것이다.

마지막으로, 안헴랜드 연구가 여가라는 잘 알려진 문제에 대해 시사하는

---

14) 호주 원주민 중에서도 여·여론트(Yir-Yiront)족은 일과 놀이를 언어적으로 전혀 구별하지 않는다(Sharp, 1958: 6).

표 1.1 NRCA 권장량에 대한 백분율로 나타낸 1일 평균 소비량

	칼로리	단백질	철분	칼슘	비타민 C
헴플배이	116	444	80	128	394
피시크릭	104	544	33	355	47

바는 무엇일까? 수렵채집은 경제적 걱정거리를 훌륭하게 덜어줄 수 있는 것 같다. 피시크릭 집단은 실질적인 전업전문가 1명을 부양하고 있는데, 그는 35~40세 정도의 남자로 그저 빈둥거리며 지내는 것이 그의 진정한 전문성인 것처럼 보인다.

> 윌리라(Wilira)는 다른 남성들과 함께 사냥을 하러 나가는 일이 전혀 없었다. 하지만 하루는 그물로 물고기를 아주 열심히 잡았다. 그는 가끔 야생벌집을 채취하기 위해 숲으로 가기도 했다. 그는 창과 투창기를 수리하고, 주문이 있을 때 담뱃대, 피리, 자루 달린 돌도끼 등을 만드는 전문 공예인이었다. 그는 이런 전문적인 일을 제외하면 수다를 떨거나 먹고 자는 데 대부분의 시간을 소비했다(McCarthy and McArthur, 1960: 148).

윌리라는 아주 예외적인 경우가 아니었다. 안헴랜드 수렵채집민에게 남는 시간은 문자 그대로의 여가시간으로, 대부분 휴식과 수면으로 소비되었다(표 1.2와 1.3을 보라).

일반적인 사교와 농담, 잡담 등에 소비하는 시간(대체로 주요 활동들 틈틈이 그리고 요리를 하는 동안)은 물론이고, 낮 시간의 일부도 휴식을 취하거나 잠자는 데 소비했다. 평균적으로 볼 때, 남성들은 캠프에 머물고 있는 경우 점심식사 후에 통상 1시간 반 정도 혹은 그 이상 낮잠을 잤다. 또한 어로와 수렵 활동에서

표 1.2 피시크릭의 낮 시간대 휴식과 수면

일	남자 평균	여자 평균
1	2시간 15분	2시간 45분
2	1시간 30분	1시간
3	하루 대부분	
4	때때로	
5	때때로 그리고 오후의 대부분	
6	하루 대부분	
7	수시간	
8	2시간	2시간
9	50분	50분
10	오후 내내	
11	오후 내내	
12	때때로, 오후 내내	
13	-	-
14	3시간 15분	3시간 15분

자료: McCarthy and McArther(1960).

표 1.3 헴플배이의 낮 시간대 휴식과 수면

일	남자 평균	여자 평균
1	-	45분
2	하루 대부분	2시간 45분
3	1시간	-
4	때때로	때때로
5	-	1시간 30분
6	때때로	때때로
7	때때로	때때로

자료: McCarthy and McArther(1960).

돌아오면 도착 즉시 또는 포획물을 요리하는 동안 보통 잠을 잤다. 헴플배이의
경우 남성들은 당일 일찍 돌아오면 잠을 잤지만, 오후 4시 이후에 돌아오면 잠
을 자지는 않았다. 그들은 캠프에 하루 종일 있을 때면 틈틈이 잠을 잤고 점심식

사 후에는 항상 낮잠을 잤다. 여성들은 캠프를 떠나 숲에서 채집할 때 남성들보다 더 자주 휴식을 취하는 것 같았다. 그녀들은 또한 종일 캠프에 있을 때도 틈틈이 잠을 잤고, 어떤 때는 한참 동안 잠을 잤다(McCarthy and McArthur, 1960: 193).

이렇게 보면 안헴랜드 원주민이 시간부족 때문에 '문화를 건설하는 데' 실패한 것은 분명히 아니다. 오히려 그것은 게으름 때문이었다.

안헴랜드 수렵채집민의 상황에 관한 논의는 이상으로 충분한 것 같다. 다음으로 허스코비츠가 경제적으로 호주 수렵채집민과 유사한 사례로 간주했던 부시맨의 경우를 보도록 하자. 최근 리처드 리가 부시맨에 관해 작성한 두 편의 탁월한 보고서를 보면, 상황이 사실상 동일한 것으로 나타난다(Lee, 1968, 1969). 리처드 리의 연구는 부시맨 중에서도 특히 엔예엔예족—다른 맥락에서 마셜 여사는 '물질적 풍요'를 누리고 있는 이들의 생계를 특별한 사례로 취급했다—과 이웃한 도베(Dobe) !쿵 부시맨에 관한 연구라는 점에서 중요한 의미를 가진다. 도베 부시맨은 보츠와나(Bostwana)—!쿵 부시맨이 이 지역에서 살아온 지 적어도 100년이 넘었는데 최근에 와서 축출 압력을 받고 있다—의 한 지역을 점유하고 있다. 하지만 도베 부시맨은 1880~1890년 이래 줄곧 철을 사용해 왔다. 리는 수렵채집 캠프의 평균에 가까운 인구규모(41명)를 보여주는 한 건기 캠프의 생계생산에 관해서 집중적인 조사를 수행했다. 관찰은 1964년 7월과 8월에 걸쳐 4주 동안 이루어졌다. 이 기간은 한 해 가운데 비교적 형편이 좋은 시기에서 좋지 못한 시기로 넘어가는 과도기였기 때문에 생계상의 평균적 어려움을 매우 잘 드러내줄 것으로 보인다.

리는 연간 강우량(6~10인치)이 낮음에도 불구하고 도베 지역에서 '놀라울 정도로 풍부한 식물군'을 발견했다. 식량자원이 매우 다양하고 풍부했는데, 특히 열량이 풍부한 망게티(mangetti) 견과류는 "너무나 풍부해서 매년 수백

표 1.4 **도베 부시맨의 노동일지 요약**

주	집단의 평균 규모[1]	소비일[2]	노동일	주당 성인 노동일	생계노력지표[3]
1 (7월 6~12일)	25.6 (23~29)	179	37	2.3	.21
2 (7월 13~19일)	28.3 (23~37)	198	22	1.2	.11
3 (7월 20~26일)	34.3 (29~40)	240	42	1.9	.18
4 (7월 27일~8월 2일)	35.6 (32~40)	249	77	3.2	.31
4주 총계	30.9	866	178	2.2	.21
수정 총계[4]	31.8	668	156	2.5	.23

[1] 집단 규모의 범위와 그 평균. 부시맨 캠프에는 단기적인 인구변동이 현저하게 나타난다.
[2] 주당 식량공급에 필요한 총일수를 제시하기 위해 성인과 아동을 모두 포함시켰다.
[3] 이 지표는 생산에 필요한 노동과 소비 간의 관계를 나타내기 위해 리가 고안한 것이다. S = W/C, W는 노동일, C는 소비일. 역으로 환원하면 이 공식은 1일간의 생계노동을 통해 얼마나 많은 수의 사람을 부양할 수 있는가를 나타내줄 것이다.
[4] 둘째 주는 조사자가 이틀 동안 일정량의 식량을 캠프에 제공했기 때문에 최종 계산에서 제외했다.
자료: Lee(1969).

만 개 이상이 수확되지 못한 채 땅 속에서 썩어갔다"(Lee, 1968: 59).[15] 식량획득을 위해 소비하는 시간에 관해 리가 기록한 바는 안헴랜드의 기록과 매우 유사하게 나타난다. 표 1.4는 리의 자료를 요약한 것이다.

부시맨의 수치는 남성 1명의 수렵채집 노동을 통해 4~5명의 인구가 부양된다는 것을 의미한다. 표면적인 수치상으로 볼 때, 부시맨의 식량채집은 인구의 20% 이상이 그 나머지를 부양하는 데 종사했던 제2차 세계대전 이전 프

---

15) 지역 자원에 관한 이러한 평가는 리의 민족지적 연구가 "남아프리카 역사상 가장 심각한 가뭄 가운데 하나"(Lee, 1968: 39; 1969: 73n)가 시작된 지 두 번째와 세 번째 해에 이루어졌다는 사실을 고려하면 더욱더 놀랍게 다가온다.

랑스의 농경보다도 더 효율적이다. 솔직히 이러한 비교는 잘못된 오해를 초래할 가능성이 있다. 하지만 비교의 결과는 그러한 오해를 상쇄하고도 남을 정도로 놀랍다. 자유로운 이동생활을 하면서 리와 접촉했던 부시맨 인구 중 61.3%(248명 중 152명)가 유효 식량생산자였고, 나머지는 식량생산에서 중요한 역할을 하기에 너무 어리거나 너무 나이가 많았다. 리가 조사했던 캠프의 경우, 65%가 유효 식량생산자였다. 따라서 전체 인구 대비 식량생산자 비율은 사실상 5 : 3 또는 3 : 2이다. 하지만 이들 65%의 사람들도 "사용 가능한 시간의 36%밖에 일하지 않았고, 나머지 35%의 사람들은 전혀 일하지 않았다"(Lee, 1969: 67).

이는 각각의 노동 가능한 성인이 주당 이틀 반 정도밖에 일하지 않는다는 것을 의미한다. "다시 말해, 생산능력이 있는 개인은 자신과 피부양자를 부양하고도 여전히 3일 반이나 5일 반을 다른 활동을 위해 사용할 수 있다." '1일 노동시간'은 약 6시간이었다. 따라서 도베의 주당 노동시간은 약 15시간, 또는 1일 평균 2시간 9분이 된다. 이 수치는 심지어 안헴랜드의 경우보다도 낮지만, 요리와 도구를 준비하는 데 필요한 시간을 제외한 것이다. 모든 것을 고려하면, 부시맨의 생계노동은 아마 호주 원주민과 매우 유사하게 나타날 것이다.

또한 부시맨도 호주 원주민처럼 생계상의 필요로 노동하지 않는 시간은 여가활동으로 소비한다. 여기서 다시 우리는 하루 이틀 일하고 하루 이틀은 쉬는 독특한 구석기적 생활리듬—쉬는 날은 캠프에서 빈둥거리며 지낸다—을 포착하게 된다. 비록 식량채집이 일차적인 생산 활동이지만, "시간의 대부분(주당 4~5일)을 캠프에서 휴식을 취하거나 이웃 캠프를 방문하는 등 다른 목적을 위해 소비한다"라고 리는 적고 있다(Lee, 1969: 74).

어떤 여성은 가족이 3일간 먹기에 충분한 정도의 식량을 단 하루 만에 채집하고

난 후, 캠프에서 자수를 놓거나 다른 캠프를 방문하고, 혹은 다른 캠프에서 온 방문객을 대접하면서 대부분의 시간을 보낸다. 집에 있는 동안은 매일 요리, 견과류 까기, 땔감 수집, 물 길어오기 등과 같은 일상적인 부엌일에 1~3시간을 빼앗긴다. 한결같은 노동과 한결같은 여가가 반복되는 이러한 리듬은 1년 내내 유지된다. 사냥을 하는 남성이 여성보다 더 자주 일하는 경향이 있다. 하지만 그들의 사냥 일정은 한결같지 않다. 어떤 남성이 1주일 동안 열심히 사냥하고 난 후 2~3주 동안 전혀 사냥을 하지 않는 것은 이상한 일이 아니다. 사냥은 예측 불가능하고 주술적인 통제를 받기 때문에, 가끔 사냥꾼들은 연속적인 불운을 경험한 후 한 달 혹은 그 이상 사냥을 그만두기도 한다. 이 기간 동안 남성들은 주로 방문과 접대를 하고 특히 춤을 추면서 시간을 보낸다(Lee, 1968: 37).

도베 부시맨의 1인당 1일 생계생산량은 2,140칼로리였다. 하지만 몸무게, 일상적 활동, 인구의 성별·연령별 구성을 고려한 리의 계산에 따르면, 그들이 필요한 칼로리는 1인당 1,975칼로리에 불과했다. 아마 잉여식량의 일부는 사람들이 남긴 음식을 먹어치우는 개들에게 제공되었을 것이다. "결론은 통념과 달리 부시맨이 기아선상에서 수준 이하의 삶을 살고 있지 않다는 것이다"(Lee, 1969: 73).

각각 따로 행해졌지만 안헴랜드와 부시맨에 관한 보고서는 기존의 이론적 입장에 대해 결정타는 아니더라도 최소한 당혹스러운 반증으로 작용한다. 특히 안헴랜드 연구는 자료구성에서 인위적인 측면이 있기 때문에 애매모호하다고 여겨질 법도 하다. 하지만 안헴랜드 조사를 통해 도출된 증거는 여러 가지 점에서 호주의 다른 지역뿐만 아니라 여타 수렵채집 사회에서 수행된 관찰에서도 반복적으로 나타난다. 호주 사례들 중 많은 부분이 19세기까지 거슬러 올라가는데, 이들 사례 중 일부는 유럽인과의 접촉으로 인해 왜곡된 예외적인 것으로 취급되어야 한다. 왜냐하면 "그들의 식량공급은 제한되어 있고,

가장 좋은 사냥터 중심부에 있는 물웅덩이로의 접근이 금지되어 있는 경우가 많았기 때문이다"(Spencer and Gillen, 1899: 50).

호주 남동부의 물 공급 사정이 좋은 지역에서는 위와 같은 특징이 매우 분명하게 나타난다. 이곳 원주민은 어류를 너무나 쉽고 풍부하게 획득할 수 있는 환경에서 살고 있었기 때문에, 1840년대 빅토리아 시대의 한 이주자가 "우리가 와서 흡연을 가르쳐주기 전에는 저 현명한 사람들이 시간을 어떻게 보내며 지냈을까?"(Curr, 1965: 109)라며 의아해할 정도였다. 흡연은 적어도 그 경제체계의 문제, 즉 아무것도 할 것이 없다는 문제는 해결했다. "생활상의 필요가 매우 순조롭게 해결되고 물자도 풍부했다. 그들은 여가시간의 대부분을 담뱃대로 담배를 피거나 내 담배를 구걸하면서 지냈다." 이 늙은 이주자는 좀 더 진지하게 당시 포트 필립 구역(Port Phillip's District) 원주민이 사냥과 채집에 소비하는 시간을 측정하려고 시도했다. 여자들은 캠프를 떠나 하루 6시간 정도 채집활동을 했는데, "그 시간 중 반은 그늘이나 물가에서 빈둥거리며 보냈다"(Curr, 1965: 118). 남자들은 여자들이 캠프를 떠난 직후 사냥하러 나가서 비슷한 시간에 돌아왔다. 커는 그렇게 획득하는 식량이 "질적으로 대단하지는 않지만 쉽게 조달할 수 있다"는 것, 그리고 하루 6시간이면 그 목적을 달성하는 데 "남을 정도로 충분하다"는 것을 알았다. 실제로 그 지방은 "우리가 그곳에서 발견한 것보다 두 배나 많은 수의 흑인을 부양할 수도 있었을 것이다"(Curr, 1965: 120). 또 한 명의 옛 사람인 클레멘트 핫지킨슨은 북동부 뉴사우스웨일스(New South Wales)의 유사한 환경에 대해 기록하고 있다. 단 몇 분간의 어로 활동만으로 '전 부족'에게 충분한 식량을 공급할 수 있었다(Hodgkinson, 1845: 223; cf. Hiatt, 1965: 103~104). "실제로 동부 해안지역의 모든 흑인들은 대다수 동정적인 저술가들이 상정해 온 바와 달리, 심각한 식량부족 때문에 고통받은 적이 결코 없었다"(Hodgkinson, 1845: 227).

하지만 이렇게 좀 더 비옥한 지역, 특히 호주 남동부 지역에 살았던 사람들은 원주민에 대한 현재의 고정관념이 형성되는 데 큰 영향을 미치지 못했다. 그들은 이미 초창기에 사라져버렸다.[16] 유럽인과 그러한 '흑인' 사이의 관계는 대륙의 부를 둘러싼 분쟁의 일부일 뿐이었다. 유럽인들은 원주민 집단을 파괴하는 과정에서 일말의 고민이나 숙고도 하지 않았다. 그 결과 민족지 기록은 얼마 남아 있지 않은 이삭을 줍는 데 지나지 않았다. 즉, 그것은 주로 내륙 사막 지역에 사는 사람들 중에서도 특히 아룬타(Arunta)족에 관한 기록이었다. 그럼에도 불구하고 아룬타족의 생계가 매우 곤란한 정도는 아니었다. 통상 "그들의 삶은 결코 비참하지도, 매우 힘들지도 않았다"(Spencer and Gillen, 1899: 7).[17] 하지만 호주 대륙의 중앙에 사는 부족들을 인구규모나 생태적 적응 면에서 전형적인 호주 원주민으로 간주해서는 안 된다(Meggit, 1964). 남쪽 해안 지방을 두루 여행하고 플린더(Flinder) 지방 구석구석을 거쳐 상대적으로 비옥한 머래이(Murray) 지방에서도 체류한 바 있는 존 에드워드 아이어는 토착경제에 관해 다음과 같은 기록을 남겼다. 적어도 이 기록은 최소한의 대표성을 가진 것으로 인정할 만하다.

마침 유럽인이 이주해 들어가지 않았던 뉴홀랜드(New Holland) 지역 대부분에서는 지표면에 담수가 항구적으로 제공되는 한 원주민들이 일 년 내내 풍부한 식량을 조달하는 데 전혀 어려움이 없다. 사실상 그들의 식단은 계절에 따라 그리고 체류하는 지역의 동식물 분포에 따라 변화한다. 하지만 연중 특정 계절이

---

16) 이들이 처한 상황은 본윅이 기록한 타스마니아(Tasmania)의 상황과 거의 동일하다. "서머빌(Somerville) 여사는 『물리지리학(Physical Geography)』이라는 책에서, 원주민은 '생계수단이 매우 부족한 지역에서 참으로 비참하게 살고 있다'라고 말했다. 하지만 원주민은 식량이 전혀 부족하지 않았다. 한때 식민지 관료였던 지넨트(Jeannent) 박사는 '그들은 물자가 너무나 풍족해서 먹고사는 데 최소한의 노력과 근면성만으로도 충분했다'라고 적고 있다"(Bonwick, 1870: 14).
17) 이러한 결과는 호주 중부의 사막 깊숙한 지역에서 살아가는 다른 부족들과의 대비를 통해서, 그리고 특히 '궁핍을 경험해야 하는' 때인 장기적인 가뭄기가 아니라 '통상적인 환경'하에서 도출된 것이다(Spencer and Gillen, 1989: 7).

나 어떤 특수한 지역적 특성 때문에 동물성 식량과 식물성 식량 중 어느 쪽도 구하지 못하는 경우는 거의 발생하지 않는다. …… 주요 식량자원 대부분이 풍부하게 공급될 뿐만 아니라, 제철이면 수백 명의 원주민이 한 장소에 모여 장기적으로 풍족한 생계를 유지할 수 있을 정도로 풍부하다. …… 대부분의 해안 지역과 내륙의 비교적 큰 강에는 어류가 매우 다양하고 풍부하게 잡힌다. 빅토리아 호수에서는 600명의 원주민들이 함께 야영하는 것을 본 적이 있는데, 그들은 당시 호수에서 잡히는 어류와 선인장 국화잎 같은 것을 먹고 생활했다. 나는 그들의 캠프에 머무는 동안 부족함의 징후를 전혀 발견할 수 없었다. …… 무룬데(Moorunde)에서는 머레이강이 연례적으로 범람할 때 약 400명의 원주민이 몇 주 동안이나 함께 먹고 생활할 수 있을 만큼 풍부한 민물가재가 땅위로 올라왔는데, 그동안 썩거나 버려진 것만으로도 족히 400명은 더 먹고살 수 있을 정도로 많아 보였다. …… 또한 12월 초순경이면 머레이강에서 어류를 무한정으로 포획 가능하다. …… 겨우 몇 시간 동안 포획한 물고기의 수가 믿을 수 없을 정도로 많았다. …… 대륙 동부 지역 원주민들이 선호하고 또 제철이면 앞의 어류만큼이나 풍부한 또 다른 식품은 특정한 지역의 산 구덩이나 도랑에서 잡히는 나방 종류이다. …… 연중 적절한 계절에 채집되는 양갓냉이의 우듬지, 잎, 줄기는 수많은 원주민들이 가장 좋아하는 무한정한 식량공급원이다. 원주민에게는 내가 열거한 것만큼이나 풍부하고 가치 있는 또 다른 종류의 식량도 많이 있다(Eyre, 1845, Vol. 2: 250~254).

앞서 소개한 아이어와 조지 그레이 경은 토착경제에 대해서 낙관적인 관점("나는 항상 그들의 오두막에서 엄청난 풍요로움을 발견했다")을 보여주고 있는데, 이들은 호주 원주민의 생계노동을 1일 노동시간으로 계산한 구체적인 평가를 남겨두었다(그레이의 경우는 호주 서부의 매우 열악한 지역도 포함한다). 이 신사 탐험가들이 제시하는 증거는 매카시와 맥아서가 도출한 안헴랜드의 평균과 흡사하다. 그레이는 "통상적인 계절(기후가 나빠 오두막에 갇혀서 지내지 않아도 되는 시기)이면 항상 하루 **2~3시간 정도**의 노동만으로 그날 필요한 식량을 충분히 획득한다. 그들의 일상적인 행태는 나태하게 여기저기 헤매고 다니는 것이고, 그렇게 빈둥거리며 헤매는 동안 식량을 채집한다"라고 적고 있다(Grey, 1841, Vol. 2: 263; 필자의 강조). 이와 유사하게 아이어는 다음과 같이 말했다. "유럽인 혹은 그들의 가축이 출현해서 본래의 생계수단이 제한되거나 파괴되지 않은, 내가 방문했던 대륙의 거의 모든 지역에서 원주민들은 보통 **3~4시간 만에** 그것도 힘들이지 않고 그날 필요한 만큼의 식량을 획득할 수 있다는 것을 알 수 있었다"(Eyre, 1845: 254~255; 필자의 강조).

매카시와 맥아서가 보고하는 생계노동의 불연속성, 즉 식량추구와 휴식이 번갈아 이루어지는 패턴은 대륙 전체에 걸친 초창기와 그 이후의 관찰에서도 반복적으로 나타난다(Eyre, 1845, Vol. 2: 253~254; Bulmer, in Smith, 1878, Vol. 1: 142; Mathew, 1910: 84; Spencer and Gillen, 1899: 32; Hiatt, 1965: 103~104). 베이스도우는 그러한 패턴을 원주민의 일반적인 관습으로 여겼다. "원주민들은 상황이 순조롭게 돌아가서 사냥물이 확보되고 식수가 부족하지 않은 경우 가능한 한 편하게 지내려고 한다. 그래서 그들은 외부인의 눈에 심지어 게을러 보일 수도 있다"(Basedow, 1925: 116).[18]

한편 1일 노동시간이라는 잣대로 볼 때 부시맨이나 호주 원주민보다 더 가벼운 생계부담하에서 오랫동안 상당한 정도의 안락함을 누려온 아프리카의 하드자(Hadza)족에게 잠시 눈을 돌려보자(Woodburn, 1968). 하드자족은 동물군이 '예외적으로 풍부하고' 채소식량이 일정하게 공급되는 지역[에이아시(Eyasi)호 부근]에서 살고 있다. 따라서 그들은 기회를 노려서 사냥하는 것보다

---

18) 베이스도우는 과식을 근거로 원주민의 게으름을 설명하고, 그다음 원주민이 견뎌내는 굶주림의 기간을 근거로 그 과식을 변호하며, 다시 호주의 전통적 가뭄―백인들이 그 지역을 착취하면서 가뭄의 영향은 더 악화되었다―을 근거로 그들의 굶주림을 설명한다.

우연히 이루어지는 사냥에 훨씬 더 관심이 있는 것 같다. 특히 그들은 긴 건기 동안 하루 종일 도박을 하면서 시간을 보내는데, 그러다 사냥 시즌 때 큰 동물을 사냥하는 데 필요한 철촉 달린 화살을 도박으로 잃어버릴 수도 있다. 여하튼 "필요한 화살이 있어도 큰 동물을 사냥할 준비가 되어 있지 않거나 사냥할 능력 자체가 없는" 남자들이 부지기수이다. 우드번의 기록에 따르면, 몇몇 소수의 남성들만 큰 동물을 효과적으로 사냥할 수 있고, 여성들의 경우 일반적으로 채소식량 채집에 더 열심이기는 하지만 여전히 한가롭게 쉬엄쉬엄 쉬어가면서 일한다(Woodburn, 1966: 51). 하드자족은 이러한 태만함과 매우 제한적인 경제적 협력에도 불구하고 "지나치게 힘들이지 않고 충분한 식량을 획득한다". 우드번은 생계에 필요한 노동시간의 "매우 개괄적인 근사치"를 제시하는데, "전반적으로 식량획득에 연평균 하루 두 시간 이하의 노동을 투여하는 것 같다"(Woodburn, 1968: 54).

흥미롭게도 하드자족은 **여가를 누리기 위해** 신석기 혁명을 거부하고 있는데, 이는 인류학적 지식이 아니라 삶을 통해서 얻은 지혜이다. 그들은 농경민들에게 둘러싸여 있음에도 불구하고 최근까지도 농경을 도입하지 않고 있다. "그 주된 이유는 농경으로 전환하면 힘든 노동을 너무 많이 해야 할 것이기 때문이다."[19] 이 점에서 하드자족은 신석기적 문제에 또 다른 방식으로 대응하는 부시맨과 상당히 닮아 있다. "몽고몽고(mongomongo) 견과류가 세상에 한없이 널려 있는데 왜 우리가 경작을 해야 하는가?"(Lee, 1968: 33) 더 나아가 우드번은 비록 경험적으로 입증되지는 않고 있지만, 하드자족이 생계상의 필요를 해결하는 데 이웃 동아프리카 경작민보다 훨씬 더 적은 에너지와 시간을 소비하고 있다는 인상을 준다(Woodburn, 1968: 54).[20] 이제 내

---

19) 이 구절은 웨너-그렌(Wenner-Gren) 재단의 "수렵민(Man the Hunter)"이라는 심포지엄에서 배포된 우드번의 글에서 인용했는데, 출판된 논문(Woodburn, 1968: 55)에서는 간략하게 축약되어 있다. 이 구절을 여기서 부주의하거나 부정확하게 인용한 것이 아니기를 바란다.

용이 아니라 대륙을 바꾸어보도록 하자. 유럽인 외부자의 눈에는 남미 수렵채집민의 변덕스러운 생활도 마찬가지로 치유 불가능한 '자연적인 성향'으로 비칠 수 있다.

> 유럽인 농민과 고용주들에게는 매우 유감스러운 일이지만, 야마나(Yamana)족은 매일매일 지속되는 고된 노동을 견딜 수 없다. 그들은 아주 변덕스러운 방식(이따금 생각나면 하는)으로 일을 한다. 그렇게 간헐적으로 일을 하다 가끔 아주 반짝 에너지를 쏟아 부을 때도 있다. 하지만 잠시 그렇게 반짝하는 노력을 보여준 후 무지하게 오랫동안 쉬고 싶어 한다. 별로 피곤해 보이지 않음에도 불구하고 쉬는 동안은 아무것도 하지 않고 빈둥거린다. ······ 이런 종류의 반복적인 불규칙성이 유럽인 고용주들을 절망하게 만들고 있는 것이 사실이지만, 그 인디언들로서는 어쩔 수 없는 일이다. 그것은 그 사람들의 자연적인 성향이다(Gusinde, 1961: 27).[21]

마지막으로, 수렵채집민이 농경에 대해 보여주는 태도를 통해 그들이 식량 추구와 관계 맺는 특수한 방식 몇 가지를 드러낼 수 있다. 일단 여기서 다시 수렵채집 경제의 내적인 영역을 탐구해 보겠는데, 이는 때로 주관적이면서 늘

---

20) "농경은 사실 인류 역사상 최초의 노예노동 사례이다. 성경에서도 최초의 죄인인 카인은 경작자이다"(Lafargue, 1911[1883]: 11n). 부시맨과 하드자족 인근에 사는 농경민들이 가뭄과 기아의 위기에 처했을 때 더 신뢰할 수 있는 수렵채집으로 재빨리 전환한다는 사실에도 주목할 만한 가치가 있다(Woodburn, 1958: 54; Lee, 1968: 39~40).

21) 유럽인에게 고용된 원주민들이 일반적으로 보여주는 지속적 노동에 대한 혐오―이는 이전에 수렵채집민이었던 사람들만 보여주는 현상이 아니다―로 인해, 인류학은 전통적인 수렵채집 경제가 아주 소박한 목표만을 설정하고 너무나 쉽게 그것을 달성할 수 있기 때문에 '단순한 생계 문제로부터의 분명한 해방'과 과도한 여가를 가능케 해준다는 사실에 주목한다. 또한 생산의 전문화에 무기력하다는 추정에 입각해서 수렵채집 경제를 일반적으로 평가절하할 수도 있다(cf. Sharp, 1934~1935: 37; Radcliffe-Brown, 1948: 43; Spencer, 1959: 155, 196, 251; Lothrup, 1928: 71; Steward, 1938: 44). 하지만 전문화가 존재하지 않는다고 하더라도 그것은 시간의 부족 때문이 아니라 '시장'의 부재 때문임이 분명하다.

이해하기 어려운 영역이기도 하다. 설상가상으로 수렵채집민의 관습은 너무나 기이하게 보인다. 따라서 그것은 그들이 바보가 아니라면 실제로 아무것도 걱정할 것이 없다는 식의 극단적인 해석을 내리게 함으로써 교묘하게 우리의 이해를 방해하는 경향이 있는 것 같다. 수렵채집민이 바보라는 해석은 그들의 경제적 조건이 너무나 절박하다는 가정을 근거로, 그럼에도 불구하고 그들이 보여주는 태평스러움으로부터 도출한 참된 논리적 연역일 수 있다. 다른 한편, 생계가 일반적으로 쉽게 해결되고 보통 성공적인 목적달성을 기대할 수 있다면, 그들의 표면적인 무분별함이 더 이상 무분별함으로 보이지 않을 수 있다. 칼 폴라니는 시장경제의 독특한 발달과 희소성의 제도화 과정에 대해 논하면서 다음과 같이 적고 있다. 우리의 "식량에 대한 동물적 의존은 더욱 노골화되었고, 기아에 대한 적나라한 공포가 만연해졌다. 인류의 모든 문화는 인간의 물질적 예속을 완화하기 위해 고안된 것인 데 반해, 우리의 물질적 예속은 교묘하게 더욱 심화되었다"(Polanyi, 1947: 115). 하지만 이러한 우리의 문제가 수렵채집민에게는 문제가 되지 않는다. 오히려 원초적 풍요로움이 그들의 경제체계―불충분한 인적 수단에 대한 절망이 아니라 풍부한 자연자원에 대한 신뢰 위에 구축되어 있는―를 관통하고 있다. 내 논지는 수렵채집민의 이상하고도 이교도적인 관행을 그러한 신뢰에 근거해서 이해할 수 있다는 것인데, 그러한 신뢰는 일반적으로 성공적인 경제에서 발견되는 인간의 합리적인 속성이다.[22]

---

22) 희소성이라는 부르주아 이데올로기는 원시문화를 폄훼하는 것을 통해 효과적으로 확산되었다. 동시에 이 이데올로기는 인간(아니면 적어도 노동하는 인간)이 자신의 불행한 운명을 개선하기 위해 따라야 할 이상적인 모델을 자연―개미, 그것도 근면한 개미―에서 발견했다. 여기서 이 이데올로기는 수렵채집민을 바라보는 관점만큼이나 잘못되어 있다. 다음은 1971년 1월 27일자 ≪앤아버 뉴스(Ann Arbor News)≫라는 신문에 게재된 "두 과학자, 개미가 약간은 게으르다고 주장하다"라는 제목의 기사이다: 캘리포니아 팜스프링(Palm Springs) AP통신―조지 윌러(George Wheeler)와 지넷 윌러(Jeanette Wheeler) 박사는 "개미에 관한 한 알려진 것이 전부가 아니다"라고 주장한다. 이 부부 학자는 근면성 우화의 영웅인 개미 연구에 수년간 몰두했다. "우리는 개미집을 관찰할 때마다 개미들이 엄청난 활동을 하고 있다는 인상을 받았지만, 그것

캠프에서 캠프로 이루어지는 수렵채집민의 주기적인 이동에 관해 살펴보자. 우리에게는 괴로움의 지표인 유랑생활을 그들은 아주 방만하게 행한다. 스미스의 설명에 따르면, 빅토리아의 원주민들은 대체로 "게으른 여행자이다. **그들은 서둘러서 이동해야 할 동기가 전혀 없다.** 보통 아침 늦게 여행을 시작하고, 도중에도 자주 멈춰서 휴식을 취한다"(Smyth, 1878, Vol. 1: 125; 필자의 강조). 선량한 신부였던 비아르는 1616년 『관계(Relation)』라는 책에서 믹맥(Micmac) 원주민들이 제철에 얻을 수 있는 식량에 대해 선명하게 묘사("솔로몬 사람들은 식량이 가장 안정적이고 규칙적으로 공급되는 거주지에서 살고 있다")한 다음, 그들의 이동에 관해서도 동일한 어조로 적고 있다.

> 그 숲속 사람들은 자신에게 주어진 몫을 철저하게 향유하기 위해 마치 산책이나 소풍을 떠나듯 명랑하게 다른 장소를 향해 출발한다. 그들은 편리한 카누를 기술적으로 사용해서 여행을 하는데,…… 너무나 빨리 노를 저을 수 있기 때문에 날씨가 좋으면 크게 힘들이지 않아도 하루에 30~40리그(League, 1리그는 약 3마일)는 거뜬히 이동할 수 있다. 하지만 우리는 이들 원시인이 이 정도로 서둘러서 여행하는 경우를 거의 볼 수 없었다. 그들의 하루하루 생활은 빈둥거리며 시간을 보내는 것 외에 아무것도 아니었기 때문이다. 그들은 결코 서두르지 않는다. 서두르거나 안달하지 않고는 아무것도 할 수 없는 우리와는 너무나 다르다. …… (Biard, 1897: 84~85)

수렵채집민이 캠프를 버리고 떠나는 이유는 분명히 인근의 식량자원이 고갈되었기 때문이다. 하지만 단지 기근을 피하기 위해 이런 유랑생활을 한다

은 단순히 그곳에 너무나 많은 개미가 있었고 그들이 모두 비슷하게 보였기 때문이다"라고 그들은 주장한다. "개별 개미는 단지 빈둥빈둥 돌아다니며 엄청난 시간을 보낸다. 그리고 그보다 더 나쁜 것은 암컷인 일개미의 경우 치장(머리 등을 매만지는 것)에 아주 많은 시간을 사용한다."

고 생각한다면 그들을 반밖에 이해하지 못하는 셈이다. 사람들은 수렵채집민이 다른 지역으로 가면 더욱 풍요로운 환경이 있을 것이라고 기대하고 또 그 기대가 통상 어긋나지 않는다는 사실을 애써 무시해 버린다. 결과적으로 볼 때, 수렵채집민의 유랑은 근심과 고통으로 가득 찬 것이라기보다 템스강가로 소풍 나가는 것만큼이나 질적인 측면을 가지고 있다.

수렵채집민은 '선견지명이 부족하다'라는 과장되었으면서도 흔해빠진 주장을 통해 더욱 심각한 쟁점이 제기된다. 수렵민은 '내일 어떻게 될 것인가에 대해 아주 사소한 생각이나 염려도 하지 않고' 영원히 현재만을 지향하기 때문에, 물자를 절약하지 않으려고 할 뿐만 아니라 분명하게 닥쳐올 운명에 대해서도 계획적으로 대처할 능력이 없는 것처럼 보인다(Spencer and Gillen, 1899: 53). 대신 그들은 학습된 무관심을 보여주는데, 이는 두 가지 부수적인 경제적 성향을 통해 표현된다.

첫째는 낭비벽이다. 낭비벽은 르죈이 몬타그나이스 수렵채집민에 관해 묘사한 바와 같이, 분명히 어려운 때임에도 불구하고 "마치 우리 속에 사냥감을 가둬놓기라도 한 것처럼" 캠프에서 모든 식량을 즉시 먹어치워 버리는 성향이다. 베이스도우가 호주 원주민에 관해 남긴 기록에 따르면, 그들의 그러한 원칙은 "오늘 먹을 것이 충분하면 결코 내일에 대해 걱정하지 않는다는 식으로 간단하게 해석될 수도 있을 것이다. 이런 이유 때문에 원주민들은 조금씩 아껴 장기적으로 절제된 식사를 하기보다는 차라리 준비된 식량으로 향연을 베풀고 싶어 한다"(Basedow, 1925: 116). 르죈은 심지어 몬타그나이스족이 그러한 낭비를 재난에 가까운 지경까지 계속하는 경우를 목격했다.

원주민들은 우리가 겪은 기근 동안에도 두서너 마리의 해리를 포획하면 밤낮을 가리지 않고 즉시 이웃 주민들을 초청해서 향연을 베푼다. 그리고 접대를 받는 측에서도 무엇인가 포획했다면 그들도 동시에 잔치를 연다. 그래서 한 향연에서 또 다른 향연 장소로 여기저기 옮겨 다니면서 즐기는데, 어떤 때는 한꺼번에 서너 번의 향연을 즐기는 경우도 있다. 나는 그들이 잘못하고 있다고 말하면서, 미래를 위해 축제를 삼가는 것이 나을 것이며, 그렇게 하면 그만큼 배고픔에 시달리지 않을 것이라고 충고했다. 그런데 그들은 오히려 나를 비웃었다. 그들은 내게 "내일 우리가 포획할 동물로 또 다시 잔치를 할 것이다"라고 말했다. 하지만 성공적으로 사냥하는 경우보다 바람 맞고 추위에 떨다 허탕만 치는 경우가 더 흔하다(LeJeune, 1887: 281~283).

원주민에게 동정적인 저술가들은 원주민들의 명백한 비실용성에 합리적 근거를 제시하려고 시도했다. 아마 그들은 굶주림 때문에 그렇게 터무니없는 행동을 했을 수도 있을 것이다. 즉, 그들은 굶주리면서 너무나 먼 길을 걸었기 때문에, 그리고 모두 곧 다시 먼 길을 떠나야 한다는 사실을 알기 때문에 사냥물을 그렇게 게걸스럽게 먹어치워 버리는 경향을 보여준다는 것이다. 혹은 아마 그들은 자신이 채집한 식량으로 축제를 베풂으로써 필수적인 사회적 의무인 나눔의 의무를 다하는 것일 수도 있다. 르죈의 경험은 두 관점 모두를 뒷받침한다. 하지만 이는 또한 제3의 관점을 함축하고 있기도 하다. 혹은 오히려 몬타그나이스 사람들의 고유한 설명방식이 있을 수도 있다. 즉, 그들이 알고 있는 한 내일도 어김없이 '또 다른 잔치'를 할 수 있을 것이기 때문에 내일 어떻게 될지에 관해서는 염려하지 않는다. 이런 식의 해석이 갖는 가치가 무엇이든 간에, 그러한 자신감은 수렵채집민의 가정된 낭비벽과 맞물려 있음이 틀림없다. 게다가 그들의 낭비벽에는 분명히 어떤 객관적인 토대가 있을 것이다. 왜냐하면 비록 수렵채집민이 경제적 합리성보다 폭식을 진정으로 더 선호한다고 하더라도, 폭식이라는 신흥종교의 선지자가 되는 것이 결코 그들의 삶의 목적은 아니었을 것이기 때문이다.

두 번째 부수적인 성향은 낭비벽의 소극적인 측면으로서, 잉여식량을 남겨

저장하는 방법을 개발하지 못한다는 것이다. 대부분의 수렵채집민은 식량저장이 기술적으로 불가능하지 않고, 또 그 가능성을 모르고 있는 것 같지도 않다(cf. Woodburn, 1968: 53). 따라서 오히려 주어진 상황하에서 그러한 시도를 막는 것이 무엇인가를 밝혀야 한다. 구신드는 바로 이러한 질문을 던진 후 야간족이 보여주는 동일한 종류의 근거 있는 낙천주의에서 그 해답을 찾았다. 한마디로 그들에게는 저장 자체가 '불필요했다'.

> 왜냐하면 연중 내내 바다가 모든 종류의 동물을 거의 무제한적으로 제공해 주기 때문이다. 남성들은 그저 사냥만 하면 되고, 여성들은 그저 채집만 하면 된다. 폭풍이나 돌발 사고는 그중 일부를 단 며칠 동안만 불가능케 할 뿐이다. 일반적으로 누구도 굶주림에 처할 위험을 염두에 둘 필요가 없고, 모든 사람이 거의 모든 곳에서 필요한 모든 것을 풍부하게 발견할 수 있다. 사정이 그러한데 왜 미래의 식량에 대해 걱정할 필요가 있을까? 기본적으로 푸에고 주민들은 미래에 대해 두려워할 필요가 없다는 것을 알고 있고, 그래서 물자를 쌓아두지 않는다. 그들은 한 해 한 해 살아오면서 미래를 예측할 수 있고 그에 대해 걱정할 필요가 없다는 것을 알고 있다(Gusinde, 1961: 336, 339).

구신드의 설명은 아마 상황이 순조롭게 돌아가는 한은 적절하겠지만 불완전하기도 하다. 그 이면에는 좀 더 복잡하고 미묘한 경제적 계산법—하지만 이것은 매우 단순한 사회적 산술을 통해 실현된다—이 작용하고 있는 것 같다. 식량저장의 이점은 제한된 지역적 범위 내에서 채집을 계속할 경우 초래될 산출의 감소 정도와 연관시켜 고려되어야 한다. 지역적 부양능력이 감소하는 통제 불가능한 경향은 수렵채집민에게 생산의 기본 조건이자 이동의 주요 원인으로 작용한다. 저장의 잠재적 결점은 그것이 재산과 기동성 사이에 존재하는 모순적 관계와 정확하게 맞물려 있다는 점이다. 저장은 자연적 식량자원이

머지않아 고갈되어 버릴 제한된 지역에 캠프를 붙박아버린다. 따라서 저장물의 축적으로 기동성을 상실해 버린 사람들은 이른바 자연이 마련해 놓은 훌륭한 창고—아마 인간이 저장하는 것보다 양뿐만 아니라 다양성 면에서도 더 바람직한 식량자원을 갖추고 있을 것이다—가 있는 다른 지역으로 이동해 가서 약간의 수렵채집을 하는 것과 비교하면서 괴로워할 수도 있을 것이다. 하지만 수학적 공식으로는 결코 표현될 수 없는(cf. Codere, 1968) 이러한 훌륭한 계산법은 '선호'와 '혐오' 같은 좀 더 단순한 사회적 이항대립을 통해 구현될 것이다. 리처드 리(Lee, 1969: 75)가 주장한 바와 같이, 기술적으로는 중립적인 식량 축적이나 저장 활동이 도덕적으로는 다른 의미가 있는 어떤 것, 즉 '은닉'이 되기 때문이다. 유능한 사냥꾼은 사회적 존경을 포기하고 잉여를 축적하거나, 아니면 자신의 노력을 희생해서 잉여를 나누어줄 것이다. 실제로 식량을 저장하려는 시도는 단지 수렵채집 밴드의 전체적 산출을 감소시키는 결과를 초래할 수도 있다. 무능한 자들이 캠프에 머물면서 더 유능한 사람들이 축적한 수단으로 살아가는 데 만족할 것이기 때문이다. 따라서 식량저장은 기술적으로는 가능하지만 경제적으로는 바람직하지 못하고, 또 사회적으로는 성취 불가능한 것이 된다.

수렵채집민들 사이에서 식량저장은 제한적인 것으로 남아 있는 반면, 그들의 경제적 확신은 모든 이의 욕구가 쉽게 충족되는 통상적인 시기에 형성되어 항구적인 조건으로 자리매김하게 된다. 그들이 심지어 한 예수회 선교사의 영혼을 시험에 들게 하고, 아래 인디언이 경고하듯 걱정으로 병이 날 수도 있는 어려운 시기에도 웃고 지낼 수 있었던 이유는 바로 그러한 경제적 확신 때문이다.

나는 그들이 역경 속에서 힘들게 일하는 중에도 즐거워하는 것을 보았다. ……그들과 함께 있을 때 나는 고난의 위협에 사로잡혀 있었다. 그들은 내게 "식량이 부족해서 가끔은 2~3일간 굶어야 할 때도 있어요. 용기를 내세요! 괴로움과 고통을 견딜 수 있도록 당신의 영혼을 강하게 하고 슬퍼하지 마세요! 그렇지 않으면 병이 날 겁니다. 먹을 게 거의 없는데도 웃음을 멈추지 않고 있는 우리를 보세요!" 라고 말했다(LeJeune, 1897: 283; cf. Needham, 1954: 230).

수렵채집민에 관한 재고찰

결핍의 압력을 지속적으로 받고 있기는 하지만, 이동을 통해 필요를 쉽게 충족할 수 있다. 그리고 그들의 삶에 흥이나 즐거움이 부족한 것도 아니다(Smyth, 1978, Vol. 1: 123).

수렵채집 경제는 그 실제적 성취뿐만 아니라 실제적 한계에 관해서도 분명한 재평가가 이루어져야 한다. 기존의 관점이 노정하는 절차상의 오류는 수렵채집 경제의 물질적 상황으로부터 그 경제구조를 도출해 내고, 그 절대적 빈곤으로부터 그러한 삶의 절대적 어려움을 추론해 낸다는 것이다. 하지만 문화적 설계는 항상 문화와 자연이 관계 맺는 방식에 변증법적으로 작용한다. 문화는 생태학적 구속을 회피하지 않고 무효화시켜 버린다. 결과적으로 수렵채집형 경제체계는 자연환경의 영향과 사회적 대응의 독창성, 즉 빈곤 속의 풍요로움을 동시에 보여준다.

수렵채집 경제를 **실행**하는 데 실질적인 장애는 무엇일까? 현존 사례들이 최소한의 의미를 가진다면, '낮은 노동생산성'은 장애가 아님이 틀림없다. 하지만 수렵채집 경제는 **수확 감소의 긴박성** 때문에 심각한 어려움을 겪는다. 생계부문에서 출발해서 다른 모든 부문으로 확장시켜 볼 때, 시작단계에서의 성공은 단지 후에 추가적인 노력에도 불구하고 산출은 감소할 가능성을 더 높이는 데 불과하다. 이것이 바로 특정 지역에서 행해지는 식량채집의 전형적인 곡선이다. 몇 안 되는 인구라 하더라도 보통 캠프로부터 편리한 이용범위 내에 있는 식량자원을 단시간 내에 소진시켜 버린다. 그 이후에는 오직 실질 비용의 증가나 실질수익의 감소를 감당하면서 그곳에 계속 머물 수 있다. 점점 더 먼 들판으로 나가 식량을 구한다면 비용이 증가하고, 접근이 용이한 곳에서 부족한 공급량이나 질 낮은 음식으로 생활하는 데 만족한다면 수익이 감소한다. 물론 해결책은 당연히 다른 곳으로 옮겨가는 것이다. 그래서 이동은 수렵채집의 일차적이고 결정적인 선택지가 된다. 즉, 유리한 조건으로 생산을 유지하기 위해서는 이동이 필요하다는 뜻이다.

하지만 이러한 이동은 환경에 따라 상이한 거리와 빈도로 이루어지는데, 그것을 유발한 것과 동일한 종류의 수익 감소 원리가 생산의 다른 영역에서도 마찬가지로 작동한다. 아무리 쉽게 제작할 수 있다 하더라도 도구, 의복, 생활용품, 혹은 장신구 등이 일단 편리함보다 부담으로 느껴지기 시작하면 아무런 의미가 없어져버린다. 휴대 가능성의 한계점에서 효용은 급격하게 감소한다. 견고한 가옥을 짓는 일도 그것을 조만간 버리고 떠나야 할 상황이라면 마찬가지로 불합리하다. 따라서 수렵채집민은 물질적 후생에 대해 매우 금욕주의적인 관념을 보여준다. 즉, 그들은 최소한의 도구에 대해서만 관심이 있고, 그중에서도 큰 물건보다 작은 물건에 더 많은 가치를 부여하며, 어떤 물건이든 둘 또는 그 이상을 가지려고 하지 않는다. 생태적 압력은 그것을 감당해야 할 때 드물게 구체적인 형태를 드러낸다. 다른 형태의 경제와 비교할 때 수렵채집 경제의 총생산량이 낮다면, 그 이유는 수렵채집민의 생산성이 낮아서가 아니라 바로 그들의 이동성 때문이다.

수렵채집민의 인구압력에 관해서도 거의 동일한 주장이 가능하다. 물건에 적용되는 것과 동일한 **폐기처분**(débarassment) 방침이 인간에게도 적용되는데, 이는 앞서 논의한 것과 유사한 용어로 기술할 수 있고 또 유사한 원인에 귀속시킬 수도 있다. 이들 다소 냉혈한적으로 들리는 용어에는 휴대성의 한계점에서 발생하는 수익 감소, 최소한의 필수도구, 복제의 배제 등이 있는데, 이는 바로 영아살해, 노인살해, 수유기 성적 금욕 등 대다수 수렵채집민 사이에서 잘 알려져 있는 관행의 다른 이름이다. 아마 더 많은 인구를 부양할 능력이 없기 때문에 그러한 장치를 고안해 냈을 것이라는 추정은 '부양'을 '먹여 살린다'는 의미가 아니라 '데리고 다닌다'는 의미로 이해한다면 사실일 것이다. 가끔 수렵채집민들이 슬픈 어조로 말하는 것처럼, 폐기처분된 사람들은 분명히 스스로의 힘으로 효과적으로 움직일 수 없어서 가족이나 캠프의 이동을 방해하는 사람들이다. 수렵채집민은 아마 사람과 물건을 동일한 방법으로 다룰 수밖에 없을 것이다. 그 방법은 바로 가혹한 인구정책으로 이는 금욕적 경제를 초래한 것과 동일한 종류의 생태학적 조건이 구현된 것이다. 더욱이 인구압력에 대처하는 이들 전략은 생계상의 수익 감소에 대응하기 위해 구축한 더욱 포괄적인 방침의 일부를 구성한다. 다른 조건이 동일하다면, 특정한 지역집단의 규모가 클수록 수익 감소가 더 급격하게 발생하기 때문에 더 빨리 이동해야 하거나 분산해야 한다. 특정한 지역이 제공하는 생산물의 이점을 누리고 일정 정도의 물리적·사회적 안정성을 유지하고자 하는 한, 수렵채집민의 멜더스주의적 인구조절 관행은 매우 잔인하지만 적절한 제도가 된다. 아주 열악한 환경 아래에서 살아가는 현대의 수렵채집민은 매우 소규모 집단으로 광범위하게 흩어져서 한 해의 대부분을 보낸다. 하지만 이러한 인구학적 유형은 저생산의 지표나 빈곤의 결과라기보다는 잘사는 데 필요한 비용으로 이해하는 편이 더 나을 것이다.

수렵채집 경제의 약점이 오히려 장점으로 작용한다. 주기적 이동 및 재산과 인구의 제한은 수렵채집 경제의 실행과 창조적 적응에 직접적이고도 불가피한 요소이고, 그 장점을 구성하는 일종의 필수조건이기도 하다. 더 정확히 말해, 바로 그러한 프레임 속에서 풍요로움이 가능해진다. 이동과 절제는 수렵채집민이 가진 기술적 수단의 범위 내에 그들의 목적을 한정시킨다. 이런 식으로 일종의 '미발전 생산양식'이 매우 효과적으로 작동하게 된다. 수렵채집민의 삶은 외부에서 보는 것만큼 힘들지 않다. 어떤 면에서 그 경제는 열악한 생태적 조건을 반영하고 있지만 동시에 그것이 완전히 전도된 모습이기도 하다.

민족지적 현재(ethnographic present)*로 기록된 수렵채집민―특히 열악한 환경 아래에 있는―에 관한 보고서에 따르면, 성인노동자의 식량생산 부문 1일 평균 노동시간이 3~5시간 정도로 나타난다. 수렵채집민은 주당 21~35 시간의 노동에 흔쾌히 합의할 현대 산업노동자(노동조합에 가입한)의 노동시간보다 현저하게 짧은 '은행원의 시간(banker's hours)'**을 지킨다. 또한 신석기 경작민의 노동비용에 관한 최근의 한 연구를 통해 흥미로운 비교도 가능하다. 예를 들어 평균적인 하누누(Hanunoo)족 성인 남녀가 연간 화전경작에 소비하는 시간은 총 1,200시간인데, 이는 하루 평균 3시간 20분에 해당한다 (Conklin, 1957: 151). 이 수치는 이들 필리핀 부족민이 식량채집, 가축사육, 요리 등 생계유지와 직접적으로 관련된 활동을 하는 데 소비하는 시간을 포함하지 않은 것이다. 지구의 다른 지역에 사는 또 다른 원시농경민에 관한 보고서에서도 비교 가능한 자료가 나타나기 시작하고 있다. 부정문의 형태로 표현하더라도 결론은 마찬가지이다. 즉, 수렵채집민은 식량을 획득하기 위해 원시농경민보다 더 오래 일할 필요가 없다. 민족지 기록에 의거해서 선사시대의 상황을 추정해 보면, 존 스튜어트 밀(John Stuart Mill)이 노동절약 장

---

* 서구와 원시 부족 사회가 최초로 접촉했을 때의 시점. 다양한 지역과 시간대에 선교사, 탐험가, 군인 등이 특정 부족을 탐험하고 조사한 바로 그 시기를 가리킨다. 따라서 민족지에 기록된 사실들은 민족지적 현재의 사실이다._옮긴이
** 미국에서는 은행이 다른 직장보다 가장 늦게 문을 열고 가장 빨리 닫기 때문에 은행원의 노동시간이 가장 짧으면서도 출퇴근이 규칙적이라는 사회적 통념이 있다. 살린스는 여기서 수렵채집민의 노동시간이 짧다는 뜻을 전하기 위해 은행원의 노동시간에 관한 미국인들의 사회적 통념을 은유적으로 사용하고 있다._옮긴이

치를 두고 했던 주장, 즉 "그것은 결코 발명된 적도 없고, 단 1분의 노동도 절약하지 못했다"는 주장이 신석기 시대에도 그대로 적용될 수 있을 것이다. 신석기 시대는 생계생산에 필요한 1인당 노동시간이라는 면에서 구석기 시대에 비해 어떠한 발전도 이룩하지 못했다. 아마 사람들은 농경의 출현과 더불어 오히려 더 열심히 일해야 했을 것이다.

수렵채집민이 순수한 생존에만 매달려 여가를 누릴 여유가 거의 없다는 통념도 근거 없기는 마찬가지이다. 이러한 통념을 통해 구석기 시대의 진화적 부적합성이 관례적으로 설명되는 반면, 신석기 시대는 여가를 가능케 했다는 이유로 노골적으로 찬양된다. 하지만 이러한 전통적 공식을 다음과 같이 거꾸로 뒤집으면 사실에 더 가까워질 것 같다. 즉, 문화의 진화와 함께 1인당 노동량은 증가하고 여가시간은 감소한다. 수렵채집민의 생계노동은 하루 일하고 하루 쉬는 매우 간헐적인 양상을 보여주고, 현대의 수렵채집민은 적어도 낮잠 같은 활동으로 여가를 보내는 경향이 있다. 대다수 현존 수렵채집민이 살고 있는 열대 지방에서는 사냥보다 식물류 채집이 더 의지할 만하다. 그래서 채집을 담당하는 여성이 남성보다 다수 더 규칙적으로 일하고 식량조달에 기여하는 바도 크다. 남성의 일인 사냥도 자주 행해진다. 하지만 사냥은 예측 불가능하고 매우 불규칙적으로 이루어진다. 따라서 남성들이 여가가 부족하다면 그것은 문자 그대로의 의미에서라기보다 계몽주의적 의미에서 그러하다. 콩도르세(Condorcet)는 수렵채집민의 진보적이지 못한 상황을 "사고에 몰두하고 아이디어의 새로운 조합을 통해 이해를 확장할 수 있는 여가"의 부족 때문이라고 생각했다. 이때 그는 또한 수렵채집 경제가 "극단적인 활동과 완전한 게으름이 필연적으로 순환하는 과정"이라는 것도 알고 있었다. 콩도르세의 관점에서 수렵채집민에게 부족했던 것은 귀족적인 **철학**을 할 수 있는 여가의 **보장**이었다.

수렵채집민은 종종 경험하는 어려움에도 불구하고 자신들의 경제 상태에 관해 상당히 낙천적인 태도를 견지한다. 때로는 바로 그러한 낙천적인 태도 때문에 어려움을 경험할 수도 있다. 경제 상태에 관한 확신으로 인해, 캠프 전체가 다루기 힘든 재난상태에 빠지는 순간까지 낭비벽이 조장될 수 있다. 따라서 수렵채집 경제가 풍요롭다는 주장은 일부 수렵채집민이 어려운 순간을 경험한다는 사실을 부정하는 것이 아니다. 일부 수렵채집민의 경우는 굶어죽거나 심지어 하루 이틀 이상 주린 배를 채우지 못하는 상황을 "거의 상상도 할 수 없는 일"이라고 생각한다(Woodburn, 1968: 52). 하지만 특히 극단적으로 열악한 환경에서 소규모 집단으로 흩어져서 살아가는 매우 주변화된 수렵채집민의 경우 이동이나 사냥을 방해하는 가혹한 상황에 주기적으로 노출된다. 즉, 그들은 실제로 고난을 경험한다. 하지만 아마 그것은 집단 전체가 아니라 기동성을 상실한 어떤 가족에게만 매우 단편적으로 영향을 미치는 그러한 종류의 고난일 것이다(cf. Gusinde, 1961: 306~307).

이러한 취약성을 인정하고 또 현대의 수렵채집민이 가장 열악한 조건에 처해 있다는 점을 감안한다면, 고난이 수렵채집민의 특유한 속성이라는 것을 입증하기는 여전히 어렵다. 식량부족은 여타 생산양식과 구분되는 수렵채집형 생산양식의 고유한 특징이 아닐 뿐만 아니라, 수렵채집민을 하나의 부류 또는 하나의 일반적 진화단계로 분류할 수 있는 척도도 아니다. 로위는 다음과 같이 질문한다.

그러나 19세기 라플란드(Lappland)*의 유목 밴드처럼, 역병 때문에 주기적으로 존속 자체가 위험에 처해 어로 활동에 의지할 수밖에 없었던 평원 목축민의 경우는 어떤가? 시비(施肥) 없이 토지를 개간하고 경작해서 한 땅뙈기의 지력이 고갈되면 다른 곳으로 옮겨가는 원시농경민들이 가뭄 때만 되면 기근을 겪는 것은 또

---

* 스칸디나비아반도의 최북단 지역._옮긴이

어떤가? 그들이 자연환경에서 비롯되는 불행을 수렵채집민보다 더 잘 통제하고 있다고 할 수 있을까?(Lowie, 1938: 286)

무엇보다 오늘날의 세계는 어떠한가? 인류의 1/3에서 1/2이 매일 밤 주린 배를 안고 잠자리에 든다고 한다. 구석기 시대에는 이 분수가 훨씬 작았음이 틀림없다. 오늘날은 전례 없는 굶주림의 시대이다. 가장 위대한 기술력의 시대인 오늘날 역설적이게도 굶주림이 제도화되어 있다. 또 하나의 오래된 공식을 뒤집으면, 오히려 문화의 진화와 함께 굶주림이 상대적·절대적으로 증가했다고 할 수 있다.

내 논지는 바로 이러한 역설로 구성된다. 수렵채집민은 환경의 구속력 때문에 객관적으로 낮은 생활수준을 유지하고 있다. 하지만 그들 고유의 **목적**에 의거해 있고 적절한 생산수단이 주어져 있기 때문에 통상 모든 사람의 물질적 욕구가 쉽게 충족될 수 있다. 따라서 경제의 진화는 두 계열의 모순적인 운동, 즉 부유하게 만듦과 동시에 빈곤하게 만드는 운동을 수반하는데, 이는 자연에 대해서는 점유과계로 인간에 대해서는 착취과계로 작용한다. 물론 기술발전은 진보적인 측면이 있고 이 때문에 다양한 방식으로 찬양되어 왔다. 다시 말해 그것은 욕구 충족에 필요한 재화와 용역의 양적 증가, 문화발전에 이용되는 에너지량의 증가, 생산성의 증가, 노동분업의 증진, 환경적 제약으로부터의 해방 등을 가능케 했다. 어떤 측면에서 보면, 환경적 제약으로부터의 해방은 기술적 진보의 가장 초기 단계를 이해하는 데 특히 유용하다. 농경은 식량자원의 자연적 분포 이상으로 사회를 끌어올렸다. 즉, 신석기 공동체의 농경은 인간의 생존에 필요한 요건이 자연적인 질서하에서는 존재하지 않는 높은 수준으로 유지되는 사회질서를 가능케 했다. 식량이 전혀 성장하지 않는 계절에도 사람들을 부양할 수 있는 충분한 식량이 추수될 수 있었고, 그 결과 확보된 사회적 삶의 안정성은 사회가 물리적으로 확대되는 데 결정적인 역할을 했다. 점점 더 문화는 최소한의 생물학적 법칙을 위배하면서, 중력과 산소가 부족한 외계에서도 생명을 유지할 수 있다는 것을 입증할 정도로 계속 승승장구해 왔다.

그 사이 사람들은 아시아 곳곳의 장터에서 굶어죽어 가고 있었다. 문화의 승승장구는 기술뿐만 아니라 구조의 진화였는데, 그것은 한 걸음 나아가면 두 걸음 후퇴하는 신비한 길과 같은 것이었다. 그 구조는 경제적일 뿐만 아니라 정치적인 것이었고, 부(富)뿐만 아니라 권력에 관한 것이었다. 그러한 구조는 처음에는 특정한 사회 내에서 발전했지만 현재는 점점 더 사회들 사이에서 발전하고 있다. 이들 구조가 기술적 발전의 기능적·필수적 조건이었다는 것은 의심할 바 없는 사실이다. 하지만 동시에 공동체를 풍요롭게 했던 바로 그 구조가 공동체 내에 분배의 불평등과 생활양식의 이질화를 초래했다는 것도 분명한 사실이다. 지구상 대부분의 원시인들에게는 소유물이 거의 없다. 하지만 그렇다고 해서 **그들이 가난한 것은 아니다**. 빈곤은 재화의 부족도 아니고 단순히 수단과 목적 간의 관계만도 아니다. 무엇보다 빈곤은 사람들 간의 관계에서 비롯된다. 즉, 빈곤은 사회적 상태이다. 그렇기 때문에 빈곤은 문명의 발명품이다. 빈곤은 다름 아닌 문명의 발달과 함께 더욱 심화되었다. 여기서 문명은 계급 간의 불평등한 차별임과 동시에 더욱 중요하게는 특정한 공납관계에 지나지 않는다. 공납관계는 농민을 알래스카의 여하한 에스키모 겨울 캠프보다 더 자연재해에 민감하도록 만들었다.

이전의 모든 논의는 현존하는 수렵채집민이 역사적으로 진화상의 초기 단계에 있다고 해석하는 자유를 누렸다. 하지만 이러한 자유를 너무 쉽게 당연하게 여겨서는 안 된다. 구석기 시대의 환경을 이해하는 데 칼라하리사막의 부시맨처럼 주변적 상황에 처해 있는 수렵채집민이 캘리포니아나 북서부 해안 인디언보다 더 대표성을 가질까? 아마 그렇지는 않을 것이다. 마찬가지로 칼라하리사막의 부시맨이 주변적 상황에 처해 있는 수렵민의 대표적인 사례도 아닐 것이다. 몇몇 소수를 제외한 대다수 현존하는 수렵채집민은 이상하게도 일하지 않고 극단적으로 게으른 생활을 영위하고 있다. 그 예외적인 몇몇 소수의 상황은 매우 다르게 나타난다. 예컨대 먼긴족의 경우를 보자. "모든 이방인이 동부 안헴랜드의 완전히 기능적인 집단에서 받게 되는 첫인상은 근면함이다. …… 그리고 그들은 어린아이를 제외하고 태만하게 노는 사람이 전혀 없다는 사실에 틀림없이 감명 받을 것이다"(Thomson, 1949a: 33~34). 하지만 이들에게 생계 문제가 다른 수렵채집민보다 특별히 더 힘들다는 사실을 보여주는 것은 아무것도 없다(cf. Thomson, 1949b). 이들이 보여주는 유별난 근면성의 동기는 다른 곳, 즉 '정교하고 엄숙한 의례생활', 특히 공예와 교역에 위세를 부여하는 정교한 의례적 교환의 순환관계 속에 존재한다 (Thomson, 1949a: 26, 28, 34f, 87). 다른 대다수 수렵채집민은 이런 종류의 의례에 관심이 없다. 그들의 삶은 맛있게 먹고 여가를 통해 소화시키는 것으로 만족하는, 상대적으로 특색이 없는 종류의 삶이다. 그들의 문화적 정향은 디오니소스적이거나 아폴로적인 것이 아니라 줄리언 스튜어드(Julian Steward)가 슈쇼니(Shoshoni) 인디언에 관해 말했던 바와 같이 '위장적(胃腸的, gastric)'이다. 이 점에서 그들의 문화적 정향은 또한 디오니소스, 즉 박카스적일 수도 있다. "원시인의 식사는 유럽 술주정뱅이의 음주와 같은 것이다. 항상 목마르고 갈망하는 주정뱅이들은 백포도주 한 통에 기꺼이 목숨을 걸 것이고, 원시인들은 고기 한 접시에 기꺼이 그렇게 할 것이다. 그곳 유럽 주정뱅이들은 오직 술 마시는 것에 관해서만 이야기하고, 이곳 원시인들은 오직 먹는 것에 관해서만 이야기한다"(LeJeune, 1897: 249).

수렵채집 사회의 상부구조는 적나라한 생계라는 암반만 남겨두고 침식되어 버린 것이나 마찬가지이다. 그래서 생산 자체는 쉽게 달성되고 사람들은 여기저기 걸터앉아서 담소를 나눌 풍부한 여가시간이 있다. 이 지점에서 나는 수렵채집민에 관한 민족지가 대부분 불완전한 문화에 관한 기록일 수 있다는 가능성을 제기해야 한다. 의례와 교환의 미묘한 순환망은 집단 간 관계가 공격당하고 파괴되었던 때인 식민주의의 가장 초기 단계에서 이미 흔적도 없이 사라져버렸을 것이다. 사정이 그렇다면 '원초적' 풍요사회의 원형은 다시 한 번 재고되어야 하고 진화의 도식 또한 다시 한 번 수정되어야 할 것이다. '경제적 문제'가 구석기적 기술을 통해서도 쉽게 해결 가능하다는 역사적 사실은 현존하는 수렵채집민을 통해서도 쉽게 입증될 수 있다. 하지만 문화가 **무한한 욕구**(Infinite Needs)라는 도달 불가능한 성전을 건설한 것은 바로 그것이 물질적 성취의 절정에 가까워진 이후였다.

제2장

가족제 생산양식
저생산의 구조

앞 장에서는 원초적 '풍요로움'을 논증하기 위해 많은 노력을 기울였다. 이 장의 논의는 바로 그 원초적 풍요로움과 정면으로 배치되는 측면, 즉 원시 경제의 저생산성에서 출발한다. 농경 사회이든 전 농경 사회이든 원시 경제는 고유의 경제적 역량을 충분히 실현하지 못하는 것이 중요한 특징인 것 같다. 노동력이 충분히 이용되지 못하고, 기술적 수단은 완전히 투입되지 않으며, 천연자원도 개발되지 못한 채 남아 있다.

이는 원시 사회의 산출량이 단순히 낮다는 것이 아니라, 존재하는 가능성에 비해 그 산출량이 낮다는 좀 더 복합적인 문제이다. 이렇게 본다면 '저생산'이 원초적 '풍요로움'과 반드시 모순되는 것은 아니다. 비록 경제가 잠재능력 이하로 작동하고 있더라도, 모든 이의 물질적 욕구는 여전히 쉽게 충족된다. 실제로 저생산은 오히려 풍요로움의 조건일 수도 있다. 즉, 지역에서 지배적인 '만족'의 기준이 상당히 소박한 수준이라면, 노동과 자원이 완전하게 이용될 필요가 없는 것이다.

여하튼 원시세계의 대부분 지역에서 저생산 징후가 발견되는데, 이 글의 가장 우선적인 과제는 그러한 증거에 어떤 의미를 부여하는 것이다. 저생산을 설명하려는 초창기의 어떠한 시도보다, 이러한 경향성—좀 더 정확히 말하면, 원시 사회의 경제적 실천과 관련된 몇 가지 경향성—의 발견 자체가 더 중요하게 보인다. 나는 여기서 쟁점이 되고 있는 경제, 즉 가내집단(domestic group)*과 친족관계를 통해 조직되는 경제의 본질 속에 저생산이 내재해 있을 가능성을 제기하고자 한다.

저생산의 차원

자원의 저이용

생산자원의 불충분한 이용에 관한 증거는 농경 사회 중에서도, 특히 화전경작(slash-and-burn cultivation) 사회에서 발견된다. 생산자원의 불충분한 이용과 화전경작 사이의 연관성은 이 생계유형의 고유한 특징이라기보다 조사절차에서 비롯된 것 같다. 수렵채집 경제와 목축 경제에 관해서도 유사한 종류의 관찰이 이루어졌지만, 대부분 실증적 척도를 사용하지 않고 일화적인 형태로 이루어졌다. 반면 화전농경은 경제적 역량에 관한 양적평가에 특히 적합하다. 그렇게 많지는 않지만 지구상의 여러 상이한 지역, 특히 주민들이 '원주민 보호구역'에 갇혀서 살지 않는 지역에서 조사된 대부분의 사례에서는 실제 생산이 가능한 생산보다 상당히 낮게 나타난다.

화전경작은 신석기 시대에 기원한 농경의 한 형태로서 오늘날의 열대 밀림 지역에서도 광범위하게 행해지고 있다. 화전경작은 한 조각의 숲속 땅을 개간해서 경작하는 기술이다. 먼저 수풀을 도끼나 가지치기용 큰 칼로 제거하고 일정한 건조기간이 지난 다음 쌓여 있는 부스러기들을 태워버린다. 그래서 이러한 경작의 투박한 이름이 베어-넘겨-태우기(slash-and-burn)이다. 개간

---

* 대체로 주거와 식사를 함께하면서 가족의 물자에 대해 집단적인 통제력을 행사하는 사회집단._옮긴이

된 땅뙈기는 한두 계절 경작하고 난 후 다시 숲으로 회복되어 토양이 비옥해질 때까지 몇 년 동안 그대로 방치해 둔다. 그 후 그 구역은 경작-휴경의 또 다른 순환을 위해 다시 개간될 수 있다. 전형적으로 휴경기간은 경작기간보다 몇 배 더 길다. 따라서 경작민 공동체가 안정적으로 유지되기 위해서는 일정한 기간에 경작되고 있는 땅뙈기보다 몇 배나 더 많은 예비 토지를 항상 보유하고 있어야 한다. 생산능력을 측정하기 위해서는 이와 같은 필요를 반드시 고려해야 한다. 또한 밭의 사용기간, 휴경기간, 생계에 필요한 1인당 토지면적, 공동체의 범위 내에 있는 경작 가능한 토지의 규모 등도 고려해야 한다. 이러한 척도들이 경작민의 규범적이고 관습적인 실천을 주의 깊게 고려한 것이라면, 생산능력 계산의 최종 결과는 유토피아적인 것, 즉 기술의 자유로운 선택을 통해 행할 수도 있는 어떤 것이 아니라, 현재 작동하고 있는 농경체제가 실제로 수행할 수 있는 어떤 것이 될 것이다.

그럼에도 불구하고 불가피한 불확실성은 존재한다. 다시 말해 이런 방식으로 측정된 '생산능력'은 모두 부분적이고 파생적일 수밖에 없다. 그것이 부분적인 이유는 조사를 식량경작에만 한정시킴으로써 생산의 다른 차원을 무시하기 때문이고, 파생적인 이유는 '능력'을 부양 가능한 최대 **인구**의 형태로 표현하기 때문이다. 조사가 도출하는 결과는 현존 생산수단을 통해 부양할 수 있는 최대 인구수이다. '능력'은 농경관행이나 생계관념이 변화하지 않는 한 극복될 수 없는 임계치인 결정적 인구규모 또는 인구밀도로 표시된다. 이 지점을 넘어서면 최적 인구를 '임계 부양능력' 또는 '임계 인구밀도'와 동일시하는 대담한 생태학자들이 하나같이 빠져들기 쉬운 위험스러운 억측의 근거가 도사리고 있다. '임계 부양능력'은 토지를 황폐화시키거나 미래의 경작을 위기에 빠트리지 않고 고려될 수 있는 인구규모의 이론적 한계치이다. 그러나 현존하는 '최적치'에서 지속적인 '임계치'를 유추해 내는 일은 특별히 어려운 작업이다. 즉, 장기적인 적응의 문제를 단기적인 자료에 의거해서 밝힐 수는 없는 것이다. 따라서 우리는 여기서 다소 제한적이고 또 결함이 있을 수도 있는 이해, 즉 현존하는 농경체계의 능력에 대한 이해로 만족해야 한다.

윌리엄 앨런(Allan, 1949, 1965)은 화전경작의 인구부양능력을 가늠하는 일반적 지표를 처음으로 고안하고 적용했다. 그 후 앨런의 공식 수정판과 변형들이 나타났는데, 그중 콘클린(Conklin, 1959)과 카니로(Carneiro, 1960)의 것이 눈에 띄고, 브라운과 브룩필드(Brown and Brookfield, 1963)는 뉴기니 하일랜드에 관한 연구에서 이를 더욱 복잡하고 정밀하게 다듬었다.[1] 이들 공식은 구체적인 민족지 사례연구에 적용되었을 뿐만 아니라, 엄밀성이 다소 떨어지긴 하지만 화전경작을 행하는 광범위한 문화영역에도 적용되었다. 보호구역에서 벗어나 있는 전통적 농경체계에 이 공식을 적용해 본 결과 많은 차이가 나타나지만 한 측면에서는 분명한 일관성을 보여주고 있다. 즉, 그것은 현존 인구규모가 계산 가능한 최대치보다 일반적으로 더 작았고, 현저하게 더 작은 경우도 흔했다는 점이다.[2]

표 2.1은 세계 곳곳의 윤작농경 지역에서 행해진 인구부양능력에 관한 민족지적 연구를 요약하고 있다. 그중에서 침부(Chimbu)와 쿠이쿠루(Kuikuru)의 사례는 특히 고려해 볼 만한 가치가 있다.

침부의 사례는 이론적으로 매우 중요하다. 조사자들이 개발한 아주 세련된 조사기법 때문만이 아니라, 이들 기법을 원시 세계에서 가장 인구밀도가 높

---

1)　다음은 브라운과 부룩필드(Brown and Brookfield, 1963)가 앨런의 공식을 약간 변형한 것이다. '부양능력' = 100CL/P. 여기서 P는 한 집단의 이용 가능한 토지에 대한 경작 가능한 토지의 비율, L은 경작되고 있는 1인당 평균 토지면적, C는 전체 순환에 필요한 밭 단위 수를 나타내는 계수(係數)로서 이는 휴경기간 + 경작기간 / 휴경기간으로 계산되었다. 100CL/P의 결과는 한 사람을 지속적으로 부양하는 데 필요한 토지의 규모이다. 이는 다시 평방마일 혹은 평방킬로미터당 인구밀도로 환산된다.

2)　이러한 결론은 화전경작을 실행하고 있는 인구집단을 전체적으로 고려해서 도출한 것이다. 이 는 지역의 하위집단들(가족, 종족, 촌락)이 일정한 충원 및 토지보유 규범하에서 '인구압력'을 경험할 가능성을 배제하지 않는다. 이것은 물론 기술이나 자원 그 자체 때문이 아니라 구조적인 문제이다.

표 2.1 **잠재 인구와 실제 인구의 관계: 윤작농경민의 경우**

집단	위치	인구(규모 또는 밀도)		잠재치에 대한 실제치의 비율	자료
		실제치	잠재적 최대치		
나레구 침부	뉴기니	288/m²	453/m²	64	Brown and Brookfield, 1963
쳄바가 마링[1]	뉴기니	204(지역 인구)	313~373	55~65	Rappaport, 1967
야고 하나우	필리핀	30/km² [가경지(可耕地)]	48/km² (가경지)	63	Conklin, 1957
라메트[2]	라오스	2.9/km²	11.7~14.4/km²	20~25	Izikowitz, 1951
이반	보르네오	23/m² (수트 계곡) 14/m²(발레)	35~46m²	50~66(s) 30~40	Freeman, 1955
쿠이쿠루	브라질	145(촌락)	2041	7	Carneiro, 1960
은뎀부(카농게 샤 추장사회)	북부 로디지아	3.17/m²	17~38/m²	8~19	Turner, 1957
서부 랄라[3]	북부 로디지아	< 3/m²	4/m²	< 75	Allan, 1965: 114
스와가[3]	북부 로디지아	< 4/m²	10+/m²	< 40	Allan, 1965: 122~123
도곰바[3]	가나	25~50/m²	50~60/m²	42~100	Allan, 1965: 240

[1] 이 경우 평균 인구부양능력은 최대 돼지수와 최소 돼지수 사이의 평균으로 표시했다.

[2] 라메트의 수치는 역내 토지의 5%만이 가경지라는 가정하에서 이지코비츠가 어림 계산으로 도출한 것이다. 따라서 아마 계산 결과의 정확도가 매우 낮을 것이다. 하지만 그는 라메트의 촌락들이 필요로 하거나 사용하고 있는 토지보다 훨씬 더 많은 토지를 확보하고 있다고 확신한다(Izikowitz, 1951: 43).

[3] 앨런은 아프리카 인구집단들 중에서 보호구역에 갇혀 있거나 식민지적 혼란을 겪으면서도 전통체계의 능력 이상으로 작동하고 있는 경우에 관한 자료도 여럿 제시하고 있다. 이들 자료는 이 표에서 배제되었다. 하지만 그중 세렌지 랄라(Serenji Lala)족에 관한 자료는 예외이다(앨런의 계산 대부분이 위 표에 기재된 다른 연구들보다 더 정확한 것 같다).

은 지역에 속하는 체계가 가장 인구밀도가 높은 상태에 있을 때 테스트했기 때문이기도 하다. 브라운과 브룩필드가 연구한 침부의 나레구(Naregu) 지역

표 2.2 **나레구 침부 집단들의 실제 인구부양능력과 최대 인구부양능력[1]**

집단	총인구		평방마일당 인구밀도		최대 인구밀도에 대한 실제 인구밀도의 비율
	실제	최대	실제	최대	
킨군-숨바이	279	561	300	603	0.49
빈데구	262	289	524	578	0.91
토글-콘다	250	304	373	454	0.82
카마니암부고	205	211	427	439	0.97
몬두-닝가	148	191	361	466	0.77
숭과카니	211	320	271	410	0.66
돔카니	130	223	220	378	0.58
부룩-무이마, 다마구	345	433	371	466	0.80
코무-콘다	111	140	347	438	0.79
바우-아운두구	346	618	262	468	0.56
용고마카니	73	183	166	416	0.40
워구카니	83	370	77	343	0.22
	합: 2,443	합: 3,843	평균: 288	평균: 453	평균: 0.64

[1] 브라운과 브룩필드가 보고하는 부양능력에는 임업작물 판다누스(pandanus)의 경작을 위한 토지(1인당 0.02에이커)뿐만 아니라 환금작물 생산을 위한 소규모 토지(1인당 0.03에이커)도 포함되어 있다. 또한 식량작물 경작에 필요한 1인당 0.25에이커의 토지에는 돼지먹이와 약간의 판매용 식량생산을 위한 토지도 포함된 것이다. 하지만 돼지먹이 생산에 필요한 토지를 최대 돼지 수에 맞추어 수정하지는 않았다.
자료: Brown and Brookfield(1963: 117, 119).

은 인구밀도가 높기로 유명한 뉴기니 하일랜드의 명성─평방마일당 평균 인구 밀도가 288명─을 분명하게 재확인시켜 주고 있다. 하지만 이렇게 높은 인구 밀도도 효과적인 부양능력의 64%밖에 되지 않는다. 64%라는 결과는 나레구 12개 씨족 및 하위 씨족 영토의 평균치이고, 편차는 22~97%에 걸쳐 있다. 표 2.2는 각 영토별 수치를 보여주고 있다. 또한 브라운과 브룩필드는 침부의 26개 부족 및 하위 부족에 관해 다소 정밀도는 떨어지지만 좀 더 광범위한 측정을 시도했는데, 그 결과 동일한 형태의 결론, 즉 부양능력의 60%에 해당하는 평균 인구가 산출되었다.[3]

다른 한편, 쿠이쿠루는 또 다른 종류의 극단적 사례로서 가능성과 실재 사이에 존재할 수 있는 편차가 얼마나 클 수 있는가를 보여준다. 쿠이쿠루 촌락의 인구 145명은 측정 가능한 최대 인구의 7%밖에 되지 않는다(Carneiro, 1960). 쿠이쿠루의 경작관행을 고려할 때 현재 인구 145명은 토지 947.25에 이커의 경작을 통해 유지되고 있는 셈이다. 사실상 이 집단은 1만 3,350에이커의 경작 가능한 토지를 갖고 있는데, 이는 2,041명의 인구를 부양하기에도 충분한 규모이다.

비록 몇 안 되지만 이런 종류의 연구가 제시하는 결론은 예외적이지도 않고 관련된 사례에만 국한되어 있는 것도 아니다. 도리어 날카롭고 권위 있는 몇몇 연구자는 더욱 광범위한 지리적 영역과 관련해서 동일한 종류의 일반화를 시도해 왔다. 한 예를 들면, 카니로(Carneiro, 1960)는 쿠이쿠루의 경우를 토지가 예외적으로 풍부한 사례로 설정하고 그것을 감안해서, 남아메리카 열대 밀림지역에서 행해지는 전통적 농경이 약 450명의 촌락인구를 부양할 수 있을 것이라고 생각했다. 하지만 이 광대한 지역에 걸쳐 분포하는 전형적인 공동체들은 기껏 51~150명의 인구규모밖에 보여주지 않았다. 앨런에 따르면 인구밀도가 아프리카의 콩고 밀림에서도 광범위하게 낮게 나타났는데, 그것은 "전통적인 토지이용 체계하에서 발휘될 수 있는 토지의 명백한 부양능력보다 현저하게 낮았다"(Allan, 1965: 223). 다시 앨런은 서아프리카, 특히 코코아 붐 이전 가나의 "중부 밀림 지역 인구밀도가 임계치보다 훨씬 낮았다"라고 적고 있다(Allan, 1965: 228, cf. 229, 230, 240). 조지프 스펜서도 동남아시아의 윤작에 관해 유사한 견해를 표명하고 있다. 뉴기니 고산지대의 현저하게 높은 인구밀도에 감명받은 적이 있는 스펜서는 "대부분의 윤작 농경 사회는 적어도 그 농경체계에 관한 한 최대 잠재력보다 낮은 수준에서 작동하고

---

3) 26개 집단 중 4개 집단의 인구규모가 부양능력 이상으로 나타났다. 그러나 이 4개 집단 모두 브라운과 브룩필드가 계발한 네 가지 범주의 자료신뢰도 중에서 가장 낮은 두 범주에 속한다. 가장 높은 신뢰도에 속한 집단은 나레구뿐이었다. 두 번째 높은 신뢰도에 속한 집단들의 잠재 인구 대 실제 인구 지수는 0.8(두 경우), 0.6, 0.5, 0.4, 0.3 등으로 나타났다.

있다"(Spencer, 1966: 16)라고 믿었다. 스펜서의 다음과 같은 설명이 흥미롭다.

> 단위 면적당 인구밀도가 낮게 유지되는 패턴은 윤작을 행하는 대부분의 집단들과 자연스럽게 연결되는데 그 이유는 이들 사회체계의 내재적 특성 때문이다. …… 이러한 문화적 전통은 토지부양능력 측면에서 해석될 수 없다. 따라서 문자 그대로의 토지부양능력이 아니라 사회현상이 인구밀도를 통제하는 역동적인 역할을 수행해 왔다(Spencer, 1966: 15~16).

여기서는 요점만 강조하고 후속하는 논의에서 좀 더 포괄적으로 다시 다루도록 하겠다. 스펜서는 사회문화적 조직이 산출을 극대화하기 위해 생산의 기술적 한계에 맞추어 설계되는 것이 아니라, 오히려 생산수단의 발전을 저해한다고 주장한다. 이러한 입장은 비록 생태학적 사고와 모순되기는 하나 저생산에 관한 민족지적 연구에서 반복적으로 나타난다. 은뎀부(Ndembu) 사회에 관한 터너(Turner, 1957)의 연구에 따르면, 관습적인 거주양식과 출계양식 사이의 모순이 중앙화된 정치체제의 부재와 맞물려 있어서 촌락과 인구를 경작능력보다 낮은 수준으로 분산시키고 있다. 이지코비츠(Izikowitz, 1951)의 라메트(Lamet) 사회 연구와 카니로(Carneiro, 1968)의 아마존 인디언 연구도 마찬가지로 정치체제의 취약성이 과도한 원심적 분절화의 원인으로 작용하고 있다는 사실을 보여주고 있다. 이들 부족 경작민에게서 발견되는 매우 일반적인 현상은 토지이용 강도가 다름 아닌 사회-정치 조직의 특성에 의해 규정된다는 점이다.

화전경작은 그 기술적 조건과 분포 면에서 볼 때 현존하는 원시 사회의 지배적인 생산형태이다.[4] 지구상의 상이한 지역에서 수행된 다양한 집단에 관한 연구는 원주민 보호구역 외부에 있는 화전경작체계가 그 기술적 역량 이하로 작동하고 있다는 사실을 분명하게 보여준다. 좀 더 범위를 넓혀 보더라도, 화전경작민이 점유하고 있는 아프리카, 동남아시아, 남아메리카의 광범위한 지역들이 일정 수준 이하로 이용되고 있다고 전문가들은 주장한다. 사정이 그렇다면 원시적 생산의 지배적인 형태가 바로 저생산이라는 결론을 내릴 수 있을까?[5]

수렵채집형 생산체계의 작동방식과 결과물에 관해서는 논의할 수 있는 바가 훨씬 더 적다. 수렵채집이 화전경작보다 더 집약적이지 않을 것이라는 주장이 있다. 하지만 수렵채집민의 자원 저이용에 관한 해석은 효과적인 척도조차 없을 뿐만 아니라 특별한 종류의 어려움을 노정하고 있기도 하다. 특정한 시점에 발생하는 명백한 저생산이 주기적으로 되풀이되는 궁핍한 상황, 즉 형편이 좋지 못해서 인구의 일부만 부양 가능한 상황에 장기적으로 적응한 결과인지 아닌지를 판단하는 것이 보통 불가능하다. 따라서 아래에 제시하는

---

4) FAO의 최근 보고에 따르면 지구상에 약 1,400만 평방마일의 땅이 여전히 화전경작에 이용되고 있고 이 지역에 사는 인구는 2억 명에 달한다(Conklin, 1961: 27). 물론 이들 지역 모두가 원시적인 지역은 아니다.

5) 인구밀도의 급격한 증가에 의한 개인 분쟁이 인구밀도가 평방마일당 200명 이상인 지역에서도 발견되는데, 이 때문에 중요한 이론적 질문들이 제기된다. 생산의 강화, 부계 출계구조, 국가의 형성 등을 아우르는 다양한 정치적·경제적 발달을 자원에 대한 인구학적 압력에 의거해서 설명하려고 하는 일반적인 경향을 어떻게 생각해야 할까? 무엇보다 우선, 원시적 형태의 경제가 생산수단의 인구부양능력에 도달하려는 경향(초과하려는 경향은 차치하고)을 인지하고 있었는지가 불분명하다. 다른 한편으로, 인구학적 요인에 의거하는 최근의 기계론적 설명—또는 그 반대로, 관찰된 경제적 또는 정치적 '효과'로부터 '인구압력'을 추론해 내는 식의 설명—은 지나치게 단순화된 것임이 틀림없다. 어떤 종류의 문화구성체 내에서도 '토지에 대한 압력'은 우선적으로 기술이나 자원의 함수가 아니라 **충분한 생계수단에 접근하고자 하는** 생산자의 함수이다. 후자는 분명히 생산과 재산소유 관계, 토지보유 규정, 지역집단들 간의 관계 등을 포함하는 문화체계가 특정화된 것이다. 자원에 대한 접근과 관습적 노동규범이 최적의 토지이용과 조화를 이루는 것이 이론적으로 불가능한 경우를 제외하면, 한 사회는 그 기술적 생산능력보다 낮은 전체 인구밀도에서 다양한 종류와 수준의 '인구압력'을 경험할 것이다. 따라서 인구압력의 발단은 생산수단에 의해 절대적으로 결정되는 것이 아니라 사회에 따라 상대적이다. 게다가 인구압력이 사회조직에 의해 경험되는 방식과 그것이 영향을 미치는 사회질서의 수준뿐만 아니라 그에 **대응하는 특징적인 방식**도 마찬가지로 해당 제도에 달려 있다. 이러한 논지는 뉴기니 하일랜드에 관한 켈리(Kelly, 1968)의 연구에서 훌륭하게 제시되고 있다. 따라서 인구압력의 정의와 그 사회적 영향은 모두 현존하는 구조에 의해 규정된다고 할 수 있다. 결과적으로, 전쟁이나 국가의 기원 같은 역사적 사건이나 발달에 관한 여하한 종류의 설명도 그러한 구조를 무시하고서는 이론적으로 의심스러운 것이 될 수밖에 없다.

!쿵 부시맨에 관한 리처드 리의 주장은 매우 적절하다. 현지에서의 관찰 기간이 칼라하리사막에서도 드물게 찾아오는 장기적인 가뭄이 삼 년째 되는 해를 포함하고 있기 때문이다.

> 자원의 '풍부함'을 절대적으로 정의하는 것은 불가능하다. 그러나 **상대적** 풍요를 나타내는 지표 중 하나는 특정한 인구집단이 주어진 영역 내에서 이용할 수 있는 모든 식량자원을 고갈시키는가 여부이다. 이러한 척도에 의거해서 판단하면 도 베 지역 부시맨의 생활환경은 자연적으로 제공되는 식량이 상당히 풍부하다고 할 수 있다. 가장 중요한 식량은 몽고몽고(망게티) 견과류이다. 수만 파운드의 견 과류가 매년 수확되고 소비된다. 하지만 매년 그보다 훨씬 더 많은 양의 견과류가 수확되지 못한 채 땅속에서 썩어버린다(Lee, 1968: 33, 33~35).

하드자 사회의 수렵에 관한 우드번의 묘사도 동일한 함의를 가진다.

> 이 지역에 사냥감이 예외적으로 풍부하다는 것은 이미 언급한 바 있다. 하드자족 은 다른 모든 인간 사회와 마찬가지로 이용 가능한 모든 종류의 동물을 먹지는 않 는다. 그들은 사향고양이, 모니터 도마뱀, 뱀, 식용거북이 등은 먹지 않는다. 그럼 에도 불구하고 그들이 먹는 동물의 종류는 매우 다양하다. …… 하드자족은 사냥 할 수 있고 또 먹을 수 있다고 생각하는 동물의 종류가 매우 다양함에도 불구하고 그렇게 많은 동물을 사냥하지는 않는다. 심지어 1960년에 그들이 생활했던 지역 은 동물군의 수가 현저하게 감소해 있었음에도 불구하고, 모든 종류의 동물을 더 많이 사냥했다고 하더라도 어떤 종도 멸종위기에 빠트리지 않을 정도로 개체 수 가 풍부했다(Woodburn, 1968: 52).

클라크와 해스웰(Clark and Haswell, 1964: 31)은 생계농경에 초점을 맞춘

한 연구를 통해 전 농경적 자원이용방식에 대해 숙고해 볼 만한 가치가 있는 주장을 했다. 클라크와 해스웰은 파이리(Pirie)가 요약한 동아프리카 관련 자료[6]에 입각해서 계산하고, 야생상태의 동물 재생산율에 관한 다소 소극적인 가정을 근거로 추산했다. 그 결과 연간 자연적으로 제공되는 육류의 산출량이 인구밀도가 20평방킬로미터당 1명(7.7평방마일당 1명)이고 동물성 식량에만 의존해서 살아가는 한 수렵채집민 집단을 부양하는 데 필요한 양의 40배에 달하는 것으로 나타났다. 이것은 자연적으로 재생산되는 동물성 식량을 완전히 이용한다면 1평방마일당 5명을 부양할 수 있다는 것을 의미한다. 이는 물론 자연적 공급량을 감소시키지 않는다. 수렵채집민에게 그와 같은 여유분이 필요한지에 대해서는 명확한 답을 제공하지 않지만 클라크와 해스웰은 그렇다고 생각한 것 같다.

파이리가 제공하는 동아프리카 관련 수치의 또 다른 함의는 자연적인 목초지 단위당 야생동물 산출량이 인접한 지역에서 생활하는 유목민의 산출량보다 더 높다는 점이다(cf. Worthington, 1961). 더 나아가 클라크와 해스웰은 유목민의 토지이용에 관해 흥미로운 일반화를 시도한다.

우리는 땅이 숲으로 덮여 있지 않은 지역에서 살아가는 원시 유목공동체가 평방킬로미터당 약 2명의 인구밀도로 살아간다는 사실을 잊지 말아야 한다. 이들은 토지와 자원을 원시 수렵민만큼 허비하지는 않음에도 불구하고, 잠재적 평균 토지산출량―프라이스(Price)는 이를 헥타르당 연간 50kg의 동물중량 증가(평방킬로미터당 5톤)로 계산한다―의 완전한 이용에 훨씬 못 미치는 수준으로 자원

---

6) 이것은 파이리 자신이 「근대 아프리카 국가들의 자연과 자연자원 보존(Conservation of Nature and Natural Resources in Modern African States)」이라는 아루샤(Arusha) 심포지엄(1961)에서 발췌한 것이다. 내가 이 글을 쓰고 있을 당시에는 이 자료가 아직 출판되지 않아서 이용할 수 없었다. 더욱이 파이리의 논문은 육식동물의 통제와 관련해서 몇 가지 문제를 제기하는데(p.411), 이 문제제기의 중요성은 분명하지 않지만 야생동물 산출량과 관련성이 있는 것 같다.

을 이용하고 있다. 심지어 이 수치를 반으로 낮춘다 하더라도, 원시 유목민들이 연중 형편이 좋은 계절에 성장하는 목초를 완전하게 이용하는 것은 명백하게 불가능한 일로 보인다(Clark and Haswell, 1964).

연구자들이 인정하는 바처럼, 유목민은 물론 기술적인 사료저장 수단이 없으므로 목초가 풍부한 계절이 아니라 그 반대인 계절에 사육할 수 있는 수준으로 가축 수를 제한할 수밖에 없다. 그럼에도 불구하고 앨런의 연구는 클라크와 해스웰의 결론을 어느 정도 지지한다. 앨런은 대략적인 추정을 통해 평방마일당 7명 정도가 '임계 인구밀도'라는 점을 동아프리카 유목민들 스스로 알고 있다고 가정한다. 하지만 일련의 실제 사례연구에 따르면, "현존 유목민의 인구밀도는 통상 이 수치보다 훨씬 낮게 나타나고, 심지어 좀 더 유리한 지역을 점유하고 있는 유목민의 경우도 결과는 마찬가지이다"(Allan, 1965: 309).[7]

여기서 우리는 학제적 연구가 초래하는 특징적인 실패에 위험할 정도로 가까워진 것 같다. 학제적 연구는 흔히 특정한 학문분과의 미지수가 다른 여러 학문분과의 불확실성에 의해 배가되는 과정으로 정의될 수 있는 일종의 지적 모험이다. 하지만 이 지점에서는 적어도 원시 경제의 자원이용효율에 관해 의문을 제기한 것으로 충분하다.

노동력의 저이용

원시공동체의 노동력 또한 저이용되고 있다는 사실은 더욱 많은 민족지적 연구가 수행되었기 때문에 입증하기가 훨씬 수월하다. 게다가 원시적 저생산

---

7) 다른 한편으로 앨런은 유목민들에게 목초지의 부양능력을 초과해서 가축 수를 늘리려는 어떤 유인이 있다는 사실을 발견했다. 적어도 마사이(Masai)와 무코고도(Mukogodo) 두 집단의 경우 "유목의 단순한 경제적 필요와 비교할 때 지나치게 많은 수의 가축"을 키우고 있음이 분명했다 (Allan, 1965: 311).

의 이러한 차원은 유럽인의 편견과 너무나 밀접하게 연결되어 있기 때문에, 인류학자 외에 다른 많은 학자도 이 사실을 인식해 왔다. 하지만 문화적 차이를 전제로 하고 좀 더 적절하게 연역해 본다면 오히려 유럽인들이 지나치게 일하고 있다는 추론을 이끌어낼 수도 있을 것이다. 노동력이 생산에서 배제되는 방식이 모든 곳에서 동일하지 않다는 점을 명심할 필요가 있다. 노동력의 저이용과 관련된 제도적 양식은 다양하게 나타난다. 어떤 경우는 개인의 노동생명의 길이를 문화적으로 현저하게 단축하고, 다른 경우는 휴식기준을 지나치게 높게 설정하거나 아니면 '충분한 노동'의 기준을 매우 낮게 설정할 것이다.

매리 더글러스는 렐레(Lele)와 부숑(Bushong)의 경제에 관해 훌륭한 비교 연구를 수행한 바 있다. 이 연구의 중요한 결론 중 하나는 어떤 사회의 성원들은 다른 사회의 성원들보다 삶의 훨씬 더 많은 부분을 노동에 할애한다는 점이다. 더글러스는 다음과 같이 묘사한다. "부숑 사람들은 렐레 사람들이 소유하고 행하는 모든 것보다 더 많이 소유하고 더 잘할 수 있다. 그들은 렐레 사람들보다 더 많이 생산하고 더 잘살 뿐만 아니라 인구밀도도 더 높게 유지한다"(Douglas, 1962: 211). 더글러스가 두 사회 남성들의 노동생명 길이에 관해 작성한 다이어그램이 입증하는 바와 같이 부숑 사람들은 더 많이 일하기 때문에 더 많이 생산한다(그림 2.1). 부숑 남성의 경우 노동경력이 20세 이전에 시작해서 60세 이후에 끝나기 때문에 렐레 남성보다 거의 두 배나 긴 시간 동안 생산 활동에 참가하는 반면, 렐레 남성은 육체적으로 성숙한 훨씬 이후에 노동을 시작해서 비교적 일찍 은퇴한다. 더글러스의 상세한 분석을 여기서 다시 반복하려는 의도는 없다. 하지만 현재의 논의와 연관성이 있는 몇 가지 이유를 간략하게 언급하고자 한다. 그중 하나는 렐레 연장자의 특권인 일부다처제 관행이다. 이로 인해 젊은이들의 결혼이 현저하게 연기되고 결과적으로 성인으로서의 책임도 연기된다.[8] 정치적 영역으로 옮겨가면 렐레와 부숑

그림 2.1 **렐레와 부숑의 남성 노동생명 길이**

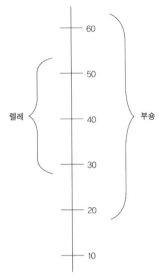

자료: Douglas(1962: 231).

의 차이에 관한 더글러스의 좀 더 일반적인 설명은 이미 익숙한 내용에 지나지 않는다. 하지만 더글러스는 분석을 새로운 차원으로 이끌고 간다. 특정한 체계를 경제적으로 더욱 효과적이도록 만드는 것은 단순히 정치적 규모나 형태상의 차이뿐만 아니라 그러한 차이가 수반하는 현존 권력과 생산과정 사이의 상이한 관계도 포함한다.[9]

하지만 젊은 성인 노동력의 불충분한 사용은 렐레만의 특징이 아닐 뿐만 아니라 농경 사회의 배타적인 특징도 아니다. 수렵채집은 유명한 공식인 '최대 인구가 최대한의 노력'을 하도록 !쿵 부시맨에게 요구하지 않는다. 그들은 젊은 남성 노동력을 완전하게 활용하지 않아도 매우 잘 살아간다. 젊은이들은 때로 25세가 될 때까지 매우 게으른 생활을 영위하기도 한다.

!쿵 부시맨의 노동력 구성이 보여주는 또 다른 중요한 양상은 청년들이 성인으로서의 책임을 늦게 떠맡는다는 점이다. 젊은이들은 결혼 전에는 정규적으로 식량을 조달하지 않아도 된다. 전형적으로 여성은 15세와 20세 사이에 결혼하고 남

---

8) 이것은 렐레에만 특유한 현상이 전혀 아니다. 성비가 다소 균형을 이루는 사회에서 일부다처제가 실행된다는 것은 통상 대다수 남성의 초혼이 늦어진다는 것을 의미한다. 생산에 대한 무관심이 항상 나타나는 것은 아니지만 적어도 일관성 있고 흔하게 관찰된다.

9) 전체적인 논의는 제3장으로 미루어 두고 여기서는 단지 요점만 제시하기로 하겠다.

성은 그보다 약 5년 더 늦게 결혼한다. 그래서 나이 많은 친척에게 음식을 얻어먹으면서 이 캠프에서 저 캠프로 돌아다니는 건강하고 활동적인 10대들을 흔히 볼 수 있다(Lee, 1968: 36).

젊은이들의 게으름과 연장자들의 부지런함 사이에 존재하는 이러한 대조는 중앙집권적인 아프리카 추장사회(Chiefdom)*[예를 들어, 벰바(Bemba)족의 경우처럼 발달된 정치적 환경에서도 나타날 수 있다. 현재 벰바 사회는 두드러진 일부다처제 사회가 아니다. 오드레이 리처즈는 인류학자에게 의미심장한 사례가 되는 또 하나의 설명을 제시한다.

유럽인이 도래하기 이전 시대에는 청년기에서 성년기로 넘어갈 때 야심에 큰 변화가 발생했다. 신랑이 아내의 가족에게 신부봉사를 해야 하는 모처혼(母處婚)** 체계하에서 청년들은 경작에 대해 개인적인 책임을 지지 않는다. 경작지를 조성하기 위해 나무를 벌목해야 하는 책임이 부과되기는 하지만, 그들이 삶을 승급시키는 주요 방식은 추장이나 등급이 높은 남자에게 의지하는 것이지 넓은 경작지를 만들거나 물질적 재화를 축적하는 것이 아니었다. 그들은 종종 변경지대 습격이나 약탈 원정대에 참여했다. 그들은 자녀가 '배고파 울고' 정착하게 되는 중년이 될 때까지 성실하게 일하지 않아도 되었다. 최근에는 구체적인 사례들을 통해 연장자와 젊은이가 수행하는 노동이 규칙성 면에서 현저한 차이를 보여준다는 사실을 알 수 있었다.[10] 이것은 부분적으로 청년들의 새로운 형태의 불복종 때문

---

* 위계적인 정치적·종교적 지도체제에 입각해서 친족집단들을 추장의 권위하에 결합하는 정치체계로서 '추방사회' 혹은 '군장사회'라고 번역하기도 한다._옮긴이
** 신랑·신부가 결혼 후 신부의 집으로 가서 생활하는 혼인형태._옮긴이
10) 아주 상세하게 기술된 구체적인 사례는 카사카(Kasaka) 마을에 관한 것이다. 리처즈는 이 마을에 관해 주로 1933년 9월 한 달 동안 전체적인 활동일지를 작성했고, 23일 동안 성인 38명의 노동일지를 기록했다(Richards, 1961: 162~164, 표 E 참조). "너무 늙어서 세금을 지불할 수 없다고 정부가 판단하는" 노인들만 정규적으로 일했다. 리처즈는 다음과 같이 적고 있다. "5명의 노

이기도 하지만, 부분적으로는 옛 전통이 지속된 탓이기도 하다. 대체로 우리 사회의 젊은이들은 청년기와 성년기 초기를 거치면서 경제적 야심에 큰 변화를 경험하지 않는다. …… 뱀바족은 규칙적인 연령등급체계를 지닌 동아프리카의 마사이족[11]을 위시한 호전적인 종족들처럼 청년기와 성년기의 경제적 야심이 현저한 차이를 보여준다. 각 개인은 처음에는 전사로서의 역할을, 나중에는 경작자와 한 가족의 아버지 역할을 하도록 기대되었다(Richards, 1961: 402).

요약하면 다양한 문화적 이유 때문에 일생 동안의 노동기간이 엄청나게 단축될 수 있다. 실제로 더 젊고 튼튼한 성인이 사회적 노동의무를 더 늙고 허약한 이들에게 맡겨놓고 생산에 참여하지 않는 경우처럼 경제적 의무가 육체적 능력과 전혀 균형을 이루지 않을 수 있다.

동일한 종류의 불균형이 성별 노동분업에서도 나타날 수 있다. 이용 가능한 노동력의 절반이 사회의 전체 산출량 중에서 매우 작은 부분만을 제공할 수 있다. 적어도 생계부문에서만큼은 이러한 종류의 차이가 여성과 남성 노동력의 상이한 경제적 중요성에 의거해서 모계 혹은 부계 출계율을 설명하는 단순한 유물론적 관점에 오래된 신뢰를 부여할 수 있을 정도로 일반적으로 나타난다.

필자 자신도 성별 노동분업에서 뚜렷한 불균형이 관찰되는 민족지 사례를 수집한 적이 있다. 피지의 모알라(Moala)섬 여성들은 농경 활동에서 배제되어 있기 때문에 남성들과 달리 주요 생산 활동에 거의 관심이 없다. 사실 여성, 특

인이 20일 중 14일을 노동했고, 7명의 젊은이는 20일 중 7일을 노동했다. …… 젊고 활동적인 남성들이 정확하게 노인들의 반밖에 일하지 않는다면 어떠한 공동체도 식량생산의 어려움에 처할 수밖에 없을 것이다"(Richards, 1961: 164n). 이 기록은 뱀바의 유명한 기근기가 아니라 평균 이하의 경작강도를 보여주는 계절에 이루어진 것이다.

11) "가축을 기르는 데 마사이족 인구 전체의 에너지가 필요한 것은 아니다. 대략 16~30세 사이의 젊은 남성들은 가족과 씨족으로부터 떨어져 전사로 생활한다"(Forde, 1963[1934]: 29f).

히 젊은 여성들은 규칙적으로 가사를 돌보고 요리와 어로 활동을 하며 공예품을 생산하는 일도 맡고 있다. 하지만 여성도 경작에 참가하는 피지의 다른 지역에 비해 모알라 여성들이 누리는 안락함을 고려하면 "이 땅에서는 여자 팔자가 상팔자이다"라는 모알라의 속담에 충분한 근거가 있다. 한 모알라 친구는 하루 종일 여기저기서 방귀만 뀌면서 앉아 있는 일이 실제로 여자들이 하는 일의 전부라고 딱 잘라 말했다. 이것은 일종의 비방이었고, 그보다는 잡담을 하면서 시간을 보냈다고 하는 편이 더 맞을 것이다. 아마 반대로 여성노동을 강조하는 경우가 원시공동체의 좀 더 일반적인 현상일 것이다. 하지만 흔히 여성들, 그리고 때로는 많은 남성도 일상적인 경작 활동에 관여하지 않는 유목민의 경우는 예외이다.[12]

이미 언급했던 사례 중 하나를 재고해 볼 필요가 있다. 이 사례가 다름 아닌 일반적으로 양성 중 한 성의 노동력의 전반적인 낭비를 감당할 수 있는 능력이 가장 부족할 것으로 여겨지는 수렵채집민에 관한 것이기 때문이다. 하드자의 남성들은 연중 6개월(건기)을 도박으로 허비한다. 그리고 도박으로 철촉 달린 화살을 잃은 사람은 나머지 기간 동안에도 사냥은 할 수 없게 된다(Woodburn, 1968: 54).

보편성의 도출은 차치하더라도 이들 몇 안 되는 증거에 입각해서 성과 연령에 따른 상이한 경제적 역할을 추론해 낸다는 것은 사실상 불가능하다. 따라서 다시 한 번 일반적인 가정에 의문을 제기하는 정도로 끝낼 수밖에 없다. 여기서 제기하는 문제는 바로 노동력의 구성에 관한 것이다. 노동력의 구성은 자연적(물리적) 차원뿐만 아니라 문화적 차원과도 분명하게 연동되어 있다. 또 하나 분명한 사실은 문화적 차원과 자연적 차원이 반드시 부합할 필요

---

12) 클라크(Clark, 1938: 9)와 리버스(Rivers, 1906: 566~567)를 참조하라. 하지만 중동의 아랍인의 경우, "남성들은 흡연이나 잡담을 하거나 커피를 마시면서 하루를 보내는 데 아주 만족스러워 한다. 낙타 사육이 그들의 유일한 일이다. 그들은 천막을 세우고 양과 염소를 돌보며 물을 길어 오는 등의 모든 일을 여성들에게 떠맡긴다"(Awad, 1962: 335).

도 없다는 것이다. 개인의 노동경력이 관습에 따라 다양한 방식으로 단축 또
는 완화되고, 노동 가능 인구 혹은 최상급의 노동 가능 인구 전체가 경제 관련
활동에서 배제될 수도 있을 것이다. 결국 처분 가능한 노동력은 이용 가능한
노동력보다 적고, 이용 가능한 노동력의 나머지 부분은 다른 방식으로 소모
되거나 낭비되어 버린다. 이러한 인력의 전용이 때로 필연적이라는 점에는
논란의 여지가 없다. 이는 사회와 경제를 조직하는 데 당연히 기능적으로 작
용하고 심지어 필수적인 조건일 수도 있다. 하지만 현재 우리가 다루고 있는
문제는 경제적 과정으로부터 상당한 정도의 사회적 에너지가 조직적으로 철
회되는 현상이다. 이것이 유일한 문제도 아니다. 또 다른 문제는 나머지 효과
적 생산자들이 실제로 얼마만큼 노동하는가 하는 점이다.

  오늘날 원주민들이 선천적으로 게으르다는 제국주의자의 이데올로기를
사실로 받아들일 인류학자는 아무도 없을 것이다. 오히려 대다수 인류학자
는 원주민들이 지속적인 노동을 할 수 있다고 증언할 것이다. 하지만 아마 그
들 중 대다수는 또한 원주민들의 노동동기가 항구적이지 않고, 그래서 사실
상 그들의 노동이 장기적 또는 단기적으로 불규칙적인 특징을 보여준다는
주장도 동시에 할 것이다. 노동과정은 다양한 종류의 간섭에 민감하게 영향
을 받고, 의례같이 엄숙하거나 휴식처럼 사소한 여타 활동들 때문에 일시적
으로 중단되기도 쉽다. 흔히 원주민들의 관습적 노동일은 매우 짧다. 설령 노
동일이 길다고 하더라도 중간중간 자주 중단되고, 또 노동일이 길면서도 지
속적인 경우라면 보통 계절적으로 일시적인 현상에 불과하다. 게다가 공동
체 내에서도 일부 사람들은 다른 사람들에 비해 훨씬 더 많이 일한다. 생산성
향상을 위한 성과급제는 언급할 필요도 없고, 사회적 규범에 의거해서 노동
력의 상당한 부분이 저고용 상태로 남아 있다. 모리스 고들리에가 지적하는
바와 같이, 대부분의 원시 사회에서 노동력은 희소자원이 아니다(Godelier,
1969: 32).[13]

제철에 생계부문에서 한 사람이 수행하는 통상적인 노동일은 벰바(Richards, 1961: 398~399), 하와이(Stewart, 1828: 111), 쿠이쿠루(Carneiro, 1968: 134)의 경우처럼 4시간밖에 되지 않거나, !쿵 부시맨(Lee, 1968: 37)과 카파우쿠(Pospisil, 1963: 144~145)의 경우처럼 길어야 6시간 정도이다. 하지만 이렇게 짧은 노동일도 일찍부터 늦게까지 지속될 수는 있다.

쾌청한 아침에 티코피아의 한 작업단이 집을 나서 밭으로 향하는 장면을 따라 가 보자. 그들은 심황*을 캐러 나간다. 바야흐로 8월은 매우 가치 있고 신성한 염료 인 심황을 준비하는 계절이기 때문이다. 작업단은 마타우투(Matautu) 마을을 출발해 로페아(Rofaea)까지 해안을 따라 가고, 그 후 내지로 돌아서 언덕 정상으로 이어져 있는 오솔길을 오르기 시작한다. 심황은 산기슭에서 자라고 그곳까지 가 기 위해서는 수백 피트의 급경사를 올라야 한다. …… 이 무리는 파누쿠네푸(Pa Nukunefu) 부부와 그들의 어린 딸 그리고 친구 가족과 이웃에서 데려온 좀 더 나 이가 많은 세 명의 소녀로 구성되어 있다. …… 그들은 도착 직후 바이테레 (Vaitere)와 합세하는데 이 청년의 가족은 근처에 과수원이 있다. …… 작업은 매 우 단순하다. …… 파누쿠네푸와 여자들은 적절하게 일을 분담한다. 파누쿠네푸 는 초목을 제거하고 심황을 캐는 작업 대부분을 하고, 여자들은 캐고 다시 심는 작업 일부와 다듬고 분류하는 작업의 대부분을 수행한다. …… 일의 속도는 힘들 지 않을 정도이다. 무리의 성원들은 때때로 휴식을 취하고 베텔(betel)**을 씹기 위해 빠져나온다. 이러한 휴식을 위해, 작업 자체에는 그다지 활동적인 역할을 하지 않았던 바이테레가 베텔 나무의 잎인 **피타**(pita)를 따려고 근처 나무로 올라 간다. …… 아침 새참 무렵 관례에 따라 푸른 코코넛을 곁들인 참이 제공되는데,

13) 보해넌 부부(Bohannan and Bohannan, 1968: 76)에 의하면, 티브(Tiv) 사회에서 "노동력은 매우 풍부하게 공급되는 생산요소이다."
* 뿌리가 물감, 건위제, 조미료 등으로 다양하게 활용되는 식물._옮긴이
** 후추나무과의 잎._옮긴이

이 때문에 바이테레를 다시 베텔 나무로 올려 보낸다. …… 작업의 전체적인 분위기는 제멋대로 취하는 휴식 때문에 분산적인 형태를 보여준다. …… 당일 날 아침에 끌어모은 사람인 바이테레는 실용적으로 전혀 쓸모없는 바나나 잎 모자를 짜느라 분주하다. …… 그렇게 일하다 쉬다 하는 사이 시간은 흘러 태양이 중천에서 눈에 띄게 기울 때쯤 그 무리의 작업은 끝이 나고, 심황 뿌리를 담은 바구니를 들고 산기슭을 내려와 집으로 향한다(Firth, 1936: 92~93).

한편 카파우쿠 사회의 일상적인 노동은 이보다는 지속적인 양상을 보여준다. 카파우쿠족의 노동일은 약 오전 7시 30분경에 시작해서 점심을 먹기 위해 휴식하는 오전 늦게까지는 매우 안정적으로 지속된다. 남성들은 이른 오후에 마을로 돌아가지만 여성들은 4~5시까지 계속해서 일한다. 하지만 카파우쿠족은 "생활에서 균형감각을 가지고 있다". 다시 말해 그들은 하루 동안 고되게 일하면 다음날은 쉰다.

카파우쿠족은 생활에서 균형감각을 가지고 있기 때문에, 오직 하루걸러 하루만 노동일로 간주한다. 하루의 노동일은 '잃어버린 힘과 건강을 재충전'하기 위한 하루간의 휴식 이후에 이어진다. 이러한 여가와 노동의 단조로운 반복은 그들의 일정에 좀 더 긴 휴일(춤, 방문, 어로, 사냥 등을 위해 사용하는)을 추가함으로써 더욱 매력적인 것이 된다. 결과적으로 보통 일부 사람만 아침에 경작지를 향해 출발하고 나머지는 '휴일'을 즐기는 것을 볼 수 있다. 하지만 많은 사람은 이러한 이상형을 엄격하게 따르지 않는다. 좀 더 세심한 경작자들은 토지개간을 마무리하기 위해, 그리고 울타리를 치거나 도랑을 파기 위해 수일 동안 집약적으로 일하는 경우도 종종 있다. 일반적으로 그들은 이런 작업을 마친 이후에 며칠 동안 쉬는데, 이를 통해 '못 쉬었던' 휴일을 보충한다(Pospisil, 1963: 145).

카파우쿠 사람들은 모든 일에서 이러한 이완의 과정을 따르면서 장기간에 걸쳐 과도하지 않을 정도의 시간을 농경에 투여한다. 포스피실이 잠재적으로 하루 8시간의 노동이 가능하다는 가정하에서 8개월(카파우쿠의 농경은 계절적이지 않다) 동안 기록한 자료에 따르면, 카파우쿠 남성은 '노동시간' 중 1/4을, 여성은 약 1/5을 경작에 사용하는 것으로 나타난다. 더 정확하게 남자는 하루 평균 2시간 18분을, 여자는 1시간 42분을 경작에 사용했다. 포스피실은 다음과 같이 적고 있다. "이처럼 상대적으로 짧은 총노동시간은 원주민들의 경작방식이 낭비적이고 시간소모적이며 경제적으로 비효율적이라는 통상적인 주장에 심각한 의문을 제기하도록 만드는 것 같다"(Pospisil, 1963: 164). 카파우쿠의 남성들은 휴식과 '연속적인 휴일'을 제외한 나머지 시간에도 여타 생산부문(공예, 사냥, 건축)보다는 정치활동과 교환에 더욱 많은 관심을 기울인다.[14]

관습적으로 하루 일하고 하루 쉬는 노동양식을 통해 보면, 카파우쿠족은 경제적 템포의 간헐성이 아니라 오히려 그 규칙성 때문에 특이하게 보인다.[15] 제1장의 수렵채집민도 이와 유사한 양상을 보여주었다. 호주 원주민이나 부시맨 같은 경우 수면은 말할 필요도 없고 쉬는 날 때문에 노동이 끊임없이 중단된다. 그리고 계절적인 특성을 보여주는 많은 농경민들의 경우도 비록 시간적 척도는 다르지만 그와 동일한 리듬이 반복된다는 것이 주지의 사실이다. 농한기가 충분히 길어서 다른 일도 하지만 그 이상의 휴식과 기분전환 그리고 의례와 방문 등을 할 수 있다. 따라서 장기적인 차원에서 보면, 이들 생

---

14) 하지만 이곳은 노동의무가 성별과 연령층에 따라 불균등하게 분담되는 또 하나의 사회이다. 가끔 카파우쿠 남성들이 교역이나 전쟁을 위해 3~4개월 동안이나 집을 떠나 있을 때도 여성들은 경작뿐만 아니라 어로, 양돈, 가사노동 등 거의 모든 일을 도맡아 한다. 하지만 특히 미혼남성들은 그동안 내내 경작에는 무관심한 채로 시간을 보낸다(Pospisil, 1963: 189).

15) 티브인들도 "엄청나게 빠른 속도로 열심히 일한 다음 하루나 이틀 동안 아무것도 하지 않고 휴식하기를 좋아한다"(Bohannan and Bohannan, 1968: 72)는 기록이 있다.

계양식 모두가 비집약적인 것으로 드러난다. 즉, 이들 생계양식은 이용 가능한 노동력 중에서 단지 일부만을 활용한다는 것을 알 수 있다.

노동력의 부분적인 사용은 민족지학자들이 작성한 개인의 노동일지에서도 발견된다. 이들 노동일지는 통상 매우 짧은 시간 동안에, 그리고 매우 소수만을 대상으로 작성된 것이다. 하지만 경제적 노력 면에서 나타나는 중요한 가내적 편차를 보여주기에 충분할 정도로 포괄적이다. 관련된 6~7명의 사람 중 적어도 1명은 게으름뱅이로 나타난다(cf. Provinse, 1937; Titiev, 1944: 196). 따라서 이들 노동일지는 불균등한 생산 활동, 즉 아무도 눈에 띄게 열심히 일하지 않는데도 일부는 상대적으로 저고용 상태에 있는 상황을 드러낸다. 이러한 유형의 특징은 비록 정확한 계산은 아니지만 누페(Nupe) 사회의 세 농민 가족에 관해 나델이 기록한 조사일지(Nadel, 1942: 222~224)를 재구성한 표 2.3에 제시되어 있다.[16] 나델이 수행한 2주간의 관찰은 연례적인 경작주기의 상이한 기간과 겹쳐 있다. 그중 둘째 주에 수행된 관찰은 연중 가장 집약적인 노동이 이루어지는 시기에 해당한다.

리처즈가 벰바의 두 마을에 관해 작성한 일지는 양적평가에 특히 적합하다. 표 2.4는 카사카(Kasaka) 마을에서 처음으로 긴 기간에 걸쳐 기록한 자료를 제시하고 있다. 이는 38명의 성인이 23일(1934년 9월 13일에서 10월 5일까지)에 걸쳐 수행한 활동을 포괄하고 있다. 이 시기는 비록 벰바족의 기근기는 아니지만 농업노동력이 감소하는 계절이었다. 남성들은 약 45%의 시간을 거의 일하지 않거나 전혀 일하지 않고 보냈다. 그들이 활동한 날 중 약 절반만이 생산적인 노동일로 분류될 수 있었는데 그마저도 1일 평균 노동시간은 4.72시간밖에 되지 않았다(하지만 아래 각주18에는 1일 평균 2.75시간이라는 수치가 보이는데, 이는 분명히 모든 이용 가능한 일수에 기초해서 계산된 것이다). 여성들의

---

16) 물론 이렇게 간단한 기록이 누페 사회의 경제조건을 대표할 수 있을까 하는 문제가 남아 있고, 누페 사회가 실제로 원시 경제의 전형일 수 있는가라는 점도 문제시될 수 있다.

표 2.3 **누페의 세 농민가족의 노동일지**

	N 노동집단: 아버지와 아들 3명	M 노동집단: 아버지와 아들 1명	K 노동집단: 남자 1명
1936년 5월 31일	오전 8시경 농지로 나감. 농지에서 점심을 먹고 오후 4시경 돌아옴.	경작지가 서로 인접해 있는 N가족과 함께 농지로 나가 함께 돌아옴.	여자 형제의 장례식에 참가하기 위해 쿠티기를 떠나 이웃 마을에 감.
1936년 6월 1일	전날과 동일.	전날과 동일.	저녁에 돌아옴.
1936년 6월 2일	아들들과 함께 집에 머무름.	집에 있다가 저녁에 N가족 방문.	오전 10시경 농지로 나가 오후 4시경 돌아옴.
1936년 6월 3일	집에 머무름. 아들들은 아침에 농지로 나갔지만 당일 열리는 시장에 가기 위해서 오후 2시에 돌아옴.	집에 머물면서 근처의 텃밭을 돌봄. 아들은 농지로 나감.	집에 머무름. 이웃마을 방문 때문에 피곤하다고 말함.
1936년 6월 4일	오전 8시에 농지로 나가 점심을 먹기 위해 집으로 돌아옴. 아들들은 농지에서 좀 더 오래 일함.	오전 8시에 농지로 나가 점심식사 후 돌아옴.	오전 8시에 농지로 나가 점심식사 후 돌아옴.
1936년 6월 5일 (금요일)	아들들과 함께 집에 머무름. 오후에 이슬람 사원에 다녀옴.	집에 머무름. 저녁에 N가족 방문.	집에 머무름. 외딴 곳에 사는 형제가 방문함.
1936년 6월 6일	피곤하다면서 집에 머무름. 당일은 텃밭에서 일하고 다음날 농지로 나갈 것이라고 말함. 아들들은 농지로 나감.	오전 8시에 농지로 나가 점심식사를 위해 돌아옴.	오전 8시에 농지로 나가 점심식사를 위해 돌아옴.
1936년 6월 22일	오전 8시에 농지로 나가 오후 4시에 돌아옴. 아들 중 한 명은 친구 결혼식에 참가하기 위해 사크페에 감.	오전 7시에 농지로 나가 오후 4시 넘어서 돌아옴.	오전 8시에 농지로 나가 오후 4시 넘어서 돌아옴.
1936년 6월 23일	오전 8시 농지로 나가 점심을 먹기 위해 돌아옴. 그는 손을 다쳐 일을 잘 할 수 없음. 두 아들이 농지에 남아서 일함. 한 아들은 여전히 사크페에 있음.	오전 8시에 농지로 나가 점심을 먹기 위해 돌아옴.	오전 8시에 농지로 나가 오후 4시 넘어서 돌아옴.
1936년 6월 24일	오전 8시에 농지로 나갔지만 손이 아파 일찍 돌아옴. 사크페에 간 아들은 저녁에 돌아옴.	오전 7시에 농지로 나가 오후 4시가 넘어서 돌아옴.	피곤하고 속이 좋지 않아서 집에 머무름.

	N 노동집단: 아버지와 아들 3명	M 노동집단: 아버지와 아들 1명	K 노동집단: 남자 1명
1936년 6월 25일	그는 손이 아직 낫지 않아 집에 머무름. 세 아들은 농지로 나감.	오전 7시에 농지로 나가 오후 5시 넘어서 돌아옴.	오전 7시에 농지로 나가 오후 5시가 넘어서 돌아옴.
1936년 6월 26일 (금요일)	집에 머무름.	집에 머무름.	오전 8시에 농지로 나가 오후 4시 넘어서 돌아옴.
1936년 6월 27일	오전 8시에 농지로 나가 오후 5시에 돌아옴.	오전 8시에 농지로 나가 오후 4시 넘어서 돌아옴.	오전 7시에 농지로 나가 점심 식사를 위해 돌아옴.
1936년 6월 28일	추장의 징세원이 모든 연장자들을 소환했기 때문에 집에 머무름. 세 아들은 농지로 나감.	N가족과 같은 이유로 집에 머무름. 아들은 농지로 나감.	오전 7시에 농지로 나갔지만 징세원을 만나기 위해 일찍 돌아옴.

자료: Nadel(1942: 222~224).

표 2.4 벰바 카사카 마을의 활동 분포[1]

	남성(19명)	여성(19명)
1. 주로 일하는 날[2]	경작, 사냥, 어로, 공예, 집짓기, 유럽인을 위한 노동: 220(50%)	경작, 어로, 추장을 위한 노동, 유럽인을 위한 노동 등: 132(30.3%)
완전 노동일의 평균 길이	1일 4.72시간	1일 4.42시간
2. 부분적으로 일하는 날[3]	마을에 머무름, 마을을 떠남, 집에 머무름: 22(5%)	마을에 머무름, 비경작 노동, 마을을 떠남: 153(35.19%)
3. 거의 일하지 않는 날	여가 활동, 친척 방문,[4] 술 마시기: 196(44.5%)	여가 활동, 친척 방문, 술 마시기: 138(31.7%)
4. 질병	아픈 상태: 2(0.5%)	몸져누움: 13(3%)

[1] 총인원은 38명, 도표화된 일수는 23일.

[2] 이런 식으로 1~4항목으로 나누고 이에 따라 자료를 분류한 것은 필자에 의한 것이다.

[3] 리처즈는 여성들의 경우 마을에 머물 때도 많은 가사노동을 한다는 점을 명시하고 있다. 그래서 그는 날짜를 나타내는 데 '여가'라는 범주를 거의 사용하지 않고 대신 '비경작 노동'이라는 범주를 선호한다. 다른 한편 '여가'는 "앉아 놀기, 담소, 음주, 수공예 등을 하면서 보낸 날"을 의미한다. 따라서 나는 '비경작 노동'('마을에 머무름'과 '집에 머무름', 그리고 좀 더 상세한 정보를 위해 사용한 '마을을 떠남'이라는 범주도 아우르는)을 "부분적으로 일하는 날"에 포함시킨 반면, '여가'는 "거의 일하지 않는 날"에 포함시켰다. '여가'에는 기독교 일요일도 포함된다.

[4] 리처즈는 표에 따로 명시하지 않은 경우 '걷기'가 '친척 방문'을 뜻한다고 설명한다. 나는 여기서 '걷기'를 '친척 방문'에 포함시켰다.

자료: Richards(1962: Appendix E).

표 2.5 **벰바 캄팜바 마을의 활동 분포[1]**

	남성(16명, 10일)	여성(17명, 7일)
1. 주로 일하는 날	114 (70.8%)	66 (62.9%)
2. 부분적으로 일하는 날	9 (5.6%)	21 (20%)
3. 거의 일하지 않는 날	29 (18%)	17 (16.2%)
4. 질병	9 (5.6%)	1 (1%)

[1] 사용된 범주에 관한 설명은 표 2.4를 보라.

자료: Richards(1962: Appendix E).

시간은 노동하는 날(30%), 부분적으로 노동하는 날(35.1%), 거의 노동하지 않
는 날(31.7%) 등으로 좀 더 균등하게 구분된다. 남성과 여성 모두에게 적용되
는, 이처럼 힘들지 않는 노동일정은 다소 바빠지는 경작기가 되면 수정되었
다.[17] 표 2.5는 1934년 1월에 7~10일에 걸쳐 캄팜바(Kampamba) 마을 성인
33명의 노동을 기록한 것으로 생산템포의 주기적 집약성을 잘 예증해 준
다.[18]

---

17) 이론적으로는 11월에서 3월까지이다. 하지만 리처즈(Richards, 1962: 390)를 보라.
18) 노동일의 길이에 대한 리처즈의 다음과 같은 진술은 더 적절한 정보를 추가로 제공해 준다. "벰
바족은 더울 때는 아침 5시에 일어나지만 추운 계절에는 8시나 그보다 더 늦게 오두막에서 마지
못해 나오는데, 노동일은 이에 따라 조정된다. …… 전문화되지 않은 사회에 사는 벰바 사람들은
매일매일 상이한 종류의 작업과 상이한 양의 일을 한다. 남성과 여성의 활동일지를 보면, 캄팜바
남성들은 열흘 동안 아주 상이한 다섯 가지 종류의 일에 종사했고, 카사카에서는 다양한 의례의
참가 그리고 친구나 유럽인의 방문 등이 일상적인 일을 끊임없이 중단시켰다는 것을 알 수 있다.
여성들은 가사상의 필요 때문에 일상적인 과업에 속박되어 있다. 하지만 그들의 경작노동은 매
일매일 매우 상이한 정도로 수행된다. 노동시간도 우리가 보기에는 가장 불규칙한 방식으로 변
화한다. 사실 내가 생각하기에 그들은 일(日), 주(週), 월(月) 등과 같은 시간단위를 규칙적인 노동
과 관련해서 전혀 인식하지 않는다. …… 벰바족의 전체적인 생활리듬은 산업노동자는 물론이
고 서유럽의 농민과도 전혀 다르다. 예를 들어 카사카의 경우 한가한 시기에 나이 든 남자들은 20
일 중 14일을 일하고 젊은이들은 7일을 일한다. 반면 바쁜 시기에 캄팜바에서는 모든 연령층의
남자들이 9노동일(일요일은 포함되지 않음) 중 평균 8일을 일한다. 카사카의 평균 노동일은 남
성들의 경우 2.75시간이고 여성들의 경우는 2시간의 경작과 4시간의 가사노동을 합친 것이다.
하지만 날짜에 따라 평균 노동일의 길이는 0시간에서 6시간까지 다양하게 나타난다. 캄팜바의
평균은 남성의 경우 4시간 여성의 경우 6시간이었고, 날짜에 따른 편차를 카사카와 동일한 정도
로 보여준다"(Richards, 1962: 393~394).

표 2.6 **투푸리의 연중 활동 분포**[1]

	남성(11명)			여성(18명)		
	1인당 연간 평균 활동일			1인당 연간 평균 활동일		
	일수	%	범위	일수	%	범위
농경	105.5	28.7	66.5~155.5	82.1	22.5	42~116.5
기타 노동	87.5	23.5	47~149	106.6	29.0	83~134.5
휴식 및 비생산적 활동[2]	161.5	44.4	103.5~239	164.4	45.2	151~192
질병	9.5	2.6	0~30	3.0		0~40

[1] 총인원 = 경작자 29명

[2] 이 범주에는 장보기와 방문(이 둘은 흔히 구별 불가능하다), 축제와 의례 그리고 휴식이 포함되었다. 여기서 남성들의 사냥과 어로 활동 시간이 제외되었는지는 그렇게 분명하지 않다. 기야르는 여성들의 촌락 내 활동일을 0.5 '기타 노동일', 즉 0.5 휴식일로 계산했다.

자료: Guillard(1958).

이들 벰바족 관련 도표를 1년 전체로 확대할 수 있다면, 표 2.6에 제시되어 있는 카메룬(Cameroon) 북부 투푸리(Toupouri) 사회에서 기야르(Guillard, 1958)가 수집한 자료와 유사한 결과가 도출될 것이다.[19]

그리고 벰바와 투푸리 같은 체계를 연단위로 도식화한다면, 드슐리페(de Schlippe)가 아잔데에서 수집한 자료와 유사한 양상을 보일 것이다. 그중 하나가 그림 2.2에 제시되어 있다.

하지만 축제와 휴식에 풍부한 시간을 배분하는 이와 같은 노동일정이 유럽인의 강박관념에서 비롯된 염려스러운 관점을 통해 해석되어서는 안 된다.[20] 티코피아(Tikopia)나 피지(Fiji) 사람들이 '노동'과 '의례'를 번갈아가면서 반복

---

19) 클라크와 해스웰(Clark and Haswell, 1964: 117)이 인용한 이와 유사한 카메룬 관련 보고서와 비교해 보라.

20) "자본주의 문명이 지배하고 있는 나라의 노동계급은 이상한 망상에 사로잡혀 있다. 이 망상에는 비참한 인류를 두 세기 동안이나 고문해 온 개인적·사회적 비탄이 투사되어 있다. 그것은 다름 아닌 노동에 대한 사랑 또는 노동에 대한 강력한 열정으로서 개인과 그 자손의 생명력조차 소모시켜 버릴 정도로 인간을 밀어붙인다. 사제, 경제학자, 도덕주의자들은 이와 같은 정신적 탈선에 반기를 드는 대신 노동에 신성한 후광을 비추는 데 일조해 왔다"(Lafargue, 1909: 9).

그림 2.2 **아잔데(그린벨트)의 연간 활동 분포**

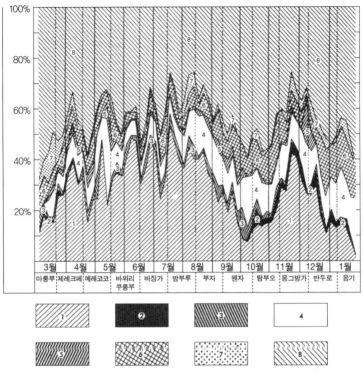

1. 경작 노동.
2. 꿀, 칠리, 버섯, 유충, 딸기, 뿌리, 엽슬지 식물 등을 포함하는 다양한 야생산물의 채집활동.
3. 수렵과 어로.
4. 술 담그기, 기름과 소금 만들기 등을 포함하는 경작물과 채집물을 집에서 가공하는 활동. 이상의 네 항목을 합치면 집 또는 집 근처에서의 식량생산 활동이라고 부를 수 있을 것이다.
5. 면화 시장과 매주 열리는 식료품 시장을 포함하는 시장에서의 매매활동 그리고 가게나 그 비슷한 곳에서 도구와 의복 등의 재화를 구매하기 위한 목적의 출타.
6. 주로 집짓기, 공예, 수리, 정리 등과 같이 집에서 이루어지는 여타 종류의 일.
7. 집 밖에서의 일, 즉 수렵과 어로 활동, 추장이나 지역 공동체를 위한 노동, 정부나 EPB(환경보호국_옮긴이)를 위한 임금노동, 그리고 술 파티에서 이웃을 도와주는 일 등.
8. 추장의 회의소집, 의식과 의례, 집이나 병원 또는 민간치료사로부터의 질병치료, 출산, 휴식, 여가활동 등 다양한 이유에 의한 비노동.

이 그래프는 다양한 일에 투여된 1인당 활동일수가 아니라 각 유형의 활동이 발생한 일수(또는 활동일의 비율)를 제시하고 있다.

자료: de Schlippe(1956).

하는 주기적 편향성은 편견 없이 다루어져야 한다. 그들의 언어적 범주에는 그와 같은 구분이 존재하지 않고 두 가지 활동 모두 충분히 엄숙한 것으로 여겨져 하나의 공통적 용어인 '신의 노동'으로 불리기 때문이다. 그리고 '노동' 과 '유희'를 구분하지 않는 여·여론트족 같은 호주 원주민에 관해서는 어떻게 설명해야 할까?(Sharp, 1958: 6) 아마 험악한 날씨를 문화적으로 정의하는 다양한 방식 또한 임의적일 것이다. 험악한 날씨는 불편함을 견뎌내는 인간의 능력이 한계에 이르렀을 때 생산을 일시적으로 중단하기 위한 구실로 작용하는 것처럼 보인다. 하지만 생산이 그렇게 임의적인 간섭에 종속되어 있다고 단순하게 가정하는 것만으로는 충분하지 못하다. 즉, 생산은 비록 그 자체로는 '비경제적'이지만 사람들의 관점에서 볼 때는 무가치한 것이 아닌 여타 의무의 수행을 위해 중단될 수도 있는 것이다. 경제 외적 요구사항인 의례, 기분전환, 사교활동, 휴식 등은 단지 보충적인 것에 불과하거나, 아니면 생각하기에 따라 경제의 역동적 하부구조에 대응하는 상부구조일 수도 있다. 이러한 요구들은 단순히 외부로부터 경제에 부과되는 것이 아니다. 생산이 조직되는 방식에 어떤 내재적 불연속성이 존재하기 때문이다. 이 경제는 고유한 자동 차단 장치인 구체적이고 한정적인 목적을 가진 경제이다.

부건빌(Bougainville)의 시우아이(Siuai) 사회를 고려해 보자. 더글러스 올리버는 실제 산출이 가능한 산출보다 분명히 낮다는 점은 물론이고, 경작노동이 다양한 문화적 간섭에 어떻게 영향을 받는가 하는 이제는 익숙해진 문제에 초점을 맞추고 기술한다.

물론 노동산출량이 증가할 수 없었던 데는 어떠한 **물리적** 이유도 없다. 심각한 토지 부족 현상도 없고 노동의 '연장'도 가능하며 또 흔히 그렇게 한다. 시우아이 여성들이 밭에서 열심히 일하는 것은 사실이지만 몇몇 파푸아(Papua) 사회의 여성들만큼은 아니다. 그녀들이 육체적 손상을 입지 않고 훨씬 더 오랫동안 그리고 더 열심히 일할 수도 있다는 생각은 충분히 가능하다. 다시 말해 이러한 생각은 다른 종류의 노동기준을 적용하면 가능하다. 물리적 요소보다 오히려 문화적 요소가 시우아이 사람들의 '최대 노동시간' 기준에 영향을 미친다. 친족원이나 친구가 사망하면 밭일은 오랫동안 금기시된다. 수유중인 산모는 의례상의 금기로 인해 아기를 밭으로 데리고 나갈 수 없다는 이유 때문에 하루에 단 몇 시간만 아기와 떨어져 지낼 것이다. 그리고 지속적인 밭일을 방해하는 의례상의 제약 외에 그렇게 거창하지 않은 제약도 많이 있다. 소나기가 아주 가볍게 내리더라도 일을 멈추는 것이 관례이고, 보통 해가 중천에 떠오른 후에야 들에 나가 오후 새참 때쯤은 집으로 돌아온다. 때로 결혼한 부부가 달개지붕 밑에서 잠을 자며 밤새 밭에 머무는 경우도 더러 있다. 하지만 가장 진취적이고 야심적인 목적을 가지고 있는 경우에 한해서만 그렇게 스스로 불편함을 감수할 수 있다(Oliver, 1949[3]: 16).

다른 맥락에서 올리버는 시우아이의 노동기준이 왜 이렇게 온건한가에 대해 더욱 근본적인 설명을 제공한다. 그는 정치적으로 야심 있는 사람을 제외하고는 그것으로 충분하기 때문이라고 주장한다.

사실 원주민들은 당면한 개인적인 소비상의 필요를 계산하고 그것을 충족시키기에 충분한 정도의 타로를 생산할 수 있는 능력만으로도 자랑스럽게 생각한다. 나는 심사숙고 끝에 '개인적 소비상의 필요'라는 표현을 썼는데, 그 이유는 타로의 상업적 또는 의례적 교환이 매우 소규모로만 이루어지기 때문이다. 그럼에도 불구하고 개인적인 소비상의 필요는 개인에 따라 상당한 차이가 난다. 즉, 한두 마리의 돼지를 소유한 평범한 남자와 10마리 내지 20마리의 돼지를 가진 야망 있는 야심가의 타로 소비량에는 상당한 차이가 있다. 후자는 늘어나는 돼지를 먹이고 또 자신의 잔치에 찾아온 손님들에게 베풀 채소류 음식을 공급하기 위해 점점 더 많은 토지를 경작해야 한다(Oliver, 1949[4]: 89).

생산에는 자체의 고유한 제한요인들이 작동한다. 이들 제한요인은 때로 다른 목적을 위한 노동의 형태로 분명하게 드러나기도 한다. 하지만 그렇다고 해서 이 점이 분석에서 흐려져서는 안 된다. 일단 먹을 것이 충분하면 일을 멈추기 위한 변명이 필요 없기 때문에 다시 한 번 의미심장한 사례가 되는 수렵채집민의 경우처럼, 때로 그것은 관찰을 통해 분명하게 드러난다.[21] 이들 모두는 다음과 같이 다른 방식으로도 표현될 수 있다. 즉, 현존하는 생산양식의 관점에서 보면 이용 가능한 노동력의 상당한 부분이 **과잉**이다. 그리고 충분함을 그렇게 제한적으로 정의하는 체계는 전적으로 달성 가능한 잉여를 현실화시키지 않는다.

쿠이쿠루족이 생산주기 전체에 걸쳐 식량을 잉여로 생산할 수 있다는 점에는 의심의 여지가 없다. 현재 평균적인 남성은 생계부문에서 3시간 반, 즉 원시농경에 2시간, 어로에 1시간 반을 사용한다. 쿠이쿠루 남성들은 하루 중 나머지 10~12시간을 춤과 레슬링, 비형식적 형태의 오락, 그리고 빈둥거림으로 대부분 소모해버린다 이보다 **훨씬 더 많은** 시간이 용이하게 농경에 투여될 수 있다. 심지어 하루에 반시간만 더 경작에 투여하더라도 상당한 정도의 마니옥*을 잉여로 생산할 수 있을 것이다. 그러나 조건이 현재와 같다면 쿠이쿠루족은 그러한 잉여를 생산할 이유가 없을 뿐만 아니라 그렇게 하고자 하는 어떠한 징후도 보여주지 않는다 (Carneiro, 1968: 134).

---

21) 제1장에서 참조했던 매카시와 맥아서의 호주 수렵채집민에 관한 연구를 살펴보자. "이들 집단이 하루 동안 수집하는 식량의 양은 어떤 식으로든 증가될 수 있었다 ……." 우드번은 하드자에서 발견되는 이와 동일한 결과에 대해 다음과 같이 적고 있다. "통상적으로 한 남자가 활과 화살을 들고 숲으로 들어갈 때 그의 주요 관심사는 바로 주린 배를 채우는 것이다. 딸기를 따먹거나 소형 동물을 잡아먹고, 일단 배를 채우면 대형 동물을 사냥하기 위해서 많은 노력을 기울이려고 하지 않는다. 남성들이 빈손으로 숲에서 돌아오는 경우가 아주 흔하지만 일단 배는 채운 상태에서 돌아온다"(Woodburn, 1968: 53, cf. 51). 한편 여성들도 기본적으로는 이와 동일하게 행동한다.
*　열대 근채류작물._옮긴이

간단히 말해서 이것은 사용을 위한 생산, 즉 생산자의 생계를 위해 생산하는 경제이다. 이러한 결론에 도달하면 우리의 논의는 기존의 경제사 이론과 연결된다. 이는 또한 인류학적 경제학에서 오랫동안 존속해 온 이해방식과도 관련된다. 1929년에 퍼스는 유럽인의 경제적 템포 및 동기와 대조되는 마오리족의 경제적 불연속성에 관해 논의하면서 이 점을 효과적으로 다루었다 (Firth, 1959a: 192f). 1940년대에 글룩크먼도 일반적으로는 반투(Bantu)족에 관해, 그리고 특수하게는 로지(Lozi) 사회에 관해 유사한 논지로 조명한 바 있다(Gluckman, 1943: 36; Leacock, 1954: 7).

사용을 위한 가내생산에 관해서는 뒤에서 이론적으로 훨씬 더 많은 논의가 이루어질 것이다. 여기서는 원시공동체에 현존하는 노동자원의 주요 부분이 생산양식으로 인해 잉여로 남게 될 수도 있는 상황을 기술적으로 논의하도록 하겠다.

가구의 실패

여기서 마지막으로 고찰하는 원시적 저생산의 세 번째 차원이 아마 가장 극적일 것이다. 이는 적어도 관련된 사람들에게는 가장 심각하게 경험된다. 가내집단은 생계생산의 달성을 목적으로 조직됨에도 불구하고 그중 상당한 비율이 생계생산에 지속적으로 실패한다. 이들 집단은 가내생산의 매우 광범위한 편차에서 가장 낮은 부분을 차지한다. 가내생산이 보여주는 이러한 편차는 외견상 불규칙해 보이지만, 상이한 지역, 환경, 전통의 원시 사회에서 일관적으로 관찰되는 현상이기도 하다. 이러한 현상과 관련된 증거도 그렇게 명백하지는 않다. 하지만 사례의 논리성이 추가된다면 다음과 같은 이론적 제안을 떠받치기에는 충분한 것 같다. 즉, 그것은 가구경제의 실질적인 실패가 그러한 편차에 분명히 포함되어 있는 것이 원시 경제의 구조적 조건이라는 주장이다.[22]

처음에는 필자도 피지의 모알라 지역 여러 마을의 가장들로부터 식량경작 관련 자료를 수집하는 과정에서 생산의 가구별 편차가 엄청나게 크다는 사실을 발견하고 놀랄 수밖에 없었다. 이 자료들은 주로 어림짐작에 의한 것이었다. 따라서 그 결과를 단지 논문 형식의 글에서 흔히 볼 수 있는 일화적인 진술의 한 예로서 인용하고자 한다.

> 어떤 마을 내에서 나타나는 생산의 편차가 마을들 사이에서 나타나는 편차보다 훨씬 더 중요하다. 적어도 모알라 지역의 어떤 마을도 굶주리고 있는 것 같지는 않다. 하지만 일부 남성들은 가족의 필요에 충분한 정도의 식량을 분명히 생산하지 못하고 있다. 동시에 어느 마을도(한 마을은 예외로 하고) 많은 양의 잉여를 생산하는 것 같지 않다. 하지만 일부 가족은 자체가 소비할 수 있는 양보다 훨씬 더 많은 식량을 생산하기도 한다. …… 이와 같은 생산의 가구별 편차는 모든 마을에서 그리고 실제로 모든 주요 작물과 2차 작물 및 부수 작물과 관련해서도 나타난다(Sahlins, 1962a: 59).

그림 2.3은 야쾨(Yakö)의 우모르(Umor) 마을 97개 가구의 얌 경작에 관한 대릴 포드(C. Daryll Forde)의 조사로서 훨씬 더 정밀하고 명료하다. 포드에 따르면 비록 남편과 1~2명의 아내 그리고 3~4명의 아이들로 구성된 대표적인 야쾨 가족이 매년 경작하는 얌경작지는 1~1.5에이커 정도이지만, 표본으로 택한 97가구 중 10가구가 0.5에이커 이하를, 그리고 40%가 0.5~1에이커의 토지를 경작하고 있었다. 산출곡선에서도 동일한 종류의 결손이 발생한다. 다시 말해 가구당 평균생산은 2,400~2,500개의 얌(중간 크기)이었지만

---

22) 이것은 제1장에서 다룬 바 있는, 집단적인 수준에서 그리고 생산이 아니라 소비의 측면에서 정의되는 '원초적 풍요사회'와 반드시 모순되는 것은 아니다. 여기서 나타나는 가내생산의 불충분함은 가구 간의 분배를 통한 개선의 가능성을 전혀 배제하지 않는다. 오히려 불충분함 자체가 그러한 분배의 강화를 이해 가능하게 해준다.

그림 2.3 **야쾨족 우모르 마을의 얌 생산**

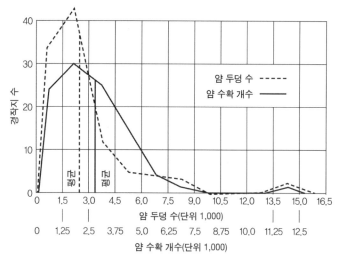

야쾨족 우모르 마을의 얌 생산

자료: Forde(1964).

최빈치는 단지 1,900개에 불과했고, 대다수 가구들이 좌표의 낮은 쪽 수치들에 분포해 있다. 그리고 그중 가장 낮은 수치에 해당하는 가구들은 관습적 생계필요량 이하로 생산하는 것으로 나타난다.

얌 소비에서 실질적인 가구별 편차가 크지 않다고 가정하는 것은 타당하지 못한 것 같다. 이 주요 식량의 공급이 전체적으로는 부족하지 않을지라도, 눈금의 낮은 쪽 극단에 위치하는 가구들은 비효율성, 질병 혹은 여타 불운 때문에 지역적 표준에 따른 필요량보다 훨씬 더 적은 양을 확보하는 반면, 그 반대쪽에 위치하는 가구들은 **푸푸**(fufu) 보시기가 항상 가득 차 있다(Forde, 1946: 59, cf. 64).

이반(Iban)족의 쌀 생산에 관한 데렉 프리먼의 고전적 연구에 묘사되어 있

표 2.7 **루마냘라 마을 25가구의 통상적인 쌀 소비량에 대한 생산량(1949~1950년)**

통상적인 쌀 소비량에 대한 생산량 비율	가구 수	공동체 전체에 대한 가구 비율
100% 이상	8	32
76~100%	6	24
51~75%	6	24
26~50%	4	16
25% 이하	1	4

자료: Freeman(1955: 104).

는 상황은 훨씬 더 중요하다(Freeman, 1955). 하지만 루마냘라(Rumah Nyala) 마을의 25가구를 포괄하는 이 사례는 두 가지 중요한 단서를 전제로 한다. 첫째, 이반족이 사라왁(Sarawak)의 상업중심지와 상당한 정도의 쌀을 교역하고 있기는 하지만, 수출할 정도의 잉여는 물론이고 생계에 충분할 정도의 쌀을 늘 생산하는 것은 아니다.[23] 둘째, 1949~1950년 사이의 조사기간은 예외적으로 심각한 흉년기와 겹쳐 있었다. 프리먼의 어림계산에 따르면 25가구 중 8가구만이 통상적인 소비량(볍씨, 동물사료, 의례의 수행과 술을 만드는 데 필요한 것을 포함한)을 수확할 수 있었다. 표 2.7은 1949~1950년에 필요했던 소비량에 대비해서 산출량을 계산한 결과이다. 평년에는 아마 이러한 분포가 역전되어 가구의 통상적 실패율이 약 20~30%로 나타날 것이다.

빌렉(bilek) 가족들 중 약 1/3 정도만 통상적인 필요량을 그럭저럭 확보한다는 사실이 일견 놀랍게 보일 것이다. 하지만 1949~1950년은 예외적인 흉년기였다는

---

[23] 이와 대조적으로 이지코비츠(Izikowits, 1951)가 라오스의 라메트 마을 6개 가구의 산출량에 관해 수행한 유사한 연구에 따르면, 현저한 가구별 편차가 존재하기는 하지만 모두 생계 수준 이상의 잉여생산 부문에서 나타난다는 것을 알 수 있다(라메트는 분명히 이반보다 쌀 판매에 더 의존해 있고 또 더 오랫동안 그러했다). 랜드다약(Land Dayak)에 관한 게데스(Geddes, 1954)의 연구도 참조.

사실을 기억해야 한다. …… 하지만 평년에도 가구 중 일부는 우리가 설정한 통상적인 생계 수준 이하로 떨어지는 경우가 드물지 않은 것 같다. 신뢰할 만한 자료가 부족한 상태에서는 알려진 정보에 의거해서 추정만 가능하다. 나는 이반족 정보제공자들과의 면담을 통해 평년의 경우 **빌렉** 가족 중 70~80%가 통상적인 필요량을 생산하고, 풍년에는 사실상 모든 가족이 필요량을 성공적으로 생산할 것이라는 예측을 할 수 있었다. 아마 이반족 가구 중에서 가끔 최소한의 필요량도 충족시킬 수 없을 정도로 **파디**(padi)가 부족한 상태를 전혀 경험하지 않는 경우는 극히 드물 것이다(Freeman, 1955: 104).

정확성을 통해 제한적인 조사범위의 한계가 일정 정도 보완되는 또 다른 민족지 사례는 테이어 스쿠더(Scudder, 1962)가 겜베통가(Gwembe Tonga, 북부 로디지아)의 마줄루(Mazulu)족 마을 25가구의 곡물경작에 관해 수행한 연구이다. 당시 이 지역은 기근을 겪고 있었지만 마줄루 농가의 산출량은 당시의 것이 아니었다. 첫 번째 질문은 여러 가구들이 생계를 해결하기에 충분한 규모의 토지를 경작했는가 하는 문제이다. 스쿠더는 일반적으로 충분한 토지 규모를 1인당 1에이커로 추산하고 있다.[24] 하지만 스쿠더의 현지조사 결과를 보여주는 표 2.8에 따르면, 마줄루 마을의 가구 중 4가구가 1인당 1에이커에 훨씬 못 미치고, 전체적으로 20가구 중 10가구가 그 수준에 미달한다. 가구별 편차는 1인당 생계기준점 근처에서 정상곡선의 형태로 분포하는 것으로 보인다.

---

24) 하지만 이 1인당 1에이커라는 수치는 경작지 규모가 이 수치에 가깝게 무리를 이루고 있는 현실적 경향성에 의해 부분적으로 결정되었을 수도 있다. 이는 그러한 토지규모로도 충분하게 생계를 유지하는 인접 지역의 자료와도 일치한다. 더욱이 1인당 1에이커라는 기준은 주어진 가구의 경제적 성공여부를 판단하는 데 매우 중요한 남성과 여성 그리고 어린아이들의 상이한 식량수요를 고려하지 못한다. 제3장에서 가구 노동강도에 관해 논의할 때 마줄루의 자료를 그에 맞게 조정할 것이다.

표 2.8 1956~1957년 통가 마줄루 마을의 1인당 생산량에서 나타나는 가구별 편차[1]

가구	1인당 경작 토지규모(에이커)	측정된 1인당 생계기준 대비 토지규모
A	1.52	+.52
B	0.86	-.14
C	1.20	+.20
D	1.13	+.13
E	0.98	-.02
F	1.01	+.01
G	1.01	+.01
H	0.98	-.02
I	0.87	-.13
J	0.59	-.41
K	0.56	-.44
L	0.78	-.22
M	1.05	+.05
N	0.91	-.09
O	1.71	+.71
P	0.96	-.04
Q	1.21	+.21
R	1.05	+.05
S	2.06	+1.06
T	0.69	-.31

[1] 마줄루의 생계생산에 관한 좀 더 구체적이고 포괄적인 분석에 대해서는 제4장을 보라.
자료: Scudder(1962: 258~261).

　　지금까지의 논의로 충분할까? 아룬타에서는 이렇고 카리에라에서는 저렇다는 식으로 사례들만 열거하는 종류의 인류학 책보다 더 따분한 것은 없다. 사례의 끝없는 나열을 통해서는 인류학이 지겨울 수 있다는 사실 외에 과학적으로 입증할 수 있는 것이 전혀 없다. 하지만 가구별 편차가 1인당 생계기준점 근처에서 정상곡선의 형태로 분포한다는 주장은 정교한 증명을 필요로 하지 않고, 이는 지금 논의되고 있는 주제도 마찬가지이다. 특정한 생산형태, 특히 수렵이나 어로의 상이한 성공 가능성은 일반적인 상식과 경험을 통해 익히 알려진 사실이다. 그 외에 좀 더 일반적인 수준에서 보면, 생산이 가내집단에 의해 조직되는 한 그 토대가 취약하고 민감할 수밖에 없다. 가족 노동력은 보통 규모가 작고 취약한 상황에 놓여 있는 경우가 흔하다. 어떤 종류이든 '규모가 충분히 큰 공동체'에 속해 있는 가구들은 크기와 구성 면에서 편차를 보여주기 마련인데, 이러한 차이의 범위에 재난적인 수준의 불운에 특히 취약한 몇몇 가구가 당연히 포함될 것이다. 이들 취약한 가구의 경우 의존적인 비생산자(주로 어린이와 노인층) 대 효과적인 생산자의 비율이 불리하게 구성되어 있을 것임이 틀림없다. 물론 여타 가구는 비생산자 대 생산자 비율이 좀 더 유리하게 균형을 이루거나 심지어는 효과적인 생산자 쪽이 더 많을 수도 있다. 하지만 모든 가구는 성장주기를 거치면서 시간에 따라 이러한 종류의 변이를 경험할 수밖에 없다. 바로 이 때문에 특정한 가구가 어떤 주어진 시점에서 일정한 경제적 어려움에 직면하게 되는 것은 피할 수 없는 현실이다. 따라서 원시적 저생산의 세 번째 명백한 차원은 관습적 수준의 생계를 만성적으로 해결하지 못하는 가구의 의미심장한 비율이다.

가족제 생산양식의 요소들

이상에서는 주로 경험적인 수준에서 원시 경제의 광범위하고 근본적인 경향인 저생산에 관해 탐구했다. 이어지는 논의에서는 쟁점이 되고 있는 경제인 가족제 생산양식의 광범위하고 근본적인 구조라는 측면에서 그러한 경향에 관해 이론적인 설명을 시도해 볼 것이다. 필연적으로 이에 대한 분석은 현상의 다양성과 분포범위 내에서만 일반화가 이루어질 수 있을 것이다. 분석에 착수하기 전에 먼저 약간의 방법론적 해명이 필요할 것 같다.

일반화에 대한 해명

저생산과 관련된 구체적인 민족지 사례를 탐구할 때 어떤 형태의 추상적인 설명도 실제로 작용하고 있는 구체적 힘들, 즉 현존 사회적·정치적 관계, 부에 대한 권리, 노동력 배치에 영향을 미치는 의례상의 규정 등에 관한 분석보다 더 만족스러울 수는 없다.[25] 하지만 앞서 언급한 저생산의 여러 형태가 원시 경제에서 일반적인 현상이라면, 그에 대한 어떤 종류의 구체적인 분석도 만족스럽지 못할 것이다. 그렇다면 여러 형태의 저생산이 원시 경제의 본질에 속하고, 바로 이 점 때문에 그것은 원시 경제조직의 일반적 조건에 입각해서 해석되어야 한다. 여기서 내가 시도하는 것은 바로 이러한 종류의 분석이다.

하지만 일반성은 오직 특수한 형태들 속에서만 존재한다. 그래서 한 저명한 사회인류학자의 유명한 방법론적 유보, 즉 처음부터 철저하게 이해하지 못한 사회를 비교하는 것이 무슨 소용이 있겠는가 하는 지적은 여전히 타당하다. 한 동료학자는 어둠침침한 대학 복도를 함께 걸으면서 이에 관해 다음과 같이 답했다. "처음부터 다른 사회와 비교하지 않고 한 사회를 어떻게 이해할 수 있겠는가?" 인류학은 이와 같은 지적 딜레마로 인해 코네티컷주의 철도기관사가 처할 수 있는 곤란한 입장에 놓여 있는 것 같다. 코네티컷주의 법령에는 평행한 철도를 따라 서로 반대 방향에서 달려오는 두 기차가 조우했을 때 양쪽 모두 완전히 정지해야 하고, 둘 중 하나가 완전히 시야에서 사라지기 전까지는 어느 쪽도 다시 출발할 수 없다고 규정한 조항이 있다고 들었다. 대범한 인류학자들은 이러한 난국을 타개하기 위해 '이념형(ideal type)'을 통한 일반화 같은 교묘한 수단을 동원한다. '이념형'은 현실 세계의 실제적 다양성에 대해 아는 척하는 것과 모르는 척하는 것에 동시에 의거해 있는 논리적 구성물로서 어떠한 구체적 사례도 이해 가능하게 해주는 신비로운 힘이 있다. 문

---

25) 예를 들어, 렐레의 경우 여기서 논의되는 어떤 내용도 매리 더글러스(Douglas, 1960)의 탁월한 분석만큼 만족스럽지는 않을 것이다.

제의 해결이 문제 자체와 동일한 정도의 위엄을 가진다. 그렇다면 아마 이념형이 이 장의 논의를 정당화해 줄 수 있을 것이다.

하지만 여타 훨씬 덜 그럴듯한 전략은 어떤 방식으로 정당화될 수 있을까? 때로 논의는 '항구적인 사실'로 간주될 수 있는 명백한 사실을 무시함으로써 '현실'과 완전히 동떨어지게 된다. 예를 들어 원시 사회의 근간을 이루는 제도인 친족, 의례, 추장권을 무시한 채 경제적 실천의 일차적 원리를 가구체계 내에서만 파악하려고 할 것이다. 하지만 가내경제는 더욱 광범위한 제도에 항상 종속되어 있기 때문에 후자와 분리시켜 고립된 상태에서 '접근'할 수 없다. 한편으로 보면 당연한 귀결일 수도 있는 이와 같은 분석상의 오만보다 훨씬 더 비난받아야 할 것이 하나 있다. 그것은 바로 정확하게 최근의 인류학적 접근방법이라고는 할 수 없지만 그러한 주장이 자연 상태라는 개념을 둘러싼 불명예스러운 지적 희롱에서 발견된다는 점이다. 장 자크 루소(Jean-Jacques Roussau)는 사회의 형성을 탐구해 온 철학자라면 누구나 자연 상태에서 출발할 필요성을 느끼지만 아무도 그것이 어떤 상태인지 정확하게 개념화하는 데는 실패했다고 주장한다. 따라서 이 위대한 철학자도 동일한 종류의 실패를 반복할 수밖에 없었다. 루소의 실패는 너무나 엄청났다. 그 결과 "더 이상 존재하지 않고 결코 존재하지도 않았으며 앞으로도 존재하지 않겠지만 그에 관한 올바른 이해가 우리의 현재 상황을 더 잘 파악하는 데 반드시 필요한" 어떤 것에 관한 논의가 유용하고 또 실제로 유용했다는 확신을 남겨놓았다.

하지만 원시 사회의 '경제'를 논하는 것 자체가 이미 비현실적이다. 원시 사회에는 구조적으로 분명하게 구분되는 '경제' 자체가 존재하지 않기 때문이다. '경제'는 분명하게 구분되는 전문화된 조직이라기보다 일반적인 사회집단과 사회관계, 특히 친족집단과 친족관계가 수행하는 어떤 것이다. 통상 '비경제적인' 것으로 간주되어 온 집단이 경제적 과정의 뼈대를 제공해 주기 때문에 경제는 구조라기보다 사회의 한 기능이다. 특히 생산은 가내집단에 의해 제도화되고, 가내집단은 통상 이러저러한 종류의 가족으로 구성된다. 부족 경제의 가구는 중세 경제의 장원이나 현대 자본주의 경제의 법인회사에 해당된다. 이들 각각은 각 시대의 지배적인 생산제도이다. 더욱이 이들 각각은 적합한 기술과 노동분화, 특징적인 경제적 목표, 특수한 형태의 자산, 생산단위 사이의 특징적인 사회관계와 교환관계, 고유한 모순 등을 가지고 있는 특정한 생산양식을 나타낸다.[26] 간단히 말해서 나는 원시 경제에서 관찰되는 뚜렷한 저생산 경향을 설명하기 위해 카를 뷔허(Karl Bücher)와 초창기 학자들이 말하는 '자급자족적 가내경제'를 재구성하고자 한다. 이 개념은 다소 마르크스주의적인 관점을 취하는 진영 내에서 새롭게 논의되고 있고, 그보다 유행하는 형태의 민족지적 연구에서는 일정 정도의 수정이 가해졌다.

원시 사회의 가내집단은 아직 단순한 소비자의 위상으로 격하되지 않았고, 그 노동력은 가족의 범위를 벗어나 외부영역에 고용되거나 외부적인 조직과 목적에 종속되어 있지 않다. 따라서 가구 자체가 생산, 노동력의 배치와 이용, 경제적 목표의 결정 등에 책임을 진다. 남편과 아내, 부모와 자식 관계 같은 가구의 내적 관계가 원시 사회의 일차적 생산관계이다. 여기서 친족지위에 따른 관습적 행위규범, 가내생활의 지배와 종속, 호혜성과 협력 등은 '경제적인 것'을 친화성의 형태로 변환시킨다. 노동력을 활용하는 방식, 즉 노동활동의 조건과 산물은 주로 가구가 결정하는 사항이다. 그리고 이들 결정은 일차적으로 가내적 만족을 고려해서 이루어진다. 생산은 가족의 일상적 필요와 맞

---

26) 여기서 이야기하는 '생산양식'이란 『마르크스주의와 원시 사회(Le Marxisme devant les sociétés primitives)』(1969)라는 중요한 책에서 테레(Terray)가 알튀세(Althusser)와 발리바르(Balibar)를 따라 사용한 것과는 다른 용법으로 사용된다. 상부구조적 '심급'에 대한 주목에서 나타나는 명백한 차이는 물론이고, 협동의 다양한 형태에 부여하는 이론적 중요성에서도 중요한 차이를 보여준다. 즉, 협동은 가내 단위에 대해 그리고 그에 반해 생산력을 통제함으로써 영속적 구조를 형성하는 것으로서 간주된다. 여기서는 협력에 부여하는 그와 같은 이론적 중요성을 거부하는데, 이 지점에서 다른 많은 차이점이 파생된다. 이들의 의미심장한 차이에도 이 글에서 동원하는 관점은 많은 점에서 테레의 관점과 분명하게 겹치고 테레의 개념화에 토대를 제공한 메이야수의 관점(Meillassoux, 1960, 1964)과도 중복된다.

물려 있고, 다름 아닌 생산자의 이익을 위해 조직된다.

이 지점에서 두 가지 보류사항을 추가할 필요가 있다. 이 두 가지 보류사항은 또한 일반화에 대한 마지막 해명이기도 하다. 첫째, 편의상 '가내집단'과 '가족'을 동일시하고 있는데 이는 너무 느슨하고 엄밀하지 못한 것일 수 있다. 원시 사회의 가내집단은 일반적으로 가족체계이지만 항상 그런 것은 아니다. 가내집단이 가족체계인 경우에도 '가족'이라는 용어는 다양하고 특수한 형태들을 반드시 포괄한다. 동일한 공동체 내의 가구들이라 하더라도 때로 이질적인 형태를 보여준다. 예를 들어 가족과 가구에 특정한 연령등급의 사람들로 구성된 다른 종류의 가내단위가 포함되어 있는 경우가 있다. 또한 비교적 드물기는 하지만, 가족이 종족의 차원과 구조를 가진 가내집단에 완전히 매몰되어 있는 경우도 있다. 가구가 가족체계인 경우에도 그 형태는 여전히 핵가족에서 확대가족까지 다양하게 나타나고, 후자의 범주에는 일부다처제, 모처거주, 부처거주 등 다양한 유형상의 변이가 광범위하게 존재한다. 끝으로 가내집단은 내적 통합의 방식과 정도가 상이하게 나타나는데, 이는 일상적인 동거, 생계, 협력의 유형을 통해 판단될 수 있다. 앞으로 논의될 생산의 본질적인 속성들, 즉 성별 노동분업의 우세함, 사용을 목적으로 하는 분절적인 생산, 생산수단에 대한 자율적 접근, 생산단위 간의 원심적 관계 등이 이들 형식적 변이를 관통하고 있는 것 같다. 하지만 가족제 생산양식은 분명히 고도로 추상적인 이념형일 수밖에 없다. 그럼에도 불구하고 가족제 생산양식에 관한 논의가 가능하다면, 그것은 항상 그리고 오직 여러 상이한 종류의 가족제 생산양식을 요약하는 방식으로 이루어질 수밖에 없다.

둘째, 나는 모든 경우에 가구가 배타적인 작업집단이고, 생산은 단지 가내 활동에 불과하다고 주장하지 않는다. 지역에 고유한 기술적 수준이 높거나 낮은 수준의 협력을 필요로 한다. 따라서 생산이 다양한 사회적 형태로 조직될 수 있을 뿐만 아니라 때로는 가구보다 높은 수준에서 조직될 수도 있다. 한 가족의 구성원이 다른 가구에 속한 일가친척과 개인적인 토대 위에서 일정한 방식으로 협력할 수도 있다. 또한 특정한 과업이 종족이나 마을 공동체처럼 2차적으로 구성된 집단에 의해 집단적으로 수행될 수도 있다. 하지만 쟁점은 노동의 사회적 구성이 아니다. 더 큰 작업집단은 주로 가족제 생산양식이 실현되는 방식만큼이나 다양한 형태로 나타난다. 흔히 노동의 집단적 조직은 단지 규모의 거대성을 통해 본질적인 사회적 단순성을 은닉하고 있을 수도 있다. 일련의 개인이나 소집단이 유사하거나 중복되는 과업을 나란히 수행하거나 순차적으로 각 참가자의 이익을 위해 함께 일할 수도 있다. 따라서 집단적인 노력은 생산의 분절적인 구조를 항구적이거나 근본적으로 변화시키지 않고 단지 일시적으로만 응집시킨다. 가장 결정적으로 중요한 사실은 협력이 여러 가내집단의 생계목적과 다르고 그보다 더 크며 사회의 생산과정에 지배적인 고유한 목적을 가진 생산구조를 제도화하지 않는다는 점이다. 협력은 대체로 경제적 통제의 수준에서 사회적으로 독립적으로 실현되지 않고 일종의 기술적인 요인으로 남는다. 협력은 또한 가구 또는 가구의 경제적 목적이 갖는 자율성 그리고 노동력의 가내적 관리나 사회적 노동활동을 관통하는 가내적 목적의 지배적 성격을 손상시키지 않는다.

이 정도로 일반화에 대한 해명을 마무리하고 경제적 실천의 성격에 대한 가족제 생산양식의 함의에 초점을 맞추어 이 생산양식의 주요 측면에 관한 논의로 넘어가도록 하겠다.

노동분업

가구는 그 구성 면에서 일종의 소경제(petite economy)를 형성한다. 게다가 가구는 기술적 수준과 생산의 다양성에 부합해서 어느 정도 확장 가능하기도 하다. 다시 말해 핵가족적 요소들의 조합을 통해 일정한 형태의 확대가족을 구성하는 현상은 가구가 경제적으로 복합적인 사회조직으로 전환되는 첫걸음으로 보인다. 하지만 규모보다 더 중요한 것은 생산의 가족적 통제가 가구 구성의 또 다른 측면에 의존한다는 점이다. 가족은 전체 사회에서 지배적인 형태의 노동분업을 그 속에 포함하고 있다. 하나의 가족은 남편과 아내, 즉 한 성인 남성과 한 성인 여성을 최소단위로 하여 출발한다. 그래서 가족은 출발점에서부터 생산의 두 가지 핵심적인 사회적 요소를 결합시킨다. 성별 노동분업이 원시 사회에 알려진 유일한 경제적 전문화는 아니다. 하지만 그것은 다음과 같은 의미에서 여타 모든 전문화를 초월하는 지배적인 형태이다. 즉, 한 성인 남자의 통상적인 활동은 한 성인 여자의 통상적인 활동과 결합되면서 사회의 관습적 노동을 효과적으로 수행해 낸다. 따라서 무엇보다 혼인을 통해 일반적인 경제 집단이 성립되고, 이는 다시 특수한 지역적 생계개념을 낳는다.

원시적 인간/도구 관계

성별 노동분업과 마찬가지로 본질적인 두 번째 상관관계는 바로 소규모로 원자화된 가족제 생산양식과 그에 준하는 기술 사이의 관계이다. 가족제 생산양식의 기본적인 장치들을 통제하는 단위는 보통 가구집단이고, 또 그중 많은 부분을 개인이 자율적으로 통제할 수 있다. 마찬가지로 여타 기술적 한계도 가내경제의 일차적 중요성과 부합한다. 즉, 도구는 대부분 직접 손으로 만든 것이고, 따라서 대부분의 기술과 마찬가지로 광범위하게 사용될 수 있을 정도로 충분히 단순하며, 생산과정은 정교한 노동분업에 의해 분해되지 않은 단일한 과정이다. 그래서 동일한 이해를 가진 집단이 천연원료의 채취에서부터 완성품의 조립에 이르기까지의 전 과정을 수행할 수 있다.

하지만 기술은 단지 그 물리적 속성을 통해서만 이해될 수 있는 것이 아니다. 도구는 사용을 통해 사용자와 특수한 관계를 맺게 된다. 가장 거시적인 관점에서 보면 도구 자체가 아니라 바로 인간/도구 관계가 테크놀로지의 결정적인 역사적 특질이다. 거미의 덫과 사냥꾼(인간)의 덫 또는 꿀벌의 집과 반투족의 집 사이에 존재하는 어떤 순수한 물리적 차이도 도구와 사용자 간의 관계에서 나타나는 차이만큼 역사적으로 유의미하지는 않다. 도구 자체는 원리혹은 심지어 효율성 면에서도 차이가 나지 않는다. 인류학자들은 발명과 사용에서 인간의 도구는 '의식적 창조성'(상징화)을 표현하고 곤충의 도구는 유전적으로 물려받은 것('본능')을 표현한다는 단순한 기술 외적인 주장에 만족해 버린다. 달리 표현하면 '최악의 인간 건축가를 최상의 꿀벌 건축가와 구별시켜 주는 것은 다음과 같은 사실, 즉 인간 건축가는 실제로 건축물을 건설하기 이전에 상상 속에서 자신의 구조물을 세워본다는 점이다"(Marx, 1967a, Vol. 1: 178). 도구는 아무리 훌륭한 것이라 하더라도 인간 이전의 것이다. 동물의 도구와 인간의 도구 사이의 분명한 진화적 분기점은 도구와 유기체가 관계 맺는 방식에 내재한다.

인간의 능력은 일단 발휘되고 나면 곧 그 창의성은 변별성을 상실해 버린다. 전체적인 문화적 복합성이라는 측면에서 판단할 때 세상에서 가장 원시적인 사람들도 전대미문의 기술적 걸작품을 창조한다. 해체된 후 뉴욕이나런던으로 옮겨진 부시맨의 덫은 아무도 그것을 다시 원상태로 재결합하는 방법을 몰라 교육에 활용되지도 못한 채 여러 박물관 창고 속에서 먼지에 덮여가고 있다. 문화진화에 관한 매우 일반적인 시각에서 볼 때, 기술의 누적적인발전은 창의성을 통해서라기보다 인간/도구 관계라는 다른 축을 통해 이루어졌다. 기술의 발전은 인간과 도구 사이에 에너지, 기술, 지적 능력을 어떻게분배할 것인가에 관한 문제이다. 원시적인 인간/도구 관계에서 균형은 인간의 이익에 맞추어져 있는 데 반해, '기계의 시대'가 도래하면서 그 균형은 도구의 이익 쪽으로 분명하게 기울어지게 되었다.[27]

---

27) 물론 수많은 지식이 근대적 기계의 발달과 유지를 위해 필요하다. 그리고 이러한 주장은 생산과정에서의 인간/도구 관계에 한정된다.

원시적 인간/도구 관계가 가족제 생산양식의 한 조건이다. 전형적으로 도구는 인간 신체의 인위적인 확장이다. 그것은 단순히 개인적인 사용만을 위해 고안된 것이 아니라 (예를 들어 활 모양 천공기나 투창기처럼) 신체의 기계적 이점을 중대시키거나 신체의 자연적 조건으로는 수행하기 어려운 최종적 조작(예를 들어 자르거나 파기)을 수행하는 보조물이다. 따라서 도구는 인간이 고유하게 가진 것 이상의 에너지와 기술을 인간에게 제공해 준다. 하지만 최근의 기술은 이러한 인간/도구 관계를 전도시켜 버렸다. 무엇이 도구인가 하는 것 자체가 논쟁의 대상이 되고 있다.

기계화된 산업에서 기계를 조작하는 노동자는 전형적으로 보조원이나 조수의 역할을 한다. 노동자의 임무는 기계의 운행과정과 보조를 맞추어 기계적 과정만으로는 불완전한 지점에서 숙련된 조작을 통해 기계를 보조하는 것이다. 노동자의 노동이 기계를 이용하는 것이 아니라 기계의 공정을 보충한다. 오히려 기계의 공정이 노동자를 이용한다(Veblen, 1914: 306~307).[28]

현대의 진화주의 인류학이 기술에 부여하는 이론적 가치는 역사적으로 우

---

[28] 마르크스는 물론 베블런보다 앞서지만 그와 매우 유사한 어조로 기계혁명을 평가하고 있다. "기계를 조작하는 노동자의 기술은 도구를 따라 하는 것이기 때문에 기계에 종속되어 있다. …… 수공업과 매뉴팩처에서는 노동자가 도구를 사용하지만 공장에서는 기계가 노동자를 사용한다. 매뉴팩처에서는 노동도구의 움직임이 노동자에게서 기인하지만 공장에서는 노동자가 기계의 움직임을 따라야만 한다. 공장 이전의 매뉴팩처에서 노동자는 살아 있는 메커니즘의 일부이다. 공장에는 노동자와 독립적인 생명 없는 메커니즘이 존재하는데, 여기서 노동자는 단지 그 메커니즘의 살아 있는 부속품에 지나지 않는다. …… 자본주의적 생산이 노동과정임과 동시에 잉여가치의 창출과정인 한, 모든 종류의 자본주의적 생산은 노동자가 노동도구를 사용하는 것이 아니라 오히려 노동도구가 노동자를 사용하는 것이라는 사실을 공통적으로 보여준다"(Marx, 1967a, Vol. 1: 420~423). 마르크스에 따르면 다음과 같은 사실에 반드시 주목해야 한다. 인간/도구 관계에서 결정적인 전환점은 단순히 인력이 비인력으로 대체된 것이 아니라 도구가 운반 및 동력 메커니즘에 연결된 데 기인했다. 동력은 여전히 인력일 수도 있지만 노동자가 노동도구로부터 효과적으로 소외되고 도구의 조작기술도 기계로 전이된다. 바로 이것이 기계를 정의하는 기준이고 산업혁명의 실질적 시작이었다.

연적인 것이다. 인간은 이제 기계에 종속되었고 문화의 진화적 미래는 그러한 하드웨어의 진보에 달려 있는 것처럼 보인다. 동시에 한 유명한 고고학자*의 "그 사람들, 그들은 죽고 없다"라는 표현처럼 인류의 선사는 대체로 도구에 관한 기록이다. 나는 이러한 평범한 사실이 흔히 원시기술에 부여되는 분석상의 특권을 설명하는 데 도움이 된다고 생각한다. 하지만 이러한 평범한 사실은 기술보다 도구의 중요성을 훨씬 더 과장하고 그 결과 원숭이로부터 고대제국으로 이어진 인간의 진보를 새로운 도구나 에너지원의 개발에 의해 촉발된 일련의 소산업혁명으로 인식하게 만들기 때문에 확립된 만큼이나 잘못된 것이기도 하다. 인류 역사의 대부분에 걸쳐 노동이 도구보다 더 중요했고 생산자의 지적 노력이 그의 단순한 도구보다 더 결정적인 역할을 했다. 노동의 전체 역사는 아주 최근까지도 바로 숙련노동의 역사였다. 오직 산업체계만 현재와 같은 비숙련노동자의 비율에 의거해서 존립할 수 있다. 이와 상황이 비슷했다면 구석기 시대는 아마 존립 불가능했을 것이다. 그리고 주요한 원시적 '혁명', 특히 신석기 시대의 식량자원 길들이기는 순전히 인간기술의 승리였다. 즉, 신석기 혁명은 새로운 도구나 새로운 자원이라기보다 오히려 기존 에너지원(식물 및 동물 자원)과 관계 맺는 새로운 방식에서 비롯되었다(제1장을 보라). 생계생산을 위한 하드웨어적 도구는 구석기 시대에서 신석기 시대를 통과하면서 명백하게 감소한다. 그럼에도 불구하고 생산은 증가했다. 알래스카 에스키모의 물개사냥용 도구에 대해 멜라네시아의 굴봉은 어떤 의미를 가지는가? 진정한 산업혁명 이전까지 인간노동의 산물은 도구의 완벽함보다는 작업자의 기술을 통해 훨씬 더 많이 증가했다.

인간기술의 중요성에 관한 논의는 가족제 생산양식에 대한 분석과 연결될 때 더 큰 의미를 가진다. 이러한 논의는 고대사회의 경우 사회적·정치적 압력

---

* 영국의 고고학자 고든 차일드(Gordon V. Childe)를 지칭._옮긴이

이 경제적 발달의 가장 적합한 전략으로 작용한다는 중요한 이론적 주장에 도움이 된다. 원시적 인간/도구 관계에서 가장 중요하고도 적응적인 측면은 바로 인간이다. 그 외에 저이용에 관한 민족지적 증언들, 즉 흔히 자원이 완전하게 이용되지는 않지만 실질 생산과 가능한 생산 사이에 조정의 여지가 상당히 남아 있는 경우들을 고려해 보라. 그러면 다름 아닌 노동강화, 즉 사람들에게 더 많이 노동하게 하거나 더 많은 사람이 노동하게 하는 것이 생산 증대에 결정적인 중요성을 가진다는 것을 알 수 있다. 다시 말해 원시 사회의 경제적 운명은 생산관계, 특히 가구경제에 부과될 수 있는 정치적 압력을 통해 결정된다.

하지만 노동강화는 어떤 변증법적 과정을 거쳐야 한다. 가족제 생산양식의 여러 가지 특징으로 인해 노동강화가 정치권력을 실행하고 생산을 확대하는 데 다루기 힘든 요소로 작용하기 때문이다. 가장 중요한 것은 가구경제 자체의 목적, 즉 생계를 충족시키는 일이다. 따라서 가족제 생산양식은 본질적으로 잉여생산에 반하는 체계이다.

생계를 위한 생산

적어도 영어권 국가에서는 경제인류학의 시작단계부터 '사용을 위한 생산', 즉 생산자를 위한 생산과 '교환을 위한 생산'의 고전적인 구분을 선사시대의 개념적 묘지에 매장시켜 버렸다. 투룬발트(Thurunwald, 1932)가 원시 경제를 현대 화폐경제와 구분하기 위해 이들 개념을 사용했던 것은 사실이다. 그리고 다양한 민족지적 맥락에서 이들 개념이 부활하는 것을 누구도 막지 못했다(앞의 '노동력의 저이용'을 보라). 하지만 말리노프스키(Malinowski, 1921)가 '부족경제'를 뷔허(Bücher, 1911)의 '자급자족적 가내경제'와 부분적으로 반대되는 것으로 정의하면서, 사용을 위한 생산이라는 개념은 그 이론적 유용성이 규명되기도 전에 효과적으로 배제되어 버렸다.

문제는 아마 '사용을 위한 생산' 또는 '자급자족적 가내경제'가 두 가지 상이한 방식으로 해석될 수 있었다는 점일 것이다. 그중 하나는 이미 방어 불가능한 것으로 밝혀졌고, 다른 하나는 전반적으로 무시되어 왔다. 이들 개념은 가내집단의 자급자족적 조건을 암시하는데, 이는 실재하는 어떤 사회의 생산 단위에 대해서도 사실이 아니다. 원시공동체 가구는 통상 필요로 하는 모든 것을 생산하고 생산한 모든 것을 필요로 하는 자급자족적 단위가 아니다. 그곳에도 분명히 교환은 존재한다. 그들은 피할 수 없는 사회적 의무 때문에 주고받는 선물은 물론이고 명백히 실용적인 거래를 위해 일하고 그렇게 그들이 필요로 하는 것을 간접적으로 획득할 수도 있다.

　하지만 '그들이 필요로 하는 것'은 이윤이 아니라 생계이다. 다시 말해 교환과 교환을 위한 생산은 이윤이 아니라 생계를 지향한다. 이것이 고전적 구분의 두 번째 측면으로서 더욱 근본적인 것이다. 여기서 특정한 교환보다 더 근본적인 것은 **생산자가 생산과정과 관계 맺는 방식**이다. 그것은 단순히 '사용을 위한 생산'일 뿐만 아니라 비록 교환행위를 통해서이기는 하지만 교환가치의 추구와 반대되는 **사용가치**를 위한 생산이기도 하다. 이런 식으로 이해하면 가족제 생산양식을 기존 경제사의 범주 중 하나에 위치시킬 수 있게 된다. 가족제 생산양식은 교환을 수반하더라도 마르크스의 '단순 상품순환', 즉 C → M → C′라는 유명한 공식에 가깝다. 이 공식은 어떤 상품(C)을 구매하기 위한 수단(M, 화폐)을 획득하기 위해 시장판매를 위한 상품(C)을 생산하는 것을 나타낸다. 물론 '단순 상품순환'은 원시 경제보다 농민 경제에 더 적합하다. 하지만 농민과 마찬가지로 원시인도 일관적으로 사용가치를 추구한다. 즉, 그들은 항상 소비를 목적으로 하는 교환에 관여하고, 따라서 식량공급을 지향하는 생산에 관여한다. 그리고 이러한 측면에서 양자(농민과 원시인)와 역사적으로 상반되는 것은 교환가치의 추구를 목적으로 하는 부르주아 기업가이다.

자본주의적 과정은 상이한 출발점과 척도를 가진다. '자본의 일반 공식'은 주어진 화폐 총량이 상품을 경유하여 그보다 더 많은 양의 화폐로 전환되는 것이다. $M \rightarrow C \rightarrow M'$는 판매를 통해 원래의 자본에 가능한 한 최고의 이윤을 실현시켜 주는 어떤 상품을 생산하기 위해 노동력과 물리적 수단을 결합시키는 것을 의미한다. 그래서 생계와 이윤, 즉 '사용을 위한 생산'과 '교환을 위한 생산'은 대조적인 생산목적과 그에 따라 대조적인 생산강도를 보여준다.

하나는 제한적이고 유한한 목적을 가진 경제체계인 데 반해 다른 하나는 '가능한 한 많이'라는 무한한 목적을 드러낸다. 이는 양적인 차이임과 동시에 질적인 차이이다. 하지만 일차적으로 질적인 차이이다. 생계를 위한 생산은 유용한 재화의 적절한 배분뿐만 아니라 그것의 **구체적 유용성**을 생산자의 관습적 필요에 맞추어서 구상한다. 또한 가내경제는 단순한 자기 재생산을 지향하는 반면 교환가치를 위한 생산은 일반화된 '부'의 축적을 통해 스스로를 끊임없이 초월하려고 한다. 후자는 특수한 재화의 생산이 아니라 추상적 '부'의 생산인데 여기에는 '한계가 없다'. 정의상 $M' \leq M$은 $M \rightarrow C \rightarrow M'$의 실패이고, 경쟁상 $M' \rightarrow \infty$는 성공의 공식이다. 마르크스는 생산이 인간의 목적인, 그리고 부가 생산의 목적인 현대 세계와 비교할 때, 인간을 생산의 목적으로 하는 고대적 관념이 얼마나 숭고하게 보이는가에 대해 기술한 바 있다 (Marx, 1967b, Vol. 1: 450).

우리가 이미 민족지적 증거를 확보하고 있는 사실, 즉 사용을 위한 생산체계의 노동은 그 기간을 제한하는 고유한 수단이 있다는 사실이 의미하는 바를 한 가지만 보기로 하자. 생산은 최대치에 도달하려는 어떠한 강박도 보여주지 않고 오히려 생계가 보장되는 동안은 당분간 중단되는 경향이 있다. 사용을 위한 생산은 비지속적이고 불규칙적이며 전체적으로 노동력을 아끼면서 이루어진다. 반면 교환가치에 의해 그리고 교환가치를 위해 조직되는 생산은 다음과 같다.

노동은 이제 더 이상 개인의 필요와 구체적으로 관련된 생산물을 목적으로 하지 않는다. 노동은 화폐, 즉 보편적 형태를 띠는 부를 목적으로 한다. 따라서 이제 개인의 노동에 대한 열정은 그 한계를 모른다. 각각의 특수성과 무관한 노동은 화폐라는 목표에 봉사하는 모든 종류의 형식을 추구하게 된다. 노동에 대한 열정은 사회적 필요에 맞는 새로운 대상을 만들고 고안해 내게 된다(Marx, 1967b, Vol. 1: 165).

유감스럽게도 경제인류학은 이러한 사용을 위한 생산과 교환을 위한 생산의 구별을 대체로 무시하려고 했다. 이들 두 종류의 생산이 수반하는 생산성의 차이를 인식하는 것이 경제사 연구에 중요한 의미를 가진다. 이러한 맥락에서 헨리 피렌느는 아랍인의 지중해 장악으로 인해 경제적 출구가 막히고 상업적 교환에서 지역적 자급자족으로 그리고 고생산성에서 저생산성으로 경제가 퇴행하던 때인 중세 초기 유럽의 농업 퇴보를 유명한 사례를 통해 설명한다.

…… 농경방법의 퇴행이 분명하게 나타났다. 경작자의 필요를 충족시키는 데 필요한 양보다 더 많은 것을 토지에서 생산하는 것은 아무 짝에도 쓸모없는 짓이었다. 수출이 불가능해지면서 잉여가 경작자의 조건을 개선시키지도 않았고 토지의 지대가치를 상승시키지도 않았기 때문이다. 따라서 농민들은 지주가 작물의 판매 가능성 때문에 좀 더 개선되고 유리한 방법을 채택하려고 다시 시도하기 전까지 최소한의 주의와 노력으로 만족하고 있었고 농학도 망각 속에 묻혀버렸다. 하지만 그 후에 토지가 생계수단이 아니라 가치로 간주되기 시작했다(Pirenne, 1955: 99).

이러한 고전적 대립이 이제 '저개발' 국가에서 '이중 경제'의 형태로 재등장하고 있다. 이 개념의 주창자인 보크는 경제적 실행에서 나타나는 차이를 다음과 같이 묘사하고 있다.

> 동양사회와 서양사회의 또 다른 차이는 **필요가 매우 제한되어 있다**는 사실이다. 이는 교환의 제한적인 발달로 인해 대부분의 사람들이 필요한 것을 스스로 공급해야 하고 가족은 스스로 생산할 수 있는 것에 만족해야 하며, 그 결과 욕구가 양적·질적으로 절제된 수준에서 유지될 수밖에 없다는 사실과 맞물려 있다. 이것의 또 다른 결과는 경제적 동기가 지속적으로 작동하지 않는다는 점이다. 따라서 경제활동도 간헐적으로 이루어진다. 서양의 경제는 완전히 정반대 방향으로 작동한다(Boeke, 1953: 39).

하지만 이 두 경제 사이의 식민지적 조우를 목격해 온 인류학자들에게는 그러한 역사적 차이를 민족지적 사건으로 경험할 수 있는 기회가 있었다. 그들은 완고한 토착적 노동유형과 가격에 대한 '비합리적' 반응 속에서 사용을 위한 생산(위기에 처해 있었기 때문에 오히려 더 본질적인 성격을 보여주는)을 목격했다. 유한한 목적을 통해 작동하는 전통적인 경제는 심지어 시장에 종속되고 파괴될 때에도 스스로를 실현시키려는 경향을 보여주기 때문이다. 이 점은 아마 합리적인 서양인들이 '원주민'의 노동역량에 대해 두 가지 상호모순적인 편견을 그렇게 오랫동안 유지해 올 수밖에 없었던 이유를 이해하는 데 도움이 될 것이다. 한편으로 속류인류학은 원주민들이 기술적인 무능력으로 인해 단순한 생존을 위해서도 끊임없이 노동해야 한다고 주장했고, 다른 한편으로는 '원주민들이 태생적으로 게으르다'는 것이 너무나 명백해 보였다. 첫 번째 편견이 식민주의자의 논거였다면 두 번째 편견은 그 이데올로기에 특정한 결함이 있음을 뜻한다. 이러한 모순적 관념은 백인의 부담(white man's burden)*을 사람들에게 주입시키는 데 필수적인 것이었다. 원주민들은 종종 플랜테이션 노동자로 고용되었을 때 지속적으로 일하기를 꺼리는 경향을 보여주었다. 그들은 환금작물을 재배하도록 강요했을 때도 시장변화에 '적절하게' 대응하지 못했다. 원주민들은 특정한 소비품목을 획득하는 데 주로 관심이 있었기 때문에 작물의 가격이 올랐을 때는 훨씬 적게 생산하고 가격이 내렸을 때는 훨씬 많이 생산했다. 그리고 새로운 도구나 작물의 도입으로 인해 원주민들의 노동생산성이 증가하자 필요한 노동시간을 단축시키려고 했다. 그로부터 얻은 여유시간은 생산의 증대가 아니라 여가의 확대를 위해 사용했다(cf. Sharp, 1952; Sahlins, 1962a). 이러한 반응 그리고 이와 유사한 반응양상은 모두 전통적인 가내생산의 지속적인 특징, 즉 목적은 유한하고 활동은 비연속적인 사용가치의 생산을 표현한다.

요약하면 가족제 생산양식의 특징인 사용가치의 생산을 통해 우리는 다시 이 논의의 경험적 출발점이었던 저생산으로 되돌아가게 된다. 가내경제체계는 추상적인 부의 형태로 양적으로 정의되기보다 삶의 한 방식이라는 측면에서 질적으로 정의되는 제한된 경제적 목표에 봉사한다. 따라서 노동이 상당히 비집약적인 성격을 가진다. 즉, 노동은 엄숙한 의례에서 가벼운 소나기까지 아우르는 다양한 문화적 선택과 모든 종류의 장애요소에 민감하게 반응해서 중단되고 그 결과 매우 간헐적인 특성을 보여준다. 경제는 단지 원시 사회의 비상근적 활동에 지나지 않거나 사회의 부분적인 활동에 불과하다.

다른 방식으로 표현하자면 가족제 생산양식은 반잉여의 원리(antisurplus principle)를 내포하고 있다. 가족제 생산양식은 생계생산과 맞물려 있기 때문에 생계가 해결되는 지점에서 중단하려는 경향이 있다. 따라서 생산자가 필요로 하는 양 이상의 산출이 '잉여'라면 가구체계는 잉여를 위해 조직되는 체계가 아니라고 할 수 있다. 사용을 위한 생산의 구조에서 생산자의 필요량을

---

* 서구의 제국주의적 팽창기에 백인들은 사회진화론적 틀에 입각해서 미개한 원주민을 문명의 길로 이끌어야 할 부담을 지고 있다고 생각했다._옮긴이

초과하도록 강제하는 것은 아무것도 없다. 전체로서의 사회가 이러한 완고한 경제적 토대 위에 구축되어 있는데, 이는 곧 전체 사회가 특정한 모순 위에 구축되어 있음을 뜻하기도 한다. 가내경제 자체의 한계를 초월하도록 강제하지 않는 한 전체로서의 사회가 불가능하기 때문이다. 경제적으로 원시 사회는 일종의 반사회(反社會, antisociety)에 토대를 두고 있는 셈이다.

차야노프의 법칙

이상에서 논의한 생산력의 비집약적인 사용을 평가할 수 있는 좀 더 엄밀한 방법이 하나 있다. 여기서 나는 일련의 이론적 고찰과 통계적 고찰을 복합적으로 제시함으로써 가내체계가 절대적인 측면에서뿐만 아니라 사회의 잠재력과 비교한 상대적인 측면에서도 제한적인 생계기준을 설정하고 있고, 가내생산 집단들로 구성된 공동체 내에서 가구의 상대적 작업능력이 클수록 그 구성원들은 실제로 노동을 더 적게 한다는 결론을 이끌어낼 것이다. 두 번째 결론은 알렉산더 차야노프(Alexander Chayanov)의 주요한 발견으로 '차야노프의 법칙'이라 불린다.

예비적으로 이해해야 할 것은 지금까지 확인된 가족제 생산양식의 세 가지 요소, 즉 기본적으로 성에 따라 구분되는 소규모 노동력, 단순한 기술, 유한한 생산목표가 체계적으로 상호 연결되어 있다는 점이다. 이들 각각은 상호작용관계에 있을 뿐만 아니라 각각에 고유한 수준의 적절성으로 말미암아 타 요소와 조화롭게 맞물린다. 이들 요소 중 어떤 하나가 비정상적으로 발달하려는 경향을 보이면 다른 요소들과의 양립 불가능성이 점점 더 커지게 된다. 통상 이러한 긴장에 대한 체계의 해결책은 '부의 환류'를 통한 균형의 회복이다. 부가적 모순과 외적인 모순이 맞물리는 역사적 국면, 즉 '중층결정(overdetermination)'의 경우에만 그러한 위기가 파괴와 변환으로 이어진다. 특히 가내 생계기준이 상당히 비탄력적인 경향을 보여준다. 그것은 직접적으로 혹은 더 높은 산출에 필요한 기술적 변화를 통해서 가내 노동력의 최대량을 시험해 보지 않고서는 특정 수준 이상으로 상승할 수 없다. 다시 말해 생계기준은 현존 가족조직 자체를 문제시하지 않고서는 실질적으로 상향조정될 수 없다. 또한 그것은 모든 형태의 가구집단이 적절한 생산력과 생산관계를 제공할 수 있는 가능성에 의해 설정되는 궁극적인 한계를 가진다. 따라서 가족제 생산양식이 지배적인 한 관습적 생계관념은 적절한 수준에서 제한되기 마련이다.

게다가 생계기준의 상승에 의해 촉발되는 내적 모순이 결과적으로 어떤 절대적 한계를 설정한다면, 외적 모순은 사회의 경제적 역량에 비해 상대적으로 낮은 균형 상태를 결정할 것이다.

왜냐하면 자연적인 무정부 상태에서부터 우호적인 친족관계까지 아우르는 가구 간 사회적 관계의 본질이 무엇이든, 관습적인 복지기준은 가장 유능한 소수 가구의 능력이 충분하게 발휘되지 않은 상태로 남겨둔 채 다수 가구가 달성할 수 있는 수준에서 고정되어야 하기 때문이다. 잠재적으로 한 공동체의 가구들은 1인당 산출량 면에서 매우 큰 편차를 보여준다. 가구들이 가족 발전주기의 상이한 단계에 있다면 당연히 의존적인 어린이와 노인에 대한 유효 생산자의 비율에서 차이를 보여줄 것이기 때문이다. 하지만 가내 복지의 관습적 수준이 가장 큰 노동역량을 가진 가구에 맞춰져 있다고 가정해 보자. 그러면 사회는 현존하는 가구 간 관계가 무정부상태와 결속이라는 두 극단 중 어느 쪽에 가까운가에 따라서 두 종류의 지탱 불가능한 조건 중 하나에 직면하게 된다. 가구들 사이에 유의미한 관계가 없거나 적대적인 관계가 형성되어 있다면, 소수의 성공과 다수의 불가피한 실패가 폭력을 유발할 수 있는 경제적 유인으로 작용하게 된다. 반대로 가구들 사이에 광범위한 친족관계가 존재한다면, 다수의 빈자를 위한 부유한 소수의 분배는 가내 복지의 관습적 기준과 현실 사이에 일반적이고 항구적인 괴리를 야기할 수밖에 없다.

이상의 추상적이고 예비적인 추론을 종합해 보면 다음과 같다. 내외적 모순, 그리고 혁명과 전쟁 혹은 최소한 지속적인 폭동이라는 부담을 떠안아야 하기 때문에 가족제 생산양식의 관습적인 경제적 목표는 일정한 한계 내에서 정해져야 하고, 이 한계는 사회의 총체적인 능력보다 낮으며, 특히 좀 더 효율적인 가구의 노동력은 낭비될 수밖에 없다.

차야노프는 "농가의 노동강도가 노동의 완전한 활용보다 현저하게 낮게 나타났다. 조사가 행해진 모든 지역의 농경가족들이 매우 많은 시간을 사용하지 않고 있었다"(Chayanov, 1966: 75~76)라고 적고 있다. 차야노프의 이러한 주장은 혁명 직전의 러시아 농업에 관해 수행한 광범위한 조사결과를 요약한 것으로 그 핵심적인 내용을 하나도 놓치지 않고 전혀 상이한 맥락에 적용할 수 있다. 차야노프와 그의 동료들이 단순 상품순환의 특수한 맥락 속에서 전 자본주의적 가내경제에 관한 이론을 개진한 것은 사실이다.[29] 하지만 역설적으로, 파편적인 농민 경제가 어떤 원시공동체보다 가족제 생산양식의 근본적 경향들을 경험적 차원에서 더 분명하게 보여주는 것 같다. 원시 사회의 경우는 이들 경향이 결속과 권위라는 일반적 사회관계에 의해 은폐되거나 미화된다. 그러나 분석을 해보면 영속적 친족관계를 통해 타 가구와 접합되어 있다기보다 교환을 통해 시장에 더 밀접하게 접합되어 있는 농민의 가내경제가 가족제 생산양식의 심층구조를 더 꾸밈없이 드러내준다. 차야노프의 많은 표본이 입증하는 바와 같이 농민의 가내경제는 노동력의 불충분한 이용을 특히 잘 보여준다. 표 2.9가 그 전형적인 예이다.

차야노프는 인력이 일반적으로 저이용되고 있다는 단순한 주장을 넘어서고 있다. 그는 가구들의 노동강도 편차를 면밀하게 조사했다. 그는 우선 볼로

---

29) 차야노프의 연구(Chayanov, 1966)는 영미 세계에는 오랫동안 알려지지 않았지만 대량의 통계자료와 지적 고민을 조합한 것으로 전 자본주의 경제연구자들의 열광적인 관심을 불러일으켰다. 이러한 찬사는 본 연구의 이론적 관점과 차야노프가 결론부의 더욱 근본적인 고찰에서 견지했던 한계효용론적 해석 사이에 존재하는 명백한 불일치에도 불구하고 유효하다.

표 2.9 **제정 러시아 세 지역 농민의 부문별 노동배분**[1]

지역	노동시간 백분율					
	농업	공예와 교역	전체 '생산노동'	가사노동	사용되지 않은 시간	축제[2]
볼로그다읍 (볼로그다현)	24.7	18.1	42.8	4.4	33.8	19.8
볼로코람스크읍 (모스크바현)	28.6	8.2	36.8	43.2		20.0
스타로벨스크읍 (하르코프현)	23.6	4.4	28.0	3.0	42.0	27.0

[1] 조사대상 농가 총수는 제시되어 있지 않다.

[2] 이 칸의 수치들은 라파르그『게으를 수 있는 권리』를 쓴 19세기 프랑스의 사회주의 운동가_옮긴이]의 부르주아 혁명에 관한 비판을 떠올리게 한다. "구체제하에서는 교회법이 노동자들에게 52일의 주일과 38일의 명절을 포함한 총 90일의 휴일을 보장해 주었는데, 이 기간 동안은 노동이 엄격하게 금지되었다. 상공업 부르주아들의 입장에서 보면 이것이 바로 가톨릭교회의 커다란 죄악으로서 그들이 탈종교화하는 데 주요한 원인을 제공했다. 부르주아들은 일단 혁명이 본궤도에 올라 힘을 발휘하게 되자, 노동자들이 10일에 하루 이상 놀지 못하도록 하기 위해 모든 명절을 폐지하고 1주일을 7일이 아니라 10일로 대체해 버렸다. 이와 같은 조치는 노동자들을 교회의 굴레로부터 해방시켰지만 결과적으로 노동의 굴레에 더 철저하게 속박시켰다"(Lafargue, 1909: 32n).

자료: Chayanov(1966: 74). 차르체제하 농업감독관의 보고서를 이용해서 작성한 차야노프의 많은 통계표들은 특히 표본의 성격 및 채용된 범주에 대한 조작적 정의와 관련해서 현대적인 연구에 필수적인 엄밀성이 결여되어 있다는 사실이 아쉬운 점이다.

코람스크의 25개 농가를 대상으로 행한 연구에서 그러한 차이가 매우 현저하게 나타난다는 사실을 보여줄 수 있었다. 이에 따르면 가장 근면하지 않은 가구의 경우 경작자 1인당 연간 78.8노동일이고, 가장 근면한 가구의 경우 216노동일로 약 3배 정도의 차이를 보여주고 있다.[30] 그다음 가장 시사적인 것으로, 차야노프는 소비자 수에 따른 가구구성의 차이라는 측면에서 가구가 보여주는 노동강도의 편차를 기록했다. 이는 생산 가능 인력 대 가구규모의 비율, 즉 피부양자 비율로서 지정된 생계과업을 만족시킬 수 있는 가구의 경제적 역량을 나타내는 지표이다. 이 지표가 1에 가까울수록 가내집단의 상대적

---

30) 차야노프(Chayanov, 1966: 77)는 25개 가족을 포괄하는 전체 도표를 제시한다. 경작자 1인당 연간 평균 노동일수는 131.8일이고 중간값은 125.8일이었다.

표 2.10 **가구구성 대비 노동강도: 볼로코람스크의 25개 가족**

소비자/경작자 지표	1.01~1.2	1.21~1.4	1.41~1.6	1.61+
경작자 1인당 연간 노동일(가구 평균)	98.8	102.3	157.2	161.3

자료: Chayanov(1966: 78). 생산강도와 가내집단의 효율성 사이에 존재하는 이와 동일한 관계가 또 다른 표에도 제시되어 있는데, 이 표는 여러 지역을 포괄하고 있고 노동일로 계산된 생산강도가 아니라 루블로 환산된 노동자 1인당 산출량을 기준으로 작성되었다. 아래는 그 표의 일부이다.

소비자/경작자 비율	경작자당 산출(루블)		
	스타로벨스크읍	볼로그다읍	벨스크읍
1.00~1.15	68.1	63.9	59.2
1.16~1.30	99.0	106.95	61.2
1.31~1.45	118.3	122.64	76.1
1.46~1.60	128.9	91.7	79.5
1.61 이상	156.4	117.9	95.5

노동능력은 증가하는 것으로 이해될 수 있다. 차야노프는 가내집단의 노동강도가 노동능력의 증가에 따라 **감소한다**는 사실을 논증하고 있다(표 2.10).

차야노프의 논증은 특히 가내경제가 유한한 목표를 가지고 있다는 점을 당연시하면 명백한 것을 지나치게 상세하게 다루고 있는 것처럼 보일 수도 있다. 이 논증이 통계적으로 제시해 주는 바는 논리적으로 예측할 수 있는 것, 즉 경작자의 상대적 비율이 낮을수록 주어진 가내 복지의 수준을 보장하기 위해 더 열심히 일해야 하고, 그 비율이 높을수록 더 열심히 일하지 않아도 된다는 것이다. 하지만 다른 경제와의 비교목적 외에 가족제 생산양식의 합목적성을 논하지 않고 좀 더 일반적인 수준에서 본다면, 몇몇 측면에서 차야노프 법칙의 이론적 설득력이 강화되는 것으로 나타난다. 즉, **사용을 위한 가족제 생산체계 내에서 노동강도는 생산단위의 상대적 노동능력에 반비례해서 변화한다.**

생산강도가 생산능력과 반비례 관계에 있다. 차야노프의 법칙은 여기서 제시된 몇 가지 주장을 훌륭하게 요약하고 뒷받침해 준다. 차야노프의 법칙은 가장 효율적인 가구에 맞춰 생계기준이 정해지는 것이 아니라 오히려 다수의 가구가 달성할 수 있는 범위 내의 일정한 수준에서 정해지고, 그 결과 가장 효율적인 가구의 잠재적 능력 중 일부가 낭비된다는 추론을 입증해 준다. 이는 동시에 가족제 생산양식 내에 잉여산출을 위한 동기가 전혀 존재하지 않는다는 것을 뜻한다. 그러나 가장 효율적이지 못한 가내집단들의 곤궁한 상태, 특히 자체의 필요를 충족시키지 못하는 가구의 상당한 비율이 훨씬 더 중요하게 보인다. 더욱 큰 노동능력을 가진 가구가 그보다 빈약한 노동능력의 가구를 위해 자발적으로 생산을 확대하지 않기 때문이다. 가족제 생산조직 자체 내에서는 아무것도 체계의 고유한 결점을 상쇄할 수 있는 보완장치를 제공해 주지 않는다.

재산소유

반대로 타 가구를 위해 생산한다기보다 각 가구가 재산 영역에서 갖는 일정한 자율성 때문에 가구 자체이 이해에 몰두하려는 경향이 오히려 더 강화된다.

여기서 우리는 재산에 대한 '권리(title)'보다는 그 권리의 부여에 그리고 '소유권(ownership)'이라는 추상적 권리보다는 사용과 처분이라는 실질적 권리에 관심을 가질 필요가 있다. AT&T사*의 한 주주는 주식 다섯 주를 소유하고 있다는 이유로 상황판을 가리고 있는 전화받침대를 넘어뜨려 버릴 수 있는 권리를 가진다고 믿는다. 인류학자들은 또한 동일한 사물에 대한 수익권, 사용권, 통제권이 상이한 소유자들 사이에서 분리될 수 있기 때문에 이들 상이한 종류의 재산권을 경험적으로 구분해 왔다. 또한 우리는 본질적으로

---

*   미국의 한 통신회사._옮긴이

배타적인 것이 아니라 주로 한 소유권자가 다른 소유권자의 결정을 무효화 시킬 수 있는 힘이라는 측면에서 차이가 나는 상이한 종류의 권리를 인정할 만큼 충분히 개방적인 자세를 취한다. 이러한 권리의 예로 추장과 그 추종자 사이의 등급화된 우선권이나 영속적 종족집단과 그 구성단위인 가구 사이의 분절적 우선권을 들 수 있다. 현재 인류학의 발달 경로는 용어의 시체들로 뒤 덮여 있고 그 유령들 대부분을 회피하는 것이 바람직하다. 현재의 쟁점은 공 존점유권(coexisting tenure)이 무엇을 뜻하든 간에 가내집단의 특권적 지위에 관한 것이다.

공존점유권은 전형적으로 가족과 그 생산수단 사이에 존재하는 것이 아니 라 위로부터 가족에게 부과되는 어떤 것이다. 그렇다면 원시 사회의 좀 더 차 원 높은 '소유자'인 추장, 종족, 씨족 등은 가내집단에 의해 매개되기 때문에 생산에 대해 이차적인 관계를 가진다. 피지 사람들이 말하는 것과 같은 '토지, 바다, 사람에 대한' 추장의 소유권은 특히 시사하는 바가 큰 사례이다. 그것은 배타적이기보다 포괄적이고 경제적이기보다 정치적인 '소유권'이다. 즉, 그 것은 생산자에 대한 귀속적 우월성에서 파 생되는 생산수단과 생산물에 대한 권리이다. 이 점에서 추장의 소유권은 생산수단에 대한 권리를 통해 생산자 를 통제하는 부르주아적 소유권과 다르다. '소유권'이라는 이데올로기에 어 떤 유사성이 존재하든지 간에 이들 두 종류의 재산체계는 상이한 방식으로 작 동한다. 추장 체계는 사람에 대한 영향력을 통해 실현되는 사물에 대한 권리 이고, 부르주아 체계는 사물에 대한 권리를 통해 실현되는 사람에 대한 영향 력이다.[31]

---

31) "첫째, 고대 부족과 촌락공동체의 부는 어떤 경우에도 절대로 인간에 대한 지배에 근거해 있지 않 았다. 둘째, 심지어 계급적대가 존재하는 사회에서도 부가 인간에 대한 지배를 내포한다면 그것 은 주로, 그리고 거의 배타적으로 사물에 대한 지배를 **매개로 한** 인간에 대한 지배이다"(Engels, 1966: 205).

<table>
<tr><td>추장의 '소유권'</td><td>부르주아의 소유권</td></tr>
<tr><td>↓</td><td>↓</td></tr>
<tr><td>생산자</td><td>생산수단과 생산물</td></tr>
<tr><td>↓</td><td>↓</td></tr>
<tr><td>생산수단과 생산물</td><td>생산자</td></tr>
</table>

부족사회의 가구는 통상 경작지, 목초지, 사냥터, 어로구역 등에 대한 배타적 소유권자가 아니다. 하지만 가구는 더 큰 집단의 소유권 혹은 심지어 그러한 소유권에 의해 부여되는 더 높은 권위들을 가로질러 생산자원에 대해 일차적인 관계를 유지한다. 가내집단은 자원이 분할되어 있지 않은 경우 그 자원에 대해 무제한적인 접근권을 가지고, 토지가 분할되어 있는 경우에는 적절한 몫에 대한 요구권을 가진다. 가족은 **용익권**(usufruct), 즉 사용권을 누린다. 하지만 그에 수반되는 모든 특권이 이 용어를 통해 명백하게 드러나는 것은 아니다. 생산자가 일상적으로 토지를 **어떻게** 사용할 것인가를 결정한다. 그리고 생산물의 전유와 처분에 대한 일차적 권한이 생산자에게 부여되어 있고, 어떠한 부수적인 집단이나 권위도 합법적으로 가구의 생계를 박탈하는 정도까지는 요구할 수 없다. 이 모든 것은 부정할 수도 없고 환원 불가능한 것이다. 즉, 그것은 가족이 특정한 재산소유 집단 또는 공동체의 한 구성인자로서 자체의 부양을 위해 사회적 자원의 정당한 몫을 직접적이고 독립적으로 이용할 수 있는 권리이다.

원시 사회에는 일종의 **경제법칙**으로서 토지 없는 빈민계급이 존재하지 않는다. 설사 토지박탈이 발생한다 하더라도 그것은 생산양식 자체에 대해 우연적인 경우, 예를 들어 잔혹한 전쟁같이 불행한 경우에만 발생하고 그 경제체계의 내재적 조건은 아니다. 원시인들은 한 개인을 동료보다 우월하게 만드는 많은 방법을 고안해 왔다. 하지만 생산자가 자신의 경제적 수단에 대해 행사하는 권한은 소수가 생산수단을 배타적으로 통제해서 나머지 대다수를 종속시켜 버릴 수 있는 역사적 가능성을 미연에 방지한다. 정치적 게임은 식량이나 여타 완성된 재화 같은 상징들을 통해 생산을 넘어선 차원에서 이루어져야 한다. 따라서 보통 최상의 정치적 행동과 가장 선망의 대상이 되는 재산권 행사의 방법은 재화를 나누어줘 버리는 것이다.

풀링

생산과 재산의 형태로 구현되는 가내집단의 분절은 가내 생산물의 내부 지향적 순환을 통해서 완성된다. 성별에 따라 전문화되어 있고 집단적인 사용을 지향하는 생산의 필연적인 결과로서, 재화의 구심적 이동은 가구경제를 외부 세계와 뚜렷하게 구별시켜 준다. 이 구분은 가구가 집단의 내적 결속을 강조할 때 더더욱 분명해진다. 분배가 집단을 하나로 묶어주는 공동식사(commensality)라는 일상적 의례의 형태로 이루어질 때 그 효과는 더욱 확대된다. 보통 가구는 이런 방식으로 하나의 소비단위가 된다. 하지만 적어도 가구생활은 재화와 용역의 일정한 풀링(pooling)*을 필요로 하고, 이를 통해 필수불가결한 것들을 구성원의 재량에 맡긴다. 한편으로 분배는 가구가 기초해 있는 남성과 여성 사이의 기능적 호혜성을 초월한다. 풀링은 전체의 응집성을 위해 부분들의 차별화를 무화시킨다. 즉, 풀링은 한 집단을 집단으로 구축하는 구성적 활동이다. 다른 한편으로, 가구는 바로 풀링으로 인해 같은 종류의 타 가구들로부터 항구적으로 구별된다. 어떤 주어진 가구 집단이 궁극적으로 이들 타 가구들과 호혜적인 관계를 형성할지도 모른다. 하지만 호혜성은 항상 무엇 '사이의' 관계이다. 즉, 호혜성이 아무리 연대성을 발휘한다고 하더라도 그것은 단지 그렇게 교환하는 당사자의 분리된 경제적 정체성

---

* 이윤분배를 위한 공동계산의 협정을 나타내는 경제학적 용어로서 공동출자 또는 공동계산으로 번역되기도 하지만 어색한 면이 많아 여기서는 원어 그대로 표기했다._옮긴이

을 영속화시킬 수 있을 따름이다.

루이스 헨리 모건(Lewis Henry Morgan)은 가내경제의 프로그램을 '살아 있는 공산주의'라 불렀다. 이는 매우 적절한 표현이다. 가구생활이 경제적 사교성의 가장 차원 높은 형태이기 때문이다. 가구생활은 "능력만큼 일하는 개인에서부터 필요한 만큼 가져가는 개인까지", 즉 능력에 따른 노동분업을 통해 각각의 과업을 부여받는 성인들에서부터 자신의 기여와는 상관없이 필요한 것을 제공받는 노인은 물론이고 어린이와 무능력자들까지 아우른다. 사회학적으로 표현하면 가구는 외부인과 분리된 이해관계와 운명을 가지고 내부인의 정서와 자원에 대해 일차적인 청구권을 가지는 집단이다. 풀링은 가구의 범위를 폐쇄적으로 만든다. 가구의 가장자리에 사회적·경제적 경계선이 그어진다. 사회학자들은 이것을 '일차집단'이라 부르고 사람들은 이를 '가정'이라 부른다.

무정부 상태와 분산

가족제 생산양식은 생산의 한 구조로서 그 고유한 조건에서 고려해 보면 일종의 무정부 상태에서 작동한다.

가족제 생산양식은 서로 유사하다는 점을 제외하면 가구들 사이에 어떠한 사회적 또는 물질적 관계도 전제로 하지 않는다. 가족제 생산양식은 단지 구성적 분열, 즉 분절적으로 분리된 성분들을 가로질러 성립하는 기계적 유대를 사회에 제공할 뿐이다. 이러한 사회의 경제는 수많은 소단위로 파편화되어 있는데, 이들 각 단위는 다른 단위와 독립적으로 작동하도록 조직되고 각각이 자기지향적인 내적 원리를 충실하게 따른다. 노동분업의 경우는 어떨까? 노동분업도 가구를 초월하면 더 이상 유기적인 힘을 발휘하지 못한다. 원칙적으로 성별 노동분업에 한정된 가족제 생산양식의 노동분업은 생산집단의 자율성을 희생시켜 사회를 통합하는 대신 생산집단의 자율성을 위해 사회적 통합을 희생시킨다. 또한 가구의 생산자원에 대한 접근권과 가내적 풀링에 코드화되어 있는 경제적 우선권은 가구를 초월하는 어떠한 고차원적 동기도 인정하지 않는다. 정치적으로 보면 가족제 생산양식은 일종의 자연 상태이다. 이와 같은 생산의 하부구조 내에서 복수의 가구집단이 계약관계에 참여하도록 만들고 각 단위의 자율성의 일부분을 양도하도록 강제할 수 있는 것은 아무것도 없다. 가내경제는 사실상 부족경제의 축소판이기 때문에 정치적으로 원시적인 사회, 즉 주권자가 없는 사회의 조건을 떠맡아야 한다. 원칙상 각 가구는 자체의 이해관계뿐만 아니라 그것을 만족시키는 데 필요한 모든 권한도 유지한다. 따라서 자기이해관계를 가진 수많은 단위들로 분리되어 기능적으로 통합되어 있지 않은 가족제 생산양식에 의한 생산은 저 유명한 자루 속에 담긴 수많은 감자*처럼 느슨하게 조직되어 있다.

가족제 생산양식은 본질적으로 생산의 원시적인 구조이다. 하지만 물론 외관상으로는 그렇게 보이지 않는다. 외관상 원시 사회는 원초적 무질서와 거리가 멀다. 모든 곳에서 더 큰 힘과 대규모 조직, 즉 한 가구를 다른 가구와 연결시키고 모든 가구를 일반적 이해관계하에 복속시키는 기회적·경제적 배열이 가내생산의 소규모 무정부성과 대치한다. 하지만 여전히 이러한 거시적인 통합의 힘들이 지배적이고 직접적인 생산관계 내에 주어져 있지 않다. 이와 반대로 엄밀하게 보면 그러한 통합의 힘들은 가구의 무정부성의 부정이기 때문에 그 존재와 의미의 일부를 억압하고자 하는 무질서 자체에 빚지고 있는 셈이 된다. 그리고 결국 표면적으로 무정부 상태가 사라진다 해도 확실하게 무화되는 것은 아니다. 이러한 무정부성은 가구가 생산을 계속 담당하고 있는 한 배후에서 지속적이고 무질서하게 잠복한다.

여기서 나는 표면적인 사실보다는 항구적인 사실을 강조하고자 한다. 권력

---

* '자루 속의 감자'는 마르크스의 유명한 표현으로 농민들의 비응집성과 계급의식의 결여를 나타내기 위해 사용했다. _옮긴이

과 이해관계의 불연속성이 '배후에' 존재하고, 이는 사람들을 분산시키는 방향으로 작용한다. 즉, 배후에 자연 상태가 존재한다.

　흥미로운 사실은 아무도 그곳에 이르지는 못했지만 자연 상태로 회귀할 필요가 있다고 느끼는 철학자 대부분이 자연 상태에서 특수한 인구분포를 발견했다는 점이다. 즉, 그들 대부분이 인구분포에 어떤 원심적인 경향이 존재한다는 사실을 인지했다. 홉스는 자연 상태에서 인간의 삶은 고립적이고 궁핍하며 지저분하고 야만적이며 단명했다는 내용의 민족지적 보고서를 작성한 바 있다. 여기서 '고립적'이라는 단어에 주목하자. 그것은 다름 아닌 분산적인 삶이었다. 그리고 동일한 종류의 원시적 고립이라는 관념은 자연 상태의 인간에 관해 대범하게 사색했던 헤로도투스(Herodotus)와 뷔허를 위시한 많은 사람의 사고방식에서 지속적으로 나타난다. 루소는『언어기원론(Essai sur l'origine des langues)』[32])에서 우리의 목적에 가장 적합한 몇 가지 입장을 취하고 있다. 초창기 인류에게 유일한 사회는 가족이었고 유일한 법은 자연법이었으며 사람들을 매개하는 유일한 매개체는 바로 힘이었다. 이는 달리 표현하면 바로 가족제 생산양식과 비슷한 어떤 것이었다. 그리고 루소에게는 그러한 '야만'의 시대가 바로 황금시대였다.

　　인간들이 통합되어 있었기 때문이 아니라 분산되어 있었기 때문이다. 각 개인은 스스로를 모든 것의 주인으로 생각했고 또 그것은 가능한 일이기도 했다. 하지만 아무도 자신의 수중에 가진 것 이상을 알지도 못했고 또 그것을 탐하지도 않았다.

---

32)『인간불평등 기원론』의 도식은 좀 더 복잡하다. 초기 인류가 군거적 성격이 부족해서 고립적으로 생활했다는 점은 분명한 사실이다. 루소가 홉스를 위시한 다른 철학자들의 분석에서 분산과 기능적으로 연결되는 잠재적인 갈등을 논의에 끌어들였던 때에는 사회와 같은 어떤 것이 이미 존재했고 인간은 지구 전체에 걸쳐 확산되어 있었다. 하지만 루소는 분명히 사적인 권력과 분산 사이의 관련성을 동일한 방식으로 이해했다. 왜냐하면 그는 좀 더 후대의 인류가 원심적으로 분산되지 않는 이유를 각주에서 설명해야 한다고 느꼈기 때문이다. 즉, 지구는 이미 인류로 가득 차 있었기 때문이다(Rousseau, 1964, Vol. 3: 221~222).

인간의 욕구는 동료들과 더 가깝게 만들기는커녕 오히려 그들을 더 멀리 쫓아버렸다. 인류는 원한다면 만날 때마다 서로 공격했을 것이다. 하지만 그들은 좀처럼 서로 만나지 못했다. 모든 곳에서 전쟁상태가 지배했지만 동시에 지구 전체가 평화상태에 있었다(필자의 번역).

최대의 분산은 자연 상태의 거주유형이다. 이 글을 읽는 독자가 현재의 분석이 갖는 명백한 한계에도 불구하고 무엇인가를 이해하려고 한다면, 그러한 분산이 현재의 분석에 어떤 함의가 있는지를 먼저 이해해야 할 필요가 있다. 이를 위해서는 정치철학자들이 왜 그렇게 자연 상태의 인간이 광범위하게 분산되어 있고 대부분 고립되어 있다고 생각했는지 질문해 보아야 한다. 분명한 해답은 그 철학자들이 자연을 문화와 단순하게 대립하는 것으로 설정한 다음 모든 인위적인 것, 즉 사회를 전자로부터 박탈해 버렸다는 것이다. 그 뒤에 남는 것은 오직 고립된 인간, 즉 홉스가 표현한 바처럼 자연적 욕망과 조화를 이루는 가족 내의 인간일 수밖에 없었다. 이 인간은 오늘날의 사회에서 너무나 일반화되어 버린 나머지 홉스가 그서 사연스리올 뿐이라고 했던 그러한 거친 개인에 불과하다('자연 상태의 인간은 사회 없는 부르주아이다'). 하지만 명백한 것을 넘어서서 이러한 분산적인 인구분포라는 개념은 또한 논리적이고 기능주의적인 연역이기도 했다. 다시 말해 그것은 정치적인 상태가 아니라 자연적인 상태가 작용하고 있다고 가정할 때 인류가 필연적으로 실행할 수밖에 없는 대처방식에 관한 성찰이었다. 힘을 통해 발휘되는 권리가 정치적으로 독점되지 않고 일반적으로 보유되는 곳에서는 분별성이 대담성보다 더 중요하고 일정한 거리를 두는 것이 안전을 위해 지켜야 할 가장 확실한 원칙이다. 자원, 재화, 그리고 여성에 대한 분쟁을 최소화해 주는 분산이 인격과 소유물을 보호하는 최상의 장치이다. 다시 말해 이러한 힘의 분산을 상상했던 철학자들은 또한 단순히 일종의 기능적 예방책으로서 서로 간에 가장 먼 거리를 확보해 두는 분산적인 인간형을 상상할 수밖에 없었다.

나는 현재 가족제 생산양식이 좀 더 심층적인 구조에서 자연 상태와 유사하고 특징적인 동향도 자연 상태와 동일하다는 가장 추상적이고 가설적인 수준, 간단히 말해 분석의 가장 조야한 수준에 머물고 있다. 자체의 고유한 장치에 의존할 수밖에 없는 가족제 생산양식은 가구의 최대 분산을 지향한다. 최대의 분산이 상호의존성과 일반적 권위의 부재를 의미하고 바로 이들 조건이 생산을 조직하는 대체적인 방식이기 때문이다. 가구범위 내에서는 결정적인 활동들이 구심적인 성격을 보여주는 반면, 가구들 사이에서는 가능한 한 가장 희박한 분포로 분산되는 원심적인 성격을 보여준다. 이는 질서와 균형을 가능하게 하는 좀 더 광범위한 제도에 의해 제한되지 않는 범위 내에서 실제로 작동하는 효과이다.

이상의 논의는 너무 극단적이다. 따라서 알려진 사실을 되풀이하고 차후의 논의를 미리 예시하는 대가를 치르더라도 가능한 한 민족지적 연관성에 대해서 먼저 언급해야겠다. 앞서 살펴본 바처럼 카니로는 아마존 열대 밀림지역 촌락들의 인구규모가 기존의 경작관행에 의거해서 부양할 수 있는 규모인 1,000명 또는 심지어 2,000명보다 전형적으로 더 작다는 사실을 보여주기 위해 노력했다. 그래서 그는 촌락의 규모가 작은 이유가 윤작 때문이라는 일반적인 해석을 거부한다.

나는 생계, 즉 생계기술과 무관하게 발생하는 촌락 분산의 용이성과 빈도가 더 중요한 요인이라는 것을 주장하고자 한다. …… 이러한 현상이 쉽게 발생한다는 것은 촌락들이 토지의 부양능력을 심각하게 압박하는 수준까지 인구를 증가시킬 기회가 거의 없을 것이라는 점을 함축하고 있다. 촌락들을 분산시키는 원심적인 힘은 분산이 발생하기 바로 직전에 결정적인 수준에 도달하는 것 같다. 촌락들을 분산시키는 힘이 무엇인가 하는 것은 현재의 논의를 벗어난다. 많은 것이 한 사회

내에서 파벌적인 분쟁을 야기할 수 있고, 공동체의 규모가 커질수록 이러한 분쟁이 더욱 빈번해지기 쉽다고 주장하는 것으로 충분하다. 아마 열대 밀림지역에 있는 한 마을의 인구규모가 500~600명이 되는 시점이 되면, 촌락 내의 긴장과 갈등이 심화되어 의견을 달리하는 파벌이 다른 곳으로 이주하도록 만드는 개방적 분열이 용이하게 발생했을 것이다. 하지만 만약 내적인 정치적 통제가 강력하다면 분파적인 성향에도 하나의 대규모 공동체가 손상 없이 지속될 수 있었을 것이다. 그러나 대부분의 아마존 촌락은 추장권이 매우 미약했기 때문에, 강력한 분열적 힘의 증대에 직면해서 성장하는 공동체를 하나로 통합시켜 줄 정치적 기제가 결여되어 있을 수밖에 없었다(Carneiro, 1968: 136).

요점은 원시 사회가 특정한 경제적 부정합성, 즉 분쟁의 특수한 지역적 원인에 부합하고 또 그것을 굴절시키기도 하며, '성장하는 공동체를 하나로 통합하는 기제'가 부재한 상태에서 혼란을 인지하고 그것을 분열을 통해 해결하는 분절적인 취약성 위에 성립한다는 것이다. 앞서 가족제 생산양식이 시간적으로 불연속적이라는 사실에 수록했다. 이 시점에서는 가족제 생산양식이 공간적으로도 불연속적이라는 것을 알 수 있다. 그리고 시간적 불연속성이 노동의 불충분한 이용을 설명해 주는 것처럼 공간적 불연속성은 자원의 지속적인 저이용을 의미한다. 이렇게 해서 가족제 생산양식에 관한 매우 우회적이고 이론적인 논의는 다시 그 경험적 출발점으로 되돌아가게 된다. 가족제 생산양식은 물질적 목적과 노동력 사용이 어떤 식으로든 제한되어 있고 타 집단과의 관계 면에서도 고립되어 있는 가구라는 불확실한 토대 위에 구축되어 있다. 가족제 생산양식은 눈부신 성과물을 제공하기 위해 조직되는 것이 아니다.

제3장

가족제 생산양식
생산의 강화

가족제 생산양식은 분명히 존재하지만 결코 표면화되지는 않는 '배후에 잠재하는 무질서'일 수밖에 없다. 가구가 독자적으로 경제를 작동시킨다는 것은 현실적으로 완전히 불가능한 일이다. 가내에 존재하는 생산저하 압력만으로도 가족을 초월한 수준의 사회가 작동 불가능해질 수 있기 때문이다. 고유한 생산수단에 의거해서 독자적으로 살아가는 거의 모든 가족은 얼마 지나지 않아 생계수단이 더 이상 남아 있지 않다는 사실을 깨닫게 된다. 또한 가구가 그렇게 주기적으로 자체의 식량을 조달하는 데 실패하면, 공공경제를 가능케 하는 잉여식량은 당연히 조달하지 못한다. 공공경제, 즉 가족을 초월하는 사회제도의 유지, 전쟁과 의례 같은 집단적 활동, 대규모 기술적 설비의 건설 등을 후원하는 것은 때로 일상적인 식량공급만큼이나 생존에 긴박한 것일 수도 있다. 더욱이 가족제 생산양식이 노정하는 본질적인 저생산과 저인구는 정치적 영역에서 공동체를 불가능하게 만들기 쉽다. 가내체계의 경제적 결함이 극복되지 않으면 그것을 초월하는 수준의 사회가 작동 불가능해진다.

그래서 전체적인 생산의 경험적 과정은 모순들의 위서체계로서 조직된다. '생산관계'와 '생산력' 간의 원시적인 모순이 가내 생산체계의 토대이자 내재적인 조건이다. 다시 말해 가내적 통제라는 생산관계가 생산수단의 발전에 장애물로 작용한다. 하지만 이러한 모순은 또 다른 차원의 모순과 겹쳐짐으로써 상쇄되는데, 후자는 가내경제와 전체 사회, 즉 가내체계와 그것이 속해 있는 더 큰 제도 사이에 존재하는 모순이다. 원시 사회에는 친족과 추장제, 그리고 심지어 의례적 질서조차도 그것들이 달리 무엇을 의미하든지 간에 특정한 경제적 힘의 형태로 나타난다. 경제적 강화라는 거시적 전략은 가족의 범위를 초월하여 사회구조를 작동시키고 생산을 초월하여 문화적 상부구조가 기능하도록 한다. 결국 이러한 모순들의 위서체계의 최종적인 물질적 산물은 여전히 기술적인 역량 이하이기는 하지만 가내생산의 내재적인 성향을 초월한다.[1]

이상에서 이 연구의 전체적인 이론적 노선, 즉 가족제 생산양식의 분석을 통해 개진된 관점들을 분명히 했다. 이는 동시에 더욱 진척된 논의의 방향, 즉 친족과 정치가 생산에서 수행하는 역할에 관한 논의가 필요하다는 것을 뜻한다. 하지만 일반성에 관한 진술을 지속적으로 유보하면서도 일정 정도의 검증과 적용 가능성을 보장하기 위해서는 먼저 가내생산에 미치는 구체적인 사회체계의 영향을 가늠해 보는 시도가 필요하다.

가내생산의 사회적 굴절 분석방법에 관하여

사용을 위한 가내생산체계에서 이론적으로 노동자 1인당 노동강도는 가

---

[1] 친족의 하부구조적 수준에서 주요 생산조직이 결정된다고 하는 것은 마르크스주의적 분석이 원시 사회에서 직면하는 딜레마에 대처하는 하나의 방법인데, 이 딜레마는 바로 이론적으로 경제적 토대에 결정적인 역할을 부여하는 것과 질적으로 상부구조인 친족관계가 지배적인 경제관계라는 사실 사이에 존재한다(Godleir, 1966; Terray, 1969). 상부구조/하부구조 구분을 상이한 유형의 제도적 질서(경제, 친족)로부터 친족의 상이한 질서들(가구 대 종족, 씨족)로 치환한 것이 앞 단락의 요점이라고 볼 수 있을 것이다. 하지만 사실 현재의 **문제틀**은 이러한 딜레마를 직접적으로 해명하는 것을 목적으로 하지 않는다.

구의 노동자 대 소비자 비율에 정비례해서 증가한다(차야노프의 법칙).[2] 즉, 소비자의 상대적 수가 많을수록 각각의 평균적인 생산자는 전체 가구에 적절한 1인당 산출을 조달하기 위해 더 많이 일해야 한다. 하지만 노동자 수가 상대적으로 적은 가내집단이 오히려 더 태만한 성향을 보여준다는 경험적 사실만으로도 실재가 법칙에서 어느 정도 벗어나 있다는 것을 알 수 있다. 다시 말해 노동자 수가 상대적으로 작은 가구의 노동강도가 이론적 기대치보다 오히려 낮게 나타난다. 더욱 중요한 사실은 차야노프의 노동강도 기울기가 공동체의 실질적이고 전체적인 사회구조 수준에서는 구현되지 않는다는 점이다. 특정한 가구는 친족적·정치적 관계로 인해 타 가구의 복지에 관심을 가져야만 하는 위치에 있어서 통상적인 수준 이상으로 생산할 수밖에 없기 때문이다. 바로 이 사실이 가내적 태만의 일부 혹은 적어도 그 태만의 수용 가능성을 어느 정도 설명해 준다. 다시 말해 한 사회체계의 가구 노동강도는 특수한 구조와 굴절을 보여주는데, 이는 차야노프의 표준 노동강도 기울기에서 독특한 범위와 방식으로 벗어난다.

차야노프의 법칙에서 벗어나는 경우를 도식화·수치화할 수 있다. 이를 위해 매우 상이한 유형의 두 사회에 입각해서 두 종류의 포괄적인 설명을 제시하도록 하겠다. 원칙적으로 현지에서 수집된 소량의 통계자료에 의거해서 가구로 구성된 공동체의 노동강도 분석표를 작성할 수 있을 것이다. 이 분석표는 공동체의 잉여노동량과 분포를 분명하게 드러내줄 것이다. 다시 말하면, 생산의 가구별 편차를 통해 주어진 사회체계의 경제적 계수를 결정하는 것이 가능하다.

첫 번째 사례로 테이어 스쿠더의 마줄루족 밸리통가(Valley Tonga) 마을 곡물생산에 관한 연구를 들 수 있다. 이 연구는 생계생산의 가구별 편차와 관련

---

2) 노동자 비율과 노동강도 사이의 반비례 관계를 통해서도 동일한 결과를 얻을 수 있다. 이는 앞서 사용한 바 있는 공식으로 여기서 다시 사용하도록 하겠다.

표 3.1 밸리통가 마줄루족 마을의 노동강도에서 나타나는 가구별 편차(1956~1957년)

가구	구성원 수	소비지 수	경작자 수	총 경작 면적	소비자/ 경작자 비율	경작면적/ 경작자 비율
O	1	1.0	1.0	1.71	1.00	1.71
Q	5	4.3	4.0	6.06	1.08	1.52
B	3	2.3	2.0	2.58	1.15	1.29
S	3	2.3	2.0	6.18	1.15	3.09
A	8	6.6	5.5	12.17	1.20	2.21
D[1]	2	1.3	1.0	2.26	1.30	2.26
C	6	4.1	3.0	7.21	1.37	2.40
M	6	4.1	3.0	6.30	1.37	2.10
H	6	4.3	3.0	5.87	1.43	1.96
R	7	5.1	3.5	7.33	1.46	2.09
G	10	7.6	5.0	10.11	1.52	2.02
K[2]	14	9.4	6.0	7.88	1.57	1.31
I	5	3.3	2.0	4.33	1.65	2.17
N	5	3.3	2.0	4.55	1.65	2.28
P	5	3.3	2.0	4.81	1.65	2.41
E	8	5.8	3.5	7.80	1.66	2.23
F	9	5.6	3.0	9.11	1.87	3.04
T	9	6.1	3.0	6.19	2.03	2.06
L[1]	7	4.1	2.0	5.46	2.05	2.73
J	4	2.3	1.0	2.36	2.30	2.36

[1] D가족과 L가족의 경우 가장이 조사기간 전체에 걸쳐 유럽인에게 고용되어 부재중이었다. 그들이 마을로 가져올 현금이 가족의 생계에 기여하겠지만 수치계산에 포함하지는 않았다.
[2] K가족의 가장은 유럽인에게 고용되어 시간제로 일하고 있었다. 그는 경작도 하고 있었기 때문에 수치계산에 포함했다.
자료: Scudder(1962: 258~261).

해서 이미 논의한 바 있다(제2장). 표 3.1은 가구별 소비자와 경작자 수 그리고 가구별 노동구성(소비자/경작자)과 노동강도(경작면적/경작자) 지표를 포함하는 좀 더 포괄적이고 상이한 배열의 마줄루 자료를 제시하고 있다. 마줄루 자료는 사람들이 실제로 일하는 시간 같은 노동강도의 직접적인 지표를 제시하지 않고 있기 때문에 노동강도를 경작자 1인당 경작면적이라는 척도를 통해 간접적으로 이해해야 한다. 에이커당 투여하는 노력이 모든 경작자에게 동일할 수 없다는 이유 때문만으로도 곧바로 다소간의 미묘한 오류가 발생하게 된다. 게다가 식품수요와 노동기여도의 성별·연령별 차이를 설명하기 위해 먼저 몇 가지 계산이 행해져야 한다. 상세한 인구조사자료가 없고 스쿠더의 생산도표(Scudder, 1962: Appendix B)에서 나타나는 인구학적 구분도 전적으로 명확하지 않기 때문이다. 가능하다면 나는 소비상의 필요를 계산하기 위해 개괄적이지만 아주 적절한 다음과 같은 공식을 제시하고자 한다. 그것은 성인 남성을 표준인 1.0 소비자로 설정하고 사춘기 이전 어린이를 0.5 소비자로, 성인 여성은 0.8 소비자로 산정하는 것이다(이 때문에 소비자를 표시하는 수치가 전체 가구규모보다 작게 나타내고 또 통상 정수로도 표시되지 않는다).[3] 마지막으로, 가내 노동력의 측정을 위해 약간의 수정을 가할 필요가 있다. 스쿠더의 표에 나타나는 일부 매우 작은 규모의 토지는 분명히 아주 젊은 사람들의 몫인데, 아마 그것은 사춘기 젊은이들이 책임지고 경작하는 견습용 토지였을 것이다. 따라서 스쿠더의 도표에서 0.5에이커 이하를 경작하고 가장 젊은 세대에 속하는 구성원으로 표시된 경작자들을 0.5경작자로 계산했다.

마줄루 사례는 예증적인 특징을 분명하게 보여준다. 조작화 때문에 야기되는 몇 가지 잠재적 오류에 더하여 조사대상 가구 수가 20가구밖에 되지 않기 때문에 훌륭한 통계학적 신뢰도를 제공해 줄 수는 없다. 하지만 어떤 논점을 증명하려는 것이 아니라 단순히 그럴듯한 가능성을 제시하려는 것이 목적이기 때문에, 이러한 몇 가지 결함이 분명히 회의적이기는 하지만 치명적일 정도는 아니다.[4]

---

[3] 스쿠더의 도표에서 "아내가 요리를 해주어야 하는 결혼하지 않은 사람들"로 표시되어 있으면서 생산자로는 계산되지 않은 모든 이를 사춘기 이전 어린이로 간주했다. 아마 몇몇 의존적인 노인도 마찬가지로 0.5 소비자에 해당될 것이다.

표 3.2 **마줄루 경작자당 경작면적에서 나타나는 가구별 편차**[1]

소비자/경작자	1.0~1.24	1.25~1.49	1.5~1.74	1.75~1.99	2.0 이상
가구 평균 경작면적/경작자 (사례 수)	1.96 (5)	2.16 (5)	2.07 (6)	3.04 (1)	3.28 (3)

[1] 마줄루 자료의 또 다른 문제: 외부 일꾼에게 술을 제공할 수 있는 상대적으로 부유한 가구의 경우, 투여된 노동 중 일부가 직접 그 가구집단에서 비롯된 것이 아니다. 따라서 한편으로, 경작면적/경작자 수치는 차야노프 법칙의 실제적 효과를 올바르게 반영하지 못한다. 다시 말해 좀 더 부유한 가구는 수치상으로 나타나는 것보다 더 적게 일하고 가난한 가구는 더 많이 일한다. 다른 한편으로는, 그렇게 제공되는 술의 일부는 그것을 공급하는 가구의 응결된 노동을 표현하는 것일 수도 있다. 결과적으로 좀 더 장기적으로 보면 경작자 1인당 노동강도 기울기가 여기서 보고되는 자료와 다시 한 번 가까워진다. 분명히 미묘한 수정이 필요하거나 아니면 경작자 1인당 노동시간의 직접적인 측정이 필요하다. 하지만 이 둘 모두 현재의 자료가 제공하는 한계를 넘어서는 것이다.

마줄루 자료에서 어떤 의미를 도출해 낼 수 있을까? 우선 그것은 차야노프의 법칙이 일반적으로 유효함을 뜻한다. 차야노프의 법칙이 상세한 수준에서는 아니라 하더라도 일반적인 수준에서는 유효하다는 것이 표 3.1의 마지막 칸을 검토해 보면 분명해진다. 경작자당 경작면적은 가구의 소비자/경작자 지표와 대체로 비례해서 증가한다. 차야노프가 사용했던 절차를 적용하면 동일한 결과를 더 정확하게 보여줄 것이다. 차야노프가 사용한 방법을 따라, 표 3.2는 일정한 범위의 소비자/경작자 지수에 상응해서 나타나는 경작자당 경

4) 자료의 불확실성 외에도 몇몇 외적인 요소가 상황을 더 복잡하게 만든다. 그중 몇 가지는 표 3.1의 주석에 표시되어 있지만 한 문제에 관해서 좀 더 상세한 논의가 필요하다. 마줄루족 마을에서는 소량의 환금작물(주로 담배)이 경작되고 있고, 그 수입은 주로 가축사육에 투자된다. 환금작물 판매가 가구의 곡물생산에 미치는 영향이 그렇게 분명하지는 않지만 수치에 큰 변화를 초래하지는 않는 것 같다. 전체 농산물 판매량이 매우 제한적이고, 특히 생계작물의 판매는 아주 미미한 수준에 머물고 있다. 조사 당시 스쿠더가 기록한 바에 따르면, "밸리통가 주민 대부분은 연간 1기니아(guinea) 상당의 농산물도 판매하는 경우가 매우 드문 근본적인 생계경작자이다"(Scudder, 1962: 89). 환금작물 경작은 또한 생계작물 경작의 대안, 즉 식량구입 수단으로서 곡물경작에 직접적인 영향을 미치는 것 같지도 않다. 마지막으로 단순 상품생산의 경우, 교역으로 인해 교환 가능한 잉여식량이 실제로 공동체 내 순환에서 배제되는지를 반드시 고려해야 한다. 통가 경작자 중에서 농산물을 가축으로 전환하는 사람들은 식량이 부족한 시기에 다른 친척들의 긴박한 요구를 들어줘야 하는 사람이다. 여기서 가축은 곡물을 되사야 할 필요가 있을 때 판매할 수 있는 비축물 역할을 한다(Scudder, 1962: 89f, 179~180; Colcon, 1960: 38f).

작면적의 차이를 제시하고 있다.

이 결과는 차야노프와 그의 동료 연구자들이 러시아 농민에게서 발견한 것과 분명하게 비교 가능하다. 하지만 동시에 마줄루 도표는 차야노프의 법칙에서 벗어나 있기도 하다. 분명히 가구의 노동강도와 노동자 비율 사이의 연관성이 전체적으로 일관적이지도 않고 비례를 이루는 것도 아니다. 개별 가구는 완전히 무작위적이지는 않지만 전체적인 경향성에서 다소 근본적으로 벗어나 있다. 그리고 그 경향성 자체도 평탄하게 전개되지 않고 특정한 증감 유형을 보여주는 불규칙한 곡선으로 나타난다.

이러한 경향성과 차이는 모두 하나의 그래프 위에 표시될 수 있다. 그림 3.1에서 보이는 점들의 분산은 가구별 노동강도 편차의 분포를 나타내고 있다. 소비자(c)/경작자(w) 비율을 기준으로 한 X축과 경작면적(a)/경작자(w)를 기준으로 한 Y축을 따라서 각 가구를 배열했다(표 3.1 참조). 이러한 편차의 중간점, 즉 일종의 평균적 가구는 X=1.52(c/w), Y=2.16(a/w)의 점 위에 위치시킬 수 있다. 따라서 전체적으로 가구별 노동강도 차이가 보여주는 평균적인 경향은 바로 그 중간값으로부터의 편차, 즉 표준공식을 통해 산출되는 선형회귀로 계산해 낼 수 있다.[5] 공동체의 실제 노동강도 기울기를 보여주는 마줄루 자료는 경작자 대 소비자의 비율(X)이 1.0 증가할 때마다 경작면적/경작자 비율(Y)이 0.52 증가한다는 사실을 보여준다. 하지만 이것은 인위적인 차원에서 그렇게 나타나는 것이다. 그림 3.1에서 파선 D는 편차의 좀 더 실제적인 경로, 즉 노동강도와 노동구성의 선형적 관계에서 벗어나는 중요한 경향성을 보여주고 있다. **실제 노동강도 곡선**인 파선 D는 소비자/경작자 비율에 대비

---

5) 6xy = Σ(xy) / Σ(x2). 여기서 x는 각 단위가 보여주는 평균 x(평균 c/w)로부터의 편차이고, y는 평균 y(a/w)로부터의 편차이다. 가구별 편차가 제한적이고 분산적인 분포를 보여준다면, 마줄루 사례(그리고 이후에 고려되는 사례들)의 회귀에 예시적이거나 귀납적인 의의가 거의 없다는 점을 강조할 필요가 있다. 여기서 마줄루 사례는 단순히 편차가 보여주는 주요한 동향을 묘사하기 위해 선택되었다.

그림 3.1 **마줄루의 가구별 노동강도가 보여주는 경향성과 편차**

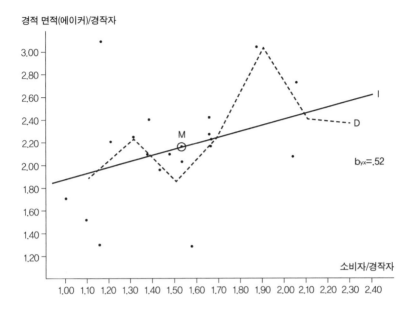

해서 눈금별로 0.2의 차이가 나는 평균 노동강도(종축 평균)를 따라 그린 것이다. 표 3.2의 수치들로 작성하면 곡선은 다소 상이한 경로를 취할 것이라는 점에 주목해야 한다. 하지만 20가구라는 매우 적은 수의 사례를 통해 어떤 해석이 더 타당한가를 논하기는 어렵다. 통계학적으로 더 많은 사례가 있다면 마줄루에서 도출한 곡선이 S자 모양, 혹은 전형적으로 우상향하는 오목한 곡선으로 나타날 것이라고 추정해 볼 수 있을 것이다. 이들 두 가지 유형 모두 여타 유형과 함께 차야노프의 표에서도 나타난다. 하지만 더욱 중요하고 또 우리가 도달한 결론과도 일치한다고 판단되는 사실은 노동강도의 차이가 중간부분의 다소 규칙적인 기울기를 교란시키거나 심지어 역전시키면서 c/w 범위의 양극단을 향해서 증가한다는 것이다. 가구구성의 양극단에서는 차야노프의 법칙에 모순되는 경향성이 나타나기 때문이다. 인력이 빈약하거나 이런저런 심각한 불운에 처하기 쉬운 가구들이 한 극단에 치우쳐 있다. 마줄루의 경우 오른쪽으로 가장 멀리 떨어져 있는 점에 표시된 가구 J가 바로 그 예이다. 이 가구는 경작기가 시작될 무렵 남편을 잃은 미망인이 사춘기 이전의 세 자녀를 부양해야 하는 사례였다. 다른 한쪽 극단에는 노동강도 곡선이 좌측으로 기울며 감소하다가 특정한 지점에서 정지하는데, 그 이유는 경작자가 많은 일부 가내집단이 자체의 필요를 초월해서 기능하기 때문이다. 이들 가구는 통상적인 필요 이상의 과도한 노동강도로 일하고 있는 셈이다.

하지만 전술한 절차를 통해서는 잉여산출이 정확하게 드러나지 않는다. 이 때문에 경험적으로뿐만 아니라 이론적으로 도출된 **표준 노동강도 기울기**를 그려보는 것이 필요하다. 이 기울기는 각 가구가 스스로 식량을 조달해야 한다고 가정할 때 개별 가구가 관습적인 생계수단을 공급하는 데 필요로 하는 노동의 편차를 보여줄 것이다. 다시 말해서 가족제 생산양식이 사회의 더 큰 구조에 전혀 영향을 받지 않는다고 가정할 필요가 있다. 가족제 생산양식이 그런 식으로 작동할 때 보여주는 표준 노동강도 기울기는 차야노프의 법칙을 가장 엄밀하게 표현할 것이기 때문에 진정한 차야노프 기울기로 간주될 수 있을 것이다. 차야노프의 법칙은 제한적이고 관습적인 목적을 지향하는 생산에 의해 규정되는 한 노동강도와 상대적 노동역량 사이에 어떠한 비례관계도 허용하지 않는다. 원칙적으로 차야노프의 법칙은 가구의 소비자/경작자 비율이 1.0 증가할 때마다 통상적인 소비필요량이 증가하고 그에 따라 가구의 노동강도가 반드시 증가한다는 점을 엄격하게 규정하고 있다. 오직 그런 경우에 한해서 각 가구는 특수한 구성과 관계없이 동일한(표준) 1인당 산출량을 달성할 수 있을 것이다. 그렇다면 이것은 가내생산 이론에 적합한 노동강도 함수가 된다. 마찬가지로 실재 현실에서 나타나는 편차는 좀 더 규모가 큰 사회의 특성에 적합하다.

마줄루 사례에서 진정한 차야노프 기울기를 어떻게 결정할 수 있을까? 스쿠더에 따르면 적절한 생계생산에 필요한 경작면적은 1인당 1에이커이다. 그러나 여기서 '1인당'이라는 척도는 남성, 여성, 어린이에게 무차별적으로 적용된 것이다. 우리가 앞서 행했던 계산에 따르면 123명의 촌락인구가 86.2명의 완전 소비자(성인 남성 기준)로 감소했기 때문에 계산에 포함된 각 소비자의 통상적인 생계를 위해 필요한 경작지는 1.43에이커일 것이다. 따라서 진정한 차야노프 기울기는 양 축의 시발점에서 출발해서 소비자/경작자 비율이 1.0 증가할 때마다 경작면적/경작자 비율이 1.43씩 증가하는 직선이 된다.

이러한 기울기로부터의 실제 편차를 측정하기에 앞서, 차야노프 법칙의 대안적인 공식화 중에서 어떤 선택을 해야만 한다. 그 이유는 차야노프의 법칙이 표준 노동강도의 재현과 실질적인 관련성을 가지고 있기 때문이다. 전술한 논의의 대부분은 상대적 소비자 수와 함께 증가하는 노동강도를 언급하는 것으로 만족했다. 하지만 차야노프의 법칙은 또한 가구의 노동강도와 상대적 생산자 수의 반비례 관계로도 훌륭하게 표현된다. 즉, 소비자 대비 생산자 수가 적을수록 각 가구는 더 많이 일한다. 이 두 명제는 논리적으로 대칭적이다. 하지만 사회학적으로는 그렇지 않을 수도 있다. 첫 번째 명제가 실제적 압박을 더 잘 표현해 주는 것 같다. 여기서 실제적 압박은 생산 능력이 없는 피부양자가 능력 있는 생산자에게 부과하는 짐이다. 아마 바로 이 이유 때문에 차야노프가 직접적인 공식화를 더 선호했던 것 같고, 나 또한 계속 그렇게 할 것이다.[6]

다음으로 그림 3.2에서 차야노프의 선(C)이 우상향하는 것을 볼 수 있다. 여기서 노동강도는 1.0c/w당 1.43a/w로 계산된 비율로 상대적 소비자 수와

---

6) 반비례 관계에 입각해서 차야노프의 법칙을 도식화한 예로 인디언 경작 가족들에게서 관찰되는 가내 노동력과 선호 노동강도 사이의 공변관계에 대해 클라크와 해스웰이 수행한 흥미로운 분석(Clark and Haswell, 1964: 116)을 참조하라.

그림 3.2 **마줄루의 경험적 노동강도 기울기와 차야노프의 노동강도 기울기**

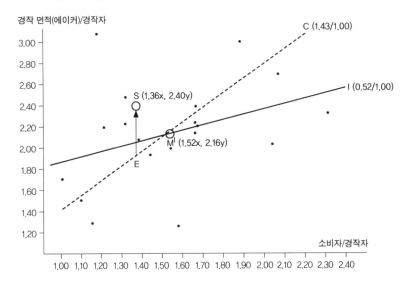

함께 증가한다. 선은 분산되어 있는 점들 사이로 뻗어 있다. 다시 이러한 점들
은 가구별 노동강도의 실질적 차이를 나타낸다. 하지만 진정한 차야노프 기
울기와 병렬시켜 보면 이들 차이의 의미가 변화한다. 이제 그 차이는 사회의
더 큰 조직이 가내생산에 가한 수정을 뜻하게 된다. 이러한 수정은 차야노프
기울기로부터 벗어나는 실제 노동강도 기울기(I)의 편차를 통해서도 압축적
으로 드러난다. 이는 가구별 생산편차가 주요 추세로 환원되는 것이 실제 노
동강도 기울기─노동강도와 노동구성의 평균으로부터 c/w가 1.0 증가할 때마다
a/w가 0.52 증가하는─에 의해 표현되는 한에서 그러하다. 알려진 가구별 편차
의 범위 내에서 이들 두 선이 교차하는 방식은 가내생산이 공동체 수준에서
사회적으로 변형되는 특징적인 방식을 보여준다(그림 3.2).
　이와 같은 마줄루 사례의 프로파일은 더욱 정교하게 표현될 수 있을 뿐만
아니라 그중 몇몇 형태는 측정될 수도 있다. 대부분 유리한 인력자원을 확보

표 3.3 **마줄루 가내 노동강도의 표준 편차와 경험적 편차**

가구	소비자/경작자 (X)	에이커/경작자 (Y)	차야노프의 노동강도 에이커/경작자(Cy)	진정한 차야노프 기울기로부터의 편차(Y-Cy)
O	1.00	1.71	1.43	+.28
Q	1.08	1.52	1.54	-.02
B	1.15	1.29	1.65	-.36
S	1.15	3.09	1.65	+1.44
A	1.20	2.21	1.72	+.49
D	1.30	2.26	1.86	+.40
C	1.37	2.40	1.96	+.44
M	1.37	2.10	1.96	+.14
H	1.43	1.96	2.04	-.08
R	1.46	2.09	2.09	0
G	1.52	2.02	2.17	-.15
K	1.57	1.31	2.25	-.94
I	1.65	2.17	2.36	-.19
N	1.65	2.28	2.35	-.08
P	1.65	2.41	2.36	+.05
E	1.66	2.23	2.37	-.14
F	1.87	3.04	2.67	+.37
T	2.03	2.06	2.90	-.84
L	2.05	2.73	2.93	-.20
J	2.30	2.36	3.29	-.93

하고 있는 일부 가구가 분명히 자체의 필요 이상으로 경작하기 때문에 경험적인 생산 기울기(I)는 차야노프의 노동강도 기울기(C)의 왼쪽 위로 통과한다. 이들 가구는 단순한 가내 생산체계가 아니라 사회적 생산체계에 포함되어 있기 때문에 자체의 필요만을 위해서가 아니라 잉여 노동강도로 작동한다. 이들 가구는 **가내의 잉여노동**을 더욱 광범위한 체계에 제공한다.

표 3.3은 마줄루의 20개 생산집단 중 8개가 과외의 노력을 투여하고 있음을 보여준다. 이들 생산집단의 평균 인력구조는 1.36소비자/생산자이고 평

균 노동강도는 2.4에이커/경작자이다. 이러한 잉여노동의 평균을 나타내는 점 S를 마줄루의 그래프(그림 3.2) 위에 표시하면 바로 이 점의 좌표가 마줄루의 경제적 강화전략을 드러낸다. 표준 노동강도를 나타내는 선과 점 S 사이의 수직거리(선분 ES)가 생산적인 가구의 잉여노동에 대한 평균적 자극이 된다. 그것은 바로 0.46a/w 혹은 23.6%(1.36c/w에서 표준 노동강도가 1.94a/w일 때)이다. 이들 가구가 20.5명의 유효 생산자 혹은 촌락 노동력의 35.6%를 점한다. 따라서 노동력의 35.6%를 구성하고 있는 이들 40%의 가내 생산집단은 표준 노동강도보다 평균 23.6% 높게 기능하고 있다. 이 수치는 점 S의 Y값이다.

잉여 자극 S의 좌표 X는 평균 가구구성 M에 대한 관계를 통해 마줄루 공동체에서 노동강화 경향이 어떻게 분포하는가에 관한 지표를 제공해 준다. S가 평균 가구구성(X=1.52c/w)에서 좌측으로 멀어질수록 잉여노동은 가내집단의 경작자 비율이 높아짐에 따라 증가한다. 하지만 S의 위치가 평균에 더 가깝다는 것은 잉여노동에 더 일반적으로 참여한다는 것을 의미한다. 그리고 S가 오른쪽으로 더 멀어질수록 노동력이 상대적으로 적은 가구에서 평균 이하의 경제활동이 이루어진다는 것을 뜻한다. 마줄루에서 평균 잉여자극 S는 분명히 촌락 평균의 왼쪽에 위치한다. 잉여 노동강도로 기능하고 있는 8가구 중 6가구는 c/w 비율이 평균 이하이다. 8가구 모두의 평균 가구구성은 공동체 전체의 평균보다 0.16c/w 혹은 10.5% 낮다.

마지막으로, 제시된 자료들(표 3.1과 3.3)로부터 촌락의 총생산에 대해 가내의 잉여노동이 기여한 정도를 추산해 볼 수 있다. 이는 먼저 표준 노동강도 이상으로 생산하는 가구의 총 잉여 경작면적을 계산해 보면 가능하다(관련된 8개 가구의 잉여노동 비율을 경작자 수에 곱한 값). 계산결과 잉여 노동에 귀속시킬 수 있는 경작면적은 9.21에이커가 된다. 마줄루의 전체 경작면적은 120.24에이커에 달한다. 그러므로 마을의 총생산 중 7.67%가 잉여노동의 산물이 되는 셈이다.

'잉여노동'은 엄격히 가내집단에만 해당되고 가구의 통상적 소비량과 비교할 때에 한해서 '잉여'가 될 수 있다는 점을 분명히 해야 한다. 마줄루 촌락 전체로서는 노동의 잉여적 지출을 보여주지 않는다. 이는 오히려 전체 경작면적을 촌락의 전체 필요량보다 약간 낮은 수준으로 유지하는 사회적 전략의 특성과 상대적 비효율성을 보여주는 증거이다. 따라서 평균 가구구성(1.52c/w)을 나타내는 점에서 생산의 경험적 굴절 I는 진정한 차야노프 기울기 C의 아래를 통과한다. 적어도 어떤 비생산적인 계급이 근본적인 모순이나 잠재적인 갈등 없이 마줄루 주민들의 산출에 전적으로 의지해서 생활할 수는 없을 것 같다.

촌락의 저생산은 산술적으로 분명하게 논증된다. 일부 가내집단이 표준 노동강도 이상으로 기능하고 있는 반면 나머지 가내집단은 표준 이하로 기능하고 있어서 촌락 전체의 산출이 약간 마이너스 균형을 이루게 된다. 하지만 이러한 분포는 전혀 우연적인 것이 아니다. 오히려 생산의 전체적인 프로파일은 가구의 경험적 노동강도 기울기뿐만 아니라 표준 노동강도 기울기에도 투사되어 있고, 가내 잉여의 차원뿐만 아니라 가내 저생산이 차원에도 구현되어 있다는 점에서 **하나의 통합적인 사회체계로 이해되어야 한다.** 일부 가구의 표준 노동강도 이하의 산출은 나머지 가구의 잉여노동과 독립적으로 존재하지 않는다. 사실 우리가 확보하고 있는 자료의 범위 내에서 보면 가구의 경제적 실패는 질병, 사망, 유럽의 영향 같은 생산조직에 외적인 조건들 때문인 것처럼 보인다. 하지만 단순히 일부 가족이 전적으로 자체의 원인 때문에 성공할 능력이 없다고 판명되기라도 한 것처럼 그러한 실패를 성공과 완전히 분리시켜서 생각하는 것은 잘못일 수 있다. 엄밀히 말해 일부 가구는 다른 가구에게 의존할 수 있다는 사실을 사전에 분명히 알고 있었기 때문에 표준 산출을 달성하지 않았을 수도 있을 것이다. 그리고 심지어 예기치 않았던 상황에서 비롯된 저생산도 사회적으로 받아들여지는 상황에서, 이들 취약한 가구가 나머지 가구의 잉여 노동강도에 의존하는 것이 사회적으로 용인되는 것은 어쩌면 당연한 일이다. 이는 어떤 의미에서 보면 역동적인 상황에서 초래될 수 있는 가구의 비극이라는 사회적 사건을 미리 예견하고 그에 대비하는 것이 된다. 그림 3.3과 같은 노동강도 프로파일을 통해 가구의 경제적 편차가 보여주는 상호 연관된 분포, 즉 가내생산의 사회적 체계를 포착할 수 있어야 한다.

서부 뉴기니의 카파우쿠 사회는 유형적으로 매우 상이하고 노동강화 전략면에서 훨씬 더 두드러지는 또 다른 체계이다. 하지만 카파우쿠는 가구의 경제적 노력을 교환 가능한 생산물(주로 돼지와 고구마)의 축적에 집중할 수 있는 또 다른 **정치적** 체계이기도 하다. 카파우쿠 사회의 교환 가능한 생산물은 주로 돼지와 고구마로 이들 생산물의 판매와 분배가 개방적 지위 경쟁의 주된 전략으로 기능한다(Pospisil, 1963).

카파우쿠에서 생산의 핵심적인 부문은 바로 고구마 경작이다. 카파우쿠 사회의 생계는 주로 고구마에 의존해서 해결되고 돼지에 대한 의존도는 그보다 낮다. 고구마 생산이 농경지 이용의 90% 이상을, 그리고 농업노동의 7/8을 차지한다. 하지만 고구마 생산의 가구별 편차가 매우 현저하게 나타난다. 포스피실이 보투케보(Botukebo) 촌락의 16개 가구에 대해 8개월에 걸쳐 수행한 기록(표 3.4)에 따르면, 가구별 산출이 10배 정도의 편차를 보여준다.

카파우쿠의 경우도 앞의 사례와 마찬가지로 오직 생산물을 통해서 노동강도를 판단할 수 있다. 표 3.4에서 노동강도를 나타내는 칸은 경작자 1인당 생산한 고구마를 kg으로 표시한 것이다. 그런데 상이한 경작자들이 산출의 단위 무게당 투여하는 노력이 불균등하다면 이러한 계산방법은 아마 마줄루의 경우와 유사한 오류를 범하게 것이다. 게다가 여기서는 포스피실이 계산한 가구 내 소비자 수를 여타 멜라네시아 사회에 더욱 가깝게 임의로 수정했다. 다시 말해 성인 여성을 포스피실이 간단한 식단연구를 통해 도출한 0.6이 아니라 성인 남성 필요량의 8/10, 즉 0.8로 계산했다. 여타 가구 구성원들의 경

표 3.4 **고구마 경작의 가구별 편차: 1955년 뉴기니 카파우쿠의 보투케보 마을**

가구 (포스피실이 임의로 부여한 번호)	구성원	수정된 소비자 수[1]		경작자[2]	가구별로 생산한 고구마 무게(kg)	소비자/ 경작자 비율(수정치)	노동강도 (고구마 무게/경작자)
		포스 피실	수정치				
IV	13	8.5	9.5	8.0	16,000	1.19	2,000
VII	16	10.2	11.6	9.5	20,462	1.22	2,154
XIV	9	7.3	7.9	6.5	7,654	1.22	1,177
XV	7	4.8	5.6	4.5	2,124	1.25	472
VI	16	10.1	11.3	9.0	6,920	1.26	769
XIII	12	8.9	9.5	7.5	2,069	1.27	276
VIII	6	5.1	5.1	4.0	2,607	1.28	652
I	17	12.2	13.8	10.5	9,976	1.31	950
XVI	5	3.2	4.0	3.0	1,557	1.33	519
III	7	4.8	5.4	4.0	8,000	1.35	2,000
V	9	6.4	7.4	5.5	9,482	1.35	1,724
II	18	12.4	14.6	10.5	20,049	1.39	1,909
XII	15	9.5	10.7	7.5	7,267	1.44	969
IX	12	8.9	9.5	6.5	5,878	1.46	904
X	5	3.6	3.8	2.5	4,224	1.52	1,690
XI	14	8.7	9.1	4.5	8,898	2.02	1,978

[1] 소비자 수의 '수정치'를 계산한 방법에 관해서는 본문을 보라.
[2] 남녀를 불문하고 성인은 1.0 경작자로, 사춘기 청년과 노인은 0.5 경작자로 계산.
자료: Pospisil(1963).

우 어린이는 0.5, 사춘기 청년은 1.0, 남녀 노인은 0.8 소비자로 계산했다. 포스피실의 용례에 따라 사춘기 청년은 0.5 경작자로 계산했다.

카파우쿠에서는 가구별 노동강도 편차가 매우 독특한 양상으로 나타난다. 표 3.4를 분석해 보면 차야노프적 경향이 분명하게 드러나지 않는다. 하지만 일단 가구별 편차를 그래프상에 표시해 보면 명백한 불규칙성으로 양극화되거나 두 가지 규칙성으로 환원된다(그림 3.3). 그것은 마치 카파우쿠의 촌락이 자체의 고유한 경제적 성향을 독자적으로 고수하고 있는 두 개의 인구집단으

그림 3.3 **노동강도의 가구별 편차: 1955년 카파우쿠의 보투케보 마을**

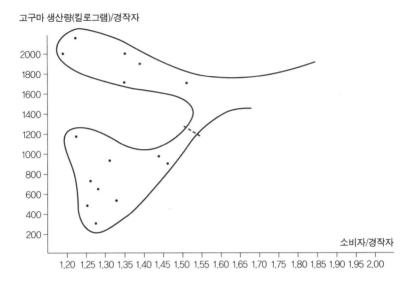

고구마 생산량(킬로그램)/경작자

소비자/경작자

코니뉘이 있는 것처럼 보인다. 여기서 한 '인구집단'은 차야누프의 법칙과 유사하게 소비자의 상대적 수가 많을수록 노동강도가 증가하는 경향을 보여주지만, 다른 하나는 완전히 그 반대로 나타난다. 그리고 후자의 범주에 속하는 가구는 노동능력에 비례해서 부지런할 뿐만 아니라, 집단 전체적으로도 첫 번째 계열에 속하는 가구보다 명백히 더 높은 노동강도를 보여준다. 하지만 카파우쿠는 고전적인 멜라네시아 유형의 빅맨체계(뒤에서 제시되는 '정치적 질서의 경제적 강화'라는 절을 보라)를 유지하고 있는데, 전형적으로 이 정치조직은 사람들이 생산과정과 관계 맺는 방식을 양극화시킨다. 즉, 한편으로는 자신의 생산에 박차를 가할 수 있는 빅맨 혹은 빅맨 희망자와 그 동료들, 그리고 다른 한편으로는 타인의 야망을 찬양하거나 거기에 의존해서 생활하는 데 만족하는 사람들로 구분된다.[7] 가구의 노동강도가 이렇게 두 갈래로 갈라지는

'물고기 꼬리' 모양의 분포가 멜라네시아 빅맨체계에서 일반적으로 발견된다는 사실을 미리 지적해 둘 필요가 있을 것 같다.

비록 분석에서 분명하게 드러나지는 않지만 희미한 차야노프적 경향성이 실제로 가구별 노동강도 편차의 분산 속에 내재해 있다. 이것은 평균으로부터의 편차가 선형으로 회귀하는 형태로서 수학적으로 도출해 낼 수 있어야 한다. 평균적으로 가구의 노동강도 기울기는 경작자 대 소비자 비율이 평균에서 1.0 증가할 때마다 경작자 1인당 고구마 양이 1,007kg씩 우상향으로 증가한다. 하지만 각각의 표준편차를 통해 살펴보면, 이러한 카파우쿠의 변곡선은 마줄루의 경험적 기울기보다 더 편평하게 나타난다. 단위 z에서 마줄루의 경우는 $by'x'$가 0.62이고 보투케보의 경우는 0.28이다. 하지만 더욱 흥미로운 것은 카파우쿠의 실제 변곡선이 표준 노동강도 기울기와 전적으로 상이한 관계를 맺고 있다는 점이다(그림 3.4).

여기서 나는 포스피실이 20명에 대해 6일 동안 행한 간략한 식단연구에 입각해서 표준 노동강도 기울기(진정한 차야노프 기울기)를 그렸다. 평균적인 성인 남성의 식량은 하루에 2.89kg의 고구마였는데, 이를 다시 생산에 관해 연구한 기간인 8개월로 환산하면 693.6kg이 된다. c/w가 1.0 증가할 때마다 생산자 1인당 694kg이 증가하는 변곡선은 경험적 노동강도 기울기보다 훨씬 아래를 지나간다. 실제로 전자는 가구별 생산이 보여주는 실질적 편차 범위 전체에 걸쳐 후자와 교차하지 않는다. 이와 같은 프로파일은 마줄루의 경우와 전혀 다르고 수치에서도 분명한 차이가 난다.[8]

---

7) 이 체계는 신용과 추종자를 성공적으로 축적해 온 지도자가 자신이 투여해 온 특별한 노력을 종국적으로 소비해 버리는 제어장치를 조건으로 하고 있는데, 빅맨의 생산이 그렇게 현저하지 않은 보투케보의 경우에도 현실적으로 실현되고 있다.

8) 이론적으로 가내 소비량과 표준 노동강도 기울기에 1인당 돼지 할당량을 사육하는 데 필요한 잉여 고구마의 양을 산입해야 한다는 주장이 가능하다. 하지만 그 정반대의 주장도 가능하다는 사실은 물론이고 출판된 자료 자체가 이러한 계산에 그다지 적합하지 않다.

그림 3.4 **차야노프 기울기로부터의 노동강도의 사회적 편차: 카파우쿠의 보투케보**

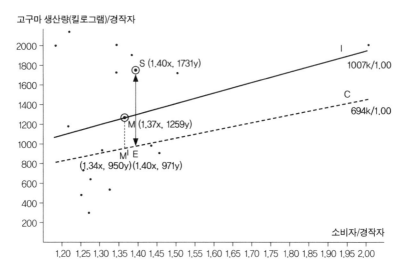

보투케보의 16가구 중 9가구는 잉여 노동강도로 기능하고 있다(표 3.5). 이들 9가구는 61.5명의 경작자, 혹은 전체 노동력의 59%를 차지한다. 이들 가구의 평균 구성은 1.4소비자/경작자이고 평균 노동강도는 1,731kg/경작자이다. 그러므로 평균 잉여노동을 나타내는 점 S는 c/w 비율의 약 2% 정도로 평균 가구구성의 오른쪽에 위치한다. 실제로 9가구 중 6가구가 평균 가구구성보다 다소 낮다. 따라서 카파우쿠에서는 잉여노동에 대한 자극이 마줄루의 경우보다 더 일반적으로 분포하는 것 같다. 동시에 그러한 자극의 강도도 훨씬 더 크다. S의 Y좌표가 보여주는 바와 같이, 1,731kg/생산자라는 잉여 노동강도의 평균적 기울기는 표준 노동강도 기울기보다 971kg 더 높다(선분 SE). 다시 말해서 노동력의 59%를 구성하고 있는 카파우쿠 가구의 69%는 표준 노동강도보다 평균 82% 정도 높게 기능하고 있다.

이들 카파우쿠 가구 단위의 전체 잉여노동은 고구마 4만 7,109kg에 달한

표 3.5 **표준 노동강도 대비 가구별 편차: 카파우쿠의 보투케보**

가구	소비자/경작자	생산된 고구마 kg/경작자	표준 Y	표준 노동강도로부터의 편차
IV	1.19	2,000	825	+1,175
VII	1.22	2,154	846	+1,308
XIV	1.22	1,177	846	+331
XV	1.25	472	867	-395
VI	1.26	769	874	-105
XIII	1.27	276	881	-605
VIII	1.28	652	888	-236
I	1.31	950	909	+41
XVI	1.33	519	922	-403
III	1.35	2,000	936	+1,064
V	1.35	1,724	936	+788
II	1.39	1,909	964	+945
XII	1.44	969	999	-30
IX	1.46	904	1,013	-109
X	1.52	1,690	1,054	+636
XI	2.02	1,978	1,401	+577

다. 보투케보 마을의 총산출량은 13만 3,172kg이다. 따라서 사회적 생산물의 35.37%가 가내 잉여노동에 의한 것이다. 마줄루(7.67%)와 비교해 볼 때 이 수치는 지금까지 무시되어 온 사실, 즉 가구의 관습적인 구조도 사회적 강화전략의 일부라는 것을 알 수 있게 해준다. 마줄루와 비교할 때 보투케보의 이점은 단지 잉여노동의 좀 더 높은 비율이나 좀 더 일반적인 분포에 있지 않다. 보투케보 가구는 경작자가 평균 두 배 이상 더 많고, 이러한 차이가 노동강도의 우위를 배가시킨다.

마지막으로 카파우쿠의 노동강도 프로파일이 보여주는 바와 같이 잉여노동의 효과는 가구의 실제 산출을 표준 산출 이상으로 상당 정도 더 끌어올린다. 평균 가구구성에서 노동강도의 경험적 굴절은 차야노프의 기울기보다 생

표 3.6 **마줄루와 보투케보의 가내생산 지표**

	가구의 잉여 자극[1](강화전략)			차야노프의 표준으로부터의 가구의 평균 편차	잉여 가구노동에 의한 총산출의 비율
	잉여 노동강도를 보여주는 가구의 비율	잉여 노동강도를 보여주는 가구의 총노동력 비율	표준 노동강도 대비 평균 잉여생산		
마줄루	40	35.6	123.6	+2.2%	7.67
보투케보	69	59.4	182.0	+32.9%	35.37

[1] 잉여 노동강도로 기능하는 가구들에 관한 자료.

산자 1인당 중량으로 309kg(29%) 더 높다(그림 3.4의 선분 M-M′). 원주민 자신의 소비상의 필요라는 관점에서 볼 때 보투케보 마을은 전체적으로 잉여산출을 내고 있다.[9]

표 3.6은 마줄루와 보투케보의 생산강도 차이를 요약한 것이다. 이러한 차이는 가내생산이 사회적으로 조직되는 두 가지 상이한 방식을 보여주는 척도이다.

하지만 노동강도 프로파일에 관한 기술만으로 연구과제가 끝나는 것은 분명히 아니다. 그것은 단지 피상적인 것에 불과하다. 인류학적 경제학에 대한 희망에 부응하고 또 생산에 관한 포괄적 자료를 단순히 축적하는 것만이 아니라 사회적 조건을 통해 그것을 해석하는 작업은 많은 어려움과 복잡성을 수반한다. 마줄루와 보투케보의 경우 그러한 해석을 위해서는 일정한 정치적 차이에서 출발해야 한다. 그것은 바로 한 민족지학자가 "미성숙한 상태에 있고 대체로 평등주의적이며" 일반적으로 가내경제와 유리되어 있다(Colson, 1960: 161f)고 묘사한 통가 사회의 전통적인 정치제도와 카파우쿠의 빅맨체계 사이에 존재하는 정치적 차이이다. 이제 정치적 형태와 경제적 강화 사이의 관계

---

9) 돼지를 계산에 포함하더라도 촌락의 생산은 여전히 집단의 생계표준을 능가한다(Pospisil, 1963: 394f).

를 분명히 하는 일이 남아 있다. 또한 친족체계가 경제에 미치는 다소 덜 극적인 영향도 분명하게 밝혀야 한다. 친족체계가 경제에 미치는 영향은 너무나 평범하기 때문에 쉽게 감지할 수 없을 뿐만 아니라 일상적인 특징임에도 불구하고 일상적인 생산에 그렇게 강력한 영향력을 발휘하지 않는다.

친족과 경제적 강화

복수의 가구를 관통하는 지배적인 친족관계가 가구의 경제행위에 분명한 영향을 미친다. 상이한 구조의 출계집단과 혼인동맹, 그리고 심지어 개인들 사이의 상이한 친족 네트워크도 저마다 독특한 방식으로 가내 잉여노동을 자극한다. 또한 친족관계는 다양한 정도의 성공적인 작동을 통해 지역적 자원을 어느 정도 집약적으로 이용하도록 함으로써 가족제 생산양식의 원심적인 운동에 반작용을 한다. 따라서 다소 진부하거나 터무니없을 수도 있지만 더 연구해 볼 만한 가치가 있는 문제를 제시해 주는 아이디어가 하나 있는데, 그것은 바로 여타 모든 조건이 동일하다면 하와이의 친족이 에스키모의 친족보다 더 집약적인 경제체계라는 점이다. 간단히 말해서 모건(Lewis H. Morgan)*의 관점을 통해 보면 하와이 체계가 더 광범위한 수준의 친족 분류체계를 가지고 있어서 방계와 직계를 더 포괄적으로 동일시하기 때문이다.

에스키모의 친족이 타인을 분명하게 사회적 공간의 외부에 위치시킴으로써 직계가족을 범주적으로 분리시키는 반면, 하와이의 친족은 방계를 따라 가족적 관계를 무한히 확대시킨다. 하와이의 가내경제는 가구들로 구성된 공동체 내에서 가구와 유사한 통합을 감행한다. 모든 것이 친족체계를 통한 결

---

* 미국의 진화주의 인류학자로서 친족호칭체계에 관한 연구를 통해 인류학적 친족연구의 토대를 마련함._옮긴이

속의 강도와 범위에 달려 있다. 이러한 측면에서 하와이의 친족이 에스키모의 친족보다 우월하다. 하와이 체계가 이와 같은 방식으로 더욱 광범위한 통합을 실현하려면 더 많은 노동자원을 가진, 특히 c/w 비율이 가장 높은 가구에게 좀 더 강력한 사회적 압력을 행사해야 한다. 따라서 다른 모든 조건이 동일하다면, 하와이의 친족이 에스키모의 친족보다 더 뚜렷한 잉여생산 경향을 보여줄 것이다. 또한 공동체 전체적으로 더욱 수준 높은 가내 복지수준을 유지할 수 있을 것이다. 결국 이러한 주장은 하와이의 경우 1인당 가내 산출 면에서는 더 큰 편차를 보여주고, 경작자별 노동강도 면에서는 전반적으로 좀 더 작은 편차를 보여준다는 것을 의미한다.

더욱이 하와이 체계는 아마 주어진 영토를 토지의 부양능력에 좀 더 가까운 수준으로 이용할 것이다. 친족관계가 가족제 생산양식의 저생산에 대해 또 다른 방식으로 반작용하기 때문이다. 다시 말해 하와이의 친족은 가구의 생계라는 구심적인 관심사뿐만 아니라 가구의 분산이라는 원심적인 경향에 대해서도 반작용하고, 그 결과 가내 노동력의 저이용과 영토의 집단적 저이용에 공히 반작용한다. 친족체계는 가족제 생산양식의 구조적 분산에 크고 작은 영향력을 발휘하는 화친상태(peace)를 구축하고 그에 상응하는 정도로 가구를 집약화하고 자원을 이용한다. 앞서 논의한 바와 같이 비친척을 이방인으로 인식하고 그들을 잠재적인 적이나 희생양으로 간주하는 피지인들에게 '잘 아는(veikilai)'이라는 용어는 또한 '친족관계에 있는(veiweikani)'이라는 뜻을 가진다. 그리고 그들에게 '화친상태'를 의미하는 용어로 '친족원처럼 사는(tiko vakaveiweikani)'이라는 표현보다 더 일상적으로 사용되는 것은 없다. 여기서 가족제 생산양식, 즉 권력과 생산수단이 분절적이면서 소외되지 않은 상태로 남아 있는 생활양식에서는 찾아볼 수 없는 원시적 형태의 사회계약을 엿볼 수 있다. 하지만 또한 상이한 친족체계가 다양한 수준의 견인력을 행사하기 때문에 상이한 수준의 공간적 응집력을 가능하게 한다. 따라서 상이한 친족체계는 상이한 정도로 가내생산의 분절화를 극복하고 또 그 범위 내에서 점유한 영토의 부양능력과 이용 정도를 결정한다.

더욱이 가족제 생산양식에 분절적인 성향이 내재해 있는 한 원시 사회의 친족결속이 무차별적일 수는 없다. 심지어 하와이 친족체계도 단지 형식적으로만 일반적 친화성을 보여줄 뿐이고, 실제로는 차별적으로 사회적 거리를 구분하는 경향을 지속적으로 보여준다. 하와이의 가구는 더 큰 공동체 속에 결코 전적으로 함몰되어 있지 않다. 하지만 동시에 가내적 결속이 더 광범위한 친족관계로부터 완전히 자유로운 것도 아니다. 이는 곧 원시 사회와 경제에 내재하는 항구적인 모순이지만 그렇게 현저하지는 않다. 통상 이 모순은 친족관계의 광범위한 영역까지 확장되는 친교관계를 통해 억제되고 호혜성이라는 맹목적 이데올로기에 의해 신비화되어 희미해진다. 그리고 무엇보다도 그러한 모순은 가족과 가족보다 큰 공동체를 관통하는 사회적 원리의 연속성, 즉 종족 구성원들이 종족을 더 큰 규모의 가구로, 그리고 추장을 아버지로 인식하게 만드는 조직상의 조화에 의해 은닉되어 버린다. 따라서 민족지적 관심을 의식적으로 기울이지 않는다면, 원시 사회의 통상적인 전개과정에서 그러한 모순을 발견하는 일은 불가능하다. 구조적 대립이 오판의 여지없이 적나라하게 드러나는 위기, 즉 폭로적 위기(crise révélatrice)가 발생하는 경우는 매우 드물다. 이렇게 보기 드문 위기를 관찰할 기회가 없거나 '호혜성'의 미묘한 차이를 치밀하게 관찰(제5장을 보라)하지 않은 경우에는 우선 속담같이 사소한 현상에 대한 민족지적 관심에 의존해야 한다. 속담은 의미를 압축적으로 전달하기 때문에 매우 친숙해 보이는 관계를 역설적으로 표현할 수도 있다.

따라서 벰바족은 친척을 음식물을 제공해야 하는 사람으로 정의하면서도 마녀를 "집으로 찾아와 앉아서는 '곧바로 먹을 것을 요리해 주세요 오늘은 고기가 정말 많네요!'라고 하거나 '오늘 오후에는 술을 마시고 싶어요!'라는 식의 말을 하는"(Richards, 1939: 202) 사람이라고 정의한다. 리처즈는 뱀바족 주부들이 나누어 먹어야 할 의무를 회피하기 위해 사용하는 교묘한 속임수에 대해 보고한다. 한 예로 나이 많은 친척이 방문했을 때 술을 감춰버리고는, "아이고! 어르신, 비참하게도 먹을 게 아무것도 없네요!"(Richards, 1939: 202)라고 말하는 것이다.[10]

마오리 사회에서는 가구의 이해와 가구를 초월한 공동체적 이해의 충돌이 속담을 통해 잘 드러난다. 이는 퍼스가 마오리 속담에 관한 초창기 논문에서 "전면적 대립, 즉 관대함과 인색함 그리고 관용과 불관용을 뜻하는 표현 사이의 직접적인 모순"(Firth, 1926: 252)이라고 적었던 것이다. 한편으로 관대성은 "모든 이에게 가르치고 가장 광범위하게 받아들이는 원주민의 가장 고귀한 미덕 중 하나인데, 명성과 위세의 획득은 바로 관대성의 실천에 크게 의존한다"(Firth, 1926: 247). 하지만 퍼스는 또한 그 반대의 뜻을 가진 일련의 대중적 격언들도 기록했다. 이들 속담은 타인을 위한 관심보다는 분명한 자기 이익을, 그리고 식량의 나눔보다는 보유를 더 강조한다. "음식은 요리하지 않으면 계속 소유할 수 있지만, 일단 요리하면 다른 사람에게 간다"는 속담이 있는데, 이는 음식을 나누어 먹기 싫으면 설익혀서 먹으라는 뜻이다. 그리고 "다른 사람에게 방해받지 않으려면 쥐(마오리의 가장 맛있는 음식)를 털째 구워 먹어라"는 속담도 있다. 또 하나의 격언은 나누어 먹는 고상한 행동 속에 많은 불만이 앙금으로 남는다는 뜻을 전한다.

---

10) 동일한 현상이 이투리 피그미(Ituri Pygmy)족에게서도 관찰된다. "사냥꾼이 캠프로 돌아오면 무슨 일이 일어났는지 얘기도 듣고 작은 고기 조각이라도 얻을까 해서 캠프에 남아 있던 사람들이 모여들기 때문에 금세 떠들썩한 분위기로 변한다. 그런 소란 속에서 남자들이나 여자들이나 마찬가지이지만 특히 여자들이 얻은 것 중 일부를 자기 집 지붕 밑이나 가까이 있는 빈 단지 속에 은밀하게 감추는 모습을 볼 수 있다. 표면적으로는 약간의 나눔이 있지만 캠프에는 그보다 더 많은 이면이 있고, 군단에 대한 정직한 충성이 가족에 대한 충성보다 그렇게 우선하지 않기 때문이다"(Turnbull, 1965: 120; cf. Marshall, 1961: 231).

기쁨은 사라지고(Haere ana a Manawa yeka),

고통만 남는다(Noho ana a Manawa kuwa).

또 다른 속담은 친척들의 귀찮은 구걸을 표현하고 있다.

겨울에는 친척(He huanga ki Matiti),

가을에는 아들(He tama ki Tokerau).

이 속담은 농번기인 겨울에는 그저 먼 친척에 불과한 것처럼 행동하던 사람이 추수기인 가을이 되면 갑자기 아들처럼 행동한다는 것을 뜻한다.

마줄루의 속담에 담겨 있는 이들 모순은 사회의 실제적인 갈등, 즉 '나란히 작동하지만 정반대로 대립하는 행위의 두 가지 원리'를 표현하고 있다. 하지만 퍼스는 그러한 모순들을 단순한 사회적 사실로 분석하는 데서 끝내지 않았다. 그는 대신 경제학에서는 이미 상투적인 것으로 받아들여지는 종류의 '미숙한 인류학'[11]을 채택했다. 그것은 바로 인간의 본성과 문화 사이, 즉 '개인이 자기이익을 추구하려는 충동'과 '사회집단의 표면적 도덕성' 사이에 존재하는 모순이었다. 아마 레비스트로스라면 그 모델이 결국 마오리 사회에 고유한 것이라고 주장할 것이다. 그 속담들이 날것과 요리된 것의 관계가 소유와 분배의 관계와 같다는 점, 즉 자연과 문화의 관계가 분배거부와 호혜성의 관계와 동일하다는 점을 함축하고 있기 때문이다. 여하튼 후에 퍼스가 마오리 경제에 관해 수행한 상세한 분석(Firth, 1959a)은 원리의 대립이 왜 하필이면 아들 대 먼 친척이라는 계열을 따라 묘사되는가를 분명하게 보여준다. 그것은 다름 아닌 확장된 친족관계와 '마오리 경제의 기본단위'인 가구, 즉 **와나**

---

11) 이 표현은 알튀세(Louis Althusser)의 것이다. 알튀세가 쓴 「자본론의 대상(L'object du Capital)」(Althusser, Rancière et al., 1966, Vol. 2)이라는 글을 보라.

우(whanau)의 내적인 자기이해 사이에 존재하는 갈등이었다.

> **와나우**는 특정한 유형의 재산에 대해 집단적인 소유권을 가지고 있었고, 하나의
> 집단으로서 토지와 그 생산물에 대한 권리를 행사했다. 소수의 경작자와 단순한
> 협동이 필요한 과업은 **와나우**가 수행했고, 식량의 할당도 대부분 동일한 토대 위
> 에서 이루어졌다. 촌락이나 부족의 정책에 영향을 미치는 때를 제외하면 각 가족
> 집단은 자체의 사회적·정치적 과업을 처리하는 응집적이고 자기완결적인 단위
> 이다. 전체적으로 볼 때 한 **와나우**의 성원은 하나의 분리된 집단 속에서 함께 먹
> 고 거주했다(Firth, 1959a: 139).[12)]

이들 원시 사회 내에서 가구가 차지하는 위상은 가족구성원의 복지를 위협
하지 않으면서 더욱 광범위한 친족구성원에 대한 의무를 다하기 위해 항상 전
자와 후자 사이에서 타협해야 하는 항구적인 딜레마에 빠져 있고 지속적인 방
향조정의 과정에 있는 것으로 요약될 수 있다. 속담에 담긴 의미의 역설적인
성격은 별문제로 하고, 그러한 타협의 줄다리기는 일반적으로 전통적인 '호

---

12) 불행하게도 이해관계를 둘러싼 사회적 갈등을 개인과 사회의 대립으로 간주하는 퍼스의 해석
은 현재 비교경제학에 지배적인 고차원적인 신비화와 일맥상통한다. 인류학자들은 경제학자들
과 함께 그러한 관념을 정교화해서 기업가가 더 높은 이익을 추구하듯 원시인들도 노골적으로
자기이익을 추구한다는 사실을 입증하려고 한다. 다시 말해 모든 인간은 '경제적' 동기와 '비경
제적' 동기가 혼합된 토대 위에서 행동하고, 고전적인 경제화 행위가 원칙적으로 모든 곳에서 동
일하기 때문에 분석적으로도 보편타당하다는 것이다. 한편으로 '원주민'이 어떠한 물질적 이익
도 추구하지 않는 상태에서 호혜적 교환에 참가한다고 하더라도, 현재 제공할 수 있기 때문에 증
여하는 선물이 나중에 가장 필요할 때 되돌아오는 한 여전히 어떤 실질적인 효용을 추구하는 셈
이 된다. 다른 한편으로 부르주아도 자선사업에 기부하거나 물질적 이익을 통해 정신적 이익을
얻는다고 알려져 있다. 여기서 최대의 물질적 이익을 위한 것이든 다른 종류의 효용을 위한 것이
든 상관없이, 자원의 일정한 이용을 통해 획득하는 객관적 이익을 경제주체가 그 과정과 맺는 궁
극적 관계와 혼동하고 있다. 양자 모두 '효용' 혹은 '목적'으로 부를 수 있다. 이러한 방식으로 실
질적인 이익과 주관적인 만족을 혼동하고 주체의 동기와 그 행위의 본성을 혼동하면, 획득되는
만족에 분명한 유사성이 존재한다는 근거로 재화를 취급하는 방식에서 나타나는 실제적 차이
들을 무시해 버릴 수 있을 것이다. 이러한 혼동은 개인의 극대화 원리를 그 부르주아적 맥락과
분리해서 전 세계에 확대적용하려는 '형식론 학파'의 시도가 터무니없다는 사실을 폭로한다(cf.
Burling, 1962; Cook, 1966; Robbins, 1935; Sahlins, 1969).

혜성'의 미묘한 차이를 통해 표현된다. 통상적인 호혜적 교환이 등가성을 전제로 하고 있음에도 불구하고 엄밀한 물질적 측면에서 보면 불균등하게 이루어지는 경우가 흔하기 때문이다. 보답은 최초의 선물과 더 균등하거나 덜 균등하고 시간적으로도 더 직접적이거나 덜 직접적인 차이를 보여준다. 이러한 차이는 특히 친족거리와 맞물려 있다. 친족관계가 멀수록 물질적 교환은 더 균형적인 성격을 가진다. 가족의 범위에 가까울수록 교환이 이익과 무관한 성격을 가지게 된다. 이 범위 내에서는 보답의 지체가 용납되고 심지어 보답이 전혀 이루어지지 않는 경우도 용납된다. 가족범주가 광범위하게 확장된다는 점을 고려하면, 사회적 거리가 멀어짐에 따라 친족의 사회적 구속력도 약화된다는 주장은 충분한 설명이 아닐 뿐만 아니라 그다지 논리적인 설명도 아니다. 경제적 이해관계의 분절적인 분리가 더 적절한 설명일 수 있다. 친족유대의 이와 같은 소실에 기능과 한계를 부여하고 '아들'과 '먼 친척'의 구분을 의미 있게 만드는 것은 바로 박애의 원리가 작동하기 시작하는 지점인 가내집단, 즉 가정의 경제적 결정이다. '친족거리'의 첫 번째 전제는 바로 가족제 생산양식이다. 따라서 제5장에서 이루어지는 호혜성의 전략적 활용에 관한 논의가 이와 관련된 사례로 간주될 수 있다.

가구와 더 광범위한 친척 사이의 모순에도 불구하고, 원시 사회에서 그러한 갈등이 드러나는 구조적 붕괴의 사례는 매우 드물다. 그렇다면 퍼스가 티코피아 사회에 관해 수행한 일련의 연구 중에서 특히 1953~1954년에 스필리우스(Spillius)와 함께 수행한 연구가 무엇보다 가치 있는 사례이다. 당시 그는 티코피아인들이 기아로 고통받는 시기에 관대성을 찬양하는 것을 우연히 목격했다(Firth, 1959b). 티코피아 사람들은 1952년 1월과 1953년 3월에 강타한 태풍으로 인해 두 번의 자연재해를 경험했다. 이 두 번의 태풍은 가옥과 수목 그리고 지표 경작물에 상당한 피해를 입혔다. 당시 지역에 따라 그리고 시기에 따라 상이한 정도의 식량부족 현상이 뒤따랐다. 연구자들이 '기근'으로 묘사한 최악의 경우는 1953년 9월과 11월 사이에 발생했다. 하지만 전체적으로는 사회체계뿐만 아니라 사람들도 살아남았다. 하지만 사람들이 살아남은 것이 전적으로 사회체계의 존속 때문만은 아니었다. 가구를 초월한 친족이 규범상으로는 유효했다. 하지만 사람들은 그 규범을 체계적으로 위반하면서 찬양했다. 다시 말해 티코피아 사회가 일종의 도덕적 연속성을 실현하는 것 자체가 기본적인 불연속성에 토대를 두고 있다는 사실이 드러난다. 이것이 다름 아닌 폭로적 위기이다. 퍼스와 스필리우스는 '원자화', 즉 더 광범위한 친족집단의 분절화와 가구의 '더욱 긴밀한 통합'에 관해 논하고 있다. 퍼스는 "기근의 영향으로 분명해진 것은 기본가족의 결속이었다"라고 적고 있다(Firth, 1959b: 84).

경제적 해체가 여러 부문에서 시작되었는데 재산과 분배 부문에서 특히 현저하게 나타났다. 첫 번째 허리케인이 지나간 뒤의 복구계획조차 추장들과 상관없이 각 가구별로 수행되었다. "거의 항상 가족의 이해를 보호하는 방향으로 자원을 이용했고 …… 계획의 범위도 가족을 거의 넘어서지 않았다"(Firth, 1959b: 64). 가족용 토지에 접근할 수 있는 친족의 전통적인 특권을 무효화시키려는 시도가 이루어졌다(Firth, 1959b: 70). 가까운 친척들이 공동으로 보유하는 토지는 재산권 분쟁의 원인이 되었고, 이는 때로 형제간에도 싸움을 일으켜서 권리가 정확하게 분할되고 엄밀한 경계가 설정되는 결과를 낳기도 했다(Firth, 1959b; Spillius, 1957: 13).

식량분배 영역에서 발생한 그와 같은 움직임은 더 복잡했다. 교환은 상황에 따라 두 종류의 경향성 사이에서 예측 가능하게 진동하는 양상을 보여주었다.[13] 시련의 시기에는 가구들 사이의 사교성과 관대성이 확장되지만 시련이

---

13) 이러한 진동에 관해서는 제5장에서 좀 더 논의할 것이다. 이는 한편으로 공동체 내에서 빈부격차가 발생할 때 관대성이 더욱 광범위하게 확장되는 경향을 통해, 다른 한편으로는 구조화된 사회적 결속이 존재하는 상태에서 그러한 이례적인 관대성을 지탱할 수 있는 사회체계의 능력— 일반적인 시련이 증가할수록 감소하는 능력—을 통해 규정된다.

재난으로 바뀌면 가구들은 다시 원자적인 단위로 고립되었다. 식량부족이 상대적으로 덜 심각한 경우에는 가구의 배타적 경제행위가 표면화되지 않았다. 가까운 친족관계에 있는 가족들이 생계를 공동으로 꾸려 나가기 위해 각각의 독립적인 생활을 일시적으로 보류했다. 하지만 위기가 심화됨에 따라 두 가지 서로 맞물린 경향, 즉 나눔이 감소하고 절도가 증가하는 경향이 나타나기 시작했다.[14] 퍼스의 계산에 따르면, 절도의 발생빈도가 25년 전 첫 방문 때보다 5배 증가했고 그 대상도 전에는 주로 '준사치품'에 제한되어 있었지만 이제 대부분 주요 작물에 대해 발생하고 있었다. 심지어 의례를 위해 남겨둔 곡물도 절도의 대상이었고 추장 가구의 성원들도 절도행위에서 예외가 아니었다. "거의 모든 사람이 훔쳤고 거의 모든 사람이 도둑맞았다"(Spillius, 1957: 12). 한편 초기에 사교성이 고조에 이른 다음 그 후로는 나눔의 빈도와 범위가 지속적으로 감소했다. 방문객은 음식을 대접받는 대신 구차한 변명을 들을 수밖에 없었다. 친척의 눈에 띄지 않도록 식량을 숨기는 경우가 비일비재했다. 심지어 식량을 상자 속에 넣고 잠근 후 누군가 그것을 지키기 위해 집에 남아 있는 경우도 있었다. 퍼스는 이와 같은 비티코피아적인 행위를 다음과 같이 묘사한다.

> 때로는 친척집을 방문한 사람이 그 집에 식량이 있다고 생각하고는 식량을 나누어주거나 요리하길 바라면서 잡담하며 기다리는 경우도 있었다. 하지만 주인은 거의 항상 손님이 가버리고 난 후에야 상자를 열고 식량을 꺼냈다(Firth, 1959b: 83).

그렇다고 해서 모든 가족이 다른 모든 가족에 대해 전쟁상태에 있는 것은

---

14) 제5장의 용어를 사용하면, 부정적 호혜성의 범위가 확장됨에 따라 사회영역 내에서 풀링과 일반적 호혜성이 감소했다고 할 수 있다.

아니었다. 티코피아 사람들은 여전히 공손했다. 퍼스가 기술하고 있는 바와 같이 도덕은 타락했을지라도 예의는 계속 지켜졌다. 하지만 위기가 티코피아 사회의 구조적 포용력을 시험대에 올렸다. 다시 말해 그 위기는 모두가 '우리 티코피아인'이라며 찬양하는 광범위한 사회적 결속이 개별 가구의 결속력 앞에서 얼마나 취약한지를 폭로했다. 가구는 위기상황에 처하게 되면 친척의 경작지에 쳐들어가지 않아도 될 때만 연결되는 사회적 교량을 들어 올려서 스스로를 완전히 차단시켜 버리는 자기이해의 요새로 판명되었다.

가족제 생산양식은 중화되고 초월되어야 한다. 이는 단순히 협력이라는 기술적인 이유 때문만은 아니다. 그것은 또한 가내경제가 사적으로는 궁지에 빠지기 쉽고 공적으로는 압력을 받는다는 점에서 분명히 기능적인 만큼 신뢰할 수 없는 것이기도 하기 때문이다. 더 광범위한 친족체계는 가족제 생산양식을 중화시키는 중요한 기제 중 하나이다. 하지만 가내경제의 지속적인 중요성은 사회 전체에 표식을 남긴다. 그것은 바로 친족의 하부구조와 상부구조 사이에 존재하는 모순으로서 이는 결코 이면으로 완전히 사라지지 않은 채 미묘한 방식으로 일상적인 재화의 처분에 지속적인 영향을 미치고, 사회적 스트레스가 발생했을 때는 경제 전체를 분절적 해체의 상태로 몰아넣으면서 표면화된다.

정치적 질서의 경제적 강화

사아(Sa'a)에서 응궤흐(ngäuhe)와 호울라(houlaa)라는 두 단어는 축제와 관련해 사용된다. 전자의 의미는 '먹기'이고 후자의 의미는 '명성'이다(Ivans, 1927: 60).

한 워게오(Wogeo) 사람이 말하기를, "축제가 아니라면 우리는 이렇게 많은 밤을

채집하지도 않을 것이고, 또 그렇게 많은 밤나무를 심지도 않을 것이다. 아마 먹을 만큼은 준비하겠지만 결코 그렇게 엄청난 양의 음식을 준비하지는 않을 것이다"(Hogbin, 1938~1939: 324).

원시 사회의 진화 과정에서 가내경제를 통제하는 주요 기제가 친족구조의 형식적 유대에서 정치적 차원으로 넘어가는 것으로 보인다. 친족구조가 정치화될 때, 특히 권력이 지배적인 추장에게 집중될 때, 가구경제는 더 큰 사회적 동인하에서 작동하게 된다. 정치체제가 생산에 부과하는 이러한 동인은 민족지적 보고서에서 흔히 발견된다. 비록 원시적인 우두머리나 추장이 개인적인 야망에 의해 동기화된다고 하더라도, 여전히 그들은 집단의 궁극적인 목적을 구현한다. 즉, 그들은 사적인 목적과 가구 경제의 편협한 자기이해에 반해 공적 경제의 원리를 구현한다. 실제적이든 잠재적이든 간에 부족사회의 권력은 가내경제의 자율성을 침식하고 무정부성을 억제하며 생산성을 해방시키기 위해 가내체계를 침해한다. 마거릿 미드의 주장에 따르면, "마누스(Manus)의 촌락에서 삶의 리듬 그리고 순환하는 재화와 식재하는 재화의 양은 그 마을의 지도자 수에 달려 있다. 그것은 지도자들의 모험심, 지능, 적극성, 그리고 협력을 구할 수 있는 친족의 수에 따라 달라진다"(Mead, 1937a: 216~217).

유사하게 매리 더글러스는 카사이의 렐레족에 관한 주요 논문에서 권위가 실패하는 사례를 소개한다. 그녀는 권위의 실패가 초래하는 경제적 결과에 대해 다음과 같이 지적한다. "렐레족과 연관된 사람이라면 모두, 상대방이 복종할 것이라는 확신을 가지고 명령을 내릴 수 있는 사람이 아무도 없다는 사실을 너무나 잘 알고 있다. …… 권위의 결여는 그들의 빈곤을 설명하는 데 아주 효과적이다"(Douglas, 1963: 1). 이러한 부정적인 효과에 관해서는 앞에서 특히 생계자원의 저이용과 관련해서 논의한 바 있다. 카니로가 쿠이쿠루 사회에서 포착했고 이지코비츠가 라메트 사회에 관해 유사한 평가를 내렸듯이,

쟁점은 한편으로 공동체를 분할하고 분산시키는 만성적인 경향과 다른 한편으로 이러한 분열을 중화시키고 사회의 기술적 역량에 좀 더 적합하게 경제적 역동성을 작동시키는 정치적인 통제의 발달 사이에 존재한다.

원시 정치경제의 이러한 측면에 관해 개괄적으로 논의해 보도록 하자. 모든 것은 가족제 생산양식이 본질적으로 지향하는 원심적 경향을 정치적으로 부정하는 데 달려 있다. 다시 말하면(그리고 다른 모든 요소가 동일하다면), 한 사회가 달성하는 생산역량의 근사치는 두 종류의 경쟁적인 정치적 원리가 동시에 작용한 결과이다. 그중 하나는 일종의 반사적 평화기제(reflexive mechanism of peace)로서 가족제 생산양식에 내재하는 원심적인 분산이고, 다른 하나는 우세한 위계와 동맹 제도를 통해 구축되는 조화이다. 후자의 성공은 인구집중이라는 척도를 통해 어느 정도 측정될 수 있다. 물론 쟁점은 단순히 부족적 수준의 권위와 그것이 분열이라는 원시적 반사작용에 개입하는 것에 한정되지 않는다. 또한 지역적 거주의 집약성은 조직화된 권위뿐만 아니라 혼인과 종족을 통해 형성되는 공동체 간의 관계에 의해서도 규정된다. 여기서 나의 관심사는 단순히 문제틀을 제시하는 것이다. 즉, 각각의 정치적 조직은 특정한 인구밀도 계수를 함축하고 있고, 그 결과 주어진 생태학적 조건과 맞물려 있는 일정한 토지이용강도를 포함하고 있다.

이 일반적 문제의 두 번째 측면은 정치체제가 가구노동에 미치는 영향이다. 이에 관해서는 이용할 수 있는 민족지 자료가 더 많기 때문에 좀 더 상세한 논의가 가능하다. 상이한 수준의 가내생산성을 함축하는 리더십 구조의 형식적 특징들을 판별해 낼 수 있고, 따라서 사회적 노동강도의 측면에서 분석을 행할 수 있다는 희망을 가질 수도 있다. 하지만 이와 같은 유형화에 착수하기 전에 먼저 원시 사회의 권력이 생산의 장에서 실현될 수 있도록 만드는 구조적·이데올로기적 수단을 고려해야 한다.

정치체계가 가내생산에 미치는 영향은 친족체계의 영향과 다르지 않다. 권위의 조직이 친족질서와 구분되지않지만 그 경제적 효과는 친족기능이 급진화된 형태로 가장 잘 이해될 수 있다. 심지어 가장 강력한 아프리카의 추장 대부분과 폴리네시아의 모든 추장이 친족적 유대와 분리되어 있지 않은데, 바로 이 점 때문에 그들의 정치적 행동에서 나타나는 경제적 성격뿐만 아니라 그들의 경제적 활동에 내재된 정치적 성격도 설명 가능하다. 여기서는 친족이 왕이고 또 왕이 단지 우세한 친족원에 불과한 사회만 논의하기 위해서 진정한 의미의 왕이나 국가는 논외로 하겠다. 여기서 우리가 문제시하는 정치적 권위는 기껏해야 이름뿐인 '추장'이다. 통상적으로 왕권이 국가라는 정치적 질서의 친족적 파생물인 것처럼 추장권은 친족적 질서의 정치적 파생물이다. 더욱이 가장 발달한 형태인 추장권에 적용되는 사실은 다른 모든 종류의 부족적 지도자에게도 당연히 적용된다. 그것은 바로 그들 모두 친족연망 내에서 일정한 지위를 점하고 있다는 사실이다. 그리고 구조적·이데올로기적으로뿐만 아니라 실제적으로도 우두머리의 경제적 역할은 단지 친족적 도덕성의 분화에 지나지 않는다. 여기서 리더십은 더욱 차원 높은 형태의 친족관계이고 따라서 더욱 차원 높은 형태의 호혜성이자 관대성이다. 이러한 현상은 원시세계 전반에 관한 민족지뿐만 아니라 추장의 관대성 의무가 수반하는 딜레마에 관한 다양한 민족지적 기술에서도 반복적으로 나타난다.

남비콰라(Nambikwara)의 추장은 단순히 잘하는 것으로 끝나서는 안 된다. 그는 열심히 노력해야 하고 그의 집단 또한 그에게 그가 다른 추장들보다 더 잘하려고 노력하기를 바란다. 추장은 어떻게 이러한 의무를 완수할까? 추장권의 일차적이고 주된 도구는 관대성이다. 대부분의 원시 부족에서 관대성이 권력의 기본적인 속성이다. 특히 아메리카 대륙에서는 관대성이 무엇보다 중요하다. 관대성은 재산관념이 소수의 조잡한 물건에 제한되어 있는 초보적인 문화에서조차 일정한 역할을 수행한다. 비록 물질적인 측면에서 어떤 특권적 지위를 누리고 있는 것 같진 않지만, 추장은 아무리 사소한 것일지라도 심각한 결핍상황에서 요긴하게 쓰일 수 있는 식량, 도구, 무기, 장신구 등의 잉여분을 확보해 두어야 한다. 개인과 가족 또는 밴드 전체가 무엇인가를 원하거나 필요로 할 때 호소하는 대상은 다름 아닌 추장이다. 그래서 관대성은 새로운 추장에게 기대되는 일차적인 속성이다. 관대성은 거의 계속해서 두드리는 건반과 같은 것이다. 그 결과 나는 소리가 화음이든 불협화음이든 간에 추장은 그 소리의 성격을 통해 밴드 내에서 차지하는 자신의 위치를 가늠할 수 있다. 그의 '백성'들은 이 모든 것을 최대한 이용해 먹는다. …… 추장들이 나의 가장 훌륭한 정보제공자였다. 나는 그들의 지위상의 어려움을 잘 알았기 때문에 그들에게 관대하게 보상해 주려고 했다. 하지만 내가 그들에게 준 어떤 선물도 하루 혹은 이틀 이상 그들의 수중에 남아 있는 경우가 드물었다. 그리고 내가 어떤 밴드와 몇 주 동안 함께 생활하고 난 후 이동할 때면, 그 구성원들은 내 창고에서 도끼, 칼, 진주 따위를 얻는 것을 아주 좋아했다. 대조적으로 추장은 물질적인 측면에서 내가 도착했을 당시와 마찬가지로 여전히 전반적으로 가난했다. 추장에게 평균적인 할당보다 훨씬 더 많은 몫을 주었지만 모두 빼앗겨버렸다(Lévi-Strauss, 1961: 304).

타이티 사제이자 추장인 하-마니마니(Ha'amanimani)가 더프(Duff) 선교사에게 한 불평에서도 동일한 어투가 보인다.

그는 "당신은 이토라(Eatora, 신)에게는 많은 패로우(parow, 이야기)와 기도를 해주면서 우리한테는 도끼, 칼, 가위, 옷 등을 아주 조금밖에 주지 않는다"라고 불평했다. 사실인즉 그는 무엇을 받든지 간에 바로 친구나 피부양자들에게 나누어줘 버리기 때문에, 아주 많은 선물을 받았는데도 지금은 반짝이 모자, 바지 한 벌, 그리고 빨간 깃털로 테를 두른 낡아빠진 검은 외투 한 벌을 제외하면 보여줄 게 아무것도 남아 있지 않다. 그는 그렇게 하지 않았다면 결코 왕(Sic)이 될 수 없었을 뿐만 아니라, 심지어 유력한 추장으로 남아 있지도 못했을 거라면서 그러한 낭비적 행동에 대해 변명을 늘어놓았다(Duff Missionaries, 1799: 224~225)

이러한 분배과정에서 우두머리가 보여주는 호의적 관심과 그것을 통해 축적되는 정치적 에너지는 그가 활동하는 친족관계의 장에서 생성된다. 한 측면에서 보면 그것은 바로 위세의 문제이다. 한 사회가 사회적으로 친족관계에 중요성을 부여하는 만큼 도덕적으로는 관대성에 무게를 둔다. 따라서 관대한 사람이라면 누구나 광범위한 존경을 받게 된다. 추장은 친족원들에게 관대함의 본보기를 제공한다. 하지만 좀 더 깊이 있게 보면, 추장의 관대성은 일종의 구속이다. 에스키모는 "채찍이 개를 길들이듯 선물은 노예를 만든다"라고 말한다. 어떤 사회이든 친족규범이 지배적인 곳이라면 공통적으로 그와 같은 구속이 영향력을 발휘한다. 친족은 호혜성과 상호부조를 통해 맺어지는 사회적 관계이다. 따라서 관대성은 명백한 채무의 부과로서 선물에 대한 보답이 이루어지지 않는 동안 줄곧 수증자가 증여자에 대해 신중하고 책임 있는 관계를 유지하도록 만든다. 증여자와 수증자라는 경제적 관계는 지도자와 추종자라는 정치적 관계와 다름없다.[15] 이것이 바로 작동원리이다. 좀 더 정확하게 표현하면 그것은 바로 효과적인 이데올로기이다.

관대성을 '이데올로기'라고 표현한 것은 애초에 그것이 뿌리내리고 있는 더욱 커다란 이상(理想), 즉 호혜성과의 모순을 통해 처음부터 그런 식으로 드러나기 때문이다. 등급관계는 항상 한 사회의 질적 특성을 무효화하는 것이 아니라 그에 충실하기 때문에 보상적인 성격을 가진다. 이는 균형, 즉 '상호이익' 또는 '지속적 호혜성'이라는 측면에서 인식된다.[16] 하지만 엄격하게 물질

---

15) 이러한 원리가 다양하게 작동하는 방식을 곧이어 살펴볼 것이다. 하지만 "채무자-채권자 관계가 리더십 체계의 토대를 제공하고 있는"(Hogbin, 1951: 122) 부사마 사회에서처럼 전체적인 등급체계가 관대성의 효과적인 조작에 달려 있는 경우도 종종 있다.

적인 측면에서 본다면, 등급관계가 '호혜적'임과 동시에 '관대할' 수는 없고, 등급 간 교환이 동등함과 동시에 관대할 수는 더더욱 없다. '추장의 관대성'은 주민들로부터 추장에게로 이동하는 재화의 역류를 무시해야만 한다. 이러한 재화의 역류는 아마 추장의 정당한 보수라는 명목 아래에서 이루어지겠지만 관대성을 무효화할 수밖에 없다. 게다가 등급관계는 물질적 불균형을 은폐하는데, 이는 다른 종류의 보상을 통해 합리화되겠지만 여하튼 호혜성의 부정을 조건으로 한다. 따라서 추장의 관대성은 '이데올로기'일 수밖에 없다. 우리는 물질적 불균형이 실제로 존재한다는 사실을 밝혀낼 것이다. 체계에 따라 그러한 물질적 불균형은 우두머리 측 아니면 주민 측으로 기울어진다. 하지만 실제적 착취와 규범적 호혜성의 결합이라는 측면에서 볼 때 원시 사회의 정치경제는 다른 어떤 종류의 정치경제와도 구별되지 않는다. 따라서 세계의 모든 곳에서 착취의 토착적 범주는 다름 아닌 '호혜성'이다.[17]

좀 더 추상적인 수준에서 고려해 보면, 관대함과 동시에 호혜적인 추장직의 이데올로기적 모호성은 원시 귀족제의 모순, 즉 권력과 친족 간의 모순, 그리고 우호적인 사회에 존재하는 불평등을 완벽하게 표현한다. 물론 그 둘 사이의 유일한 타협점은 대다수에게 유익한 불평등에서 찾아지고, 권력의 유일한 정당화는 그 공평무사함에서 비롯된다. 즉, 경제적으로 볼 때 관대성은 추장으로부터 주민에게로 이루어지는 재화의 분배이고, 이는 주민의 종속을 심

---

16) '상호이익'(Mead, 1934: 335), '추장과 주민들 간의 지속적인 호혜성'(Firth, 1959a: 133), '상호의 존적인'(Ivens, 1927: 225). 여타 사례에 관해서는 리처즈(Richards, 1939: 147~150, 214), 올리버(Oliver, 1955: 342), 드러커(Drucker, 1937: 245), 그리고 제5장을 보라. 나는 여기서 '호혜성'을 반드시 구체적인 형태는 아니더라도 우두머리와 주민들 사이의 이데올로기적인 경제적 관계를 지칭하는 것으로 사용한다. 이 경제적 관계가 전문용어로 '재분배'일 것이다. 하지만 재분배는 여전히 호혜적 관계로 인식 및 인정되고, 형태상으로도 단순히 호혜성이 중앙화된 것에 지나지 않는다.

17) 이것은 원주민의 관점을 인정하거나 심지어 거기에 특권을 부여하는 경향이 있는 서구의 사회과학이 '착취'의 문제에 관해서만큼은 큰 어려움에 직면하는 이유 중 하나이다. 아니면 '착취'와 관련해서 어려움에 처해 있기 때문에 원주민의 관점에 특권을 부여하는 것일까?

화시킴과 동시에 상쇄시키기도 한다. 또한 그것은 주민들로부터 추장에게로 이루어지는 재화의 이동을 호혜성의 순환고리 내에 존재하는 하나의 계기라는 것 외에 달리 해석할 여지를 남겨두지 않는다. 이러한 이데올로기적 모호성에는 기능적인 측면이 있다. 한편으로 추장의 관대성이라는 윤리는 불평등을 신성화하고, 다른 한편으로 호혜성이라는 이상은 그것이 어떠한 차이를 만들어낸다는 것을 부정한다.[18]

어떤 식으로 실현되든, 우두머리권(headmanship)이라는 이데올로기는 가족제 생산양식의 경제적 내향성을 용인하지 않는다. 추장의 '관대성'은 최소한 추장 자신의 가구만이라도 가구의 통상적인 생계목표를 초월하는 수준으로 생산을 촉진시키는 것이 틀림없다. 또한 등급 간의 호혜성도 다소 일반적인 수준에서 그와 동일한 방식으로 작용할 것이다. 정치경제는 그저 가내경제의 생계유지를 만족시키는 정도의 제한적인 자원이용을 근거로 해서는 존속할 수 없다.

따라서 우리는 처음의 쟁점, 즉 정치적 활동이 생산을 자극한다는 사실로 되돌아오게 된다. 하지만 생산의 정치적 자극은 다양한 수준에서 이루어진다. 이어지는 단락에서는 멜라네시아 빅맨체계에서 출발해서 다양한 가내생산성을 수반한다고 판단되는 정치형태상의 차이들을 추적해 보겠다.

멜라네시아에서 지배적으로 관찰되는 바와 같은 개방적 지위경쟁 체계의 경우 우선적으로 열정적인 빅맨의 야망을 통해 경제적 영향력이 발휘되기 시작한다. 먼저 빅맨 자신과 빅맨 가구의 노동에서 강화가 이루어진다. 호그빈의 기록에 따르면, 뉴기니 부사마족의 남성결사체 지도자는,

---

18) 또한 이러한 이데올로기가 원시 사회에만 한정되어 있지 않고 더 광범위하게 확산되어 있다면, 이는 곧 현대 경제에서는 드러나지 않는 것이 흔히 원시 사회에서 분명하게 드러난다는 마르크스의 주장을 입증한다고 볼 수 있을 것이다. 이러한 마르크스의 주장에 대해 알튀세는 원시 경제에서 분명한 것은 "경제가 직접적으로 분명하게 드러나지 않는다는 점이다"(Althusser et al., 1966a, Vol. 2: 154)라고 덧붙였다.

식량고를 늘리기 위해 누구보다 더 열심히 일해야 한다. 명예를 추구하는 사람은 이미 얻은 명예에 만족할 수 없고 계속해서 대규모 축제를 개최하고 신용을 쌓아나가야 한다. 그는 아침 일찍부터 저녁 늦게까지 열심히 노력해야 한다는 것을 당연하게 여긴다. "그의 손은 결코 땅에서 떨어지지 않고, 이마는 항상 땀에 흠뻑 젖어 있다"(Hogbin, 1951: 131).[19]

전형적으로 멜라네시아의 지도자는 그러한 축적과 관대성을 위해 일부다처제에 입각해서 자신의 가내 노동력을 확대하려고 한다. "한 여자는 밭에 가고 다른 여자는 땔감을 구하러 나간다. 또 한 여자는 고기를 잡으러 가고 다른 여자는 남편이 소리치면 식사하러[kaikai] 오는 많은 사람을 위해 요리를 한다"(Landtman, 1927: 168). 여기서 차야노프의 법칙은 정치적 편차를 분명하게 드러내기 시작한다. 차야노프의 법칙과 상반되게 가장 효과적인 집단 중 일부가 가장 열심히 일한다. 하지만 빅맨은 자기착취의 협소한 토대로부터 가능한 신속하게 벗어나려고 할 것이다. 자기 자원의 효과적인 운용을 통해 부상하는 지도자는 자신의 부를 이용해서 다른 사람들을 채무자로 만든다. 가구를 초월한 활동을 통해 자신의 야망을 위해 운용될 물자를 생산해 주는 추종자들을 만든다. 이런 식으로 생산에서의 강화과정이 교환에서의 호혜성과 맞물린다. 따라서 라칼라이(Lakalai)의 빅맨은 축제를 후원하고 외부와의 교역에 성공적으로 참가하기 위해,

---

19) 호그빈(Hogbin, 1939: 35)과 올리버(Oliver, 1949: 89; 1955: 446) 참조. 이와 유사하거나 좀 더 일반적인 내용을 살펴보려면 살린스(Sahlins, 1963)를 참조하라. 멜라네시아 외부에서도 이와 동일한 현상을 쉽게 발견할 수 있을 것이다. 예를 들어 "조상숭배 의례와 관련된 모든 값비싼 물건들을 획득할 수 있고 의례를 위해 아주 많은 것을 희생할 수 있는 사람은 매우 명석한 사람임이 틀림없고, 그래서 그의 명성과 위세는 축제 때마다 확대된다. 이 맥락에서 사회적 위세는 엄청나게 중요한 역할을 한다. 심지어 나는 조상숭배 축제 및 그와 관련된 모든 것들이 전체 라메트 사회의 경제와 사회생활에서 중요한 추동력이라고 생각한다. 그것은 생활에 필요한 것 이상으로 생산하려는 열망과 야망을 더욱더 자극한다. …… 위세를 향한 이와 같은 분투노력은 라메트 사회의 경제생활에서 특히 중요한 역할을 하고 잉여생산을 자극한다"(Izikowitz, 1951: 332, 341).

개인적인 근면성을 보여주어야 할 뿐만 아니라 다른 사람들의 근면성을 요구할 수도 있어야 한다. 그는 반드시 추종자가 있어야 한다. 현실적으로 노동을 요구할 수 있는 손아래 친족원이 많이 있다면, 주종자를 확보하는 문제 때문에 받는 압박이 상대적으로 적을 것이다. 그렇지 않다면 더 먼 친족원의 복지를 책임지겠다고 하면서 추종자를 확보해야 한다. 그는 책임감 있는 지도자에게 필수적인 모든 속성을 보여주고 자녀들을 위한 축제를 성실하게 후원하며, 인척에 대한 의무를 수행할 재화를 기꺼이 마련하고 자녀들에게 미술과 무도회를 준비해 주는 등 실행 가능한 모든 부담을 떠맡음으로써 손위와 손아래 친족원 모두에게 매력적인 존재가 된다. …… 젊은 친족원들은 그의 활동을 자원해 도와주고 일을 해달라는 요청에 기쁘게 응하며 그가 원하는 대로 해줌으로써 그의 지원을 받고자 한다. 그들은 점점 더 수탁자로서의 위상을 확보한 그에게 일부 손위 친척보다 더 우선적으로 재산을 맡기려 할 것이다(Chowniny and Goodenough, 1965~1966: 457).

그다음으로 빅맨은 자신의 목적에 경제적으로 예속되어 있는 지역 추종자 집단에 의거해서 사회적으로 가장 값비싼 야망의 최종 국면을 개진한다. 그는 사회 전체적으로 널리 위신을 세우기 위해, 즉 멜라네시아인들의 표현을 빌리면 "이름을 드날리기" 위해, 자신의 영역 외부까지 미치는 대규모 축제와 분배에 엄청난 규모의 후원이나 기부를 한다.

따라서 돼지와 돼지자산을 소유하는 목적은 그것을 비축하거나 반복적으로 과시하려는 것이 아니라 이용하려는 것이다. 이것이 초래하는 집단적 효과는 돼지와 깃털장식 및 조개껍데기의 방대한 유통이다. 이러한 유통의 원동력은 그 유통에 과시적으로 참여함으로써 얻을 수 있는 명성에서 비롯된다. …… 많은 부를 휘두르는 쿠마(Kuma)의 '빅맨' 또는 '유력자'는 자신에게 유리한 방향으로 참신한 선물을 하고 다른 사람들을 위한 기부 여부를 취사선택하는 방식으로 씨족 간의 가치재 유통을 통제한다는 점에서 일종의 기업가인 셈이다. 이러한 거래를 통해 빅맨이 얻는 이익은 명성의 확대이다. …… 그의 목적은 단순히 부유해지거나 부자로 행동하려는 것이 아니라 부유하다고 알려지는 것이다(Reay, 1959: 96).

빅맨의 개인적 성공은 광범위한 정치적 중요성을 함축하고 있다. 빅맨과 그의 소모적인 야망은 '지도자가 없고' 자조적인 소규모 공동체로 파편화되어 있는 분절사회가 최소한 잠정적으로 그러한 분열을 극복하고 더 광범위한 사회적 관계와 더 차원 높은 협동을 달성하는 수단이다. 멜라네시아의 빅맨은 평판에 대한 관심을 통해 부족구조 내에서 접합점 역할을 한다.

멜라네시아형 빅맨이 분절사회의 필수적인 조건이라고 가정해서는 안 된다. 북미 북서부 해안 인디언 촌락의 추장들도 그와 동일한 종류의 접합을 가능케 한다. 이들 인디언 추장이 수행하는 포틀래치(potlatch)*의 경우도 멜라네시아 지도자의 위세추구와 유사하게 외부 집단을 지향하는 잔치를 통해 접합을 실현한다. 하지만 추장이 자기 집단의 경제와 내적으로 관계 맺는 방식은 멜라네시아와 전적으로 다르게 나타난다. 북서부 해안의 추장은 바로 종족의 우두머리이다. 이런 측면에서 그의 지위는 종족집단의 자원에 대한 권리를 필연적으로 수반한다. 이곳의 추장은 역동적인 자기착취 활동을 통해 동원 가능한 재화와 서비스를 타자의 처분권하에 두는 방식으로 주민에 대한 개인적 요구권을 확립해야 할 의무가 없다. 더 큰 차이로서, 분절사회의 경우 그 구성 부분들 사이에 최소한의 유대가 없더라도 기능할 수 있고, 유명한 누어 사회의 분절적 종족체계처럼 지역집단 간의 관계가 남자 성원들 사이의 차

---

* 북미 북서부 해안 콰큐틀(Kwakiutl) 인디언의 재분배 잔치를 말한다. 잔치를 벌일 때 막대한 양의 음식을 장만하여 초대한 손님들에게 대량으로 분배하거나 그동안 모은 재화를 손님들이 보는 앞에서 파괴해 버리고, 귀중한 가치재를 손님들에게 관대하게 증여하는 등의 행위를 통해 잔치를 베푼 사람의 부와 지위를 과시하는 관습._옮긴이

별화에 의거하지 않고 주로 출계를 통해서 자동적으로 구축된다는 점을 들 수 있다.

누어족은 개인적 권력과 명성에 의존하는 분절적 정치의 대안인 익명적이고 묵시적인 정치구조를 보여준다. 고전적인 분절적 종족체계에서 우두머리는 기껏해야 국지적인 영향력에 만족해야 하고, 이 제한적인 영향력도 관대성이 아니라 그가 가진 속성을 통해 주로 확보된다. 여기서 흥미로운 결론은 분절적 종족체계가 멜라네시아의 정치체계보다 낮은 노동강도 계수를 보여준다는 것이다.

멜라네시아 체계를 통해 또 다른 추론적 논의가 가능하다. 지배자가 있는 부족과 없는 부족의 차이를 분명하게 해주는 것을 넘어서서, 호혜성에 의거한 축적과 관대한 자기착취 사이에 존재하는 연속적인 국면들을 통해 전개되는 멜라네시아 빅맨의 활동은 두 가지 형태의 경제적 권위의 과도기적인 특징을 보여준다. 다른 사회에서는 이 두 종류의 경제적 권위가 따로 분리되어 있고 잠재적인 경제적 불평등을 내포하고 있다. 자기착취는 일종의 원초적이고 초보적인 '존경의 경제학(economics of respect)'이다. 이는 흔히 부족사회를 구성하는 자율적 집단에서 발견되는데 남비콰라의 추장이 그 한 예이다. 하지만 그것은 수렵채집 캠프에서 가장 일반적으로 관찰된다.

> 부시맨은 아무도 남보다 우월해지길 바라지 않는다. 하지만 토마(Toma)는 우월함을 회피하는 정도에서 대다수 사람보다 한 걸음 더 나아갔다. 그는 거의 어떤 소유물도 가지고 있지 않았고 수중에 들어오는 모든 것을 남에게 줘버렸다. 그는 수완 좋은 사람이었다. 스스로를 가난하게 만드는 교환을 통해 그곳에 있는 모든 사람의 존경과 추종을 받았기 때문이다(Thomas, 1959: 183).

이런 종류의 권위는 경제적으로든 정치적으로든 명백한 한계가 있는데, 이들 각 측면의 적정성(modesty)이 서로에 대해 한계를 설정한다. 정치적으로 구속력을 가지는 것은 직접적으로 우두머리의 통제하에 있는 가내 노동뿐이다. 일부다처제의 경우처럼 우두머리가 자신의 가내 노동자원을 어느 정도까지 확대할 수는 있다. 하지만 타 가내집단의 산출에 대한 실질적인 통제권은 구조적 차원뿐만 아니라 보답을 통해서도 확보할 수 없다. 한 가구의 잉여가 다른 가구의 이익으로 전환된다면, 이러한 **정책**(politique)은 귀족적 관대성의 이상에 가깝지만 가장 취약한 형태의 리더십의 경제학이기도 하다. 우두머리의 가장 중요한 영향력이 강제가 아닌 매력을 통해 확보되고, 영향력이 미치는 범위도 주로 지도자와 직접적인 개인적 관계가 있는 사람에게만 한정된다. 말리노프스키가 말하는 바와 같은 우두머리의 '권력기금'은, 흔히 단순하고 변덕스러운 기술적 환경하에 있고 기금의 원천이 되는 노동력도 아주 소규모이기 때문에 불충분할 뿐만 아니라 급속하게 소모되어 버린다. 게다가 그러한 권력기금은 분배의 사회적 범위가 확장됨에 따라 정치적 효과, 즉 그것의 분배를 통해 획득되는 영향력이 필연적으로 약화될 수밖에 없다. 따라서 영향력의 가장 큰 부분은 지역의 가까운 사람들로부터, 그리고 자기희생적인 관대성에서 비롯되는 존경의 형태로 얻어진다. 하지만 누구도 그 영향력에 종속되지는 않는다. 그리고 이러한 형태의 존경은 대면적인 관계에서 발생할 수 있는 여타 모든 종류의 존경과도 경쟁해야만 한다. 그러므로 좀 더 단순한 사회에서는 경제적인 것이 반드시 권위의 지배적인 토대로 작용하지 않는다. 세대상의 지위 그리고 신비적인 능력에서 웅변적인 능력까지 아우르는 개인의 자질이나 능력과 비교할 때 경제적인 것은 정치적으로 하찮은 것일 수도 있다.

다른 한쪽 극단에는 폴리네시아 고원지대와 아시아 내륙의 유목민, 그리고 대다수 중남부 아프리카 원주민 사회에서 발달해 있는 바와 같은 진정한 의미의 추장권이 존재한다. 이는 경제적·정치적 형태의 측면에서 완전한 차이를 보여준다. 한쪽은 자기착취의 형태이고 다른 한쪽은 공납의 형태인데, 전자는 지도자의 이마에 젖은 땀에 의거해 있고, 후자는 때로 부담을 지는 것조차 추장의 존엄성을 떨어트리고 추장은 항상 존엄해야 한다는 관념을 수반한다. 하나는 개인적으로 부여되는 존경이고 다른 하나는 구조적으로 부여되는 명령권이며, 또한 하나는 관대성보다 호혜성이 지배적이고 다른 하나는 호혜성보다 관대성이 우세하다. 이와 같은 차이는 제도적인 것으로서 지역집단 내부와 지역집단들 사이의 위계관계 형성에 근거해 있는데, 이는 지역의 정치적 프레임으로서 크고 작은 분절에 대한 지배권이 확립되어 있고 모두가 대추장에게 종속되어 있는 대소추장 체계를 통해 유지된다. 이들 피라미드형 사회에서는 지역 집단들의 통합이 가능한데, 이는 멜라네시아 빅맨의 경우 미약하게나마 가능한 일이지만 수렵채집민의 존경받는 사냥꾼에게는 상상도할 수 없는 일이다. 멜라네시아 사회와 수렵채집민 집단은 여전히 원시적이다. 진정한 의미의 추장권이 존재하는 집단에서도 친족관계가 정치적 뼈대를제공한다. 하지만 이들 집단은 공식적 권위가 부여된 지위를 자체의 조직조건으로 만든다. 이제 사람들은 타자에 대한 권력을 개인적으로 구축하는 것이 아니라 스스로 권력 자체가 된다. 즉, 권력이 공적 지위, 즉 추장의 특권에대한 조직적 묵인과 그 특권을 떠받치는 조직화된 수단에 내재한다. 지배하에 있는 사람들의 재화와 용역에 대한 통제권이 권력에 포함되어 있다. 주민들은 자신의 노동과 그 생산물을 추장에게 먼저 제공해야 할 의무가 있고, 추장은 이러한 권력기금을 이용해서 개인적인 도움에서부터 집단적 의례나 경제적 사업을 위한 대규모 원조까지 아우르는 관대성을 거창하게 과시한다. 따라서 추장과 주민들 사이에서 이루어지는 재화의 흐름이 순환적이면서도지속적인 것으로 자리 잡는다.

마오리 추장의 위세는 부, 특히 식량의 자유로운 이용과 밀접한 관계가 있다. 이러한 추장의 위세는 추장이 관대성을 보여주는 데 필요한 대규모 수입을 보장해 준다. 추종자와 친척들이 추장에게 특별한 선물을 가져오기 때문이다. …… 추장 은 이방인과 방문객을 거창하게 환대하는 것은 물론이고, 추종자들에게 선물을 제공하기 위해 부를 아낌없이 지출한다. 이러한 방법을 통해 추장과 추종자들 사 이에 동맹관계가 구축되고, 전자는 후자가 제공한 선물이나 개인적 서비스에 대 한 보답을 한다. …… 따라서 추장과 주민들 사이에 지속적인 호혜적 관계가 구축 된다. …… 추장이 부족 수준의 중대한 사업에 박차를 가할 수 있는 것은 부의 축 적과 소유, 그리고 그것의 아낌없는 분배를 통해서이다. 추장은 일종의 경로로서 그를 통해 부가 이동하고 집중되었다가 다시 아낌없이 나누어버린다(Firth, 1959a: 133).

더욱 발달된 추장권이 마오리족에서만 특별히 관찰되는 현상은 아니다. 이 러한 더욱 발달된 추장권하에서 이루어지는 재분배가 추장에게 물질적 이익 을 전혀 제공하지 않는 것도 아니다. 역사적인 은유를 사용하면, 우두머리가 될 목저으로 자신의 생산을 타자의 이익을 위해 사용하는 사람에게서 시작된 것이 자신의 생산을 일정 정도 추장의 이익을 위해 사용하는 타자와 함께 끝 을 맺는다고 할 수 있다.

결국 호혜성과 추장의 관대성이라는 이상은 사람들의 종속을 신비화하는 데 기여한다. 관대성은 추장이 공동체로부터 받았던 것을 단지 공동체에 되 돌려 주는 것에 불과하다. 그렇다면 그것을 호혜적이라고 할 수 있을까? 아마 추장은 자신이 받은 전부를 돌려주지도 않았을 것이다. 이 순환은 한 꼬마가 아버지가 준 돈으로 산 선물을 아버지에게 주는 크리스마스의 호혜성과 같은 것이다. 하지만 이러한 가족적 교환은 사회적으로 여전히 유용하고 추장의 재분배도 마찬가지이다. 게다가 사람들은 재분배되는 재화의 다양성과 시기 를 고려해서 재분배가 이루어지지 않으면 얻을 수 없는 구체적인 이익에 대해 고마워한다. 여하튼 때때로 추장에게 귀속되는 물질적 이익이 그 제도의 주된 의미는 아니다. 의미는 바로 추장이 주민들에게 돌아가도록 한 부를 통해 그에게 부여되는 권력이다. 그리고 더 큰 관점에서 보면 추장은 공동체적 복지의 후원과 공동체적 활동의 조직을 통해, 분리되어 있는 가내집단들의 상상력과 역량을 초월해서 사회의 집단적 이익을 창출해 낸다. 추장은 가구라는 구성부분의 총합보다 더 큰 공공경제를 제도화한다.

이러한 집단적 이익은 또한 가구 부문의 희생 위에서 성립한다. 인류학자들은 기계적으로 추장권의 출현을 잉여생산 탓으로 돌리는 경향이 매우 강하다(e.g., Sahlins, 1958). 하지만 추장권의 출현과 잉여생산의 관계는 적어도 역사적 과정에서는 상호적이지만 원시 사회의 작동에서는 오히려 그 반대로 나타난다. 리더십은 가내잉여를 지속적으로 창출해 낸다. 등급과 추장권의 발달은 동시에 생산력의 발달과 연결된다.

간략하게 표현하면, 특정 정치질서의 탁월한 역량은 생산을 확대 및 다양화시키는 발달된 추장권 관념을 통해 식별된다. 여기서 나는 폴리네시아의 사례를 다시 이용하고자 한다. 여기에는 두 가지 이유가 있다. 한편으로는 내가 이전의 한 연구(Sahlins, 1963)에서 폴리네시아 정치체계의 생산성이 멜라네시아와 비교할 때 이례적인 것이라고 주장했기 때문이고, 다른 한편으로는 일부 폴리네시아 사회 중에서도 특히 하와이는 가내경제와 공공경제 사이의 원시적인 모순을 궁극적인 위기상황—이 위기는 그러한 모순에 대해서뿐만 아니라 친족사회의 경제적·정치적 한계에 대해서도 폭로적이다—으로 몰고 가기 때문이다.

폴리네시아를 멜라네시아와 비교하는 이유는 전체적인 생산 면에서 폴리네시아가 달성한 성취를 돋보이게 할 뿐만 아니라, 지배적 추장의 영향력하에서 한때 주변적이었던 영역이 점유 및 활용된다는 사실 때문이기도 하다. 이러한 과정에 흔히 결정적으로 작용했던 힘은 이웃 추장들 사이의 만성적인 투쟁이었다. 아마 경쟁은 문화가 자연 생태환경을 현저하게 변환하는 현상, 즉 폴리네시아 제도 고원지대의 비교적 빈곤한 지역 대다수가 더 집약적으로 이용되는 현상을 설명해 줄 것이다. 이러한 측면에서 타히티(Tahiti)반도의 남동부와 비옥한 북서부가 보여주는 대조는 쿡(Cook) 선장의 장교 중 한 명이었던 앤더슨(Anderson)을 감동하게 했다. 그는 "그것은 자연의 결함조차도 …… 인간을 자극하여 산업과 예술을 증진시키도록 하는 데 소용이 있다는 것을 보여준다"(Lewthwaite, 1964: 33)라고 했는데, 이러한 견해는 토인비주의*와 통한다. 타히티 사회는 해안에서 떨어진 환초섬들이 본토의 추장체계와 통합되어 있는 것으로 아주 잘 알려져 있다. 이곳에는 여러 경제가 정치적으로 통합되어 있는데, 이는 멜라네시아뿐만 아니라 폴리네시아의 다른 지역에서도 찾아볼 수 없는 전혀 상이한 문화체계의 토대를 구성한다. 가장 유명한 사례로 테티아로아(Tetiaroa)를 들 수 있다. 테티아로아는 타히티에서 북쪽으로 26마일 거리에 위치하는 13개의 작은 산호섬들의 복합체로 '사우스시(South Sea)의 팜비치(Palm Beach)'라 일컬어진다. 이곳은 파우(Pau)구역의 추장 수하들이 해산물과 코코넛을 생산하는 데 이용했을 뿐만 아니라 타히티 귀족들의 해수욕장으로도 사용되었다. 파우의 추장은 테티아로아에서 코코넛과 타로를 제외한 다른 모든 종류의 경작을 금지시켜 타히티와 계속 교환을 하도록 강제했다. 한번은 쿡 선장이 파우의 추장에 대한 징벌의 일환으로 테티아로아에서 건어물을 싣고 오던 25척의 카누를 탈취한 적이 있다. "더프 선교사들은 폭풍우가 치는 날씨에도 불구하고 테티아로아 해안에서 100척이나 되는 카누를 볼 수 있었다. 그곳 귀족들이 축제에 포식하러 갔다가 '부유한 상선(商船)처럼' 카누에 가득 물건을 싣고 돌아오는 길이었기 때문이다"(Lewthwaite, 1966: 49).

---

* 불리한 상황에서 비롯되는 적절한 도전이 새로운 문명을 탄생시킨다는 아놀드 토인비의 역사관._옮긴이

또한 하와이 제도에서 발견되는 타로 경작의 인상적인 발달은 그 범위와 다양성 및 집약성의 측면에서 주목할 만한 가치가 있다. 이곳에서 경작되는 타로는 250~350가지에 달할 정도로 다양한데, 이는 흔히 상이한 미시적 환경에 적응한 결과로 간주된다. 또한 3마일에 걸친 하나의 지역 복합체가 3/4에서 1마일에 이르는 관개망을 가지고 있는 하와이의 와이피오(Waipio) 계곡처럼, 대규모 관개망이 건설되어 있다. 이러한 관개시설은 그것을 파고 유지하는 일의 복잡성이라는 측면에서 놀라울 정도이다. 예를 들어 와이메아(Waimea)의 운하인 카우아이(Kauai)는 해발 20피트 높이의 낭떠러지를 따라 400피트에 걸쳐 건설되어 있고, 칼라래이(Kalalay) 계곡에는 거대한 옥석으로 건설한 경사진 안벽(岸壁)이 광활한 해안 평야를 보호하고 있다. 또한 용암 바위 사이로 여기저기 흩어져 있는 작고 오목한 토지들을 이용하고 신속 깊은 곳에 위치해서 '이용할 수 있는 공간이 거의 없는' 협소한 골짜기를 계단식으로 경작한 것도 매우 인상적이다. 나는 여기서 다양한 유형의 삼림뿐만 아니라 습식 타로 경작과 소택지의 '진흙 속에서 경작하는 방법'[20]인 치남파식 경작(chinampa form) 등 생태적으로 건전히 된 다양한 농업기술을 열거하려는 것이 아니다.

폴리네시아 추장권과 생산강화 간의 연관성은 역사적으로 아주 오래되었을 가능성이 있다. 적어도 하와이에서는 주변부의 정치적 변환이 전설에 나타날 정도로 오래되었는데, 그 전설은 한 추장이 권위를 이용해서 암벽에서 물을 뽑아냈다는 내용이다. 마오우이(Maoui)의 케아나에(Keanae) 계곡 서편

---

20) 이에 관한 자료와 하와이의 관개에 대해 더욱 상세한 자료를 원한다면 핸디(Handy, 1940)의 연구를 보라. 베네트는 카우아이에 관해 다음과 같이 기록하고 있다. "계단식 경작지의 인상적인 특징은 엄청난 규모이다. 요란(搖亂)이 적은 계곡들 중에서도 특히 나팔리(Napali) 구역은 경작 가능한 토양이 최대한으로 이용되고 있었다. 계곡 측면으로 계단식 경작지들이 거대한 절벽 거의 밑바닥까지 개간되어 있다. 이곳 안하퇴적사면(岸下堆積斜面, talus slope)은 돌과 바위가 지나치게 많지 않다. 모두는 아니지만 이와 같은 계단식 경작지 대부분에 관개시설이 갖추어져 있고, 그 토목기술의 탁월함은 놀라울 정도이다"(Bennett, 1931: 21).

에는 바다로 1마일이나 뻗어 있고 생태학적으로 합리적인 거리보다 훨씬 더 멀리 떨어진 반도가 하나 있다. 이 지역은 자연적으로 형성된 토지가 없는 근본적으로 황폐하고 바위투성이인 곳임에도 불구하고 훌륭한 타로 경작지로 덮여 있다. 전설에 따르면 지금은 이름을 알 수 없는 한 나이 많은 추장이 기적을 일으켰다.

> …… 그는 와일루아(Wailua) 사람들과 늘 전쟁상태에 있었기 때문에 더 많은 경작지와 식량 및 사람을 확보해야 한다고 생각했다. 그래서 그는 모든 주민들을 동원해서 계곡의 흙을 바구니에 담아 화산암 지역으로 나르는 일을 하도록 했다. 당시 주민들은 계곡에서 살았고 어로를 해야 할 필요가 있을 때만 반도로 내려왔다. 그렇게 여러 해가 지나는 사이 여기저기 흩어져 있던 땅뙈기들이 흙과 둑으로 메워져서 작물을 심을 수 있는 경작지로 변모했다. 이렇게 해서 관개시설을 갖춘 케아나에 경작지가 조성되었다(Handy, 1940: 110).

하와이의 전설은 역사적 사실이 아닐 가능성이 크다. 하지만 폴리네시아의 경우는 역사적으로 실재했던 사실이다. 예를 들어 석스(Suggs, 1961)가 마르퀘사(Marquesa) 군도에 대한 고고학적 연구를 통해 제시하는 전반적 결론은 하와이의 전설과 동일한 내용을 담고 있다. 즉, 마르퀘사 전체의 선사(先史)는 계곡 간 경쟁, 추장의 권력행사, 군도 주변부 지역의 점령 및 개발 사이에 존재하는 상관관계라는 점에서 하와이와 동일한 특징을 보여준다.

퍼스와 스필리우스가 기술한 티코피아의 사례와 비견할 만한 정치적 위기의 증거를 하와이나 타히티에서도 발견할 수 있을까? 다시 말해 티코피아에서 가구와 친족 간의 수평적 모순을 드러내준 위기와 마찬가지로, 이곳 하와이나 타히티에서도 가내경제와 추장권 간의 수직적 모순을 드러내는 유사한 '폭로적 위기'를 발견할 수 있을까? 첫 번째 질문은 티코피아의 기근과 전

혀 무관하지 않다. 친족구조에 크게 영향을 미쳤던 바로 그 1953년과 1954
년의 태풍이 추장체계에도 거의 붕괴에 이를 정도의 큰 영향을 미쳤기 때문
이다. 식량공급이 감소함에 따라 추장과 주민들 사이의 경제적 관계도 후퇴
했다. 씨족 지도자에 대한 전통적인 의무가 무시되었던 반면에 추장의 밭에
서 훔치는 일은 '거의 노골화되었다'. 파 응고메아(Pa Ngaumea)의 말에 따르
면, "주민들은 식량이 풍부할 때는 추장의 물건을 존중하지만, 기근이 발생
하면 가서 그것을 농락한다"(Firth, 1959b: 92). 게다가 티코피아에서 재화의
호혜적 교환은 단지 정치적 상호작용의 구체적 양식에 불과하고, 호혜성의
파괴는 정치적 커뮤니케이션 체계 전체가 문제시됨을 의미했다. 티코피아의
정치체제가 뿌리째 흔들리기 시작했다. 추장과 주민들 사이에 통상적이지
않은 불화가 발생했다. 지역의 식량압박이 지탱할 수 없을 정도로 팽배해지
자, 음울한 전설―스필리우스는 이를 '신화'로 간주했다―이 부활해서 옛 추장
들이 어떻게 주민들을 모조리 섬 밖으로 내몰았는지에 관한 이야기들이 나
돌았다. 현 추장은 이러한 관념을 단순히 환상에 지나지 않는다고 생각했다.
하지만 소 영지들의 개인적 회합이 파에아(Faea) 구역 주민들이 집단적 운동
으로 부지불식간에 확대되었는데, 이는 한 영매(靈媒)의 예언에 의해 영도된
주민들이 자신들을 추방하려는 추장의 음모에 저항하기 위해 일으킨 운동이
었다(Firth, 1959b: 93; Spillius, 1957: 16~17). 하지만 그러한 적대는 여전히
불완전했다. 주민들의 정치의식은 미숙한 단계에 있었고, 추장은 전반적인
지배력을 여전히 행사했다. 전투적인 형태의 도전은 이루어지지 않았다. 실
제로 기존 권력에 저항하는 대중적 반란의 고전적인 형태를 보여주는 티코
피아 사람들에게 폭력적 저항은 전혀 상상도 할 수 없는 일이었다. 반대로 추
장이 오히려 주민들을 위험에 빠트렸다. 그리고 누가 죽었든, 그리고 추장이
식량을 얼마나 많이 강탈했든 상관없이 모든 사람이 추장의 전통적인 존속
특권을 계속 인정하는 것으로 결말이 났다. 티코피아의 정치적 위기는 그런

식으로 종결되었다.[21]

그러면 하와이의 경우를 보기로 하자. 이곳에서는 티코피아 같은 유형의 전반적인 갈등이 성공적인 반란으로 귀결되는 것을 볼 수 있다. 추장권과 가내집단의 이해 사이에 적대적 상황을 초래한다는 점에서 '같은 유형의 전반적인' 갈등이라고 표현했지만 두 사회의 차이 또한 중요하다. 티코피아의 정치적 긴장은 외적인 원인에 의해 유발된 것이다. 즉, 그것은 티코피아 사회의 정상적인 작동과정에서 비롯된 것이 아니라 자연적 위기의 결과로 나타났다. 따라서 그 긴장은 어떠한 구조적 시간, 즉 체계발전의 어떠한 국면에서도 발생할 수 있었던 것이다. 다시 말해 티코피아의 정치적 전복은 역사적인 원인이 아니라 외부적이고 비정상적인 원인에 의해 초래된 것이었다. 그러나 하와이의 전통적 역사를 장식했던 반란은 그 역사에 내재하는 원인에 의해 발생한 것이었다. 반란은 하와이 사회의 정상적인 작동과정 속에서 야기되었고, 단순히 내적인 원인에 의해 발생하는 것이 아니라 지속적으로 재발생하는 것이기도 했다. 또한 이들 갈등은 모든 역사적 단계에서 실현될 수 있는 것도 아니었던 것으로 보인다. 오히려 그러한 갈등은 모순을 거쳐 추장을 탄핵하는 시점까지 발전하는 폴리네시아 체계의 성숙 정도를 나타낸다. 갈등은 바로 폴리네시아 사회의 구조적 한계를 드러낸다.

옛 하와이의 최고 추장들은 각각이 독립적으로 하나의 섬 전체 혹은 큰 섬의 한 지역을 지배하거나 이웃 섬의 여러 구역을 지배했다. 이러한 지배 형태의 차이가 이미 문제의 일부로 작용한다. 그것은 바로 추장의 영역이 확장되었다가 축소되는 경향, 즉 한때는 정복을 통해 확대되었다가 반란으로 인해 다시 축소되는 경향으로, 이는 수많은 전설에서 상세하게 언급되어 있다. 그리고 이러한 순환은 하나의 순환이 또 다른 순환을 야기하는 방식으로 다음

---

21) 아마 이것은 부분적으로 식민권력의 개입과 가끔은 정부와 유사하게 행동하는 민족지학자들 때문이기도 했을 것이다(Spillius, 1957).

순환과 맞물려 있다. 하와이의 지배적인 추장들은 '정부 권력을 지나치게 남용하는' 성향을 보여주었다. 그들은 친족구성원으로서, 그리고 추장으로서 주민의 복지를 고려해야 하는 의무에도 불구하고 정치적 영역이 확대되었을 때 주민들을 경제적으로 억압할 수밖에 없었다. 심지어 정치체제가 축소되었을 때도 주민의 복지를 고려해야 하는 의무를 실행하는 데 어려움이 있기는 마찬가지였다.

단순히 일상적인 영역을 행정적으로 관할하는 데도 주민의 노동과 재화를 심각하게 잠식했다. 인구는 광활한 지역에 분산되어 있고 운송과 커뮤니케이션 수단도 초보적인 수준이었다. 게다가 추장은 권력의 독점권을 행사하지도 못했다. 따라서 추장은 통치상의 다양한 문제를 일정한 행정적인 장치를 통해 조직적으로 해결해야만 했다. 그러한 행정적 장치는 증가한 과업을 감당하기 위해 인력의 증원을 통해 정치조직을 확대하는 것이었고, 동시에 추장에게 영광스러운 만큼 주민에게는 위협적일 수밖에 없는 현저한 과시적 소비를 통해 부족한 실질적 권력을 경제적으로 발휘하는 것이었다. 하지만 추장 추종자들의 물질적 부담과 그것이 수반하는 비용전간 분위기는 고스란히 일반 주민들에게 부담을 안겼다. 그것은 특히 운송이 용이하고 제재압박이 효과적으로 작용하는 범위 내에 있는 추장과 가장 가까운 사람들에게 영향을 미쳤다. 하와이의 추장들은 주민들에게 부과되는 병참상의 부담을 인식하고 그 압력을 해소하기 위해 다양한 수단을 강구했는데, 그중 대표적인 것이 바로 공납원을 확대하기 위한 정복이었다. 하지만 영역이 광활하고 최근 정복한 배후지까지 포함하는 성공적인 경우에도, 증가한 수입보다 관료적 지배비용이 현저하게 더 높았기 때문에 승리한 추장의 성공이 단지 심각한 영토 내적 불안요소에 외부적인 적을 더 추가하는 데 불과했다. 중앙화와 지나친 세금 징수의 순환은 이제 절정에 도달하게 된다.

하와이의 전설에 따르면, 이 시점에서 지역의 추종자들은 아마 멀리 떨어진 피지배자들과 공모해서 지배적 추장에 대항하는 음모와 술책을 꾸밀 것이다.[22] 이러한 반란은 항상 주요 추장들에 의해 촉발되었다. 그들은 물론 최고 추장에게 대항할 나름의 이유가 있었지만, 일반적으로 확산된 불평불만을 개인적으로 구현해서 대항할 수 있는 권력을 쥐고 있었다. 반란은 왕의 암살, 무장투쟁, 혹은 양자 모두의 형태를 취했다. 그리고 한 민속학적 기록이 전하는 바처럼, 하와이 사람들은 땅바닥에 다리를 꼬고 앉아 왕의 죽음에 얽힌 슬픈 이야기를 했다.

많은 왕이 **마카아이나나**(makaainana, 평민)에 대한 억압 때문에 주민들에게 살해당했다. 그 뒤를 이은 왕들도 평민에 대한 잔인한 착취 때문에 생명을 잃었다. 코이알라(Koihala)는 카우에서 살해당했는데, 이 때문에 카우 구역은 위어(Wier)라 불린다. 코카-이-카-라니(Koka-i-ka-lani)는 카우에서 잔인하게 살해당한 알리(alii, 추장)였다. …… 에누-누이-카이-말리노(Enu-nui-kai-malino)는 코나의 케아후올루(Keahuolu)에서 어민들에게 비밀리에 살해당했다. …… 하카우

---

22) 다음은 이러한 반란의 지정학과 관련된 사례이다. 하와이 큰 섬의 최고 추장이고 카메아메하(Kamehameha)의 숙부이자 전임자였던 칼라니오푸우(Kalaniopu'u)는 남서부의 코나 구역에서 얼마동안 왕 노릇을 했다. 그러나 전설에 따르면 "얼마 후 식량이 부족해서 칼라니오푸우는 북서부의 코알라(Kohala) 구역으로 왕궁을 옮겨야 했는데, 그 구역의 카파아우(Kapaau)에 사령부를 세웠다"(Fornander, 1878~1885, Vol. 2: 200). 코나에서 식량부족을 초래했던 원인이 이제는 코알라에서도 반복되었다. "이곳에서도 코나에서 시작된 것과 동일한 종류의 소모적이고 자유방임적인 먹고 즐기기 정책이 계속되었고, 이 지역의 '마카아이나나(Makaainana)'족 추장과 경작자들로부터 많은 불평불만이 터져 나오기 시작했다"(Fornander, 1878~1885, Vol. 2: 200). 이 지역의 불평불만은 멀리 섬을 가로질러 남동부에 위치하는 푸나(Puna)의 외곽 구역에서 발생한 불평불만과 공명해서 광범위하게 확산되었다. 두 파벌이 분명하게 연합했고, 이에 관한 소문은 전통적인 영웅담, 즉 위대한 추장들의 연합전투에 관한 이야기의 형태로 퍼져나갔다. 핵심 반란군은 푸나의 이마카칼로아(Imakakalaa)와 한때 푸나에서 살았지만 당시는 칼라니오푸우의 왕궁에서 신하노릇을 하고 있던 카우(Ka'u)의 추장 누우아누(Nu'uanu)였다. 포낸더가 기술한 바와 같이, 이 두 사람은 불평불만의 '우두머리이자 집결지'였다. 이마카칼로아는 멀리 떨어진 푸나에서 "칼라니오푸우의 명령과 모든 종류의 재화에 대한 지나친 요구에 공개적으로 저항했다". 최고 추장 주위에 있었던 누우아누는 "점증하는 불만을 촉발시킨 장본인으로 강하게 의심을 받았다"(Fornander, 1878~1885, Vol. 2: 200). 하지만 이번에는 신이 칼라니오푸우의 편이었다. 누우아누는 상어에게 물려죽었고, 일련의 전투 후에 이마카칼로아도 함정에 빠져 체포되어 즉시 처형당했다.

(Hakau) 왕은 하와이의 하마쿠아(Hamakua)에 있는 와이피오 계곡에서 우미 (Umi)의 손에 살해되었다.[23] 로노-이-카-마카이키(Lono-i-ka-makahiki)는 코나의 주민들에게 살해된 왕이었다. …… 고대 왕들 중 일부가 주민들에 대해 은밀한 두려움을 갖고 있었던 것은 바로 이런 이유에서였다(Malo, 1951: 195).

다름 아닌 권력자와 추장들이 폭군을 죽인 장본인이라는 점이 중요하다. 그러한 반란은 혁명이 아니었다. 추장권이 전복되더라도 또 다른 추장권에 의해 대체되는 데 불과했다. 폭압적인 지배자로부터 해방되더라도 그 결과 체계의 근본모순이 제거되어 체계 자체가 초월·변환되지 않고 기존 제도의 한계 내에서 순환이 반복되었다. 착취하는 나쁜 추장을 관대한 좋은 추장으로 바꾸는 것이 목적이었다면 그러한 반란은 그것을 성공적으로 달성할 수 있는 좋은 기회였다. 결과적으로 강력한 정치적 지배체제의 외곽에 있는 반란자들이 독립을 재획득하면서 분열되었다. 그렇게 추장권은 탈중심화되고 그 경제적 중요성도 감소했다. 권력과 억압은 당분간 최소한의 수준으로 돌아갔다.

하와이 전설의 서사시적 성격 이면에 더욱 세속적인 인과관계가 숨겨져 있다. 즉, 그러한 정치적 순환의 저변에 경제적 토대가 분명하게 존재했다. 강력한 추장들 사이에 그리고 그들 각자의 구역 사이에 발생하는 대규모 분쟁은 가내노동—가구의 생계를 위해 좀 더 느슨하게 이용되든 정치조직에 의해 좀 더 집약적으로 이용되든 상관없이—을 둘러싸고 전개되는 보다 근본적인 투쟁의 변형이었다. 추장이 가내경제에 의무를 부과할 수 있는 권리를 가지고 있었다는 데는 이론의 여지가 없다. 문제는 한편으로는 추장의 권리가 기존의 구조에 입각해 있었기 때문에 그에 대한 관습적인 제한이 가해졌다는 점이고, 다

---

23) 또 다른 전설 수집가는 하카우를 "추장과 주민들이 참을 수 없을 정도로 탐욕스럽고 약탈적인 사람"으로 묘사한다(Fornander, 1878~1885, Vol. 2: 76).

른 한편으로는 그 권리의 정규적 남용이 구조적 위기에 의해 촉발되었다는 점이다. 하와이의 추장권은 주민에게서 다소 멀어져 있었지만, 그렇다고 해서 결코 친족관계로부터 완전히 분리된 것은 아니었다. 지배자와 피지배자 간의 이러한 원시적 결속이 여전히 효력을 발휘했고, 이를 통해 추장의 관대성과 호혜성이라는 일반적 윤리가 유지되었다.[24] 말로는 지배적 추장이 유지하는 거대한 창고에 관해 "주민들을 만족시켜 왕을 저버리지 않도록 하는 수단이었다"라고 말한다. 이러한 견해는 정치적 냉소주의로 넘쳐나는 한 단락에서도 나타난다. "쥐가 식료품 창고에 먹을 것이 있다고 생각하는 한 그것을 포기하지 못하듯이, 주민들은 추장의 창고에 식량이 있다고 생각하는 한 그를 저버리지 않을 것이다"(Malo, 1951: 195).

다시 말하면, 추장이 가내경제에 부과하는 부담은 그 사회의 친족배열과 맞물려 있는 도덕적 한계가 설정되어 있었다. 어느 정도까지는 추장의 정당한 보수가 되지만 그 한계를 넘어서면 억압이 된다. 이러한 조직은 추장을 위한 노동배분과 가내부문을 위한 노동배분 사이에 적절한 비율을 설정한다. 그것은 또한 추장이 주민의 재화를 보유하는 것과 주민에게 재분배하는 것 사이에도 적절한 비율을 설정한다. 체계는 이러한 문제와 관련해서 오직 약간의 불균형만을 용납한다. 그 외에도 일정 정도의 재산권이 보호되어야 한다. 힘에 의한 강탈이 관습적인 선물일 수 없듯이 추장의 몫이 약탈일 수는 없다. 추장은 자신의 생계를 위해 따로 제쳐둔 토지가 있었고 정규적으로 주민들로부터 많은 선물을 받았다. 한 지배적인 추장의 수하가 주민의 돼지를 착복하고 농장을 약탈한다면, "마카아이나나는 왕을 대신해서 행한 그와 같은 행위를 마음에 들어 하지 않았다". 그것은 '폭압'이자 '권력의 남용'이었다(Malo, 1951: 196). 추장이 평민을 지나치게 이용하려는 경향을 보이기 시작하면,

---

24) 계보학적 특징에 관해서는 말로(Malo, 1951: 52)를 보라.

"평민들의 삶이 힘들어진다. …… 그들은 왕의 토지에서 이런저런 일을 해주기 위해 틈만 나면 여기저기 끌려 다녀야 했다"(Malo, 1951: 64). 하지만 "옛날에 주민들이 나쁜 왕에게 저항해서 전쟁을 했다"는 사실을 추장에게 환기시킨다. 이런 식으로 그 체계는 정치적 수단을 통해서 그리고 공적인 목적을 위해서 이루어지는 가내생산의 강화에 일정한 한계를 설정하고 유지한다.

말로와 카마카우(Kamakau)를 위시한 하와이 전설 수집가들은 습관적으로 최고 추장들을 '왕'으로 취급한다. 하지만 문제는 그들이 엄밀한 의미에서 왕이 아니라는 것이다. 일반적으로 그들은 주민과 구조적으로 분리되어 있지 않았다. 따라서 추장이 친족의 도덕률을 무시하게 되면 반드시 대중의 불평불만을 살 수밖에 없었다. 또한 권력의 독점이 이루어지지 않았기 때문에 불평불만이 일반화되면 우두머리에 대한 저항으로 발전할 가능성을 제공해 주었다. 비교론적 관점에서 보면, 하와이의 정치조직에 내재하는 커다란 한계는 그 원시성, 즉 그것이 국가가 아니라는 점이다. 하와이 체계의 진보는 오직 국가로의 진화에 의해서만 가능한 것이었다. 하와이 사회가 생산과 정치체계를 확대할 수 있는 능력 면에서 일정한 한계를 발견했다면, 그것은 도달할 수는 있지만 결코 초월할 수는 없는 원시 사회의 고유한 경계 그 자체였을 것이다.

제4장

선물의 영(靈)

선물에 관한 유명한 책『증여론(Essay on the Gift)』은 마르셀 모스(Marcel Mauss)가 이 시대에 남긴 훌륭한 선물임이 틀림없다. 이 책은 초심자에게는 물론이고 전문 인류학자들에게도 여전히 중요한 고려의 대상으로 남아 있다. 마치 사물의 **하우**(hau)에게 영향을 받은 것처럼 인류학자들은 이 책으로 계속 회귀해서 기대하지 않았던 어떤 새로운 가치를 발견하거나 나름대로 특정한 의미를 부여하는 것 같다. 하지만 실상은 이들 대부분이 원전의 논지를 재확인하는 데 불과한 논의에 참여하고 있다. 이 장에서 이루어지는 논의는 후자의 계열에 속하는 개별기술적인 탐구이다. 따라서 여기서의 논의는 아래에서 인용될 마오리(Maori) 사회나 홉스와 루소 같은 철학자에 관한 어떠한 종류의 특별한 연구를 통해서도 반박될 수 있는 성격을 가진다. 하지만『증여론』전체에 걸쳐 반복적으로 언급되고 있는 마오리의 하우라는 구체적인 주제와 사회계약이라는 일반적인 주제에 관한 천착을 통해, 원시 경제와 정치의 본질적인 속성을 또 다른 관점에서 평가해 본다는 데 의의가 있다. 이것이 아래에서 이루어지는 지나치게 장황할 수도 있는 논의에 대해 약간의 변명이 될 수 있길 바란다.

'텍스트의 해석'

『증여론』의 중심 개념은 마오리 원주민의 **하우**라는 관념이다. 모스는 이를 가리켜 "사물에 깃든 영(靈, spirit), 특히 숲과 숲속 사냥감의 영"이라고 소개했다(Mauss, 1966: 158).[1] 다른 어떤 고대 사회보다 마오리 사회가, 그리고 다른 어떤 유사한 관념보다 우선적으로 하우라는 관념이, 모스가 '본질(à fond)'을 탐구하기 위해 던지는 다음과 같은 중심적인 질문에 가장 잘 부합한다. **"원시 사회나 고대 사회에서 일단 받은 선물은 반드시 되갚아야 한다는 것을 요구하는 권리와 이해관계의 원리는 무엇인가? 증여된 물건 속에 받은 자로 하여금 되갚도록 강제하는 어떤 힘이 존재하는가?"**(Mauss, 1966: 148). 여기서 말하는 힘이 바로 하우이다. 그것은 **출구**(foyer)*의 영(靈)일 뿐만 아니라 그 선물을 준 증여자의 영이기도 하다. 따라서 하우는 다른 것으로 대체되지 않고 그대로 그 시발점으로 되돌아가는 경우에도, 증여자가 수증자에 대해 신비적이고 위험한 구속력을 발휘하도록 해준다.

하우는 논리적으로 단지 선물이 되갚아지는 이유를 설명해 줄 따름이다. 하우 그 자체로서는 모스가 호혜성의 과정에 대한 분석을 통해 분리해 냈던 다른 종류의 의무, 즉 애초에 증여해야 할 의무와 받아야 할 의무에 관해 어떠한 설명도 제시하지 못한다. 하지만 모스는 호혜적 교환의 의무에 관한 논의와 비교할 때 이들 다른 종류의 의무에 관해서는 단지 간략하게만 다루었고, 하우와 항상 분리시켜서 접근하지도 않았다. "이러한 대칭적이고 대립적인 권리와 의무의 엄밀한 조합이 무엇보다 일정 정도는 영혼인 사물과 일

---

1) 『증여론(Essai sur le don)』은 이안 커니슨(Ian Cunnison)이 『선물(The Gift)』(London: Cohen and West, 1954)이라는 제목으로 영역했다.
* 모스가 『증여론』에서 사용한 프랑스어로 사전적인 뜻은 '출구', '현관' 등을 뜻하는데 여기서는 처음 선물을 증여한 '사람', '장소', '사물' 등을 가리킨다._옮긴이

정 정도는 사물로서 상호작용하는 개인이나 집단 사이의 복잡한 영적 결속으로 구성되어 있다는 사실을 깨닫는다면 더 이상 모순적으로 보이지 않게 된다"(Mauss, 1966: 163).

이 지점에서 마오리의 하우는 일반적 설명원리로 위상이 승격된다. 여기서 하우는 멜라네시아, 폴리네시아, 북미 북서부 해안지역에서 관찰되는 호혜성의 원형적 원리, 로마 트라디티오(traditio)*의 결속적 특질 그리고 인도 힌두교도들 사이에서 이루어지는 소선물의 핵심 원리, 즉 "나는 곧 너이다. 오늘 나는 너의 근본 요소가 된다. 너에게 선물을 주는 것은 나 자신을 주는 것이다"(Mauss, 1966: 248)라는 원리를 해명해 주는 열쇠로 작용한다.

모든 설명은 베스트(Best, 1909)가 마오리족의 현자인 응가티-라우카와(Ngati-Raukawa) 부족의 타마티 라나피리(Tamati Ranapiri)에게서 수집한 '원본 텍스트'에 의거해 있다. 『증여론』에서 하우가 갖는 중대한 위상과 인류학적 경제학에서 누려온 명성은 거의 전적으로 이 텍스트에서 비롯되었다. 여기서 라나피리는 한층 차원 높은 교환 영역에 속하는 가치재인 타옹가(taonga)의 하우에 관해 설명하고 있다. 아래에 베스트가 원어로도 출판한 적이 있는 마오리 텍스트의 영역판과 모스의 프랑스어 번역을 함께 수록했다.

베스트(Best, 1909: 439)

지금부터 하우와 왕가이(whangai) 하우 의식에 관해 설명하겠다. 이 하우는 부는 하우(바람)와는 전혀 다른 것이다. 당신에게 상세하게 설명해 보겠다. 당신이 어떤 물건을 가지고 있고 그것을 공짜로 내게 준다고 가정하자. 우리는 그 물건에 대해

모스(Mauss, 1966: 158~159)

당신에게 하우에 관해 설명하겠다. ⋯⋯ 하우는 부는 바람이 절대 아니다. 당신이 어떤 물건(taonga)을 가지고 있다고 가정해 보자. 그리고 당신이 그 물건을 나에게 주되 공짜로 준다고 가정해 보자. 우리는 그 물건에 대해 거래를 한 것이 아니

---

* 로마법 중에서 재산소유권과 소유권 이전에 관한 조항 중 하나._옮긴이

어떠한 흥정도 하지 않는다. 그다음 나는 그 물건을 제3자에게 주고 일정한 시간이 흐른 다음, 그가 그 물건에 대해 보답을 하기로 한다. 그래서 그는 내게 어떤 물건을 선물한다. 그러면 그가 내게 준 그 물건이 내가 처음에 당신에게 받아서 그에게 준 물건의 하우가 된다. 내가 그 물건에 대한 보답으로 받은 물건은 반드시 당신에게 전해 주어야 한다. 내가 원하는 것이든 원하지 않는 것이든 상관없이, 내가 그 물건을 차지하는 것은 옳지 못한 행동이다. 그 물건은 당신이 내게 준 물건의 하우이기 때문에, 나는 그것을 반드시 당신에게 전해주어야 한다. 만약 이 물건을 내가 차지한다면, 내게 어떤 심각한 불행이나 심지어 죽음이 닥칠 수도 있을 것이다. 이와 같은 것이 바로 하우, 개인 재산의 하우 그리고 숲의 하우이다. 이것으로 설명은 충분하다.

다. 그 후 내가 그 물건을 제3자에게 주고, 일정한 시간이 흐른 뒤 그가 보답(utu)하기로 결정해서 어떤 물건을 내게 선물한다. 이때 그가 내게 준 그 타웅가가 내가 당신에게 받아 그에게 주었던 타웅가의 영(하우)이다. 내가 (당신에게서 온) 타웅가 때문에 받은 타웅가는 당신에게 돌려주어야만 한다. 그 타웅가를 내가 가져버리는 것은 옳지 못한 일이다. 탐나는(rawe) 물건이건 좋지 않은(kino) 물건이건 간에 그것을 당신에게 주어야 한다. 그것은 당신에게서 받은 타웅가의 하우이기 때문이다. 내가 이 두 번째 타웅가를 가져버리면 내게 해가 올 수 있고 심지어는 죽을 수도 있다. 그것이 바로 하우, 개인 재산의 하우 그리고 타웅가의 하우이자 숲의 하우이다. 카티 에나(Kati ena, 이에 관해서는 이것으로 충분하다).

모스는 베스트가 마오리 원전의 일정 부분을 축약해 버린 것에 대해 불평했다. 필자는 이 중요한 자료의 일부분도 훼손하지 않고 그것에서 더욱 많은 의미를 발견해 내고자, 뛰어난 마오리 사회 연구자인 브루스 빅스(Bruce Biggs) 교수에게 원전의 '하우'라는 용어를 제외한 나머지를 새로 행간 번역해 줄 것을 부탁했다. 친절하게도 그는 베스트의 번역을 참조하지 않고 다음과 같이 신속하게 번역해 주었다.[2]

---

2) 지금부터 나는 모스의 해석에 관해 논의하는 과정에서, 모스 자신만이 이용 가능했던 자료를 인용해야 하는 경우를 제외하고는 빅스의 번역을 이용할 것이다. 이 기회를 빌려서 빅스 교수의 관

Na, mo te hau o te ngaaherehere.

이제 숲의 하우에 관해 설명하겠다.

Taua mea te hau, ehara i te mea ko te hau e pupuhi nei. Kaaore.

이 하우는 부는 하우(바람)가 아니다. 전혀 그렇지 않다.

Maaku e aata whaka maarama ki a koe.

나는 당신에게 그것에 대해 자세하게 설명해 주겠다.

Na, he taonga toou ka hoomai e koe mooku.

당신이 어떤 가치재를 가지고 있고 그것을 내게 준다.

Kaaore aa taaua whakaritenga uto mo too taonga.

우리는 그 물건의 값어치에 대해 아무런 합의도 하지 않는다.

Na, ka hoatu hoki e ahau mo teetehi atu tangata, aa, ka roa peaa te waa, aa, ka mahara taua tangata kei a ia raa taug taonga kia hoomai he utu ki a au, aa, ka hoomai e ia.

이제 내가 그것을 다른 사람에게 준다. 그리고 오랜 시간이 흐른 다음 그 사람이 자신이 어떤 가치재를 가지고 있다고 생각하면 그는 내게 어떤 보답을 해야 하고 그래서 그것을 나에게 준다.

Na, ko taua taonga i hoomai mei ki a au, ko te hau teenaa o te taonga i hoomai ra ki a au i mua.

그 사람이 내게 준 그 가치재, 바로 그것이 이전에 당신이 나에게 주었던 가치재의 하우이다.

Ko taua taonga me hoatu e ahau ki a koe.

나는 그것을 반드시 당신에게 주어야 한다.

E kore rawa e tika kia kaiponutia e ahau mooku; ahakoa taonga pai rawa, taonga

대한 도움에 감사를 표하고 싶다.

kino raanei, me tae rawa taua taonga i a au ki a koe.

그 물건이 아주 좋은 것이든 나쁜 것이든, 그것을 받아서 내가 차지하는 것은 옳지 못한 일이다. 그 가치재는 반드시 나를 거쳐 당신에게 승여되어야 한다.

No te mea he hau no te taonga teenaa taonga na.

그 가치재는 다른 가치재의 하우이기 때문이다.

Ki te mea kai kaiponutia e ahau taua taonga mooku, ka mate ahau.

만약 내가 그 가치재를 차지하면, 나는 마테(mate)하게 될 것이다.

Koina te hau, hau taonga hau ngaaherehere.

이것이 바로 하우, 즉 가치재의 하우이자 숲의 하우이다.

Kaata eenaa.

이상이 전부이다.

모스는 베스트가 기록한 텍스트에 관해 "영적이고 법률적인 취지에서 상당히 애매한" 특징이 있다고 평가하면서도, "그것은 단 한 가지 애매함, 즉 제3자의 개입을 수반한다"라고 논평했다. 하지만 모스는 이러한 어려움조차도 즉시 명쾌한 주석을 통해 명료하게 만들어버린다.

하지만 이 마오리족 율법가를 올바르게 이해하기 위해서는 다음과 같은 설명으로 충분하다. "타옹가와 모든 개인적 재산은 하우, 즉 영적인 힘을 가지고 있다. 당신이 내게 하나의 타옹가를 주고, 나는 그것을 다시 제3자에게 준다. 내가 준 선물의 하우가 그렇게 하도록 강제하기 때문에, 그는 나에게 보답으로 다른 것을 준다. 그리고 나는 다시 그것을 당신에게 줄 의무가 있다. 그것이 실제로는 당신이 제공한 타옹가의 하우의 산물이고, 그렇다면 당연히 당신에게 되돌려주어야 할 물건이기 때문이다"(Mauss, 1966: 159).

모스의 해석에 따르면, 선물은 그것을 증여한 자의 인격과 그것이 비롯된 숲의 하우를 구현하는 것으로서 그 자체가 보답의 의무를 지운다. 수증자는 증여자의 영에게 신세를 지고, 한 타옹가의 하우는 항상 원래의 증여자에게로 반드시 되돌아가려고 하는데, 이는 일련의 반복적인 거래를 통해 손에서 손으로 전해진 다음에도 마찬가지이다. 처음 선물을 받은 자는 되갚음을 통해 다시 최초의 증여자에 대한 권력을 획득한다. 따라서 이것은 사모아와 뉴질랜드에서 보이는 '부의 의무적인 순환, 즉 공물 및 증여'와 같은 것이다. 요약하면,

마오리의 관습에 따르면, 물건 자체가 영혼을 가지고 있고 또 영혼이기도 하기 때문에 법적인 결속, 즉 사물로 매개되는 결속은 영혼의 결속임이 틀림없다. 이렇게 보면 누군가에게 무엇을 준다는 것은 자기 자신의 일부를 주는 셈이 된다. …… 이러한 관념체계에서는 실제로 누군가의 본성이자 본질인 것을 그에게 되돌려주는 것이 필요하고, 따라서 누군가로부터 무엇을 받아들인다는 것은 그의 영적인 본질, 즉 그의 영혼의 일부를 받아들이는 것임이 틀림없다. 그리고 그 물건을 보유하는 것은 위험하고 치명적인 성격을 가진다. 그 이유는 단순히 그러한 행동이 불법적이기 때문만이 아니라 그것이 본질적 요소이건, 음식이건, 동산이건 부동산이건, 여자나 자녀이건, 의례나 영성이건 상관없이, 어떤 사람으로부터 온 그것은 사람들에게 도덕적으로뿐만 아니라 물리적·영적으로도 주술적이고 종교적인 구속력을 행사하기 때문이다. 마지막으로, 증여된 물건은 생명력이 없는 것이 아니다. 이 물건은 생명을 불어넣거나 흔히 인격화되어, 허츠(Hertz)가 '근원적 출구(foyer d'origine)'라고 지칭하는 곳으로 회귀하거나, 그것이 비롯된 씨족이나 땅을 위해 자체를 대신할 소정의 대응물을 낳으려고 한다(Mauss, 1966: 161).

레비스트로스, 퍼스, 요한슨의 논평

모스의 하우 해석은 세 명의 권위 있는 학자에 의해 비판을 받아왔다. 이들 중 두 명은 마오리족 전문가이고 다른 한 명은 모스 전문가이다. 이들의 비판은 매우 훌륭하다. 하지만 나는 그들 중 누구도 라나피리 텍스트나 하우의 진정한 의미에 도달하지는 못했다고 생각한다.

레비스트로스는 원리 자체를 논박한다. 그는 모스를 마오리 민족지와 관련해서 비판하지 않는다. 반면 "민족지학자 스스로 원주민에 의해 신비화되어 버리는 그런 사례(아주 드물지는 않은) 중 하나를 여기서 접하고 있지는 않은가?"(Lévi-Strauss, 1966: 38)라는 질문으로 모스가 토착적 합리화에 의존했다는 점을 문제시한다. 하우는 교환의 이유가 아니다. 그것은 단지 사람들이 우연하게도 교환의 이유라고 믿는 어떤 것이다. 또한 그것은 진짜 이유가 다른 곳에 있지만 의식하지는 못하는 어떤 필요성을 스스로에게 재현하는 방식에 불과하다. 그리고 레비스트로스는 하우에 대한 모스의 집착 이면에 애석하게도 자신의 뛰어난 선배인 모스를 사로잡았던 일반적인 개념상의 오류가 있음을 발견했다. 모스가 그와 같은 오류에 빠진 이유는 "모스 자신이 그 위대함을 전혀 예측하지 못했던 약속의 땅으로 추종자들을 이끌었던 것처럼"(Lévi-Strauss, 1966: 37), 『증여론』 자체가 매우 탁월하게 예시하고 있었던 교환에 대한 완전한 구조주의적 이해가 부족했기 때문이다. 모스는 민속학의 역사상 처음으로 경험적인 것을 초월해서 심층적 실재에 도달했고 단순히 감각적이고 구체적인 것을 포기하고 관계의 체계에 관심을 기울인 학자였다. 따라서 그는 호혜성의 매우 다양하고 복합적인 양상 이면에서 작동하는 원리를 독특한 방식으로 포착했다. 하지만 안타깝게도 그는 실증주의에서 완전히 벗어날 수가 없었다. 그는 교환을 계속 경험적인 방식, 즉 주고받고 되갚는 파편화된 행위로 이해했다. 이렇게 모스는 호혜적 교환을 통합된 원리로 생각하는 대신 파편화된 것으로 간주함으로써, 그것을 다시 '신비적인 접합제'인 하우와 연결시키려고 시도하는 것 외에 달리 할 수 있는 것이 없었다.

퍼스도 마찬가지로 호혜성에 관해 고유한 관점이 있었고, 또 이를 형성하는 과정에서 마오리 민족지의 논지와 관련해서 모스를 반복적으로 비판한다(Firth, 1959a: 418~421). 퍼스에 따르면 모스는 단순히 하우를 잘못 이해한 것이다. 즉, 하우는 매우 난해하고 무정형적인 개념이기는 하지만, 어떤 경우에도 모스가 믿었던 것보다 더 수동적인 성격의 영적 원리라는 것이다. 라나피리의 텍스트는 하우가 그 근원으로 되돌아가려고 분투한다는 실질적 증거를 전혀 제공해 주지 않는다. 그리고 마오리인들도 일반적으로 하우 자체가 경제적 태만을 처벌한다고 생각하지는 않았다. 호혜적 교환의 실패나 절도가 발생했을 경우에 통상적으로 이용되는 보상이나 반환을 위한 체계화된 절차는 바로 마법, 즉 마쿠투(makutu)였다. 손해를 본 사람이 시작하는 마법은 비록 착복당한 재화를 매개로 해서 작용하지만, 일반적으로 '사제(토홍가, tohunga)'의 의식을 수반한다.[3] 더욱이 모스는 마오리인의 관점에서 보면 매우 분명하게 구분되는 하우의 여러 유형, 즉 인격의 하우, 땅과 숲의 하우, 그리고 타옹가의 하우를 혼돈했고, 이러한 혼돈 때문에 심각한 실수를 저질렀

---

3) 동일한 절차가 도둑과 은혜를 저버린 사람 양쪽 모두에게 사용된다는 사실을 퍼스의 설명을 통해서 알 수 있다. 여기서 나는 해명을 위해 마오리 자료 자체에 의존하고자 한다. 매우 제한적이고 텍스트에만 한정된 내 경험에 비추어보면, 도둑맞은 사람의 재화가 바로 도둑에게 행하는 주술에 사용되었던 것 같다. 이 경우는 보통 범죄자가 알려져 있지 않기 때문에, 남아 있는 재화의 일정 부분이나 그것이 보관되었던 장소로부터 취한 어떤 것을 도둑을 확인하거나 처벌하는 매개체로 사용한다(Best, 1924, Vol. 1: 311). 그렇지만 알려진 누군가에 대한 주술은 전형적으로 그와 관련된 무엇인가를 수단으로 해서 실행된다. 따라서 보답이 이루어지지 않은 경우에는, 증여자가 선물했던 물건보다 보답하지 않은 자의 재화가 매개체로 사용되는 경향이 강하다. 마오리족이 주술의 대상과 관련된 매개체를 다름 아닌 하우로 간주한다는 사실은 흥미와 혼란을 더욱 가중시킨다. 윌리엄 윌리엄스(William Williams)의 사전에 나오는 하우에 관한 설명 중 하나는 다음과 같다. "주술의 대상이 되는 사람과 관계있는 머리카락의 일부나 침 그리고 그의 신체와 접촉한 어떤 것 등이다. 이것이 토홍가(의례 전문가)의 손에 들어가면 그의 주문과 주문의 대상 사이의 연결고리로 작용한다"(Williams, 1892).

다고 퍼스는 덧붙인다. 모스에게는 타옹가의 하우를 증여한 사람의 하우로 단순하게 해석할 근거가 없다. 선물의 교환을 인격의 교환이라고 생각하는 전반적인 발상이 근본적인 오독을 초래하게 된 원인이다. 라나피리는 단지 세 번째 사람이 두 번째 사람에게 증여한 재화가 첫 번째 사람이 두 번째 사람에게 증여한 물건의 하우라고 말했을 뿐이다.[4] 인격의 하우는 쟁점이 아니었다. 하지만 모스는 인격의 하우가 쟁점이라고 생각하고 마오리의 신비주의에 자신의 정교한 지적 상상력을 부가했던 것이다.[5] 즉, 레비스트로스의 해석과 달리, 모스의 논지는 전혀 원주민의 합리화가 아니라 일종의 프랑스적 합리화였다. 하지만 마오리의 격언이 전하는 바와 같이, "타지의 문제는 타지 자체의 문제이다"(Best, 1922: 30).

퍼스는 호혜성을 영적인 것보다 세속적인 것으로 설명하기를 더 좋아한다. 그는 모스가 『증여론』에서도 주목한 바 있는, 보답을 강제하는 어떤 다른 종류의 제재를 강조하려고 했다.

재화의 하우를 통해 전달되는 처벌에 대한 두려움이 실제로 선물에 대한 보답을 강제하는 초자연적이고 가치 있는 제재이다. 하지만 어떤 사람이 의무를 수행하도록 만드는 양심을, 증여자의 인성의 능동적이고 분리된 한 부분―회한과 복수심으로 가득 찬―에 대한 믿음 탓으로 돌리는 것은 전적으로 다른 문제이다. 이것은 하나의 추상화에 불과한 것으로서 토착적인 증거를 통해 전혀 뒷받침되지 않는다. 모스의 연구 자체가 제시하는 바와 같이, 의무수행에 대한 주된 강조는 사회적 제재, 즉 유용한 경제적 관계를 지속시키고 위세와 권력을 유지하려는 욕구

---

4) 따라서 모스에게 세 번째 사람의 개입은 전혀 모호한 것이 아니다. 두 번째 사람과 세 번째 사람 사이의 교환은 첫 번째 사람이나 첫 번째 사람의 하우를 대신할 수 있는 제2의 재화를 끌어들이는 데 필요했다(cf. Firth, 1959a: 420n).

5) "선물의 교환에서 인격의 교환, 즉 '영혼의 결속'을 보았을 때, 모스는 원주민들의 믿음을 따른 것이 아니라 자기 자신의 지적 해석에 근거해 있었다"(Firth, 1959a: 420).

속에 존재하며, 이를 설명하기 위해 어떤 형태의 숨겨진 믿음을 가정할 필요는 전혀 없다(Firth, 1959a: 421).[6]

가장 최근에 마오리 사회를 연구하기 시작한 프리츠 요한슨(Prytz Johansen, 1954)은 라나피리 텍스트의 해석에서 선행자들보다 다소 분명한 발전을 보여준다. 그는 적어도 라나피리가 선물의 하우에 관해 말할 때 특별히 영적인 무엇인가를 마음속에 품고 있었을 것이라는 생각을 처음으로 의심한 사람이다. 하지만 불행하게도 요한슨의 논의는 타마티 라나피리의 것보다 훨씬 더 복잡한 미궁에 빠지게 만든다. 그리고 그는 일단 그럴듯한 논점에 도달하자마자 그 유명한 **교환의 삼각관계**에 관해 논리적이 아닌 신비적인 설명을 추구하고, 마지막에는 학문적 절망에 관한 메모로 끝을 맺는다.

요한슨은 퍼스의 모스 비판에 대해 적절한 찬사와 지지를 표명한 후에, 하우라는 단어에 매우 광범위한 의미론적 장이 있다고 주장한다. 요한슨은 보통 '삶의 원리' 혹은 그런 종류의 어떤 것으로 이해되는 일련의 의미에 대해 "삶 전체에 영향을 미치기 위해 의례적으로 사용되는 삶의 일부분(예를 들면 어떤 사물)"이라는 일반적 설명을 선택했고, 이는 곧 의례적 맥락에 따라 다양한 하우로 기능하는 사물을 뜻한다. 그런 다음 그는 내 생각에 지금까지 베스트를 포함한 누구도 주목하지 못했던 요점을 포착하고 있다. 선물에 관한 타마티 라나피리의 설명은 특정한 의식, 즉 마오리족 사냥꾼이 잡은 새들을 위해 수행하는, 숲에 대한 보답적 희생제의를 소개하고 설명하는 과정에서 이

---

6) 퍼스는 이 주제에 관한 최근의 글에서도 티코피아의 선물교환에서는 그러한 영적 믿음이 전혀 수반되지 않는다고 덧붙이면서, 마오리 하우에 대한 모스의 관점이 갖는 민족지적 타당성을 계속 부정하고 있다(Firth, 1967). 그는 또한 주고받고 호혜적으로 교환하는 의무에 관한 모스의 논의에 대해 어떤 중대한 유보사항을 두고 있다. 하지만 그는 한 차원에서만큼은 모스에게 동의하고 있다. 능동적인 영적 실체라는 의미에서가 아니라 오히려 자아의 확장이라는 좀 더 일반적인 사회적·심리적인 의미에서, 선물이 어느 정도 그 증여자와 일치하는 측면이 있다는 것이다(Firth, 1967: 10~11, 15~16).

루어졌다.[7] 따라서 라나피리가 그러한 설명을 제공한 의도는 간단하게 호혜성의 원리를 성립시키기 위한 것이었다. 여기서 하우는 단지 '보답의 선물'을 의미할 뿐이다. 다시 말해 "문제의 마오리인(라나피리)은 하우가 단순히 보답의 선물, 즉 다른 식으로 **우투**(utu)라 일컫는 어떤 것을 의미한다고 생각했음이 틀림없다"(Johansen, 1954: 118).

잠시 후 '동등한 보답'(우투)이라는 관념이 문제시되고 있는 하우에 적합하지 않고, 라나피리가 제시한 쟁점이 이러한 호혜성을 초월한다는 사실을 알게 될 것이다. 여하튼 요한슨은 다시 삼자 간의 상호작용에 관해 천착함으로써 자신이 이룩한 진전을 무색케 해버렸다. 이상하게도 그는 최초의 증여자가 두 번째 사람이 세 번째 사람으로부터 받은 재화, 즉 이 맥락에서 하우로 전환되는 재화를 통해 두 번째 사람에게 마술적 힘을 행사한다는 기존의 해석을 신뢰했다. 하지만 이러한 설명만으로는 '불분명'했기 때문에, 요한슨은 "세 사람이 선물을 교환하고 중간자가 의무를 이행하지 않을 경우 두 번째 사람에게서 멈춘 보답의 선물이 하우이고, 바로 이것이 두 번째 사람에게 마법을 거는 데 사용될 것이라는 의미에서" 어떤 미지의 특별한 전통에 호소할 수밖에 없었다. 그런 다음 요한슨은 다음과 같이 우울하게 끝을 맺는다. "하지만 이러한 모든 해석은 명백한 불확실성을 수반하고, 하우의 의미를 다룰 때 도대체 실질적인 확실성에 도달할 수 있을지조차 의심스러워 보인다"(Johansen, 1954: 118).

---

[7] 베스트가 처음으로 마오리족에 관해 출판한 책에서 선물을 논의하는 페이지는 사실상 이 의식에 관한 두 종류의 기술 사이에 설명을 위해 삽입한 방백이었다. 하지만 후에 출판된 영역판에는 첫 번째 기술의 주요 부분을 삭제했는데, 이 부분은 베스트가 한 페이지 앞에서 언급했던 것이다(Best, 1909: 438). 게다가 영역판과 마오리 텍스트 둘 모두 이 의식이나 선물교환과 그다지 분명하게 관련되어 있지 않은 주술적 주문에 관한 논의로 시작한다. 의식과 선물교환에 관해서는 더 뒤에서 논의하고 있다.

가치재의 하우가 갖는 진정한 의미

나는 언어학자도, 원시종교 연구자도, 마오리족 전문가도, 심지어 탈무드학자도 아니다. 따라서 논쟁의 여지가 많은 타마티 라나피리의 텍스트에서 발견되는 '확실성'을 일정한 유보사항과 함께 제시할 수밖에 없다. 하지만 최근 구조주의자들의 표현을 빌리면, '모든 것은 마치' 라나피리가 경제적 원리를 통해 어떤 종교적 개념을 설명하려고 했던 것'처럼' 보인다. 모스는 정확히 이를 역으로 이해함으로써, 종교적 개념을 통해 경제적 원리를 발견하려고 했다. 문제의 하우는 실제로 어떤 종류의 '보답'이나 '결과물' 같은 것을 의미한다. 그리고 타옹가에 관한 텍스트에 표현되어 있는 원리는 선물이 초래한 여하한 종류의 결과물도 최초의 증여자에게 전달되어야 한다는 것이다.

논쟁의 대상이 되어온 이 텍스트는 전적으로 희생제의를 기술하는 과정에서 추가한 설명적 주석으로 간주해야 옳다.[8] 타마티 라나피리는 너무나 평범하기 때문에 누구든 혹은 어떤 마오리인이든 바로 파악할 수 있는 선물교환 사례를 통해, 왜 사냥감 새 중 일부를 의례적으로 숲의 하우, 즉 그 풍요로움의 원천으로 되돌려주는가를 베스트에게 이해시키려고 했던 것이다. 달리 표현하면, 그는 사람들 사이의 거래를 자신이 설명하고자 했던 의례적 거래의 예증으로 끌어들였는데, 결과적으로 전자가 후자의 패러다임으로 작용했다. 사실상 이 세속적인 거래를 직접적으로 이해하는 것은 불가능해 보인다. 그것을 이해하는 가장 좋은 방법은 그 의식의 교환논리로부터 역으로 접근해 들어

---

8) 베스트와 모스의 번역, 그리고 타마티 라나피리의 진술에 매우 흥미로운 차이가 하나 있다. 모스는 베스트의 번역 도입부에 있는 의례에 관한 언급을 교묘하게 삭제해 버린다. 베스트의 경우 "나는 지금부터 하우와 왕가이 하우(whangai hau) 의례에 관해 논의할 것이다"라고 번역했는데, 모스는 이 부분을 단순히 "나는 지금부터 하우에 관해 (원문대로) 논의하겠다. …… (모스의 생략 부호)"라고 번역했다. 흥미로운 사실은 모스의 번역에 매우 가까운 빅스의 의심할 바 없이 성실한 번역도 마찬가지로 왕가이 하우를 언급하지 않고 있다는 점이다. "지금부터 숲의 하우에 관해서……." 하지만 원본 텍스트는 오히려 이러한 형태로 타옹가에 관한 메시지를 왕가이 하우, 즉 '양육하거나 기르는 하우' 의례와 연결시켰는데, 그 이유는 숲의 하우가 바로 뒤에 이어지는 선물에 관한 논의의 주제가 아니라 결론적이고 최종적인 서술의 주제였기 때문이다.

가는 것이다.

그 교환의 논리는 타마티 라나피리가 제시하는 것처럼 매우 분명하다. 라나피리가 사용하는 '마우리(mauri)'의 용법이 증식하는 힘인 숲의 하우의 물리적 구현을 의미한다는 것을 이해하기만 하면 된다. 이것은 마우리를 이해하는 방식 중 하나로서, 베스트의 다른 글을 통해 판단할 때 전혀 색다른 것이 아니다. 하우를 담고 있는 마우리는 사제(토홍가)가 사냥감 새를 풍부하게 만들기 위해 숲속에 가져다놓은 것이다. 여기서 정보제공자인 라나피리의 관점에서 볼 때 낮에 이어 밤이 오듯 선물교환에 관한 설명에 이어 아래의 설명을 제공한다.[9]

당신에게 숲의 하우에 관해 설명하겠다. 마우리는 토홍가(사제)가 숲속에 가져다놓거나 심어놓은 것이다. 숲속에 사람들이 사냥해서 먹을 새가 풍부해지도록 만드는 것이 바로 마우리이다. 이 새들은 마우리와 토홍가 그리고 숲의 재산이거나 그 모두에 속하는 것이다. 즉, 새들은 바로 그 중요한 항목인 마우리와 등가물이다. 따라서 숲의 하우에게 반드시 제물을 제공해야 한다고 말하는 것이다. 토홍가(사제 혹은 숙련자)는 마우리가 바로 자신의 소유이기 때문에, 다시 말해 숲속에 마우리를 가져다놓고 그것이 존재하도록 만든 사람이 바로 자신이기 때문에 그 제물을 먹는다. 이 때문에 새들 중 일부를 사제들만 먹을 수 있도록 신성한 불에 요리해서 따로 남겨둔다. 이것은 숲의 산물의 하우와 마우리가 숲, 즉 마우리로 다시 되돌아가게 하기 위해서이다. 이 문제에 관해서는 이것으로 충분하다(Best, 1909: 439).

요약하면, 증식의 힘(하우)을 담지하고 있는 마우리는 사제(토홍가)에 의해

---

9) 여기서 사용된 텍스트는 모스가 이용했던 베스트의 번역이다. 빅스의 행간 번역본도 확보하고 있지만 베스트의 번역과 큰 차이가 없다.

그림 4.1 **선물의 순환** I

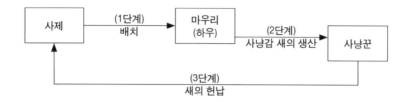

숲에 배치되고, 마우리는 사냥감 새를 풍부하게 만든다. 따라서 잡힌 새들 중 일부는 마우리를 있게 한 사제들에게 의식을 통해 되돌려져야 하며, 사제가 이들 새를 섭취하는 것은 숲의 풍요로움(하우)을 효과적으로 회복시킨다. 이 때문에 이 의식의 이름이 왕가이 하우, 즉 '기르는 하우'이다.[10] 여기서 의식 상의 거래가 익숙한 양상을 띤다는 것을 곧바로 알 수 있다. 즉, 그것은 사제가 최초의 증여자 역할을 하고 그에게 최초의 선물에 대한 보답이 이루어져야 하는 세 축으로 구성된 게임으로, 그림 4.1에 그 순환관계가 제시되어 있다.

이제 이러한 거래의 측면에서 사람들 사이의 선물에 관한 텍스트를 재고해 보자. 그러면 모든 것이 분명해진다. 타옹가의 세속적 교환이 새의 헌납의식

---

10) 마오리 텍스트 전체에서 타옹가에 관한 논의에 앞서 이루어진 이 의례에 관한 초반부의 설명은 사실상 서로 관련된 두 종류의 의식에 관해 언급하고 있다. 그중 하나에 대해서는 바로 앞에서 기술했고, 다른 하나는 들새 사냥철에 앞서 사냥감 상태를 관측하기 위해 숲속으로 들어가는 사람들이 숲에 진입하기 전에 수행한다. 빅스의 번역본에서 이러한 초반부의 묘사 중 주요 부분을 인용해 보겠다. "숲의 하우는 두 가지 '외양'이 있다. ① 관측자들이 숲을 탐색할 때, 그리고 새들이 관측되어 그날 사냥한다면 사냥한 첫 번째 새를 마우리에게 제물로 바친다. '이것은 마우리의 몫이다'라는 말과 함께 그 새를 단순히 수풀 속으로 던진다. 이렇게 하는 이유는 미래에 아무것도 사냥하지 못하는 상황을 방지하기 위해서이다. ② 사냥이 끝나면 그들은 숲에서 나와 사냥한 새를 지방질 형태로 보관하기 위해 요리하기 시작한다. 그중 일부는 숲의 하우를 먹기 위해 가장 먼저 따로 챙겨두는데, 이것이 바로 숲의 하우이다. 따로 챙겨둔 새는 두 번째 불에서 요리한다. 이 두 번째 불에서 요리한 새는 사제들만 먹는다. 다른 새는 타파이루(tapairu)를 위해 따로 챙겨두는데, 이는 여자들만 먹는다. 대부분의 새는 따로 챙겨뒀다가 푸라카우(puuraakau) 불에서 요리한다. 푸라카우 불로 요리한 새는 모든 사람이 먹는다 ……"(cf. Best, 1909: 438, 440~441, 449f, 의식에 관한 여타 상세한 내용에 대해서는 1942: 13, 184f, 316~317을 보라).

그림 4.2 **선물의 순환** II

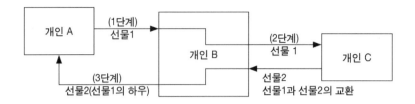

과 형태상으로 아주 미미한 차이밖에 나지 않고 원리상으로는 정확하게 일치한다. 따라서 바로 이 점이 라나피리의 설명에서 타옹가가 갖는 위상의 교훈적 가치이다. A가 B에게 어떤 선물을 증여하고, B는 다시 C와의 교환에서 그것을 다른 어떤 것으로 전환시킨다. 하지만 C가 B에게 준 타옹가는 바로 A가 행한 최초의 선물의 산물(하우)이기 때문에, 이 이익은 A에게 양도되어야 한다. 이 순환이 그림 4.2에 제시되어 있다.

하우의 의미는 타옹가의 교환과 분리시켜도 그 교환 자체만큼이나 세속적이다. 두 번째 선물이 첫 번째 선물의 하우라면, 숲의 하우가 바로 숲의 생산성인 것과 마찬가지로 특정한 재화의 하우는 바로 그 재화의 산물이다. 타마티라나피리가 실제로 선물에 되갚음을 강제하는 영이 있다는 말을 하고자 했다고 생각하는 것은 그 노신사의 명백한 지적 능력을 무시하는 것이나 마찬가지이다. 그러한 영을 설명하는 데는 두 사람이 하는 게임만으로도 충분하다. 당신이 내게 뭔가를 줬고, 그 물건 속에 있는 당신의 영(하우)이 내게 되갚도록 강제한다. 충분히 단순하다. 제3자의 도입은 이 단순한 요점을 지나치게 복잡하고 애매하게 만드는 데 불과할 수도 있을 것이다. 하지만 만약 요점이 영적이거나 호혜적인 것이 아니라 단지 한 사람의 선물이 다른 사람의 자본으로 전환되어서는 안 되고 그 결실은 최초의 소유자에게 되돌려주어야 한다는 것이라면, 제3자의 도입은 필수적이다. 제3자는 엄밀하게 하나의 결실, 즉 선물이 결과물을 낳았고 받은 자가 그것을 이용해서 이익을 얻었다는 것을 보여주기 위해 필요하다. 라나피리는 마치 A가 B에게 공짜 선물을 준 것처럼 첫 번째 단계에 등가성이 부재한다고 미리 명시함으로써[11] 그러한 이익이라는 관념을 조심스럽게 암시한다. 그는 또한 세 번째 사람에 의한 선물 수령과 보답 사이에 존재하는 시간적 지체를 강조하면서 마찬가지로 어떤 이익을 암시하고 있다. "오랜 시간이 흐른 다음 그 사람이 자신이 어떤 가치재를 가지고 있다고 생각하면 그는 내게 어떤 보답을 해야 한다." 퍼스가 진술했던 바처럼, 마오리 사회에서 이루어지는 지체된 보답은 관례적으로 처음의 선물보다 더 가치 있는 것이다(Firth, 1959a: 422). 실제로 "보답은 가능하면 등가성의 원리가 요구하는 수준을 어느 정도 초과해야만 한다"는 것이 마오리 선물교환의 일반적 법칙이다(Firth, 1959a: 423). 마지막으로, 정확하게 하우라는 용어가 논의에 등장하기 시작하는 지점에 주목해 보자. 첫 번째 사람이 두 번째 사람에게 제공하는 최초의 선물과 관련해서는 하우가 논의되지 않는다. 만약 이 단계에서 언급된다면 당연히 하우는 선물의 영일 수도 있다. 하지만 하우는 두 번째 사람과 세 번째 사람의 교환과 관련해서 논의되기 시작한다. 따라서 논리적으로 그것은 당연히 선물이 낳은 이익일 것이다.[12] '이익'이라는 용어가 경제적·역사적으로 마오리족에게 적절하지 않을 수도 있다. 하지만 문제시되고 있는 하우를 '영'이라고 번역하는 것보다는 바람직할 것이다.

베스트는 하우가 출현하는 또 다른 교환사례를 제시하고 있다. 의미심장하

---

11) 이는 베스트의 번역에서도 반복되고 있다. "당신이 어떤 물건을 소유하고 있고 그것을 내게 공짜로 준다고 가정하자. 우리는 그것에 관해 어떤 흥정도 하지 않는다."

12) 퍼스는 이 점에 관한 거전(Gudgeon)의 논의를 다음과 같이 인용한다. "한 사람이 어떤 선물을 받고 그것을 제3자에게 양도하는 행위에는 일말의 부적절함도 없다. 하지만 세 번째 사람이 보답의 선물을 하는 경우 그것은 최초의 증여자에게 전해져야만 한다. 그렇지 않으면 그것은 **하우 응 가로**(hau ngaro), 즉 소비된 하우가 된다"(Firth, 1959a: 418). 이 상황의 첫 번째 단계에서 어떠한 결실도 없다는 사실은 모스가 주장하는 끊임없이 **출구**로 되돌아가려고 하는 회귀적 하우에 다시 한 번 모순되는 증거이다.

게도 이 단편적인 장면은 또 다시 삼자 간 거래의 형태를 보여준다.

> 나는 루아타후나(Rua-tahuna)에 사는 한 원주민 여인에게 아마(亞麻) 어깨망토
> 를 만들어달라고 주문한 적이 있다. 기동대원 중 한 사람이 여인으로부터 그 망토
> 를 구입하고 싶어 했지만, 그녀는 하우 휘티아(hau whitia)의 증오가 자신에게 미
> 치지 않도록 하기 위해 단호하게 거절했다. 하우 휘티아라는 용어는 '전도된 하
> 우'를 뜻한다(Best, 1900~1901: 198).

이 일화는 타마티 라나피리가 정교하게 설명한 모델과 거의 다르지 않기
때문에 어떠한 어려움도 파생시키지 않는다. 베스트가 그 망토를 먼저 주문
했기 때문에 그에 대한 우선권을 가지고 있었다. 그 여인이 기동대원의 제안
을 받아들였다면 베스트에게는 아무것도 남겨두지 않은 채 그 물건을 자신의
이익만을 위해 사용한 셈이 된다. 그녀는 베스트의 망토가 파생시킨 산물을
전유한 것이 된다. 그녀는 정당하지 못하게 얻은 이익의 악마, 즉 '하우 휘티아
의 공포'에 시달리게 된다.[13] 달리 표현하면, 그녀는 카이 하우(kai hau), 즉 하
우를 먹은 죄를 범한 것이다. 베스트는 이 일화를 소개하면서 다음과 같이 설
명한다.

> 타인에게 속하는 어떤 물건을 처분하고도 그 물건 때문에 내가 얻을 수 있었던 보
> 답이나 보상을 전혀 그 사람에게 양도하지 않는다면, 그것이 바로 하우 휘티아이
> 고 내 행동은 카이 하우이다. 마쿠투(makutu, 마법)의 공포가 밀어 닥칠 것이라
> 는 두려움 때문에 죽을 것이다(Best, 1900~1901: 197~198).[14]

---

13) 휘티아는 휘티(whiti)의 과거분사형이다. 윌리엄스의 사전에 따르면, 그 의미는 다음과 같다. ①
   v.i., 건너다, 반대편에 도달하다; ② 변화하다, 회전하다, 뒤집어지다, 반대로 되다; ③ v.t., 통과
   시키다; ④ 뒤집어엎다, (지레로) 비집어 열다; ⑤ 변화시키다(Williams, 1921: 584).
14) 베스트의 진일보한 해석이 모스의 관점에 차용된다. "사정은 다음과 같아 보인다. 즉, 당신의 물

하우는 비록 영이라고 하더라도 퍼스가 주장하는 것처럼 그 자체가 저절로 해를 입히지는 않는다. 해를 입히려면 마법(마쿠투)이라는 특별한 절차를 밟아야만 한다. 이 사건은 이러한 마법이 하우라는 수동적인 매개체를 통해 작용할 것이라는 것을 암시조차 해주지 않는다. 잠재적으로 속임을 당할 가능성이 있던 베스트가 어떤 것도 명백하게 유통시키지 않았기 때문이다. 전체적으로 보면, 선물의 하우에 관한 다양한 텍스트들이 전혀 다른 무엇인가를 제시하고 있다. 즉, 주지 않고 가지고 있는 재화 자체가 위험스러운 것이 아니라 재화를 주지 않고 가지고 있는 행위가 **비도덕적**이다. 따라서 속인 사람은 다름 아닌 정당화될 수 있는 공격에 노출된다는 의미에서 위험하다. 라나피리는 "그것을 내가 차지하는 것은 옳지 못한 일이다. 그러면 나는 마테(mate, 아프거나 죽는다는 뜻)하게 될 것이다"라고 말했다.

여기서 우리가 다루고 있는 사회는 교환관계와 교환형태를 통해 타인을 희생시켜서 이익을 취할 수 있는 자유가 상상조차 되지 않는 그런 사회이다. 바로 이 지점에 늙은 마오리족 라나피리가 전하는 경제에 관한 우화의 도덕률이 존재한다. 라나피리가 제시하는 요지는 호혜성을 초월한다. 그것은 단순히 선물이 적절하게 보답되어야 한다는 것뿐만 아니라 보답이 정당하게 이루어져야 한다는 것을 의미한다. 이러한 해석은 윌리엄스(Williams, 1921)의 마오리어 사전에 나오는 하우의 다양한 의미를 주의 깊게 살펴보면 가능하다. 하우는 **케이 테 하우 테 와리카 네이**(kei te hau te wharika nei, '이 멍석은 지나치게 길다')라는 문장에서 예시된 바와 같이, '초과하다, 지나치다'라는 의미의 동

건은 당신의 하우의 일부를 담고 있고, 따라서 당신의 하우는 그 물건의 교환을 통해 받은 다른 물건으로 전이된다. 왜냐하면 내가 만약 그 두 번째 물건을 다른 사람에게 전해준다면, 그것이 바로 하우 휘티아이기 때문이다"(Best, 1900~1901: 198). 이렇게 "사정은 …… 같아 보인다." 여기서 민족지적 민속어원학(folk-etymology) 게임에 참여하고 있다는 느낌을 받을 수도 있을 것이다. 이제 우리는 베스트의 설명을 통해 그 게임이 매우 그럴듯한 4자 간의 게임이라는 것을 알게 된다.

사이다. 마찬가지로 하우는 '초과, 부분, 어떤 종류의 도량형으로도 측정할 수 없는 조각'이라는 의미의 명사이기도 하다. 또한 하우는 '재산, 전리품'이라는 뜻도 있다. 다음으로 '합치다, 더해서 길게 하다, 수령하다, 비축해 두다' 등의 파생적 의미를 가지는 **하우미**(haumi)라는 단어가 있다. 이것은 또한 명사로서 '카누의 선체를 길게 하는 나뭇조각'을 의미한다.

다음은 타마티 라나피리가 전하는 타옹가 하우에 관한 수수께끼 같은 이야기의 진정한 의미이다.

> 그것에 관해 당신에게 상세하게 설명해 주겠다. 현재 당신은 어떤 가치재를 가지고 있고 그것을 내게 준다. 그 대가에 대해서는 전혀 합의된 바가 없다. 이제 그것을 다른 사람에게 주고, 긴 시간이 흐른 다음 그 사람이 어떤 귀중품을 보유하고 있고, 내게 일정한 보답을 해야 한다고 생각해서 그것을 내게 준다. 현재 내게 제공된 그 가치재는 이전에 당신이 내게 준 가치재(하우)의 산물이다. 나는 그것을 당신에게 줘야 한다. 그것을 내가 차지하는 것은 옳지 못한 일이다. 좋은 것이든 나쁜 것이든, 나는 그 가치재를 당신에게 줘야 한다. 그 가치재는 다른 가치재(하우)에 대한 보답이기 때문이다. 내가 그것을 차지하면 아프거나 죽을 것이다.

마오리 주술사의 도제

하지만 사물의 하우에 관한 이와 같은 이해는 여전히 전체적인 맥락을 고려하지 않고 생략했다는 비판에 직면할 수 있다. 선물과 공희에 관한 구절은 훨씬 더 큰 전체 텍스트의 일부분이다. 이 구절 앞에 베스트가 라나피리의 진술(Best, 1909: 440~441)을 통해 수집한 마우리 관련 자료에 관해 또 다른 논의가 이루어지고 있다. 사실 이 특별한 서두부를 제쳐둔 데는 분명히 어떤 그럴듯한 이유가 있을 것이다. 이 부분의 논의는 매우 애매모호하고 비의적(秘儀的)이며 죽음을 다루는 주문의 특징 및 전수와 주로 관련되어 있기 때문에 교환과 큰 관련이 없어 보인다.

마우리는 어떠한 대상, 즉 토홍가(사제)가 그것이 '들러붙는 장소', '꼭 달라붙는 장소', '머무는 장소'라고 판단하는 돌이나 나무 또는 그 밖의 다른 어떤 것에 대해 외우는 주문이다. 이러한 대상은 '쪼개지도록 만드는' 의례를 필요로 하고, 숲에 깃들게 하기 위해 숲속의 비밀스러운 장소에 숨겨둔다. 마우리에 타푸(tapu)가 없지는 않다. 또한 모든 숲이 마우리가 깃든 장소만큼 타푸한 것도 아니다. 마우리는 쪼개지도록 만드는 것과 연관되면 산산이 부서진다. 만약 어떤 사람이 사제에게서 주술적 주문이나 마우리를 깃들게 하기 위한 주문 등 다양한 주문을 배워서 익혔다면, 사제는 그에게 "이제 너의 주문을 '쪼개지도록 하라'"라고 말한다. 즉, 돌에 주문을 외워서 그것이 산산이 조각나게 하거나 어떤 사람에게 주문을 외워서 죽게 하는 식이다. 돌이 산산이 조각나거나 사람이 죽으면 그 제자의 주문이 매우 **마나**(mana)해진 것이다. 만약 '쪼개지도록 한' 돌이 산산이 부서지지 않거나 사람이 죽지 않으면, 그의 주문은 **마나**하지 않다. 주문이 되돌아와서 제자를 죽일 것이다. 만약 사제가 매우 늙어서 죽을 때가 가까워지면, 그는 제자에게 주문을 자기 자신, 즉 사제에게 "쪼개지도록 하라"라고 요구할 것이다. 사제가 죽고 그가 가르친 주문이 쪼개지면(산산이 흩어지면) 그 주문은 마나해진 것이다. 그러면 제자는 살아남아 머지않아 마우리를 깃들게 하려고 할 것이다. 이제 그는 숲속이나 물속 또는 포우-레잉가(pou-reinga)라 부르는 뱀장어 잡이용 어살*에 마우리를 깃들게 할 수 있다. 제자의 주문이 쪼개지지 않고, 즉 분열되지 않고 그의 내부에 남아 있는 것은 좋지 않다. 그것은 돌을 산산이 조각내는 것과 동일하게 그를 산산이 조각내는 것이기도 하다. 돌이 완전히 산산이 조각나면 좋은 일이다. 이것이 바로 '쪼개지도록 만드는 것'이다(빅스의 번역).

---

* 물고기를 잡기 위해 설치한 둑._옮긴이

앞서 이루어진 선물과 의례적 교환에 관한 분석은 위 구절의 심오한 의미를 이해하는 데 전혀 도움이 되지 않음이 틀림없다. 하지만 이 텍스트도 어떤 종류의 교환에 관해 언급하고 있는데, 이 교환은 타웅가와 '기르는 하우' 사이의 거래와 형식적으로 유사하다는 것을 한눈에 알 수 있을 것이다. 사제에게서 제자에게로 전수된 주문은 제3자를 경유하면서 가치가 강화되어 사제에게로 되돌아간다. 라나피리 텍스트의 세 구절은 동일한 주제의 변형으로서 내용 면에서뿐만 아니라 동일한 거래구조의 세 가지 모사라는 측면에서도 분명히 하나로 통합된다.[15]

이 사례는 퍼스(Firth, 1959a: 272~273)가 분석한 유용한 정보를 통해 보강되는데, 이 정보는 베스트(Best, 1925a: 1101~1104)가 제공한 것임이 틀림없다. 퍼스는 주술의 전수와 관련해서 마오리의 관습과 멜라네시아의 관행을 비교하면서 마오리의 경우 스승에게 보답해야 할 실질적인 의무가 전혀 없다는 사실에 놀라워했다. 마오리의 관점에서 보면 그러한 보답은 주문의 질을 떨어뜨리고 심지어 그것을 모독하거나 무효화시킨다. 단 하나의 예외는 타푸 흑주술을 전수하는 대부분의 마오리족 스승이 희생을 통해 보답을 받았다는 점이다. 도제는 가까운 친척 한 사람을 죽여야 하는데, 이는 전수 받은 주문에 보답할 때에 맞춰 주문을 강화시켜 주는 신들에게 재물을 바치는 행위이다(Best, 1925a: 1063). 아니면 토홍가가 늙어감에 따라 죽음을 다루는 지식이 토홍가 자신을 향해 사용될 수도 있다. 이는 우연히도 학문을 전수하는 의식이 모든 곳에서 동일하다는 사실을 증명한다. 이들 관습에 관한 베스트의 묘사는 선물에 관한 구절의 거래와 정확하게 동일한 양식을 보여주는데, 이 또한 무보답에 관한 기록과 함께 시작된다.

---

15) 물론 주술의 전수에 관한 구절과 의식에 관한 구절에는 서사적 연결성도 존재한다. 즉, 의식에 관한 구절의 핵심적 요소인 마우리의 배치와 함께 주술의 전수에 관한 구절이 끝나는 식으로 두 부분이 연결된다.

투호에(Tuhoe)와 아와(Awa)의 노인들은 그것을 이렇게 설명한다. 사제인 스승은 가르침에 대한 보답을 받지 않는다. 사제가 보답을 받으면 제자가 배운 주술에 효과가 없어진다. 그러면 주술적인 주문으로 한 사람도 죽일 수 없을 것이다. 하지만 당신이 내게 가르침을 받는다면, 당신의 힘을 보여주기 위해 무엇을 해야 하는지 내가 말해줄 것이다. 나는 당신이 입문을 위해 치러야 할 대가를 다음과 같이 말해줄 것이다. "배운 지식의 등가물, 즉 당신의 힘을 드러내는 것은 당신의 아버지여야 한다." 혹은 그 대가가 당신의 어머니나 다른 가까운 친척이 될 수도 있다. 그러면 그 힘은 효력을 발휘할 것이다. 스승은 제자가 지불해야 할 대가를 언급한다. 그는 제자가 지식습득에 대해 치러야 할 가장 큰 희생으로서 제자의 가까운 친족 한 명을 선택한다. 그러면 제자는 자신의 어머니가 될 수도 있는 가까운 친족 한 명을 스승 앞에 데리고 와서는 주술적 힘을 이용해서 죽일 것이다. 어떤 경우 스승은 제자에게 스승 자신을 죽이라고 지시할 수도 있다. 오래지 않아 그는 죽을 것이다. …… "제자가 치른 대가는 가까운 친족의 상실이다. 재화를 통해 보답한다면 그것이 무슨 효력이 있겠는가? 하이 아하!(Hai aha!)"(Best, 1925a: 1103)

이러한 세부 묘사를 통해 보면 전체 라나피리 텍스트의 세 부분 사이에 존재하는 형태론적 유사성이 분명하게 드러난다. 가치재의 교환이나 새의 희생제의와 마찬가지로 타푸 주술의 전수도 처음의 선물에 대한 직접적인 보답은 배제된다. 각각의 경우 되갚음은 제3자를 경유해서 전달된다. 모든 경우에 나타나는 이러한 중개는 최초의 선물에 어떤 결과물을 가져다준다. 두 번째에서 세 번째 사람으로의 이전을 통해서 특정한 가치나 효과가 첫 번째 사람이 두 번째 사람에게 준 것에 부가된다. 그리고 어떤 경우든 첫 번째 수령자(매개자)가 그 순환을 완결시키지 않으면 파멸(마테)의 위협을 받게 된다. 이 과정을 주술에 관한 텍스트에서 구체적으로 살펴보자. 토홍가는 도제에게 주문을 주며 도제는 그것을 희생자에게 사용한다. 이것이 성공적이면 주문이 강해진

그림 4.3 **토흥가-도제-희생자 간 순환관계**

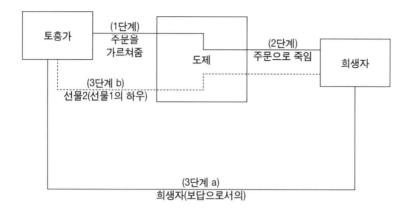

다. 즉, "그 제자의 주문은 매우 마나해진다". 반대로 실패하면 자신이 죽는다. 희생자는 토흥가의 가르침에 대한 보답으로 토흥가에게 속하는 것이다. 대안적인 방법으로 도제가 강력한 주문을 늙은 토흥가에게 되돌려주기도 한다. 즉, 도제가 스승을 죽이는 것이다. 이러한 순환이 그림 4.3에 제시되어 있다.

'하우'의 더욱 큰 의미

이제 **하우**로 다시 돌아가 보면, 이 용어에 단지 세속적인 함의만 있다고 단정할 수 없다는 점이 분명해진다. 만약 순환 중에 있는 가치재의 하우가 순환과정에서 생긴 결과물, 즉 어떤 구체적 재화의 구체적 산물을 의미한다고 하더라도, 여전히 숲의 하우와 사람의 하우가 문제로 남는다. 숲과 사람의 하우는 분명히 영적인 특질을 소유하고 있다. 그렇다면 그것은 어떤 종류의 영적인 특질일까? 이 주제에 관한 베스트의 논의 대부분이 영으로서의 하우와 물질적 보답으로서의 하우가 상당한 관련성이 있다는 점을 제시하고 있다. 이둘을 함께 고려해 보면, 그 알 수 없는 하우에 관해 좀 더 깊이 있게 이해하는 데 도달할 수 있다.

하우가 통상적인 애니미즘적 의미에서 영이 아니라는 점은 분명하다. 베스트는 이 점에 관해 분명한 입장을 취한다. 한 사람의 하우는 그의 **와이루아**(wairua), 즉 일반적인 인류학적 용법으로 '영혼(soul)'을 뜻하는 지각력 있는 영과는 완전히 다르다. 와이루아에 관한 베스트의 가장 포괄적인 논의 중 하나를 인용해 보겠다.

> **와이루아**는 인류학자들이 영혼이라고 부르는 것에 해당하는 마오리 용어이다. 이것은 임종 시에 육체를 떠나 영적인 세계로 들어가거나, 이곳 지상에 있는 이전의 집을 떠돌아다니는 바로 그 영이다. **와이루아**라는 단어는 환영, 즉 모든 비현실적인 이미지를 지칭한다. 때로 그것은 반사된 상을 나타내고, 따라서 인간에게 영적인 활기를 불어넣어 주는 영의 명칭으로 사용된다. …… **와이루아**는 살아 있는 동안에도 그것이 거주하는 육체를 떠날 수 있다. 어떤 사람이 멀리 떨어진 장소나 사람을 보는 꿈을 꿀 때 그런 현상이 일어난다. …… **와이루아**는 지각력 있는 영으로 인식된다. 그것은 잠자는 동안 육체를 떠나 우리가 꿈이라고 부르는 환영을 통해서 그 육체적 토대에게 임박한 위험이나 불길한 징조를 경고해 준다. 원주민 고위 사제들의 가르침에 따르면, 만물은 **와이루아**를 소유하고 있고 우리가 생명이 없는 대상으로 지칭하는 나무나 돌 같은 것도 마찬가지이다(Best, 1924, Vol. 1: 299~301).[16]

---

16) 따라서 모스가 하우를 단순히 영으로 번역하고 교환을 영혼의 관계(lien d'âmes)로 바라보는 관점은 적어도 정확하지 않다. 이러한 해석을 넘어, 베스트는 와이루아와 달리 죽음과 함께 더 이상 존재하지 않는 하우는 죽음의 고통에서 개인의 육체를 떠날 수 없다는 사실을 근거로 해서 하우(그리고 마우리)와 와이루아를 계속 구별하려고 했다. 하지만 베스트는 마법에 사용되는 인격의 하우가 물질적으로 표현된다는 점에서 어려움에 봉착한다. 따라서 대신 그는 하우의 특정한 부분이 육체로부터 분리될 수 있다거나, 마법으로서의 하우는 '진정한' 하우가 아니라고 주장하려는 유혹에 빠지게 된다.

다른 한편, 하우는 애니미즘이라기보다 오히려 애니마티즘(animatism)*에 속한다. 이런 식으로 하우와 마우리가 밀접하게 관련되어 있기 때문에 민족지학자들의 기록에서 양자를 실질적으로 구별하는 것은 사실상 불가능하다. 퍼스는 베스트의 중첩적이고 흔히 서로 일치하는 정의를 근거로 해서 이 둘 사이의 명백한 구분을 포기해 버린다. "가장 권위 있는 민족지학자들에 의해 모호해진 하우와 마우리의 구분은 이들 두 개념이 비물질적인 의미에서 거의 동의어라는 결론을 내리도록 만든다"(Firth, 1959a: 281). 퍼스가 주목하는 것처럼, 가끔은 일정한 차이를 보이기도 한다. 마우리는 인간과 관련될 때 더욱 활동적인 본질, 즉 '우리 안에서 작동하는 활기'이다. 대조적으로 마우리가 땅이나 숲과 관련될 때는 흔히 실체 없는 하우의 실체적 재현에 사용된다. 마우리는 또한 땅의 순전히 영적인 특질을 나타낼 수도 있고, 다른 한편으로 인격의 하우가 주술에 사용되는 잘라낸 머리카락이나 손톱 조각 등과 같은 구체적인 형태를 띨 수도 있다. 이들 언어적·종교적 미스터리를 해결해서 마오리의 영이 갖는 신학적·법률적으로 애매한 특성을 판독해 내는 것은 내가 여기서 할 일이 아니다. 그보다 나는 한편으로 **하우** 및 **마우리**와 다른 한편으로 **와이루아** 사이에 존재하는 좀 더 분명하고 큰 차이점을 조명하고자 한다. 이 차이가 타마티 라나피리의 난해한 용어들을 더 명료하게 해줄 것이라고 생각한다.

영적 특질로서의 하우와 마우리는 다산성과 특별한 관련성이 있다. 베스트는 양자를 흔히 '활력'이라고 불렀다. 다산성과 생산성이 '생명력'의 본질적 속성이라는 점이 베스트의 논의 대부분에서 분명하게 드러난다. 이와 관련해서 다음과 같은 예를 들 수 있다(아래 인용문의 볼드체는 필자의 강조).

땅의 **하우**는 땅의 생명력 또는 **다산성**이다. 그리고 내 생각에 그것은 우리가 위세

---

* 모든 자연물에도 생명과 의식이 있다고 생각하는 애니미즘 이전의 원시적 신앙._옮긴이

라는 단어를 통해 표현할 수밖에 없는 어떤 특질이다(Best, 1900~1901: 193).

아히 타이타이(ahi taitai)는 신성한 화로로서, 그 위에서 인간, 땅, 숲, 새 등의 생명원리와 **풍요성**을 보호하려는 목적의 의식이 치러진다. 사람들은 이것을 집의 **마우리** 혹은 **하우**라고 한다(Best, 1900~1901: 194).

…… 헤이프(Hape)는 남쪽으로 탐험을 떠나면서 **쿠마라**(kumara, 고구마)의 **하우**를 가지고 갔다. 어떤 사람들은 그가 **쿠마라**의 **마우리**를 가지고 갔다고 말하기도 한다. 이 마우리의 가시적 형태가 쿠마라 줄기였는데, 그것은 하우, 즉 쿠마라의 생명력과 **다산성**을 표현한다(Best, 1900~1901: 196; cf. Best, 1925b: 106~107).

숲의 마우리에 관해서는 이미 주목한 바 있다. 우리는 그것이 숲의 **생산성**을 보호하는 기능이 있다는 점을 보여주었다(Best, 1900~1901: 6).

물질적 마우리는 농경과 관련해서 사용되었다. 곡물을 심는 장소에 마우리를 배치하고, 사람들은 그것이 곡물의 성장에 매우 이로운 영향을 미친다고 믿었다(Best, 1922: 38).

이제 하우와 마우리는 인간뿐만 아니라, 동물, 땅, 숲, 그리고 심지어는 마을의 집과도 관련된다. 따라서 숲의 하우, 즉 생명력 혹은 **생산성**은 매우 특별한 의식을 통해 조심스럽게 보호되어야 한다. …… **다산성**은 그 정수인 하우가 없다면 존재할 수 없기 때문이다(Best, 1909: 436).

생명이 있든 없든 만물은 이러한 삶의 원리(마우리)를 소유하고 있다. 그것이 없으면 아무것도 **번성**할 수 없을 것이다(Best, 1924, Vol. 1: 306).

따라서 이미 사실상 추정해 온 바와 같이, 선물의 하우가 선물의 물질적 산물인 것처럼 숲의 하우는 바로 숲의 다산성이다. 교환의 세속적인 맥락에서 하우가 재화에 대한 보답인 것처럼, 영적인 특질로서의 하우는 다산성의 원리이다. 두 경우 모두 동일하게, 근원이 근원으로 유지될 수 있도록 인간이 획득한 이익은 그 근원에로 되돌려져야 한다. 타마티 라나피리가 말했던 전체적 뜻은 바로 이런 것이었다.

'모든 것은 마치' 마오리 사람들이 하나의 포괄적인 개념이자 생산성의 일반적 원리인 하우를 알고 있는 것'처럼 전개된다'. 하우는 더 이상 구분될 수 없는 하나의 범주이다. 그 자체로는 우리가 '영적'이라고 부르는 것에도 그리고 '물질적'이라고 부르는 것에도 속하지 않지만, 양쪽 다 적용 가능하다. 마오리 사람들이 가치재에 관해서 이야기할 때는 하우를 교환의 구체적인 산물로 이해한다. 숲에 관해서 이야기할 때는 하우가 사냥감 새를 풍부하게 만드는 어떤 것, 즉 마오리 사람들에게 보이지는 않지만 분명하게 인식되는 어떤 힘이었다. 하지만 마오리인들이 '영적인 것'과 '물질적인 것'을 꼭 그런 방식으로 구별할 필요가 있었을까? 하우라는 용어의 명백한 '불명확성'은 '경제적인 것', '사회적인 것', '정치적인 것', '종교적인 것'이 구분되지 않고 동일한 관계를 통해 조직되고 동일한 활동 속에 혼합되어 있는 그런 사회와 완전하게 일치하지 않는가? 그렇다면 모스의 해석에 대한 우리의 태도를 다시한 번 뒤집어야 하는 것은 아닐까? 모스는 하우의 영적인 특성과 관련해서 오해받기 쉬웠다. 하지만 좀 더 심원한 또 다른 의미에서 보면 그는 옳았다. '모든 것은 마치' 하우가 하나의 총체적인 개념인 것'처럼 전개된다'. 카아티 이-나(Kaati eenaa, 이것이 전부이다).

『증여론』의 정치철학

　모스는 만인의 만인에 대한 전쟁상태를 만인들 사이의 만물의 교환으로 대체한다. 하우, 즉 선물 속에 깃들어 있는 증여자의 영은 호혜성에 대한 궁극적인 설명이 아니라 일정한 역사적 맥락 속에서만 의미를 갖는 특수한 명제에 지나지 않았다. 여기서 정치적 사회의 해명에서 분절적 사회의 조화로 치환되는 혼돈과 계약 간 상호작용의 새로운 양상이 드러났다. 『증여론』은 일종의 원시인을 위한 사회계약이다.

　모스는 저명한 선배 철학자들과 마찬가지로 무질서라는 원초적 조건에서 논의를 시작한다. 이 무질서는 어떤 의미에서 주어져 있고 시원적인 것이지만 후에 변증법적으로 극복되는 것이기도 하다. 교환은 전쟁과 반대로 설정된다. 어느 정도는 인격의 성격을 가지는 사물과 어느 정도는 사물로 간주되는 인격의 이동은 조직화된 사회의 기저에 있는 합의이다. 선물은 동맹이자 결속이자 연대이다. 간단히 말해 선물은 평화, 즉 초기 철학자들 중에서 특히 홉스가 국가에서 발견했던 위대한 미덕이다. 하지만 모스의 참신성과 진실성은 바로 그가 논의를 전개하면서 정치적 용어를 사용하지 않았다는 데 있다. 최초의 합의는 권위에 관한 것도, 심지어 통합에 관한 것도 아니다. 미숙한 추장권 제도에서 사회계약의 타당성을 발견하는 것은 구닥다리 사회계약론을 너무 지나치게 문자 그대로 해석하는 셈이 될 것이다. 사회계약의 원시적 등가물은 국가가 아니라 선물이다.

　선물은 문명사회에서 국가에 의해 보장되는 평화를 달성하는 원시적인 방법이다. 전통적인 관점에서 보면 계약이 정치적 교환의 한 형태이지만, 모스는 교환을 정치적 계약의 한 형태로 보았다. 모스의 유명한 개념인 '총체적 급부(total prestation)'*는 다름 아닌 '총체적 계약'이다. 이는 『민족지 지침서(Manuel d'Ethnographie)』에 정확히 그와 같은 취지로 설명되어 있다.

우리는 총체적 **급부**로서의 계약과 **급부**가 단지 그 한 부분에 불과한 계약을 구별할 것이다. 전자는 이미 호주에서 볼 수 있었고 폴리네시아 세계 대부분 지역과 북미에서도 발견된다. 누 씨족의 경우를 보면, 항구적인 계약 상황에서 모든 사람이 자기 씨족의 다른 모든 구성원과 반대 씨족의 다른 모든 사람에게 모든 것을 빚고 있다는 사실을 통해 총체적 **급부**가 명시적으로 드러난다. 이와 같은 계약의 항구적이고 집단적인 성격은 상대측에 대한 필수적인 부의 과시와 함께 **급부**를 진정한 계약으로 만든다. **급부**는 모든 시기에 모든 것과 모든 사람에게로 확장된다. ······ (Mauss, 1967: 188)

하지만 계약은 선물교환과 마찬가지로 기존의 정치철학을 통해서 예견되거나 상상될 수도 없고 또 어떤 형태의 사회나 국가도 형성하지 않는 완전히 새로운 정치적 실현태(實現態)를 수반한다. 루소, 로크, 스피노자, 홉스 등에게 사회계약은 무엇보다 우선적으로 사회의 협약이었다. 그것은 바로 합병에 관한 합의로서 이전에는 분리되고 적대적인 부분들로부터 하나의 공동체, 즉 각 개인으로부터 얻어낸 권력을 만인의 이익을 위해 행사하는 초개인적 존재를 형성하는 것이었다. 하지만 그다음은 특정한 정치적 구성물이 조건으로 요구된다. 통합의 목적은 사적 정의의 실현에서 비롯되는 투쟁을 종식시키는 것이었다. 결과적으로, 중세와 그 이전 시대처럼 지배자와 피지배자 간의 통치권 계약 같은 것은 아니었을지라도, 그리고 주권의 소재에 관한 견해 차이가 어떤 식으로 나타나든지 간에, 모든 철학자는 사회계약이라는 개념을 국가제도를 의미하는 것으로 사용할 수밖에 없었다. 다시 말해 그들은 합의에 통한 사적 권력(개인의 권리)의 소외를 주장해야만 했다. 철학자들 사이에서

---

* 프랑스어 'préstation totale'의 영역 'total prestation'을 번역한 것이다. 이는 증여와 선물 관계가 일종의 총체적인 '사회적 사실'로서 정치적·경제적·법적·종교적·미학적 차원 등 사회의 모든 차원을 관통하는 원리로 작동하고 있는 상태를 추상화한 개념이다._옮긴이

그 포괄성에 관한 논쟁이 계속되었음에도 불구하고, 공적 권력을 위한 사적 권력의 포기가 필수적인 사항이었다.

하지만 선물은 법인체적인 의미에서가 아니라 단지 분절적인 의미에서 사회를 조직했다. 호혜성은 어떤 '사이의' 관계이다. 그것은 분리되어 있는 부분들을 좀 더 고차원적인 통합성 속으로 용해시키지 않는다. 반대로 대립하는 부분들을 서로 연결시키면서 대립을 항구화시킨다. 또한 선물은 계약 당사자들의 분리된 이해를 초월하는 제3자의 존재를 특정화하지도 않는다. 가장 중요한 것은 선물이 권리가 아니라 의지에만 영향을 미치기 때문에 부분들의 권력을 철회시키지 않는다는 점이다. 따라서 모스가 생각하는, 그리고 원시 사회에 실제로 존재하는 평화의 조건은 항상 복종을 요구하고 때로는 공포를 수반하는 구조인 고전적 계약을 통해 상상되는 것과 정치적으로 분명한 차이가 난다. 관대성에 부여되는 명예를 제외하면, 선물은 결코 평등과 자유를 희생시키지 않는다. 교환을 통해 동맹관계를 맺는 집단은 비록 권력을 실제로 사용하지는 않더라도 각자의 권력을 계속 보유한다.

나는 홉스와 함께 논의를 시작했고, 『증여론』에 관한 논의는 특히 『리바이어던(Leviathan)』[17]과의 비교에 입각해서 이루어질 것이다. 하지만 모스는 정서적으로 분명히 루소와 훨씬 더 가깝다. 모스의 원시 사회는 형태상 분절적이라는 점에서 홉스의 자연 상태가 함축하는 철저한 개인주의보다는 오히려 루소의 『불평등 기원론(Discourse on Inequality)』의 세 번째 단계에 더 가깝다 (Cazaneuvc, 1968). 그리고 모스와 루소가 유사하게 자연 상태를 사회와 반대되는 것으로 간주했던 것과 마찬가지로 그들의 해답 또한 서로 비슷했다. 모스에게 그 해답은 바로 '모든 때에 만물과 만인에게로 확장되는' 교환이다. 게

---

17) 홉스에 대한 인용은 모두 에브리맨(Everyman)판 『리바이어던』(New York: Dutton 1950)에 의거해 있다. 이 판본이 더 일반적으로 인용되는 몰스워스(Molesworth, 1839)판 『영문전집 (English Works)』과 달리 고어체를 여전히 유지하고 있기 때문이다.

다가 만약 사람들이 증여행위를 통해 자신(하우)을 증여하는 것이라면, 모든 사람은 영적으로 다른 모든 사람의 일부가 된다. 다시 말해 선물은 심지어 수수께끼 같은 성격을 보여줄 때에도 "우리는 모두 각자의 신체와 모든 힘을 공동의 것으로 삼아 일반의지라는 최고의 지도자하에 둔다. 그리고 우리는 각 구성원을 전체의 불가분적인 일부로 이해한다"라는 루소의 사회계약론에 근접한다.

하지만 모스는 영적으로는 루소의 후예인 반면 정치철학자로서는 홉스에 더 가깝다. 물론 이 말은 모스가 역사적으로 홉스와 가깝다는 뜻이 아니라, 두 사람의 논의가 분석적으로 뚜렷하게 수렴한다는 뜻이다. 양자의 수렴은 권력이 일반적으로 분산되어 있는 정치적 자연 상태, 이성을 통해 그러한 조건으로부터 벗어날 가능성, 그리고 그 결과인 문화적 진보를 통해 실현되는 이익에 관해 기본적으로 동의하고 있다는 점에서 찾을 수 있다. 홉스와 비교할 때 『증여론』의 숨겨진 구도가 가장 잘 드러나는 것 같다. 하지만 만약 이러한 '문제틀'이 홉스와 정확하게 일치하는 지점에서는 원시 정치체제의 본질적인 발견을 가능하게 해주고, 차이 나는 지점에서는 사회진화의 이해에 근본적인 진전을 가능하게 해주지 않는다면, 그러한 비교는 특별한 의미가 없을 것이다.

『증여론』과 『리바이어던』의 정치적 측면

홉스와 마찬가지로 모스의 관점에서도 사회의 기저구조는 역시 전쟁상태이다. 이는 사회학적으로 특별한 의미가 있다.

'만인의 만인에 대한 전쟁상태'라는 장엄한 구절에는 상당한 애매성이 내재해 있다. 아니면 적어도 이 구절에 포함된 인간본성에 관한 주장은 그와 동일한 정도로 뚜렷한 사회적 차원을 무시하고 있다. 홉스가 묘사하는 자연 상태는 일종의 정치적 질서이기도 하다. 홉스가 인간의 권력욕과 폭력성에 몰두했다는 것은 분명한 사실이다. 하지만 그는 인간들 사이의 힘의 분배와 그것을 사용할 자유에 관해서도 고민했다. 따라서 『리바이어던』에서는 인간의 심리에서 시원적 조건으로 옮겨가는 과정이 연속적임과 동시에 단절적이기도 하다. 자연 상태는 인간본성에서 비롯되는 당연한 귀결이다. 하지만 그것은 또한 일종의 정치체제로서 심리학적 용어로는 묘사할 수 없는 새로운 수준의 현실을 뜻하기도 한다. 이러한 만인의 만인에 대한 전쟁상태는 단순히 힘을 사용하려는 경향에 불과한 것이 아니라 힘을 사용할 수 있는 **권리**이고, 단순한 경향성만이 아니라 특정한 **권력관계**이기도 하다. 그리고 그것은 우월성을 향한 열망일 뿐만 아니라 지배의 사회학이기도 하고, 경쟁의 본능임과 동시에 대결의 정당성이기도 하다. 자연 상태는 이미 일종의 사회이다.[18]

그렇다면 어떤 종류의 사회일까? 홉스에 따르면 그것은 통치자가 없는, 다시 말해 '만인을 압도하는 일반적 권력'이 없는 사회이다. 긍정적으로 표현하면, 그것은 싸움을 도발할 수 있는 권리가 복수의 개별 인간들에 의해 보유되는 사회이다. 하지만 여기서 지속되는 것은 싸움 자체가 아니라 싸움을 할 권리라는 점을 반드시 강조해야 한다. 이러한 강조는 홉스 자신이 한 것으로 그가 자연 상태의 전쟁을 인간의 폭력성을 넘어 구조의 수준으로까지 끌고 갔던 매우 중요한 구절에서 발견된다. 여기서 자연 상태는 싸움이 발생하지는 않지만 그 반대 상태인 평화에 대한 보장이 없고, 싸움의 의지가 충분히 알려져 있는 **한동안의 기간**을 의미한다.

---

18) 초기 저작인 『법의 정신(Elements of Law)』과 『시민론(De Cive)』보다 특히 『리바이어던』에서 이 점이 더 분명하게 드러나는 이유는 멕네일리의 최근 분석을 통해서 알 수 있다. 멕네일리의 분석에 따르면, 홉스의 논의가 개인들 사이에 존재하는 관계(주권이 부재한 상태에서 맺어지는)의 형식적 합리성으로 완전하게 전환되는 것은 다름 아닌 『리바이어던』에서이다. 이는 논리적으로 인간적 욕망의 만족에 대한 이전의 강조를 포기하는 것으로 귀결된다. 따라서 초기의 연구에서 "홉스는 개별적 인간존재의 특수한 본성에 관한 (매우 의심스러운) 명제들로부터 정치적인 결론을 도출해 내려고 했던 반면, ……『리바이어던』에서는 개인 간 관계의 형식적 구조에 입각해서 논리를 전개한다"(McNeilly, 1968: 5).

전쟁상태(Warre)는 단지 싸움이나 싸우는 행위 속에 존재하는 것이 아니라, 싸움을 통해 경쟁하려는 의지가 충분히 알려져 있는 일정한 시간의 궤적 속에 존재한다. 따라서 **시간**은 기후의 본질에 관해 논할 때와 마찬가지로 전쟁의 본질에 관해 논할 때 반드시 고려해야 할 관념이다. 그 이유는 불순한 기후의 본질이 한두 차례의 비에 존재하는 것이 아니라 많은 날이 함께 모여서 이루어지는 어떤 경향성 속에 존재하는 것과 마찬가지로, 전쟁상태의 본질도 실제적 싸움 속에 존재하는 것이 아니라, 일정한 기간에 평화에 대한 어떠한 보장도 없는 분명한 경향성 속에 존재하기 때문이다. 이 외의 다른 모든 기간은 **평화상태**이다(1부 13장).

홉스는 'Warre'라는 고어를 즐겨 사용함으로써 뭔가 다른 것, 즉 어떤 명확한 정치적 형태를 의미하려고 했던 것 같다. 전쟁상태의 결정적인 특징은 힘에 자유롭게 호소하는 것이다. 모든 사람은 자신의 더 큰 이익이나 영광을 위해 그리고 자기 자신과 재산을 보호하기 위해 그러한 선택을 보유한다. 이러한 분리된 힘들이 어떤 집합적 권위로 전환되기 전까지는 어떠한 형태의 평화 보장도 존재하지 않을 것이라고 홉스는 주장했다. 그리고 비록 모스는 평화의 보장을 선물에서 발견하고 있지만, 두 사람 모두 원시적 질서가 법의 부재 상태와 다르지 않다는 점에 대해서는 동의하고 있다. 이것은 모든 사람이 법을 장악할 수 있고, 그 결과 인간과 사회는 폭력적 결말이라는 지속적인 위험 하에서 존속하고 있다고 주장하는 셈이 된다.

물론 홉스는 비록 소규모 가족의 활기찬 조화를 초월하는 어떠한 형태의 정치체제도 알려져 있지 않은 아메리카 대륙 여러 지역의 원시인들처럼 '오늘날까지도 그런 야만적인 방식으로 살아가는' 사람들이 더러 있기는 하지만, 실제로 자연 상태를 어떤 일반적인 경험적 사실 또는 어떤 진정한 역사적 단계로 간주하지 않았다. 자연 상태라는 개념이 역사적인 것이 아니라면 도대체 어떤 의미로 사용되었을까?

때로 그것은 갈릴레오(Galileo)적 의미에서 복잡한 현상의 왜곡 요소들을 무저항 상태에서 운동하는 물체의 이상적 경로로 환원시켜 버리는 것과 마찬가지라고 평가되기도 한다. 이러한 비유는 분명히 그럴듯하다. 하지만 그것이 복잡한 현상의 긴장과 층화를 무시하는 한, 홉스와 모스 양자 모두에 대해 정당한 평가가 될 수 없다. 만약 '전쟁상태'가 단지 사람들이 '문을 걸어 잠그고' 군주들이 '항구적인 질투심'에 불타고 있는 것을 의미한다면, 그것은 분명히 존재한다. 하지만 그것은 존재하더라도 상상될 수밖에 없는 어떤 것이다. 왜냐하면 모든 현상이 어떤 참을 수 없는 위협으로서의 전쟁상태를 억누르고 압도하며 거부하도록 **설계**되어 있기 때문이다. 따라서 전쟁상태는 외적 행위 이면에 은닉해 있고 역으로 형상을 바꾸는 숨겨진 하부구조를 탐구한다는 점에서 물리학보다 오히려 정신분석학과 더 유사한 방식으로 상상되는 어떤 것이다. 그렇다면 시원적 상태에 대한 연역은 관찰 가능한 것을 초월해서 투사하더라도 여전히 경험적 사건과 일치하는 경험적 근사치의 직접적인 확장이 아니다. 여기서 실재는 경험적인 것과 반대되는 것이고, 우리는 사물의 현상적 차원을 사물의 진정한 특질의 표현이 아닌 부정으로서 이해해야 한다.

　내 생각에 모스는 바로 이러한 방식으로 원시 사회의 특정한 본성, 즉 정확히 선물에 의해 부정되기 때문에 항상 명백하게 드러나지는 않는 본성에 입각해서 선물에 관한 일반이론을 개진했다. 더욱이 원시 사회는 전쟁상태라는 동일한 본성을 가진 사회였다. 원시적 질서는 그 본질적 취약성을 부정하기 위해 고안된 일종의 합의이다. 여기서 원시 사회의 본질적 취약성은 근저에 상이한 이해와 그에 걸맞은 힘을 가진 집단들로의 분리, 즉 오직 갈등 상황에서만 연합할 수 있고 그렇지 않으면 갈등을 피하기 위해 연합에서 탈퇴해야 하는 '아메리카 대륙 여러 지역의 원시인들'과 같은 씨족집단들로의 분리를 말한다. 물론 모스는 홉스의 심리학적 원리로부터 출발하지는 않았다. 인간 본성에 대한 그의 관점은 분명히 '죽음에 이르러서야 끝이 나는 항구적인 권력욕'보다는 더 미묘하다.[19) 하지만 모스의 관점에 따르면, 사회의 본성은 싸움을 통해 경쟁하려는 의지가 충분히 알려져 있고, 그동안 평화보장이 전혀 존재하지 않는 경향을 가진 상황에 대항해서 유지되는 집단의 무정부상태이다. 이러한 논의의 맥락 속에서 하우는 단지 하나의 종속적인 명제에 불과하다.『증여론』의 구도상으로 볼 때, 모스가 원주민의 합리화를 가설적으로 도입한 것 자체가 호혜적 상호작용이라는 좀 더 심층적인 필요성에 대한 합리화인데, 여기서 호혜적 상호작용의 필요성은 다른 이유, 즉 전쟁의 위협에서 비롯된다. 하우에 구조화되어 있는 호혜적 상호작용의 강박관념은 사회에 구조화되어 있는 집단들의 혐오에 대응한다. 따라서 재화에 대한 매력의 힘은 인간들 사이의 힘에 대한 매력을 압도한다.

하우에서 비롯된 논쟁보다 덜 극적이고 지속적이기는 하지만, 전쟁상태에서 비롯된 논쟁도『증여론』에 끊임없이 재등장한다. 전쟁상태가 바로 '총체적 급부'에 대한 모스의 정의 속에 포함되어 있기 때문이다. 모스는 총체적 급부를 "겉보기에는 자발성이라는 외양 속에서 수행되지만, …… 본질적으로는 그것을 위반하면 **사적 또는 공적 전쟁이 발발한다는 조건하에서 이루어지는** 엄격히 강제적인"(Mauss, 1966: 151; 강조는 필자) 교환이라고 정의한다. 이와 유사하게 "증여를 거부하거나 권유하지 않는다는 것은 받아들이기를 거부하는 것과 마찬가지로 선전포고에 해당한다. 그것은 곧 동맹과 연대를 거부하는 것이다"(Mauss, 1966: 162~163).

모스가 포틀래치(potlatch)를 일종의 승화된 전쟁으로 평가했다고 주장하는 것은 논지를 왜곡하는 것일 수도 있다. 처음에는 파인마운틴 축제(Pine

---

19) 모스는 오늘날의 특정한 거래관계 속에서 "인간 활동의 다소 본질적인 동기인 동성(同性)의 개인들 간에 존재하는 경쟁, 즉 본질상 부분적으로는 사회적이고 부분적으로는 동물적이며 심리학적인 인간의 '뿌리 깊은 제국주의'"(Mauss, 1966: 258~259)에 대해 주목했다. 다른 한편으로 맥퍼슨(Macpherson, 1965)이 주장하는 바처럼, 인간본성에 관한 홉스의 관념이 단지 영원불멸한 부르주아를 의미한 반면, 모스는 그것과 정반대의 입장에 서 있다(Mauss, 1966: 271~272).

Mountain Corroboree)*라는 은유를 통해, 마지막에는 다음과 같이 시작하는 일반적인 진술을 통해 전쟁과 교환 사이의 대립이 더 폭넓고 명료해지는 『증여론』의 결론부로 넘어가 보자.

우리 유럽 사회를 제외하고 이상에서 기술한 모든 사회는 분절 사회이다. 심지어 인도-유럽 사회, 즉 12동판법(銅版法)** 이전의 로마 사회, 후기 에다(Edda)*** 시대까지의 게르만 사회, 그리고 주요 문학 시대까지의 아일랜드 사회를 위시한 모든 사회가 여전히 내적으로는 다소 분화되지 않았지만 외적으로는 서로 분리되어 있는 씨족, 혹은 적어도 대가족에 기초해 있었다. 이들 모든 사회는 우리 사회의 통합수준에 전혀 도달하지 못했을 뿐만 아니라 부적절한 역사적 연구를 통해 부여된 통합성에도 미치지 못했다(Mauss, 1966: 277).

이렇게 과장된 공포와 적대감이 특징적인 시대의 사회조직으로부터 그와 동일한 정도로 과장된 관대성의 시대가 출현한다.

결혼식이나 호혜적인 입사의례를 위해 경쟁 씨족이나 가족들이 서로를 방문할 때, 그리고 심지어 체계적인 '환대' 관련 법률을 갖춘 더 발달한 사회에서 친선법과 신약(神約)을 통해 '시장'과 읍락의 '평화'를 구축할 때도, 아주 오랫동안 그리고 수많은 사회에서 인간들은 과장된 공포와 적대감에 그만큼의 과장된 관대함이 뒤섞여 있는 기묘한 마음상태로 서로를 대면해 왔다. 이는 그들 누구에게도 무모하게 보이지 않지만, 우리 자신의 눈에는 그렇게 보인다(Mauss, 1966: 277).

---

* 호주 중동부 퀸즐랜드 원주민의 제의(祭儀)._옮긴이
** 기원전 451~450년에 제정된 초기 로마법의 12조문._옮긴이
*** 1200년경 저술된 고대 아이슬란드의 시집._옮긴이

이렇게 사람들은 '**타협한다**(traiter)'. 이 표현이 담고 있는 평화와 교환의 이중적 의미는 원시적 계약을 완벽하게 요약하는 아주 적절한 표현이다.

> 우리 사회보다 약간 선행했거나 여전히 우리 주변에 있는 모든 사회에서뿐만 아니라 우리 자신의 대중적 도덕성의 수많은 용례에도 중도(中道)라는 것은 존재하지 않는다. 즉, 완전한 신뢰가 아니면 완전한 불신이다. 사람들은 무기와 주술을 포기하고, 일상적 환대에서부터 자신의 딸과 재화에 이르기까지 모든 것을 줘버린다. 인간이 자기이해를 버리고 주고받는 관계에 참여하는 방식을 배우는 것은 바로 그와 같은 종류의 조건하에서이다. 하지만 그다음에는 달리 선택의 여지가 없어진다. 서로 조우하는 두 인간 집단은 오직 물러서거나(혹은 불신이나 도전에 직면하면 전쟁도 불사한다) 타협할 수밖에 없다(Mauss, 1966: 277).

모스는 책의 말미에서 폴리네시아의 신비한 숲으로부터 멀리 벗어난다. 좀 더 일반적인 이론적 논의에 입각해서 호혜성을 다른 방식으로 설명하고, 모든 불가사의와 특수성에 반하는 **이성**에 관해 설명하면서, **하우**라는 모호한 힘은 망각해 버린다. 여기서 선물은 다름 아닌 이성이다. 즉, 그것은 전쟁의 어리석음에 대한 인간적 합리성의 승리이다.

> 인간이 전쟁·고립·정체를 동맹·선물·교역으로 대체하는 데 성공하는 것은 바로 이성을 감성에 대비시키고 평화에 대한 의지를 이와 같은 무분별한 어리석음에 대비시키는 것을 통해서이다(Mauss, 1966: 278).

나는 이러한 '이성'뿐만 아니라 '고립'과 '정체'도 강조한다. 선물은 사회를 가능케 함과 동시에 문화를 해방시켰다. 분절사회는 조우와 분산 사이를 끊임없이 왕복하고 그렇지 않으면 야만적이고 정체된 상태로 남는다. 그러나 선물은 진보이다. 진보야말로 선물이 갖는 최고의 이점이다. 모스는 마지막으로 다음과 같이 호소한다.

> 사회와 그 하위집단들, 그리고 개별 구성원들이 주고받고 되갚는 관계를 안정시키는 정도만큼 사회는 진보해 왔다. 교환하기 위해서는 먼저 창을 내려놓을 필요가 있었다. 그래야만 비로소 씨족과 씨족 간, 부족과 부족 간, 국가와 국가 간, 그리고 무엇보다 개인과 개인 간에 재화와 사람의 교환이 성공적으로 이루어진다. 오직 그 결과로 인해 사람들은 서로 간에 이해관계를 창출하고 만족시키며, 마지막으로 무기에 호소하지 않고 자신을 보호할 수 있게 되었다. 씨족, 부족, 그리고 사람들이 어떻게 서로 학살하지 않고 조우할 것인지, 그리고 어떻게 희생 없이 서로 주고받을 것인가를 배워야 하는 것은 바로 그 때문이다. 이른바 문명이라 불리는 우리 세계의 미래를 위해 계급, 국가, 개인들이 반드시 그것을 배워야 하는 것도 바로 그 때문이다(Mauss, 1966: 278~279).

홉스적 자연 상태의 '불편함'은 진보가 결여된 상태와 마찬가지였다. 그리고 사회는 그와 유사하게 정체라는 저주에 빠져 있었다. 이 점에서 홉스는 후대의 민속학의 논지를 훌륭하게 예견했다. 그는 국가가 없었다면, 즉 특정한 통합과 통제를 위한 제도가 결여되어 있었다면, 생물 영역에서 중앙신경계가 출현하기 전까지 유기체가 상대적으로 분화되지 않은 상태에 머물러 있어야 했던 것처럼, 문화는 미개하고 단순한 상태로 남아 있어야 했을 것이라고 주장한다. 홉스는 현대 민속학을 일정 정도 능가한 측면도 있다. 현대 민속학은 그저 무의식적으로 그리고 스스로의 결정을 정당화하려는 진지한 시도도 없이, '미개'와 '문명' 사이의 위대한 진화적 분리를 국가의 형성에서 찾는 것으로 만족해 버린다. 그러면서 국가 형성이라는 판단기준이 도대체 왜 좋은지를 설명하는 홉스의 유명한 문구를 불쾌하고 야만적이며 짧은 문구로 축약시켜 버린다. 홉스는 적어도 진화적 분리를 기능적으로 정당화했고 질적 변화가 양적 변화를 초래할 것이라고 지적했다.

그러한 전쟁상태의 불편함. 따라서 만인이 만인에 대해 적인 전쟁의 시기가 수반하는 것이 무엇이든 간에, 인간이 스스로의 힘과 발명품이 제공해 주는 것 외에는 아무런 안전보장도 없이 살아가는 시기에도 그 결과는 동일하다. 이러한 조건하에서는 근면한 노력의 여지가 존재하지 않는다. 근면함이 낳는 결실이 불확실하기 때문이다. 결과적으로 지구상의 문화도 항해술도, 바다를 통해 수입되는 상품도 존재하지 않을 뿐만 아니라, 편리한 건물도, 많은 힘을 필요로 하는 물건을 움직이거나 제거할 수 있는 도구도, 지표면에 관한 지식도, 시간계산도, 예술도, 편지도, 사회도 존재하지 않는다. 그리고 그중 가장 나쁜 것으로, 끊임없는 공포와 폭력적 죽음의 위험이 도사리고 있고, 인간의 삶은 고독하고 가난하며 불쾌하고 야만적이며 짧다(I부 13장).

하지만 모스와의 유사성을 찾아보면, 인간은 그러한 불안정과 빈곤으로부터 탈출하고자 한다는 점이다. 홉스에 따르면, 이것은 대체로 감성적인 이유 때문이지만 정확하게는 이성을 통해서이다. 물질적 박탈의 위협에 처해 있고 폭력적 죽음에 대한 공포에 사로잡혀 있는 인간은 '합의에 도달할 수 있는 어떤 편리한 평화조약을 제안하는' 이성에 의지하려고 했을 것이다. 따라서 홉스의 유명한 자연법은 보호를 추구하는 이성의 충고이고, 제1의 근본적인 자연법은 '**평화를 추구하고 따르는 것**'이다.

그리고 인간의 조건은 (앞 장에서 천명한 바와 같이) 만인의 만인에 대한 전쟁상태이다. 이러한 상황에서는 만인이 자신의 이성에 의해 지배되고, 적에 대항해서 자신의 생명을 보호하기 위해 활용할 수 있는 것은 아무것도 없으며, 또 아무런 소용도 없다. 결과적으로 그러한 조건 아래에서 만인은 모든 것에 대한, 그리고 심지어 서로의 신체에 대한 권리도 가진다. 따라서 이러한 만물에 대한 만인의 자연적 권리가 지속되는 한, 누구에게도 안전보장은 존재하지 않고, (아무리 강하고 현명하더라도) 자연이 허용해 준 시간만큼 연명한다는 보장도 없다. 그리고 결과적으로, **평화를 확보하고자 하는 한 만인은 평화를 위해 노력해야 하고, 평화를 확보하지 못할 때는 전쟁상태의 이점과 모든 수단을 추구하고 또 사용할 것이라는 점**이 바로 이성의 교훈이자 일반법칙이다. 이 법칙의 첫 번째 부분이 바로 인간은 평화를 추구하고 따른다는 제1의 근본적인 자연법을 담고 있다(I부 14장).

홉스가 선물의 평화적 기능을 예견했다는 것은 너무 지나친 주장일 것이다. 하지만 이러한 제1의 자연법에 이어 18개의 법칙이 제시되는데, 사실상 이들 모두 인간은 평화를 추구한다는 훈령을 구체화하기 위해서 고안된 것이다. 특히 제2법칙에서 제5법칙까지는 동일한 화해의 원칙, 즉 호혜성에 근거해 있는데, 이 원칙의 가장 확실한 구체화가 바로 선물이다. 따라서 홉스의 주장은 모스의 주장과 구조적으로 일치한다. 이 점에서 적어도 홉스는 전쟁상태의 억제를 특정한 인간의 승리나 만인의 복종을 통해서가 아니라 **상호양보**를 통해서 가능한 것으로 이해한다. 이것의 윤리적 중요성은 명백하고, 모스도 이를 충분히 강조하고자 했다. 하지만 이론적으로 이 논지는 또한 홉스가 지속적으로 기여했던 후대의 진화주의의 특징인 권력과 조직에 대한 숭배의 반대편에 있다.

호혜성에 대한 좀 더 깊이 있는 유추를 통해, 홉스의 제2의 자연법을 선물교환과 병치시켜 볼 수 있을 것이다. 제2의 자연법은 다음과 같다. "**한 인간은 타인이 평화를 위해 마찬가지로 그렇게 할 때 그리고 자신의 방어를 위해 필요하다고 생각할 때 기꺼이 모든 것에 대한 권리를 포기한다. 그리고 그는 타**

인이 자신에게 행사하도록 허용할 만큼의 자유만을 타인에 대해 행사하는 것으로 만족한다." 그리고 제3의 자연법은 "인간은 자신이 체결한 계약을 이행한다"이고, 제5의 자연법은 "만인은 타인과 조화를 이루기 위해 분투한다"이다. 하지만 이들 모든 관련 법칙들 중에서도 자연법 제4항이 선물에 가장 가깝다.

> **제4의 자연법, 보답.** 정의가 선행하는 계약에 의존하는 바와 같이, 보답은 선행하는 은혜, 즉 선행하는 공짜 선물에 의존한다. 이것이 바로 자연법의 네 번째 항목, 즉 **타인의 순수한 호의로부터 이익을 얻은 사람은 은혜를 베푼 사람이 자신의 선의에 대해 후회하도록 만들지 않기 위해 노력한다는 것이다.** 왜냐하면 인간은 자신의 이익을 위해서가 아니라면 결코 베풀지 않기 때문이다. 선물은 자발적인 것이고, 모든 자발적 행동의 목적은 만인에게 공히 자기 자신의 이익을 위해서이다. 만약 사람들이 자신의 이익 추구가 좌절될 것이라고 생각한다면, 어떠한 호의적인 행동이나 신뢰도 개시되지 않을 것이다. 결과적으로 어떠한 상부상조나 상호 화해도 불가능할 것이다. 따라서 인간은 여전히 전쟁상태하에 있을 수밖에 없다. 이는 인간에게 **평화의 추구**를 명하는 제1의 근본적인 자연법에 모순되는 것이다 (I부 15장).

따라서 두 철학자의 관점이 근사하게 일치한다. 즉, 그들은 정확히 선물은 아니라 하더라도 최소한 호혜성을 평화의 원시적인 양식으로 유사하게 인정하고, 비록 모스보다 홉스에게서 더 두드러지지만, 호혜성의 실행이 갖는 합리성을 공히 존중한다. 게다가 두 사람 사이의 수렴은 부정적 대비를 통해서도 계속된다. 모스와 홉스 모두 이성 하나의 효력만으로는 만족할 수 없었다. 홉스에게서 더 분명하게 드러나긴 하지만, 두 사람 모두 이성이 내재된 경쟁의 힘에 저항해서 계약을 보장하기에는 충분하지 않음을 인정한다. 자연법은 비록 그 자체가 이성이기는 하지만 우리의 자연적 격정에 반하는 것이고, 인간은 순종을 일반적으로 강제하지 않는 한 늘 순종적이지는 않기 때문이라고 홉스는 주장한다. 다른 한편으로, 타인도 그것을 마찬가지로 존중할 것이라는 보장 없이 자연법을 존중하는 것은 불합리하다. 그러면 선한 자는 희생양이 되고 강한 자는 거만해지기 때문이다. 홉스는 인간은 벌이 아니라고 말한다. 인간은 명예와 존엄성을 위한 경쟁에 끊임없이 내몰리고, 이로 인해 증오와 질투심이 생기며 종국에는 전쟁이 발발한다. 그리고 "칼이 없이 맺어지는 계약은 단지 말에 불과하고 인간에게 안전을 보장해 줄 수 있는 어떠한 힘도 발휘하지 못한다." 결과적으로 홉스는 다음과 같은 역설로 이끌린다. 자연법은 국가라는 설계된 조직의 틀 밖에서는 성공할 수 없다. 자연법은 오직 인위적인 권력에 의해서만 성립하고, 이성은 오직 권위에 의해서만 발휘된다.

홉스의 주장이 갖는 정치적 성격을 다시 한 번 강조하겠다. 국가는 자연 상태를 종식시킬 수 있지만 인간의 본성을 종식시키지는 못한다. 인간은 자기 방어의 경우를 제외하고 자신의 권리를 힘에 종속시키기로 합의했고, 모든 힘을 자신의 인격을 지켜주고 생명을 보호해 줄 한 주권자의 처분에 맡기기로 합의했다. 홉스는 국가형성에 관한 이러한 개념화를 통해서 다시 한 번 근대를 주창한다. 국가가 일반적인 원시적 질서와 다르다는 것, 즉 구조적으로는 전체 사회로부터 공적 권위가 분리되고 기능적으로는 강제력(힘의 독점적 통제)을 가진 권위를 특별하게 지정한다는 것보다 더 근본적인 의미에서 국가를 구성해 온 것이 무엇일까?

> 외부인의 공격과 서로 간의 침해로부터 사람들을 보호해 주고 그것을 통해 안전을 보장해 주며 근면한 노력과 지상의 결실에 의지해서 만족하게 먹고살 수 있도록 해주는 그러한 공동의 권력(Common Power)을 구축하는 유일한 방법은, 그들의 모든 의지를 다수의 목소리를 통해 하나의 의지로 환원시킬 수 있는 한 사람

또는 일군의 사람에게 그들의 모든 권리와 힘을 부여하는 것이다. 이는 다시 말해 한 사람 또는 일군의 사람을 임명해서 자신들의 인격을 보호하도록 한다는 것을 의미한다. 그리고 만인은 자신의 인격을 보호해 수는 모든 것의 장본인으로서 그를 인정하고, 안전과 공동의 평화가 보장될 수 있도록 행동하고 또 행동하도록 동기화될 것이다. 그렇게 만인은 자신의 의지를 그의 의지에 양도하고 자신의 판단은 그의 판단에 맡긴다(II부 17장).

하지만 전쟁상태에 관한 모스의 분석은 역사적으로 공헌한 바도 있다. 그것은 고전적 계약이론의 소산인 혼돈에서 국가로의, 즉 야만에서 문명으로의 단순한 진보라는 관념을 바로잡았다.[20] 모스는 원시세계에서 특정한 안정성을 가진 것에서부터 질서의 대가를 강제하지 않는 것까지 아우르는 모든 종류의 중간적 형태를 제시했다. 하지만 모스 또한 이성만으로 모든 것이 해결된다고는 믿지 않았다. 혹은 그가 이성에서 원초적 지혜의 징후를 본 것은 선물의 평화적 성격을 재고하면서 행한 사후적 성찰에 지나지 않았을 수도 있다. 왜냐하면 선물의 합리성은 그가 앞서 **하우**에 관해 논의한 모든 것과 모순되기 때문이다. 홉스의 역설은 자연적인 것(이성)을 인공적인 것 속에서 구현했다는 것이고, 모스의 역설은 이성이 비이성적인 형태를 취했다는 것이다. 교환은 이성의 승리이지만, 증여자의 구체화된 영(하우)이 없다면 선물은 되갚아

---

20) 홉스가 원시 사회를 이런 식으로 이해하면서 보여주는 명백한 무능력은 가부장적 추장을 국가에 비유한 데서 분명하게 드러난다. 이는 획득에 의한 국가를 다루고 있는 『리바이어던』의 구절에서도 분명하게 보이지만, 『법의 정신』과 『시민론』의 유사한 논의에서 훨씬 더 명백하게 드러난다. 따라서 『시민론』의 경우, "한 **아버지** 그리고 그의 세습적 관할권하에서 시민으로 성장한 **아들과 하인들**을 거느리고 있는 집단을 **가족**이라고 한다. 가족은 자녀와 하인의 수가 늘어나면서 그 규모가 확대되고, 이 과정은 전쟁으로 인한 불확실한 죽음이 없는 한 계속 지속되는데, 그러면 그것은 **세습왕국**이라 불릴 것이다. 세습왕국은 비록 그 기원과 형성에서 힘을 통해 획득되는 **군주국**과는 다르지만, 일단 형성되면 군주국과 동일한 성격을 가지고, 양자를 따로 분리해서 논할 필요가 없을 정도로 권력의 성격도 동일하다"(English Works[Molesworth, ed.], 1839, Vol. 2: 121~122).

지지 않는다.

『증여론』의 운명에 관해 마지막으로 몇 마디 하겠다. 모스 이후에 그리고 부분적으로는 현대 경제학과의 화해를 통해, 인류학은 교환을 다루는 데 좀 더 일관적으로 합리적인 성향을 보여주게 되었다. 호혜성은 순수하면서도 세속적인 성격이 강한 계약으로서 아마 주의 깊게 계산된 자기 이해가 적지 않게 포함된 일련의 복합적인 고려에 의해 규정될 것이다(cf. Firth, 1967). 이렇게 보면, 모스의 논지는 『자본론』 제1장에서의 마르크스의 논지와 매우 유사하다. 무례가 되지 않는다면 『자본론』 제1장의 논의가 더 애니미즘적이라고 할 수 있겠다. 1쿼터의 옥수수는 X파운드의 철과 교환 가능하다. 이들 사물에서 서로 너무나 분명하게 다르면서도 동일하게 만드는 것이 무엇일까? 엄밀하게 보면, 마르크스의 경우 쟁점은 '이들 사물이 교환에 대해 갖는 의미가 무엇일까?'라는 질문이 아니라, '**이들 사물 속에서** 합의에 도달하도록 만드는 것이 무엇일까?'라는 질문이다. 이와 유사하게, 모스의 경우는 "주어진 사물 속에 존재하는 어떤 힘이 유익한 호혜적 교환을 가능하게 할까?"라는 질문이다. 그리고 '내재적' 특질로부터 동일한 종류의 해답을 도출한다. 즉, 마르크스의 해답이 사회적 필요노동시간이라면 모스의 해답은 하우이다. 하지만 '애니미즘적'이라는 표현은 연관된 관념을 적절하게 특정화하는 것이 아님이 분명하다. 모스가 마르크스와 마찬가지로 인간의 사물 같은 특질보다는 단지 교환되는 사물의 인격적인 특질에만 집중했다면, 그 이유는 그들 각자가 각각 쟁점이 되고 있는 거래 속에서 소외의 명확한 형태와 기원을 보았기 때문이다. 즉, 모스는 원시적 호혜성에서 증여자의 신비적인 소외를, 마르크스는 상품생산에서 인간의 사회적 노동의 소외를 보았다(cf. Godelier, 1966: 143). 따라서 그들은 대부분의 '경제인류학'에서 알려져 있지 않은 최상의 장점을 공유하고 있는데, 그것은 바로 교환을 인간의 특정한 항구적 성향을 통해서 설명될 수 있는 자연적인 범주가 아니라 역사적으로 규정되는 것으로서 접근한다는 점이다.

모스는 씨족과 씨족 간의 총체적 급부를 통해 사물이 일정 정도 인격으로서 관계 맺고 개인은 일정 정도 사물로서 관계 맺는다고 주장했다. 이러한 과정에 대해 비합리적인 수준을 넘어 임상적으로 신경증에 가깝다고 주장하는 것이 대단한 과장은 아니다. 인격이 사물로 간주되고 인간은 자신과 외적 세계를 혼동한다. 하지만 교환의 합리성을 확인하려는 욕구를 훨씬 초월해서, 대부분의 영미 인류학은 모스의 공식이 분명하게 함축하고 있는 인간의 상품화에 대해 본능적인 반감을 가져온 것 같다.

영미 인류학과 프랑스 인류학이 각각 이 급부라는 일반적 관념에 대해 보여주었던 최초의 반응은 너무나 동떨어져 있었다. 모스는 실재와 개별법칙 간의 추상적 구분에서 나타나는 근대의 **비인간성**을 비난하면서, 인간과 사물 간의 고대적 관계로 되돌아갈 것을 요구했다. 반면 영미 인류학자들은 최종적으로 물질적 대상과의 저차원적인 혼동으로부터 인간을 해방시킨 선조들을 단순히 찬미할 수밖에 없었다. 그리고 특히 그런 식으로 여성을 해방시킨 것을 환영했다. 따라서 레비스트로스가 '총체적 급부'를 혼인교환이라는 거대 체계와 연관시켰을 때, 다수 영미 민속학자는 즉시 그 관념에 반감을 표했고 '여성을 상품으로 간주하기'를 거부했다.

이 쟁점에 대해 단언하고 싶지는 않지만, 영미 학자들이 보여준 불신의 태도에서 자민족중심주의의 혐의를 지울 수 없다. 그들은 획득 및 소비와 관련되어 있고 항상 약간은 부정적인 것으로 간주되는 경제적 영역이 도덕적 관계의 사회적 영역과 항구적으로 분리되어 있다고 가정하는 것 같다. 전체 세계가 우리 서구 세계와 마찬가지로 한편으로는 경제적인 관계와 다른 한편으로는 여타 사회적인 관계(친족)로 분리되어 있다면, 여성의 집단적 교환에 관해 논하는 것이 영리주의를 혼인에까지 비도덕적으로 확장하는 행위로 보여서 그 거래에 참가하는 모든 이를 비난하는 셈이 된다. 하지만 이렇게 결론을 내리게 되면 '총체적 급부'가 원시 경제와 혼인 연구에 대해 제공하는 커다란 교훈을 망각하게 된다.

원시적인 질서는 분화되지 않은 일반성을 보여준다. 원시 세계는 사회적인 영역과 경제적인 영역이 분명하게 나뉘어 있지 않다. 혼인의 경우를 보더라도 영리적인 원리가 사회적 관계에 적용되는 것이 아니라 그 둘이 처음부터 완전하게 분리되어 있지 않다. 여기서 우리는 유별적 친족체계를 이해할 때와 동일한 방식으로 생각해야 한다. 즉, 우리는 핵가족의 우선권을 은밀하게 도입해서 '아버지'에 대한 용어가 아버지의 형제들에게까지 '확장'되는 체계가 아니라, 그와 같은 계보상의 구별이 전혀 알려져 있지 않은 어떤 광범위한 친족범주를 대면하고 있다. 경제의 경우도 마찬가지로, 친족을 '외적인' 것으로 간주하면 그것을 이해하려는 어떠한 시도도 좌절할 수밖에 없는 어떤 일반화된 조직과 관계하고 있다.

『증여론』의 마지막 공헌은 앞의 논지와 관련되어 있기는 하지만 좀 더 구체적이다. 책의 말미에서 모스는 촌락/주민 관계의 취약성을 보여주는 멜라네시아의 두 사례를 논거로 해서, 원시 집단들이 전쟁으로의 퇴락이라는 위협이 항존하는 가운데 어떻게 축제와 교환을 통해 화합하는지를 개괄하고 있다. 후에 레비스트로스는 이 주제에 관해서도 상술한다. 레비스트로스는 "적대적 관계와 호혜적 증여라는 장치 사이에는 어떤 연결고리, 즉 연속성이 존재한다. 교환은 평화적으로 해소된 전쟁이고, 전쟁은 비성공적인 거래의 결과이다"라고 주장했다(Lévi-Strauss, 1969: 67; cf. 1943: 136). 하지만 내 생각에 『증여론』의 이러한 함의는 외적인 관계와 거래보다 훨씬 더 광범위하게 적용된다. 『증여론』은 분절 사회의 내적 취약성, 즉 그 구조적 분열성을 제시함으로써 전쟁 아니면 교역이라는 고전적 양자택일을 사회적 삶의 주변부에서 중심부로, 우연적인 일화에서 지속적인 현존으로 전환시킨다. 이것이 바로 모스가 주장하는 자연으로의 회귀가 갖는 최고의 중요성이다. 이로부터 원시 사회는 전쟁상태와 전쟁을 하고 있고 그곳에서 이루어지는 모든 교섭은 평화의 조약이라는 결론이 도출된다. 다시 말해서 모든 교환은 그 물질적 구도 속에 화해라는 특정한 정치적 부담을 담지하고 있어야 한다. 혹은 부시맨이 말하는 바처럼, "더 나쁜 것은 선물을 주지 않는 것이다. 사람들이 서로 좋아하지는 않더라도 한 사람이 선물을 주고 다른 사람이 그것을 받아야 한다면, 그들 사이에 평화가 유지될 수 있을 것이다. 우리는 우리가 가진 것을 준다. 그것이 바로 우리가 함께 살아가는 방식이다"(Marshall, 1961: 245).

이상에서 적절하게 인류학적인 경제학의 모든 기본적인 원리가 도출된다. 그 원리 중 하나가 바로 다음 장의 핵심 논지로서, 어떤 종류의 교환이든 특정한 사교성(sociability)의 계수를 구현할 때 그 물질적 관계를 사회적 관계로부터 분리시켜 따로 이해할 수 없다는 것이다.

제5장

원시교환의 사회학

인류학적 성격의 논의에서 '예비적 일반화'를 시도하는 것은 의심할 바 없는 군더더기에 지나지 않는다. 그럼에도 이 글에서 이루어지는 탐색은 매우 조심스러운 서문을 필요로 한다. 이 글에서 시도하는 일반화는 대부분 타일러(Tylor)식의 '예증자료'가 첨부된 민족지 자료의 분석을 통해 도출되었지만, 어떠한 형태의 엄밀한 검증도 거치지 않은 것이다. 이론적 공헌과 민족지 자료에 입각한 논증이 동일하지 않다면 결론은 아마 후자에 더 가까울 것이다. 여하튼 원시공동체에서 관찰되는 조직 형태, 물질적 조건, 사회적 교환관계 사이의 상호작용에 관해 어떤 주장이 이루어질 것이다.

물질의 흐름과 사회적 관계

우리 서구인의 관념에서는 '비경제적'이거나 '경제 외적인' 조건으로 간주되는 것이 원시적 현실에서는 바로 경제조직으로 작용한다.[1] 일반적으로 물

---

1) 이 글에서는 사회를 먹여 살리는 과정(혹은 '사회문화적 체계')을 '경제'로 간주하겠다. 어떠한 사회적 관계, 제도 혹은 일군의 제도도 그 자체로서는 '경제적'이지 않다. 예를 들어, 가족 또는 종족

질적 거래는 연속적인 사회관계 내에서 어떤 일화적인 사건에 불과하다. 물질적 과정이 아니라 사회적 관계가 통제권을 행사한다. 즉, 재화의 흐름은 지위 에티켓(status etiquette)에 의해 제한되고 또 그것의 일부이기도 하다. 에반스-프리차드의 주장에 따르면, "누어의 경제적 관계는 그 자체만으로 다룰 수 없는 것이다. 왜냐하면 그것은 항상 일반적인 종류의 직접적 사회관계의 일부분이기 때문이다. …… 누어인들 사이에는 항상 한 종류 또는 다른 종류의 일반적인 사회관계가 존재하고, 그들의 '경제적 관계'(이렇게 부를 수 있다면)는 그러한 일반적 행위양식에 적합해야만 한다"(Evans-Pritchard, 1940: 90~91). 이 주장은 광범위하게 적용될 수 있다(cf. White, 1959: 242~245).

하지만 물질의 흐름과 사회적 관계 사이의 연결은 상호적인 것이다. 어떤 구체적인 사회적 관계가 재화의 이동을 제한할 수 있지만, 동시에 어떤 구체

질서 같은 여하한 종류의 제도도 사회를 먹어 살리는 물질적 결과를 수반한다면, 그것을 경제적 맥락 속에 위치시킬 수 있고 또 경제적 과정의 일부로 간주할 수 있다. 동일한 제도가 동등하게 또는 그 이상으로 정치적 과정과 연결될 수도 있고, 따라서 당연히 정치적 맥락 속에서도 적절하게 고려될 수 있다. 경제나 정치(또는 이 문제에 관한 한, 종교나 교육 같은 문화적 과정의 여타 어떠한 구성요소노)늘 바라보는 이러한 방식은 원시문화의 논생에 늬해 규정된다. 인기문화 에기는 사회적으로 분명하게 구분되는 어떠한 '경제'나 '정부'도 발견할 수 없고, 단지 우리가 경제, 정치 등으로 구분하는 복수의 기능을 가진 사회집단과 사회관계들만을 발견할 수 있을 뿐이다. 따라서 경제는 사상(事象)의 한 국면으로서 스스로를 드러낸다는 점을 일반적으로 받아들일 수 있을 것이다. **사회**를 먹어 살리는 데 방점을 두어야 한다는 주장은 그다지 받아들일 만한 것이 아닐 수도 있다. 개인들이 어떻게 자신의 영리를 추구하는가 하는 문제는 관심사가 아니기 때문이다. 즉, '경제'를 양자택일적 목적(물질적 혹은 비물질적 목적)에 대해 이용 가능한 희소 수단을 적용하는 것으로 정의하지 않았다. 수단부터 목적까지 '경제'는 **일종의 인간행동**이라기보다 **문화의 구성요소로**, 다시 말해 개인적 행위의 필요충족적인 과정이라기보다 사회의 물질적 생활 과정으로 이해된다. 우리의 목적은 기업가를 분석하는 것이 아니라 문화를 비교하는 것이다. 우리는 역사적으로 특수한 영리주의적 관점을 거부한다. 최근 ≪미국 인류학자(American Anthropologist)≫의 지면을 통해 전개되어 온 논쟁의 관점에서 보면, 이 장에서 채택하는 입장은 벌링(Burling, 1962)이나 르클래어(LeClair, 1962)보다 달턴(Dalton, 1961; cf. Sahlins, 1962)의 입장에 훨씬 더 가깝다. 또한 이 글의 입장은 전 세계 가정주부들의 관점과 말리노프스키 교수의 관점이 만나는 지점이기도 하다. 퍼스 교수는 "이것은 경제학 용어가 아니라 거의 가정주부의 언어에 가깝다"(Firth, 1957: 220)라는 주장을 통해, 말리노프스키가 경제인류학의 한 쟁점에 관해 보여준 엄밀하지 못한 태도를 호되게 비판한다. 유사하게 이 글에서 사용되는 용어도 정통경제학으로부터 벗어나 있다. 이는 아마 무지에서 빚어진 불가피성으로 간주될 수도 있을 것이다. 하지만 친족경제에 관한 연구에서 가정주부의 관점이 갖는 적실성에 대해서도 일정한 종류의 논의가 가능할 것 같다.

적인 물질적 거래가 '동일한 이유로' 일정한 사회적 관계를 함축하기도 한다. 친구관계가 선물을 낳는다면, 선물은 친구관계를 낳는다. 원시 사회의 교환 대부분은 결정적인 기능으로서 후자의 도구적 기능, 다시 말해 물질의 흐름 이 사회적 관계를 맺어주거나 촉발시키는 기능을 현대 사회의 거래보다 훨씬 더 많이 수행한다. 그 결과 원시인들은 홉스의 혼돈상태를 초월하게 된다. 공적이고 주권적인 권력이 결여되어 있는 상태가 원시 사회의 특징적인 조건이기 때문에, 개인 그리고 특히 집단은 분명한 이해관계뿐만 아니라 그러한 이해관계를 물리적으로 실행할 수 있는 성향과 권리를 동시에 가지고 서로를 대면한다. 권력은 분산되어 각 개인이 합법적으로 보유하고, 사회계약은 여전히 도출해야 할 과제로 남아 있으며, 국가는 존재하지 않는다. 따라서 평화 만들기는 사회들 사이에서 이루어지는 산발적인 사건이 아니라, 사회 자체 내에서 계속되는 지속적인 과정이다. 집단들은 '약정을 맺어야 한다'. 이 표현은 양측 모두에게 만족스러운 물질적 교환을 분명하게 내포하고 있다.[2]

엄격하게 실용적인 측면에서 보더라도, 원시공동체의 교환은 현대 산업 사회의 경제적 흐름과 동일한 기능을 가지고 있지 않다. 전체 경제 내에서 기계의 장소가 상이하게 나타난다. 원시적 조건에서는 거래의 장소가 생산으로부

---

[2] 경제는 물질적으로 사회를 먹여 살리는 과정으로 정의되어 왔고, 이 정의는 인간의 욕구 충족 행위에 반하는 것이다. 원시 사회에서 발견되는 도구적 교환의 큰 역할은 이러한 정의의 유용성을 더 돋보이게 한다. 때로는 평화 만들기 성격이 너무나 근본적이어서 정확하게 동일한 종류와 양의 물건이 교환된다. 적대적 이해추구의 포기가 이런 식으로 상징화된다. 엄밀하게 형식적인 관점에서 보면, 이러한 거래는 시간과 노력의 낭비이다. 혹자는 이들 원시인이 사회적 가치를 극대화하고 있다고 주장할 수도 있을 것이다. 하지만 이러한 주장은 그 거래의 결정인자를 잘못된 곳에서 찾고, 상이한 역사적 심급에서 상이한 물질적 결과를 낳는 환경을 특정화하는 데 실패하며, 재정적인 특질을 사회적 특질에 잘못 부여함으로써 시장의 경제화라는 전제에 집착하고, 동어반복의 함정에 빠지도록 만든다. 흥미로운 사실은 엄밀한 의미에서 그러한 거래가 사람들을 물질적으로 먹여 살리지 않을 뿐만 아니라 인간의 물질적 욕구 충족에 근거해 있지도 않다는 것이다. 하지만 그럼에도 불구하고 그것은 명백하게 사회를 먹여 살린다. 비록 소비재의 비축에 전혀 도움이 되지 않더라도, 그러한 거래는 사회관계, 즉 사회구조를 유지시킨다. 더 이상의 가정을 추가하지 않더라도, 그 거래는 여기서 제안된 의미로 경제를 이해한다면 분명히 '경제적'이다(Sahlins, 1969).

터 상대적으로 더 분리되어 있고, 조직적인 생산에 근거해 있는 정도는 상대적으로 낮다. 전형적으로 그것은 현대적 교환에 비해 생산수단의 획득을 크게 필요로 하지 않고, 공동체 전체를 관통하는 완성된 재화의 재분배와 더 관련되어 있다. 원시 경제의 기본적인 경향은 식량이 가장 중요한 위상을 차지하고 하루하루의 생산이 대형 기술복합체나 복잡한 노동분업에 의거해 있지 않다는 것이다. 이는 또한 가족제 생산양식이 보여주는 경향이기도 하다. 가족제 생산양식은 가구가 기본적인 생산단위이고, 연령과 성에 의한 노동분업이 지배적이며, 가족의 필요를 충족시키기 위해 생산하고, 가내집단이 주요 자원에 대해 직접적인 접근권을 행사한다는 특징을 보여준다. 동시에 원시 사회는 수익을 통제할 수 있는 권리가 생산자원을 이용할 수 있는 권리와 함께하고, 그러한 권리의 매매와 자원취득상의 특권이 매우 제한되어 있는 경향을 보여준다. 마지막으로, 그것은 주로 친족질서를 통해 조직되는 경향이 있다. 물론 이상에서 언급한 원시 경제의 일반적 특징은 구체적인 사례에 적용되는 경우 다소 수정되어야 할 필요가 있다. 이들 특징은 단지 아래에서 이루어지는 분배에 관한 상세한 분석의 일반적 지침으로서 제시한 것이다. 또한 '원시적'이라는 말은 정치적으로 국가가 부재한 문화를 가리키고, 경제와 사회관계가 국가의 역사적 침투에 의해 변형되지 않은 경우에 한해서만 적용된다는 점을 분명히 해야 한다.

아주 일반적인 관점에서 볼 때, 민족지 기록에서 나타나는 경제적 거래형태는 크게 두 가지 유형으로 구분될 수 있다.[3] 첫 번째는 '호혜성'으로 익히 알려져 있는 두 당사자 간의 '대향적' 흐름이다(A $\rightleftharpoons$ B). 두 번째는 중앙화된 흐

---

3) 원시적 분배에 관한 최근의 논의에 익숙해져 있는 독자라면 내가 이러한 측면에서, 그리고 폴라니가 사용한 용어체계와 사회통합의 세 가지 원리로부터 출발한다는 점에서, 폴라니(Polanyi, 1944, 1957, 1959)에게 빚지고 있다는 사실을 알아차릴 수 있을 것이다. 또한 "모든 원시 경제 연구자들은 사실 말리노프스키가 닦아놓은 토대에 의지할 수밖에 없다"(Firth, 1959: 174)는 퍼스의 의견에 기꺼이 동의한다.

름, 즉 집단의 구성원들로부터 한 사람에게로 모이고 다시 그 집단 내에서 나뉘는 것이다.

후자가 바로 '풀링(pooling)' 혹은 '재분배'이다. 좀 더 일반적인 관점에서 보면 이들 두 유형은 겹쳐진다. 왜냐하면 **풀링이 호혜성의 조직화이자 호혜성의 체계화**, 즉 추장의 관할하에서 대규모 재분배를 유발하는 중심적인 관계의 체계이기 때문이다. 하지만 이러한 가장 일반적인 이해는 단지 첫 번째 단계에서 이루어지는 호혜성의 집중을 암시할 뿐이다. 두 유형을 분석적으로 분리해야 할 필요성이 여전히 존재한다.

거래의 두 가지 유형이 수반하는 사회조직은 매우 상이하다. 풀링과 호혜성이 동일한 사회적 맥락 내에서 발생할 수 있다는 것은 사실이다. 예를 들어 가내의 공동식사를 통해 자원을 풀링하는 근친이 동시에 개인 자격으로 다른 개인과 나누어 갖기도 한다. 하지만 엄밀한 의미에서 풀링과 호혜성이 수반하는 사회적 관계는 동일하지 않다. 풀링은 사회적으로 **안의**(within) 관계로서 특정한 공동체의 범위 내에서 이루어지는 집단적 행동이다. 호혜성은 **사이의**(between) 관계로서 두 당사자 사이의 작용과 반작용으로 이루어진다. 따라서 풀링은 사회적 통합을 보완하는 것, 즉 폴라니의 용어로 '중심성(centricity)'이다. 반면 호혜성은 사회적 이원성이자 '대칭성'이다. 풀링은 재화가 모인 후 바깥 방향으로 흘러나가는 어떤 사회적 중심을 전제로 하고, 또한 어떤 범위 내에서 개인들(또는 하위 집단들)이 협력적 관계를 맺는 일정한 사회적 경계도 필요로 한다. 하지만 호혜성은 별개로 구분된 두 측의 사회적·경제적 이해를 전제로 한다. 호혜성은 물질의 흐름이 상호원조나 상호이익을 지향하는 한 유대관계를 구축할 수 있지만, 측면성이라는 사회적 사실은 피할 수 없다.

말리노프스키, 퍼스, 글루크먼(Gluckman), 리처즈, 폴라니 등의 연구 업적을 감안하면, 우리가 이미 풀링의 물질적·사회적 효과에 대해 아주 잘 이해하고 있다고 하더라도 과언은 아니다. 또한 풀링이 '집단성'과 '중심성'의 물질적 측면이라는 주장은 분명하게 알려져 있는 사실과도 일치한다. 협동적 식량생산, 등급과 추장권, 집단적인 정치적·의례적 행위 등은 원시공동체 내에서 이루어지는 풀링의 통상적인 맥락 중 일부이다. 이에 관해 아주 간략하게 검토해 보도록 하겠다.

매일 행해지는 일상적인 재분배는 가족의 식량 풀링이다. 이것이 제시하는 원리는 식량을 조달하는 데 집단적인 노력, 특히 노동분업을 수반하는 협동이 이루어진다면 그 산물은 풀링의 대상이 된다는 점이다. 이렇게 표현하면, 이 규칙은 가구의 유지뿐만 아니라, 더 차원 높은 협동, 예를 들어 북미 대평원의 버팔로 가두기나 폴리네시아 산호 호수에서 그물로 물고기 잡기 같은 식량조달 활동과 관련해서 이루어지는 가구 단위보다 더 큰 집단의 협동에도 적용된다. 집단적 노력에의 기여도에 따라 배당하는 경우처럼 조정이 가해질 수도 있지만, '집단적으로 조달된 재화는 집단을 통해 분배된다'는 원리는 저차원의 가구 수준에서뿐만 아니라 고차원적인 수준에서도 마찬가지로 유지된다.

관대성의 의무는 물론이고 저변 인구가 생산한 산물을 요구할 수 있는 권리는 모든 곳에서 추장권과 맞물려 있다. 이들 권리와 의무를 조직적으로 실천하는 것이 바로 재분배이다.

나는 경제와 정치의 관계가 전 세계적으로 동일한 유형을 취할 것이라 생각한다. 모든 곳의 추장은 식량을 모아서 저장하고 보호하며 그것을 전체 공동체의 이익을 위해 사용하는 부족의 은행가로서 행동한다. 추장의 기능은 오늘날의 공공금융체계와 국가재무기구의 원형이다. 추장에게 특권과 재정적 이익을 박탈해 버

리면, 결국 가장 큰 손해를 보는 쪽은 바로 전체 부족이다(Malinowski, 1937: 232
~233).

'공동체 전체의 이익을 위한' 사용에는 종교의식, 사회적 이벤트, 전쟁, 공예품 생산과 교역, 기술적 장치, 공공건물, 종교적 건축물의 건설, 다양한 지역 생산물의 재분배, 흉년이나 기근 시 공동체적 구휼과 원조 등 다양한 형태가 있다. 좀 더 일반적인 수준에서 보면, 현존 권력에 의한 재분배는 두 가지 목적에 봉사하는데, 특정한 상황하에서 그중 하나가 더 지배적일 수 있다. 재분배의 문자 그대로의 기능인 실용적이고 조달적인 기능은 공동체 혹은 공동체의 노력을 물질적인 의미에서 떠받치는 데 있다. 또한 재분배는 공동체의 연대의례와 중심적 권위에 대한 복종의례 같은 도구적 기능도 수행한다. 이 점에서 재분배는 사회의 영속적인 구조 자체를 유지한다. 재분배의 실용적 이익이 가장 중요할지도 모른다. 하지만 어떤 형태로 실행되든, 추장권하에서 작동하는 풀링은 사회적 통합과 중심성의 정신을 고양하고, 사회구조를 압축적으로 드러내고, 사회질서와 사회적 활동의 중심적 조직을 분명하게 규정한다.

…… 앙아(aṇa, 티코피아의 추장이 조직하는 축제)에 참가하는 모든 사람은 축제 기간 동안 자기 자신과 가족의 이해를 훨씬 초월해서 공동체 전체 범위까지 미치는 협동에 참여하도록 요구받는다. 이러한 축제는 다른 때라면 기꺼이 서로를 비난하고 죽이려 했을 여러 추장과 그 씨족원들이 한 자리에 모여 친선을 과시하도록 만든다. …… 게다가 이러한 의도적인 활동은 더욱 광범위한 사회적 목적에 봉사하는데, 이 목적은 모든 사람 혹은 거의 모든 사람이 알게 모르게 그것을 추구한다는 의미에서 공통적인 성격을 가진다. 예를 들어, 앙아에 참가해서 경제적 기부에 동참하는 것은 티코피아의 권위체계를 지탱하는 데 실질적인 도움이 된다(Firth, 1950: 230~231).

이상의 논의를 통해 적어도 재분배의 기능에 관한 이론적인 윤곽은 잡혔다. 이제 중요한 것은 발달에 관한 것, 즉 선택적인 상황들에 관한 비교연구나 계통발생학적 연구를 통해 재분배를 특정화하는 일이다. 하지만 호혜성의 경제인류학이 이와 동일한 수준에 도달해 있지는 않다. 이것은 아마도 호혜성을 일종의 균형, 즉 무조건적인 일대일 교환으로 간주하는 대중적인 경향 때문일 것이다. 호혜성을 물질적 거래로 고려하면 전혀 균형적인 교환이 아닌 경우가 흔히 존재한다. 사실 정확하게 보면 사회적 관계로서 호혜성과 물질적 조건 사이의 상호작용을 이해하는 것은 균형에서 벗어난 교환을 세심하게 분석할 때 가능하다.

호혜성은 다양한 형태의 교환을 포괄하는 하나의 연속체이다. 이는 주고받는다는 광의의 사회적 원리 혹은 도덕적 규범과 반대되는 협의의 물질적 거래에서 특히 그러하다. 스펙트럼의 한쪽 끝에는 말리노프스키가 '순수한 선물'이라고 부른 무상으로 제공되는 원조, 즉 친족, 친구, 이웃들 사이의 일상적인 관계에서 이루어지는 소규모의 거래가 있다. 이 경우 보답을 공공연하게 규정하는 일은 생각도 할 수 없을 뿐만 아니라 비사교적인 것으로 간주된다. 스펙트럼의 다른 한쪽 끝에는 굴드너(Gouldner)가 '부정적 호혜성'이라고 부르는 이기적인 강탈이 존재한다. 이는 탈리오니스 법(lex talionis)*의 원리에 입각해서 오직 동등하고 정반대 방향의 노력을 통해서만 보상되는 속임수나 힘에 의한 전유이다. 이 연속체의 한쪽 극단은 도덕적인 의미에서 뚜렷하게 긍정적이고 다른 한쪽 극단은 명백하게 부정적이다. 이 양극단 사이의 거리는 교환이 수반하는 다양한 수준의 물질적 균형뿐만 아니라 사교성이 적용되는 거리를 반영하는 것이기도 하다. 호혜성의 양극단 사이의 거리는 바로 사회적 거리이다.

---

* 가해자에게 피해자가 입은 손해와 동일한 정도의 형벌을 가해야 한다는 법._옮긴이

이방인에게는 고리로 빌려줘도 되지만, 형제에게는 그렇게 하면 안 된다(구약성서 「신명기」 23장 21절).*

시우아이 원주민의 도덕적 주장에 따르면 이웃은 서로 친하고 신뢰해야 하는 반면, 멀리서 온 이방인은 위험할 뿐만 아니라 도덕적으로도 평등한 대접을 해줄 필요가 없다. 원주민들은 이웃과의 관계에서는 정직을 매우 강조하는 반면, 이방인과 정직한 관계를 유지하는 것은 위험부담이 따른다고 한다(Oliver, 1955: 82).

멀리에 있는 다른 집단 중에서도 특히 이국으로 간주되는 집단을 희생시켜서 얻는 이익은 집단 내부의 필요와 관습이라는 기준에서 보면 비난할 일이 아니다(Veblen, 1915: 46).

상인은 항상 사람들을 속인다. 이런 연유로 지역 내 교역은 불쾌한 것으로 여겨지는 반면, 부족 간 교역은 카파우쿠 사업가에게 이익뿐만 아니라 위세도 가져다준다(Pospisil, 1958: 127).

호혜성의 구도

호혜성은 보답의 즉시성과 등가성, 그리고 교환의 유사한 물질적·역학적 차원에 입각해서 순수하게 형식적인 방법으로 유형화될 수 있다. 이러한 방식으로 유형화가 이루어지면 호혜성의 하위유형들을 거래 당사자의 친족거리와 같은 다양한 '변수'와 관련시켜 볼 수 있을 것이다. 이러한 종류의 설명이

---

* 「신명기」 23장 20절을 잘못 표기한 것 같다._옮긴이

갖는 장점은 '과학적'이거나 적어도 과학적으로 보일 것이라는 점이다. 하지만 그것은 진정한 경험적 현실이 아니라 설명을 위해 동원하는 형식적인 은유에 불과하다는 단점도 있다. 한 유형의 호혜성과 다른 유형의 호혜성을 구분하는 일이 단순히 형식적인 구분 이상의 의미를 가진다는 점을 처음부터 분명히 해둘 필요가 있다. 보답에 대한 기대 같은 특성이 교환의 정신, 즉 이해관계의 개입여부, 몰인격성, 동정심 등에 관해 무엇인가를 말해주기 때문이다. 어떤 종류이든 상관없이 형식적 분류는 역학적 구도임과 동시에 도덕적 구도이기도 하다. 교환의 도덕적 특질에 관한 인식이 교환과 사회적 '변수'의 관계를 전제로 한다는 점은 반박할 수 없는 사실이다. 사회적 변수가 교환의 형식적 변이와 논리적으로 연결되기 때문이다. 이는 분류가 적절하다는 표시이기도 하다.

호혜성의 실질적 종류는 원시세계 전체뿐만 아니라 특정한 원시 사회 내에서도 다양하게 나타난다. '대향적인 흐름'은 가공되지 않은 식량의 나눔과 보답, 비형식적인 환대, 인척 간의 의례적 교환, 빌림과 되갚음, 전문적 또는 의례적 서비스에 대한 보답, 평화합의를 위한 서물의 양도, 몰인격적 흥정 등을 포함할 수 있다. 경험적 다양성을 유형론적으로 접근하는 민족지적 연구가 많이 있는데, 그중에서도 특히 시우아이의 거래에 관한 더글러스 올리버의 연구가 주목할 만하다(Oliver, 1955: 229~231; cf. Price, 1962: 37f; Spencer, 1959: 194f; Marshall, 1961). 말리노프스키는 『범죄와 관습(Crime and Custom)』에서 다소 포괄적이고 무작위적인 방식으로 호혜성에 관해 기술했다. 하지만 『서태평양의 항해자들』에서는 균형과 등가성이 보여주는 중층적인 변이에 입각해 트로브리안드의 교환을 유형화하려고 시도했다(Malinowski, 1922: 176~194). 말리노프스키는 다름 아닌 보답의 직접성에 방점을 둔 분석을 통해 호혜성의 연속체를 드러냈다.

나는 의도적으로 물물교환이나 교역보다는 선물과 보답의 형태로 이루어지는 교환의 다양한 형식에 관해 논의했다. 비록 순수하고 단순한 물물교환의 형태가 있기는 하지만, 물물교환과 단순한 선물 사이에 너무나 많은 변이와 단계들이 있어서 둘 사이에 어떤 분명한 구분선을 긋는 것이 불가능했기 때문이다. ······ 이러한 경험적 사실을 정확하게 다루기 위해서는 모든 종류의 지불이나 선물에 관해 포괄적인 조사를 수행할 필요가 있다. 그러면 한쪽 극단에는 보답으로 아무것도 제공되지 않는 순수한 형태의 선물이 존재할 것이다(하지만 퍼스(Firth, 1957: 221~222)의 논의를 보라). 그다음 부분적 또는 조건부로 보답되는 선물이나 지불의 다양한 형태가 서로 겹쳐져 있을 것이다. 마지막으로는 다소 엄격한 등가성이 적용되는 교환형태들을 거쳐서 진정한 물물교환의 형태가 다른 한쪽 극단에 존재할 것이다(Malinowski, 1922: 176).

말리노프스키의 관점은 트로브리안드를 넘어 원시 사회 일반의 호혜적 교환에 광범위하게 적용될 수 있을 것이다. 교환의 '대향적' 성격에 기초해서 호혜성의 연속체를 추상적인 형태들로 개념화하고, 이를 토대로 구체적인 민족지 사례에서 관찰되는 경험적 사실들을 조명할 수 있다. 물질적 보답에 대한 규정, 즉 투박한 표현으로 교환의 '측면성(sidedness)'이 결정적인 중요성을 가질 것이다. 이로 인해 물질적 불균형에 대한 관용과 보답의 지체 여지 같은 명백하게 객관적인 기준들이 존재한다. 즉, 손에서 손으로 이동하는 재화의 최초의 흐름은 물질적으로 더 많이 혹은 더 적게 보답되고, 되갚음에 허용되는 시간에도 마찬가지의 차이가 존재한다(Firth, 1957: 220~221). 다시 말해 교환의 정신은 상대방을 위한 사심 없는 배려에서부터 상호성을 거쳐 이기적인 것에 이르기까지 다양하게 나타난다. 이렇게 보면, '측면성'에 대한 평가를 즉시성과 물질적 등가성이라는 기준 외에 경험적인 기준을 통해서 보충할 수 있다. 따라서 최초의 양도는 자발적일 수도 있고 비자발적일 수도 있고 규정되거나 계약된 것일 수도 있다. 그에 대한 보답은 자발적일 수도 있고 강요되거나 독촉된 것일 수도 있다. 또한 교환은 흥정을 통할 수도 있고 그렇지 않을 수도 있으며 정확한 회계의 대상일 수도 있고 그렇지 않을 수도 있다.

일반적인 활용을 위해 제안할 수 있는 호혜성의 스펙트럼은 양극단과 그 중간점을 통해서 명확하게 드러난다.

일반적 호혜성: 유대적인 극단[4]　　　(A ⬅------➡ B)

'일반적 호혜성'은 추정상 이타적인 거래, 즉 원조가 제공된 후에 가능하고 또 필요하다면 그에 대한 보답이 이루어지는 방식의 거래를 지칭한다. 일반적 호혜성의 이상적인 유형은 말리노프스키가 말하는 '순수한 선물'이다. 일반적 호혜성을 지칭하는 여타 민족지 용어들로 '나눔', '환대', '무상의 선물', '도움', '관대성' 등을 들 수 있다. 사교성의 수준은 조금 낮지만 동일한 극단을 향해 있는 것으로 '친족의 의무', '추장의 의무', '귀족의 의무(noblesse oblige)' 등이 있다. 프라이스(Price, 1962)는 보답의 의무가 모호하다는 이유를 근거로 일반적 호혜성을 '취약한 호혜성'이라고 부른다.

가까운 친족구성원 간의 자발적 식량나눔이나 자녀양육 등을 포함하는 이쪽 극단에서는 직접적인 물질적 보답을 기대하는 것이 적절하지 않다. 그러한 기대는 기껏해야 암묵적인 것에 머문다. 거래의 물질적 차원이 사회적 차원에 의해 억제된다. 부채의 명확한 계산이 노골적으로 이루어질 수 없고 또 통상적으로도 무시된다. 그렇다고 해서 이러한 방식으로 이루어지는 물건의 양도가 되갚음의 의무를 전혀 수반하지 않는다고 주장하는 것은 아니다. 이

---

4)　이 논문이 처음으로 출판된 후에도 여기서 사용되는 '일반적 호혜성'보다 레비스트로스의 '일반적 교환(échange généralisé)'이 훨씬 더 널리 알려졌다. 이 점은 이들 두 용어가 동일한 영역은 물론이고 동일한 유형의 호혜성을 뜻하지 않는다는 사실로 인해 문제가 된다. 이 외에도 동료 학자와 비평가들이 '일반적 호혜성' 대신 '불명확한 호혜성' 같은 대안적인 개념들을 제안했다. 용어에 대한 고찰을 해야 할 시점이 된 것 같지만, 일단 하던 논의를 계속하겠다.

는 '소중한 사람'에게 물건을 양도하는 경우에도 마찬가지로 적용된다. 하지만 이 맥락에서 이루어지는 되갚음은 시간, 양, 혹은 질에 의해 구애받지 않는다. 한마디로 호혜성에 대한 기대가 불명확하다는 것이다. 보답의 시점과 가치는 증여자가 준 것에만 달려 있는 것이 아니라, 그가 언제 무엇이 필요한지, 그리고 받은 자가 언제 얼마나 보답할 수 있는지도 결정적인 변수로 작용한다. 재화를 받는다는 것은 주는 자가 필요할 때, 그리고 받은 자가 가능할 때 되갚아야 할 불명확한 의무를 수반한다. 따라서 보답은 즉시 이루어질 수도 있지만 전혀 이루어지지 않을 수도 있다. 때가 되어도 스스로를 책임지거나 다른 사람을 도울 능력이 없는 사람도 있다. '지속적으로 이루어지는 일방적인 흐름'이 일반적 호혜성을 실용적이고도 적절하게 묘사하는 방식 중 하나일 것이다. 되갚기가 이루어지지 않는다고 해서 증여자가 증여를 멈추는 것은 아니다. 재화가 가지지 못한 자를 위해 아주 오랜 기간 동안 계속 한 방향으로만 흐를 수도 있다.

균형적 호혜성: 중간점　　　　(A ⇄ B)

　'균형적 호혜성'은 직접적인 교환을 가리킨다. 이 경우 정확하게 균형을 맞추어 받은 것에 대한 관습적인 등가로 지체 없이 되갚음이 이루어져야 한다. 완벽하게 균형적인 호혜성, 즉 동일 유형의 재화를 동일한 양으로 동시에 교환하는 경우는 개념적으로뿐만 아니라, 혼인거래(e.g., Reay, 1959: 95f), 친구 관계 맺기(Seligman, 1910: 70), 평화합의(Hogbin, 1939: 79; Loeb, 1926: 204; Williamson, 1912: 183)에 관한 민족지적 연구를 통해서도 검증된 바 있다. 균형적 호혜성은 한정되고 짧은 기간 내에 동등한 가치나 효용을 가진 보답을 규정하고 있는 거래에 더 느슨하게 적용될 수도 있다. 다양한 종류의 '선물 교환'과 '지불', 제목에 '교역'이라는 단어가 들어가는 다수의 민족지 사례, 그리고 '원시적 화폐'를 매개로 하는 다양한 종류의 '매매' 사례가 이러한 균형적 교환의 유형에 속한다.

균형적 호혜성은 일반적 호혜성보다 덜 '인격적'이고, 서구인들의 관점에서는 '좀 더 경제적'으로 보일 것이다. 교환 당사자들은 분명한 경제적·사회적 이해에 입각해서 서로를 만난다. 이 거래의 물질적 측면은 적어도 사회적 측면만큼이나 중요하다. 다시 말해 증여된 것은 비교적 짧은 기간 내에 되갚아져야 한다는 것과 같은 다소 정확한 계산이 수반된다. 따라서 균형적 호혜성을 판단하는 실제적 기준은 일방적 흐름에 대한 관용 불가능성이 된다. 사람들 사이의 사회적 관계는 시간과 등가의 여지가 제한적인 상황하에서 되갚음이 실패할 때 단절된다. 물질의 흐름이 지배적인 사회관계를 통해 유지된다는 점이 바로 일반적 호혜성의 주요 특징인 반면, 균형적 교환의 경우는 사회관계가 물질의 흐름에 의존한다는 점이 중요하다.

부정적 호혜성: 비사교적인 극단   (A ⟵ B)

'부정적 호혜성'은 처벌을 받지 않고 공짜로 무엇인가를 취득하려는 시도, 즉 다양한 형태의 전유로서 순수하게 실용적인 이익을 위해 이루어지는 개방적 거래이다. 부정적 호혜성을 묘사하는 민족지적 용어로 '흥정', '물물교환', '도박', '속임수', '도둑질', 그리고 여타 다양한 종류의 강탈을 들 수 있다.

부정적 호혜성은 가장 몰인격적인 종류의 교환이다. 이는 '물물교환'과 같은 형태를 취할 때 서구인들의 관점에서 보면 '가장 경제적인' 성격을 띤다. 참여자들은 상반되는 이해에 입각해서 서로를 대면하고, 각자는 상대방의 희생을 통해 효용을 극대화하려고 시도한다. 사적인 이익만을 염두에 두고 거래에 임하기 때문에 개시하는 측 또는 양측이 추구하는 바는 다름 아닌 불로소득이다. 부정적 호혜성 중에서 균형적 호혜성 쪽으로 기울어져 있는 가장 사교적인 형태는 바로 흥정이다. 이 외에도 부정적 호혜성은 술수, 계책, 계략, 폭력 등을 거쳐 기마습격을 통한 약탈에 이르기까지 다양하게 나타난다. 이러한 '호혜성'은 물론 조건적인 것으로서 자기이익을 방어하는 문제로 귀결된다. 따라서 흐름은 다시 일방적인 것이 되고, 되갚음은 상쇄하려는 의지나 계략을 효과적으로 전개하는 데 달려 있게 된다.

자녀양육과 대평원 인디언의 기마습격은 큰 차이가 있다. 혹자는 양자가 너무 다르기 때문에 분류가 너무 광범위하게 이루어졌다고 주장할 수도 있을 것이다. 하지만 민족지 기록에 나타나는 '대향적 흐름'은 그와 같은 전체적인 범위에 걸쳐 있다. 교환의 경험적 형태들은 여기서 개괄된 두 극단이나 중간점에 정확하게 위치하지는 않더라도 그 연속선상의 어느 곳인가에 맞아 떨어진다는 사실을 상기하는 것이 좋다. 중요한 것은 호혜성을 형식적 모델의 이러저러한 위치로, 즉 일반적·균형적·부정적 호혜성으로 향하게 하는 사회적 조건이나 경제적 조건을 구체화할 수 있을까 하는 문제이다. 나는 물론 그렇게 할 수 있다고 생각한다.

호혜성과 친족거리

교환 당사자의 사회적 거리가 교환의 양식을 규정한다. 이미 제시한 바처럼, 친족거리가 호혜성의 형식과 특별하게 관련되어 있다. 가까운 친족일수록 일반적 호혜성 쪽으로 기울고 친족거리가 멀어질수록 부정적 호혜성 쪽으로 기운다.

여기서의 추론방식은 삼단논법에 가깝다. 무상의 선물부터 속임수까지 포괄하는 다양한 형태의 호혜성이 사교성의 스펙트럼으로 귀결된다. 그것은 타자를 위한 희생에서부터 타자의 희생을 대가로 얻는 이기적 이익까지 다양하게 나타난다. 친척(kindred)*과 친절함(kindness)이라는 두 단어가 "어원이 같아서 사회적 삶의 주요 원리 중 하나를 가장 적절하게 표현한다"라는 타일러

(Tylor)의 주장을 소전제로 설정해 보자. 결과적으로 가까운 친족은 서로 나누어 가지고 일반적 호혜성이 작용하는 교환을 개시하는 경향이 있는 데 반해, 먼 친족과 비친족은 등가적이거나 기만적인 교환에 관계하는 경향을 보여준다는 점이 도출된다. 관계가 완전히 단절되는 것을 방지하기 위해 친족거리가 멀어짐에 따라 등가성이 더 의무적인 성격을 가지게 된다. 친족거리가 멀어져 친족관계가 확대 적용될 가능성이 낮아짐에 따라 득실을 따지는 것을 관용하는 수준도 낮아질 수 있기 때문이다. '다른 사람', 혹은 심지어 '사람' 취급도 받지 못할 수 있는 비친족에 대해서는 어떤 자비도 베풀 필요가 없다. 즉, 명백한 경향성은 "뒤처진 놈은 악마에게나 잡혀 먹어라"라는 식일 것이다.

이 모든 것은 서구 사회에도 완벽하게 적용될 수 있을 것 같다. 하지만 원시 사회에서 좀 더 중요한 의미를 가진다. 친족이 서구 사회보다 원시 사회에서 더 중요한 요소이기 때문이다. 친족이 대부분의 집단과 사회관계를 조직하는 원리 혹은 공식이다. 심지어 '비친족'이라는 범주도 통상 친족을 통해, 다시 말해 친족의 부정적 측면, 즉 친족이라는 범주의 논리적 외항으로 정의된다. 이러한 관점은 어떤 실제적인 경험적 사실을 반영하는 것으로 단순한 논리적 궤변이 아니다. 서구 사회에서 '비친족'은 긍정적 특질을 가진 전문화된 지위 관계를 외연적으로 지칭하는데, 의사/환자, 경찰/시민, 고용자/피고용자, 학우, 이웃, 직업상 동료 등이 그것이다. 하지만 원시 사회에서 '비친족'은 공동체 혹은 동족의 부정을 뜻한다. 흔히 그것은 '적' 또는 '이방인'과 동의어이다. 이와 유사하게, 경제적 관계가 친족적 호혜성의 단순한 부정으로 인식되는 경향이 있다. 이곳에는 다른 종류의 제도적 규범들이 작용할 여지가 없다.

친족거리에는 다른 측면들도 있다. 친족거리는 다양한 방식으로 조직될 수 있고, 이들 방식 중 하나에서 '가까운 친족'이라고 해서 다른 방식에서도

---

* '친속(親屬)'으로 번역하기도 한다. _옮긴이

반드시 그렇지는 않다. 교환은 계보적 거리(genealogical distance)에 따라 지역적으로 귀속되는 개인들 사이의 친족지위에 의존할 수도 있고, 분절적 거리(segmentary distance)에 따르는 출계집단지위(descent group status)에 의존할 수도 있다. 혹자는 이들 두 요인이 서로 대응하지 않는 경우에는 더 가까운 관계가 개별 당사자의 거래에 적절한 호혜성을 규정할 것이라고 추정할 수도 있다. 하지만 이는 경험적으로 밝혀져야 할 일이다. 일반적 모델을 이끌어내기 위해서는 친족거리를 규정하는 데 작용하는 공동체의 권력에 관해서도 주목해야 할 필요가 있다. 친족이 공동체를 조직할 뿐만 아니라 공동체가 친족을 조직하기도 한다. 따라서 공간적인 공동거주 관계가 친족거리의 측정에 영향을 미치고 결과적으로 교환의 양식에도 영향을 미친다.

내가 관찰한 바에 따르면 형제들이 함께 살거나 부계 삼촌과 그의 조카들이 같은 집에서 함께 사는 경우가 따로 떨어져서 사는 경우보다 훨씬 더 친밀한 관계를 유지하고 있었다. 그것은 물건 빌리기, 도움 얻기, 의무의 수락, 또는 서로에 대한 책임지기 등의 문제가 발생할 때 늘 분명하게 드러났다[Malinowski, 1915: 532; 이 인용은 마일루(Mailu) 사회에 관한 것이다].

시우아이인들은 인간을 친척과 이방인으로 구분한다. 친척은 혈통과 혼인관계를 통해 상호 연결되어 있다. 그들 중 대다수는 인근에 살고 인근에 사는 사람들은 모두 친척이다. …… 그들 간의 거래는 상업성을 회피하는 방식으로 수행되어야 한다. 가장 가까운 친척들 사이의 거래는 되도록 나누어 갖기(이 글의 맥락에서는 '풀링'이다), 되갚지 않아도 되는 증여, 유산 물려주기 등의 형태로, 다소 관계가 먼 친척들 사이의 거래는 빌려주기의 형태로 이루어진다. …… 관계가 아주 먼 소수의 친척을 제외하고 멀리 떨어져 사는 사람들은 친척이 아니라 단순한 적이다. 멀리 떨어져 사는 사람들의 관습 대부분은 시우아이인에게 적합하지 않다.

하지만 그들의 재화와 기술 중 소수는 바람직한 것으로 여겨진다. 시우아이인들은 오직 사고팔기 위해서만 그들과 상호작용하는데, 이러한 거래에서는 가능한 한 많은 이익을 얻기 위해 깐깐하게 흥정하고 속임수를 사용한다(Oliver, 1955: 454~455).

이 지점에서 호혜성의 분석을 위한 모델을 하나 제시하겠다. 즉, 그것은 점점 더 포괄적으로 확장되는 일련의 친족-거주 섹터들(kinship-residential sectors)로 구성된 부족집단의 평면도를 그려볼 수 있고, 그다음 이들 섹터에서 차지하는 위치에 따라 호혜성의 특성이 달라지는 형태의 모델이다. 도움을 제공하는 가까운 친족원은 공간적인 의미에서도 특별히 가까운 친족원이다. 가구, 거주 캠프, 촌락의 구성원들은 긴밀한 상호작용과 평화로운 유대가 필수적이기 때문에 온정적인 관계가 필요하다. 하지만 관계의 온정적 성격은 섹터가 주변으로 확장되고 친족거리가 멀어짐에 따라 약해진다. 마찬가지 원리로 같은 마을에 사는 부족구성원과의 교환보다 다른 촌락에 사는 부족구성원과의 교환에서 온정적 성격이 더 약해지고, 부족 간 섹터에서는 훨씬 더 약해진다.

이런 식으로 친족-거주 관계를 기준으로 한 사회집단의 구획을 통해 가구, 지역 종족, 촌락, 하위 부족, 부족, 타 부족 순으로 점점 더 확장되는 공동성원권 영역들을 구성할 수 있다. 물론 구체적 구획양상은 다양하게 나타난다. 이러한 구획은 통합수준에 따라 배치되는 위계적인 구조를 보여주지만, 내부에서 평면적으로 보면 일련의 동심원적 구조를 보여준다. 각 원의 사회관계는 가구관계, 종족관계 등과 같은 구체적인 특징을 가진다. 그리고 비지역화된 씨족이나 개인적 친족 같이 다른 방식으로 조직되는 친족 유대를 통해 섹터가 구분되는 경우를 제외하면, 각 영역의 사회관계는 그다음의 더욱 넓은 영역의 사회관계보다 유대성이 더 강하다. 호혜성은 섹터적 거리가 멀어짐에 따

그림 5.1 **호혜성과 친족-거주 섹터**

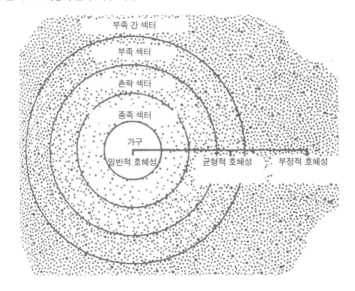

라 균형적 호혜성이나 부정적 호혜성 쪽으로 기울게 된다. 각 섹터에서는 한 종류의 호혜성이 특징적이거나 지배적이다. 즉, 일반적 호혜성은 가장 좁은 영역에서 지배적이고 영역이 확장됨에 따라 약해진다. 균형적 호혜성은 중간 적 섹터에서 특징적이고, 부정적 호혜성은 가장 주변적인 영역에서 지배적이 다. 요약하면, 호혜성의 작동방식에 관한 일반 모델은 사회의 섹터적 구획을 호혜성의 연속체 위에 겹쳐놓음으로써 가능해진다. 이 모델이 그림 5.1에 제 시되어 있다.

이와 같은 구획이 섹터적 구분과 호혜성의 변이라는 두 조건에만 의존해 있는 것은 아니다. 숨겨진 제3의 조건인 도덕성에 관해서도 뭔가 논의되어야 한다. 퍼스는 "경제적 관계는 우리가 일상적으로 생각하는 것보다 훨씬 더 도 덕적인 토대 위에 근거해 있다"(Firth, 1951: 144)라고 했다. 이러한 관점이 시우아이인들의 세계관을 통해 분명하게 드러난다. "시우아이인들에게도 '관대함', '협동성', '도덕성'(즉, 규범 지키기), '친절함'을 뜻하는 용어가 따로 있다. 하지만 그들은 이 모든 용어를 선(goodness)이라는 동일한 속성을 표현하고 서로 밀접하게 관련되어 있는 측면들로 간주하고 있는 것 같다 ……"(Oliver, 1955: 78). 서구 사회와 구별되는 또 다른 차이점으로 원시 사회에서는 호혜성뿐만 아니라 도덕성도 섹터에 따라서 특정한 경향성을 가진다는 것을 들 수 있다. 규범이 절대적이거나 보편적인 것이 아니라 명백히 상대적이고 상황의존적인 성격을 보여준다. 말하자면 특정 행동이 그 자체로서 선하거나 악한 것이 아니라, 바로 '상대방'이 누구인가에 따라 달라진다. 자신의 공동체 범위 내에서 타인의 재화나 여자를 전유한다면 죄악('도둑질', '간통')으로 간주되지만 동일한 행위를 외부자에게 범한다면 용서될 뿐만 아니라 동료들이 칭찬할 정도로 긍정적으로 평가되기도 한다. 그렇다고 해서 기독교적 전통에서 발견되는 도덕적 절대성과의 차이점을 지나치게 과장할 필요는 없다. 어떠한 도덕적 체계도(특히 전쟁과 같은 상황에서는) 완전히 절대적이지 않을 뿐만 아니라 완전히 상대적이고 맥락의존적이지도 않다. 하지만 원시공동체에서는 섹터적 조건에 의해 규정되는 상황의존적인 기준들이 지배적인 경우가 흔한데, 이는 민속학자들이 반복적으로 논의할 정도로 서구 사회와 충분히 차이가 난다. 예를 하나 들어보자.

나바호의 도덕성은 …… 절대적 성격보다 맥락적 성격이 강하다. …… 거짓이라고 해서 항상 모든 맥락에서 잘못된 것으로 간주되지는 않는다. 규범이 상황에 따라 달라진다. 외부 부족과 거래할 때 속이는 행동은 도덕적으로 용납되는 관행이다. 행동은 그 자체로서 선 또는 악이 아니다. 아마 본질적으로 맥락의존적 죄악인 근친상간이 무조건적으로 비난받는 유일한 행동일 것이다. 외부 부족 성원들과 거래할 때 주술적 기술을 사용하는 것은 매우 정당한 행동으로 간주된다.

...... 이 영역에는 추상적 이상이 거의 존재하지 않는다. 토속적 생활환경에서 살아가는 나바호인들은 추상적 도덕성에 의해 규정되지 않는다. ...... 사람들이 그저 왔다가는 가버리고, 사업을 비롯한 다양한 거래가 전혀 안면이 없는 사람들 사이에서 이루어지는 현대 미국과 같은 복합사회에서는, 둘 또는 그 이상의 사람이 상호작용하는 즉시적이고 구체적인 상황을 초월해서 작동할 수 있는 추상적인 기준의 구축이 기능적으로 필요하다(Kluckhohn, 1959: 434).

우리가 다루고 있는 체계는 적어도 사회적 차원, 도덕적 차원, 경제적 차원으로 구성된 3차원적인 것이다. 여기서는 친족-부족적 집단배속의 원리에 따라 호혜성과 도덕성이 섹터적으로 구조화된다.

하지만 이 체계는 전적으로 가설적인 수준에 머물고 있다. 이 지점에서 이러한 체계를 통해 작동하는 사회적·도덕적·호혜적 관계의 변형이 어떤 상황에서 발생하는지에 대해 생각해 볼 수 있다. 제시된 명제들이 외부 섹터와 관련될 때 특히 취약하다. 여기서 '외부 섹터'를 일반적으로 '부족 간 섹터', 즉 원시공동체의 종족적 경계를 지칭하는 것으로 생각할 수 있다. 실제로 이것은 긍정적인 도덕성이 희미해지는 곳이나 집단 외부에 대한 적대감이 집단 내적으로는 정상적인 것으로 여겨지는 지점에서 설정될 수 있다. 이 영역에서 실행되는 거래는 힘과 속임수를 통해 이루어질 것이다. 실제로 교활한 행동을 뜻하는 도부(Dobu) 사회의 의성어로 표현하면, 그것은 **와부와부**(wabuwabu)를 통해 이루어진다. 하지만 폭력적 전유는 호전적인 전술을 통해서만 용이하게 해결될 수 있는 어떤 긴박한 필요가 존재할 때 의지하는 수단이다. 최소한의 평화적 공생이 하나의 공통적인 대안으로 작용한다.

하지만 이러한 비폭력적인 대면에서도 **와부와부**를 하려는 성향은 분명히 지속되는데, 이는 섹터적 집단구획에 내재하는 성향이다. 따라서 만약 **와부와부**가 사회적으로 용인될 수 있다면, 즉 평화를 강제하는 조건을 상쇄시키는 힘이 충분히 강하다면, 깐깐한 홍정은 제도화된 외적 관계에 적용된다. 결과적으로 시장원리가 작동하는 **김왈리**(gimwali), 즉 서로 다른 마을에 사는 트로브리안드 주민들 사이 혹은 트로브리안드섬 주민과 다른 섬 주민들 사이에서 파트너 관계가 없이 이루어지는 몰인격적 교환을 마주하게 된다. 하지만 여전히 김왈리는 특수한 조건, 즉 위험한 불상사에서 비롯되는 경제적 마찰을 방지할 수 있는 일종의 사회적 안전장치를 전제로 한다. 통상적인 상황에서는 홍정이 효과적으로 억제된다. 이런 현상은 특히 쌍방이 상이한 전략적 기술을 상대방에게 개진하는 변경교환(border exchange)이 양측 모두에게 중요할 경우에 나타난다. 섹터상의 거리에도 불구하고 교환은 공정하고 **우투**(utu)하며 균형적으로 이루어진다. 평화적 공생을 위해 **외부외부**와 **김왈리**의 무제한적인 작동이 억제된다.

이러한 억제는 변경교환의 특수하고 정교한 제도적 수단에 의해 제공된다. 이 수단은 때로 너무나 터무니없어 보이기도 한다. 따라서 민속학자들은 그것을 일종의 '게임', 즉 원주민의 놀이로 간주하기도 한다. 하지만 변경교환이라는 착상은 근본적인 사회적 분열을 초래하지 않으면서 중요한 경제적 상호의존성이 가능하도록 해준다[쿨라(Kula)에 관한 화이트(White, 1959) 및 포춘(Fortune, 1932)의 논의와 비교해 보라]. 이와 관련된 유명한 사례로 침묵교역(silent trade)을 들 수 있다. 침묵교역은 모든 관계를 차단함으로써 좋은 관계를 유지하는 경우이다. 침묵교역의 가장 일반적인 형태는 '교역 파트너 관계'와 '교역 친구관계'이다. 상당한 다양성을 보여주지만 침묵교역의 가장 중요한 공통점은 부정적 호혜성을 사회적으로 억제하는 것이다. 홍정을 금지해서 평화를 구축하고, 효용이 등가적으로 교환되도록 관리함으로써 평화상태를 확고한 것으로 만든다. 흔히 유별적 또는 귀속적 친족 계통을 따라 구축되는 교역 파트너 관계는 특히 외부적인 경제적 거래가 유대적 사회관계를 통해 이루어질 수 있도록 보호막을 쳐준다. 본질적으로 공동체 내적인 지위체계가 공동체와 부족경계를 가로질러 투영된다. 따라서 호혜성은 부정적 호혜성, 즉 **외부와부**가 아니라 일반적 호혜성에 가까운 방향으로 기울 것이다. 물자의 제공이 선물의 형태로 이루어진다면 되갚음의 지체가 허용된다. 즉시적인 보답이 실제로는 적절하지 못할 수도 있다. 다른 때에 같은 종류로 보답되는 환대가 교역물자의 공식적인 교환을 수반한다. 환대의 주최자가 파트너가 가져온 것 이상으로 가치 있는 것을 제공하는 경우도 드물지 않다. 이는 파트너가 교역 여행을 하는 동안 대접함으로써 파트너 관계를 돈독하게 할 뿐만 아니라 신용이 축적되도록 한다. 좀 더 넓은 관점에서 보면, 이러한 불균형은 또 다른 만남을 가능하게 해서 교역 파트너 관계를 유지시켜 주는 기능을 한다.

간단히 말해 부족 간 공생이라는 변수가 가설적 모델의 조건을 변화시킨다. 주변적 섹터에 전형적인 것보다 더 사교적인 관계가 그 영역 속으로 침투해 들어간다. 이제 더 좁은 공동성원권 영역이 교환의 맥락으로 작동하고, 교환은 평화적이고 동등한 성격을 가지게 된다. 그리고 호혜성은 균형점 근처에 위치한다.

앞서 언급한 바처럼 이 글의 논의는 민족지 자료의 분석에 입각해 있다. 이들 자료 중 일부를 이 글의 적절한 위치에 첨부하는 것이 바람직하다고 생각했다. 따라서 부록 A를 통해 이 절의 주제인 '호혜성과 친족거리'에 관한 자료들을 제시했다. 물론 이들 자료는 증거가 아니라 예시 혹은 예증으로 제시한 것이다. 실제로 이들 자료 속에는 명백하거나 그럴듯한 예외가 존재한다. 또한 이 글의 아이디어가 아주 점진적으로 형성되었고 이 책에서 인용된 글과 논문도 상당 부분 다른 목적을 위해 참고했기 때문에, 이들 연구에 포함되어 있는 호혜성 관련 자료들이 내 주의를 끌지 못했을 것임이 틀림없다. 이것으로 충분한 해명이 이루어졌길 바라고, 부록 A의 민족지 기록이 필자 외에 누군가에게도 흥미 있는 자료가 되었으면 한다.

호혜성과 친족거리 사이에 존재한다고 주장했던 상호관련성에 관한 예시로서 이들 기록이 갖는 가치가 무엇이든, 그것은 또한 현재의 논의가 갖는 일정한 한계를 분명하게 드러내준다. 단순히 호혜성의 특성이 사회적 거리에 의해 규정된다는 사실을 논증하는 것은 심지어 그것이 완벽하게 논증될 수 있다고 하더라도 그 자체로 궁극적인 설명이 될 수 없고 또 교환이 실제로 언제 이루어질 것인가를 구체화하지도 못한다. 호혜성과 사교성 사이의 체계적인 관계 그 자체로서는 언제 혹은 심지어 어떤 범위에서 그 관계가 작동하게 될지 알 수 없다. 여기서 추정해 볼 수 있는 것은 제약하는 힘들이 관계 자체의 외부에 존재한다는 점이다. 최종적인 분석의 조건은 더욱 광범위한 문화적 구조와 그것이 주변 환경에 대해 보여주는 적응적인 반응이다. 이러한 더 광범위한 관점에 입각해서 주어진 사례의 중요한 섹터윤곽과 친족범주를 분명히 하고, 상이한 섹터에서 작동하는 호혜성의 범위도 규명할 수 있을 것이다. 예를 들어, 가까운 친족원은 식량을 나눈다는 것이 기정사실이라면, 거래 자체가 발생할 필요조차 없는 것이다. 문화적 측면과 적응적 측면을 모두 포괄하는 총체적인 맥락은 집약적인 나눔을 역기능적인 것으로 만들 수 있고, 그것을 허용하는 사회의 종언을 미묘하게 내포하고 있을 수도 있다. 페르시아 남부 유목민에 관한 프레드릭 바스의 뛰어난 생태학적 연구에서 다소 긴 인용을 하겠다. 이 구절은 더 광범위한 맥락의 작용을 너무나 잘 보여주기 때문에 상세한 조명이 필요하다. 구체적으로 이 구절은 집약적인 나눔의 가치를 저하시키는 상황을 예시하고 있다.

목축민 인구집단의 안정성은 목초지-가축규모와 인구규모 사이의 균형을 유지하는 데 달려 있다. 주어진 목축기술에 입각해서 이용할 수 있는 목초지의 규모는 한 지역이 부양할 수 있는 전체 가축의 최대치를 결정한다. 반면 목축적 생산과 소비의 유형은 한 가구를 부양할 수 있는 가축의 최소치를 규정한다. 목축경제의 인구균형을 달성하는 데 따르는 특수한 어려움이 균형의 이러한 이중적 세트를 통해 압축적으로 드러난다. 즉, 인구규모는 틀림없이 가축과 목초지의 불균형에 민감하게 반응한다. 농경민이나 수렵채집민의 경우는 적나라한 맬서스적 인구조절 유형만으로도 충분하다. 인구가 증가함에 따라 안정적인 수준에서 균형이 잡힐 때까지 기아와 사망률이 높아진다. 유목이 지배적 혹은 배타적인 생계유형인 곳에서 유목민이 그와 같은 인구조절 형태에 종속되어 있다면 인구균형에 이르지 못한 채 생계의 전체적 토대 자체가 와해되어 버릴 것이다. 이는 그들의 생계가 기초하고 있는 생산자본이 단순히 땅이 아니라 바로 식량으로 먹어버릴 수도 있는 가축이라는 아주 간단한 이유 때문이다. 목축경제는 목축민이 대량의 식량인 가축을 먹어치워야만 하는 압력이 존재하지 않는 한에서만 유지될 수 있다. 따라서 목축인구는 기아와 사망률에 의한 인구조절기제가 작동하기 이전에 다른 효과적인 인구조절수단이 개입해야만 안정된 수준에 도달할 수 있다. 이러한 적응을 위한 첫 번째 조건은 가축을 사적으로 소유하고 각 가구가 경제적 책임을 개별적으로 떠안는 것이다. 이러한 유형을 통해 목축인구는 경제활동에 따라 분화되고, 경제적 요인은 인구의 나머지 구성원들에게 영향을 미치지 않으면서 그 일부만을 정주민화를 통해 제거함으로써 차별적으로 영향을 미친다. 만약 정치적 삶과 관련된 법인체적 조직과 목초지 접근권이 경제적 책임 및 생존과도 연동되어 있다면 그것은 불가능할 것이다(Barth, 1961: 124).

이제 이와 같은 특수한 경우에 나타나는 호혜성의 범위를 또 다른 측면에서 고려해 볼 필요가 있다. 그것은 바로 목축민의 인색함에 관한 것이다. 교환관계에 작동하는 제약, 그리고 좀 더 중요한, 상쇄하는 힘들에 관해서는 아직 아무것도 논의된 바가 없다. 원시 경제에는 특정한 모순이 내재해 있는데 그것은 관습적으로 요구되는 고도의 사교성과 양립 불가능한 자기이해를 추구하는 경향의 고삐가 풀리는 것이다. 말리노프스키는 오래 전에 이미 이 점을 인식했다. 그리고 퍼스(Firth, 1926)는 마오리 속담에 관한 논문을 통해 나눔의 도덕적 명령과 편협한 경제적 이해 사이의 미묘한 충돌과 상호작용을 훌륭하게 조명한 바 있다. 앞서 이미 논의한 사용을 위한 가내생산의 광범위한 형태는 심지어 경제적 관심을 가구 내부로 돌릴 때에도 비교적 저수준의 산출에서 제동을 거는 방향으로 작용한다. 따라서 이러한 생산양식은 일반적인 경제적 결속에 그렇게 적합하지 않다. 예를 들어, 가난에 처한 가까운 친족에게 나눔을 실천하는 것이 도덕적으로 요구되고, 모든 면에서 나눔 자체가 훌륭하고 적절한 것으로 간주되는 상황이라고 하더라도 부유한 자가 실제로 나눔을 실천할 것이라는 보장은 없다. 또한 설상가상으로 다른 사람을 돕는 행위를 통해 얻는 것이 별로 없다면, 아무것도 친족관계 같은 사회계약을 확실하게 보장해 줄 수 없을 것이다. 관습화된 사회적·도덕적 의무는 경제적 과정을 규정하고, 원시적 삶의 공공성은 질투심, 적대감, 미래의 경제적 재앙을 야기할 위험성을 증가시키면서도 사람들이 그 경제적 과정에 참여하도록 만드는 경향이 있다. 하지만 잘 알려진 바와 같이, 한 사회가 도덕성과 제약의 체계를 가지고 있다고 하더라도 모든 사람이 그것을 묵묵히 따른다고 주장하는 것은 아니다. 아마 **비사바사**(biša-baša)의 시기, 즉 "특히 늦겨울에 가구들이 식량이 있다는 사실을 심지어 친척들에게도 숨기는 때"(Price, 1962: 47)가 있을 것이다.

일부 인구집단의 경우 **비사바사**가 지배적인 조건으로 나타난다는 것이 이 논의에 당혹스러운 사실로 작용하는 것은 아니다. 주지하는 바와 같이 시리오노(Siriono)족은 적대성과 은밀한 인색함 사이의 미묘한 줄다리기를 일종의 생활방식으로 받아들이고 있다. 흥미롭게도, 시리오노 사람들은 원시적인 경제적 상호작용과 관련된 통상적인 규범을 분명하게 정해놓고 있다. 예를 들어, 규범상 사냥꾼은 자신이 죽인 동물을 먹을 수 없다. 하지만 실제로 사냥물이 나뉘는 섹터는 매우 좁을 뿐만 아니라, "어느 정도의 상호불신과 오해가 따르지 않는 나눔은 거의 없다. 사람들은 사냥꾼이 항상 속인다고 생각한다. 따라서 사냥꾼은 포획물이 많으면 많을수록 더 기분이 상하게 된다"(Holmberg, 1950: 60, 62; cf. 36, 38~39). 따라서 시리오노 사회의 추세는 일반적인 원시 공동체와 별반 다르지 않다. 단지 그 사회는 다른 곳에서는 드물게 현실화되는 잠재적 가능성, 즉 관대성에 대한 구조적 강제가 곤궁한 상태에서 작동하지 않을 가능성을 극단적으로 인식하고 있는 데 불과하다. 하지만 시리오노 사회는 문화적으로 뿌리 뽑히고 박탈당한 집단이다. 나눔의 규범, 추장제도, 크로(Crow)형 친족용어체계를 아우르는 시리오노족 문화의 전체적인 틀은 현재 그들이 처해 있는 불행한 상황에 대한 가식일 수 있다.

호혜성과 친족등급

이제 여하한 종류의 실제적인 교환에서도 다수의 환경적 요인이 동시에 물질적 흐름에 영향을 미친다는 점이 분명해졌다. 이 점은 부록 A의 예증 자료를 통해서도 분명하게 드러난다. 친족거리가 중요하지만 반드시 결정적인 변수로 작용하지는 않는다. 등급, 상대적 부와 필요, 식량과 내구재로 구분되는 재화의 유형 등 다른 '요인들'도 반드시 고려되어야 한다. 논의와 해석의 편의를 위해 이들 요인을 따로 분리해서 다루는 것이 유용하다. 따라서 먼저 호혜성과 친족등급 간의 관계에 관한 논의로 넘어가도록 하겠다. 하지만 이는 어디까지나 다음과 같은 단서하에서만 가능하다. 즉, 친족거리 또는 친족관계와 호혜성의 상관관계에 관한 명제들이 '여타 요인들은 상수'로 두고 쟁점이 되고 있는 요인만 작용하는 사례들을 선택할 수 있는 범위 내에서 따로 논의되고 검증될 수 있지만, 사실상 이들 명제가 따로 분리된 채로 드러나지는 않는다는 것이다. 더 진전된 연구는 동시에 작용하는 여러 '변수들'의 영향을 밝혀내는 것임이 분명하다. 하지만 여기서는 그러한 과정의 단초를 마련하는 것으로 만족해야만 한다.

등급 차이도 친족거리만큼이나 경제적 관계를 전제로 한다. 교환의 수직축인 능급 또는 능급의 효과는 친족거리의 수평축과 마찬가지로 거래형태에 영향을 미친다. 등급은 일정한 한도 내에서는 특권, 즉 **귀족의 권리**(droit du seigneur)임과 동시에 일정 정도의 책임, 즉 **귀족의 의무**(noblesse oblige)이기도 하다. 권리와 의무는 높은 등급과 낮은 등급에 공히 적용되고, 양측 모두 자체의 고유한 요구를 갖고 있다. 봉건적 관계는 친족 등급체계와 같은 경제적 형평성을 수반하지 않음이 틀림없다. **귀족의 의무**와 **귀족의 권리**라는 개념의 진정한 역사적 맥락인 봉건사회에서는 전자가 후자를 거의 상쇄시키지 못한다. 하지만 원시 사회에서는 사회적 불평등이 오히려 경제적 평등을 조직화하는 기제이다. 흔히 높은 등급은 오직 관대성의 과시를 통해서만 현실적으로 보장되거나 유지된다. 물질적 이익은 오히려 하위 등급 측이 가져간다. 부모-자식 관계를 친족등급과 그 경제적 윤리의 근원적인 형태로 이해하는 것은 너무 과도한 해석일 수도 있다. 그럼에도 불구하고 부모-자식 관계에 적용되는 온정주의가 원시적 추장권의 공통적인 은유임은 분명한 사실이다. 통상적으로 추장권은 더 높은 출계와 연결되어 있다. 따라서 추장이 주민들의 '아버지'이고 주민들은 그의 '자녀'이며, 이러한 관계가 그들 사이의 경제적 거래에 어떤 식으로든 영향을 미친다고 보는 것이 당연할 것이다.

높은 등급과 낮은 등급의 경제적 요구는 상호의존적이다. 추장의 요구는 아래로부터의 요청에 단초를 제공하고, 주민들의 요청은 추장의 요구에 단초를 제공한다. '더 큰 외부 세계'에 적당히 노출된 원주민들은 추장의 관습적 권리를 지역 은행의 절차와 동일시하는 경우가 드물지 않다(cf. Ivens, 1927: 32). 따라서 친족등급 간의 경제적 관계에 적절한 용어는 바로 '호혜성'이다. 게다가 그것은 '일반적 호혜성'에 상당히 가깝다. 다시 말해 그것은 근친 간의 원조만큼 사교적이지는 않지만 호혜성의 연속체에서 일반적 호혜성 쪽으로 기울어져 있다. 실제로 재화는 아마 현존 권력자의 요구에 의해 **양도**될 것이고, 유사한 방식으로 그들로부터 **공손하게 요청**될 수 있다. 하지만 요구의 근거는 흔히 원조와 필요 때문이고 보답에 대한 기대도 그만큼 불명확하다. 되갚음은 필요가 발생할 때까지 보류될 수 있고, 최초의 증여와 반드시 등가일 필요도 없다. 그리고 물질적 흐름이 오랫동안 한 측 또는 다른 측의 이익이 되는 방향으로 불균등하게 이루어질 수도 있다.

호혜성은 친족등급의 다양한 원리와 맞물려 있다. 수렵채집민의 경우 연장자가 특권을 행사하는 세대등급이 가족 수준의 생활뿐만 아니라 캠프 수준의 생활에도 중요한 요소이고, 그만큼 연장자와 연하자 사이의 일반적 호혜성이 사회적 교환의 광범위한 규칙으로 작용한다(Radcliffe-Brown, 1948: 42~43). 트로브리안드섬 주민들에게는 동일한 출계집단의 상이한 등급들 사이에 적용되는 경제윤리인 **포칼라**(pokala)가 있다. 이는 "특정한 하위 씨족의 연하자는 연장자에게 선물과 서비스를 제공해야 하고, 연장자는 보답으로 후원과 물질적 이익을 연하자에게 제공해야 한다"는 규칙이다(Powell, 1960: 126). 심지어 등급이 계보상의 연장자성과 맞물려 있고 공적 권력인 추장권을 통해 완성되는 곳에서도 동일한 윤리가 작동한다. 분절적 정치체계인 폴리네시아의 광범위한 추장들을 예로 들어보자. 한편으로 추장은 다양한 권리를 행사하지만 반복적으로 논의한 바와 같이 때로는 저변 인구에 대해 권리보다 더 큰 의무를 지고 있는 경우도 있다. 거의 항상 원시정치의 '경제적 토대'는 긍정적인 도덕성과 평민에 대한 부채가 동시에 작동하는 관대성에 의해 제공된다. 좀 더 포괄적으로 보면 전체적인 정치질서가 사회적 위서체계의 위아래를 오가는 재화의 중추적 흐름을 통해 유지된다. 여기서 각각의 선물은 단순히 지위관계만을 내포하는 것이 아니라, 직접적으로 되갚을 필요가 없는 일반적 호혜성의 성격을 통해 충성을 강제하기도 한다.

등급질서가 구축되어 있는 공동체의 일반적 호혜성은 기존의 구조에 의해 강화됨과 동시에 등급체계에 지대한 영향을 미치기도 한다. 하지만 등급과 리더십이 주로 성취를 통해 획득되는 사회도 광범위하게 존재한다. 이러한 사회의 호혜성은 일종의 '촉발기제(starting mechanism)'로서 등급의 **형성** 자체에 크고 작은 영향을 미친다. 호혜성과 등급의 연동관계는 첫 번째 경우에는 '귀족이라는 것은 곧 관대하다는 것을 뜻한다'는 형태로, 두 번째 경우는 '관대하다는 것은 곧 귀족이라는 것을 뜻한다'는 형태로 드러난다. 전자의 경우 지배적인 등급구조가 경제적 관계에 영향을 미치고, 후자의 경우 호혜성이 위계적 관계에 영향을 미친다. 유사한 피드백이 친족거리의 맥락에서도 발생한다. 뒤에서 논의하는 바와 같이 환대는 흔히 사교성을 표현하기 위해 활용된다. 인디언들 사이에서 성장한 '야생 백인' 중 한 사람인 존 태너가 이 논지와 관련이 깊은 일화 하나를 소개한다. 그는 자신의 오지브웨이(Ojibway)* 인디언 가족이 한 번은 머스코기(Muskogee) 인디언 가족의 도움으로 기아상태에서 구출되었던 사실을 상기하면서, 만약 자기 가족이 나중에 그 머스코기 가족 중 누구라도 만났다면 "그를 '형제'라 부르고 또 그렇게 대접했을 것이다"라고 말했다(Tanner, 1956: 24).

'촉발기제'는 굴드너의 용어이다. 그는 호혜성이 어떻게 촉발기제로 작용하는가에 대해 다음과 같이 설명한다.

…… 그것은 사회적 상호작용을 촉발시키는 데 도움이 되고, 일련의 차별적이고 관습적인 지위상의 의무가 발달하기 이전 단계에 있는 어떤 집단의 초기 국면에서 기능적인 역할을 한다. …… 설령 기원의 문제에 관한 논의가 형이상학적 딜레마에 빠지기 쉽다고 하더라도, 많은 구체적인 사회체계(아마 '관계와 집단'이라는 표현이 더 적절할 것이다)가 결정적인 출발점을 가지고 있다는 점은 사실이

---

* 수피어리어호 인근에 사는 북미 인디언._옮긴이

다. 혼인관계는 하늘에서 툭 떨어지는 것이 아니다. …… 유사하게 법인체와 정치적 정당 등 모든 양식의 집단들은 그 자체의 출발점을 가지고 있다. …… 사람들이 새로운 조합과 병렬관계를 통해 지속적으로 함께 모이면서 새로운 사회체계의 가능성이 열린다. 이 가능성이 어떻게 실현될까? …… 기능주의자에게 이 질문은 처음에는 약간 당혹스럽게 느껴질 수 있다. 하지만 일단 질문이 제기되면 그는 어떠한 사회에서도 취약한 계약에서 비롯된 사회체계를 공고하게 만드는 데 기여하는 특정한 종류의 기제가 일정 수준에서 제도화되거나 유형화되는 것이 아닐까 하는 생각을 하게 될 것이다. 그리고 그는 이러한 측면에서 '촉발기제'를 고려할 것이다. 나는 이런 논지에서 호혜성의 규범이 다양한 촉발기제 중 하나를 제공한다고 생각한다(Gouldner, 1960: 176~177).

경제적 불균형은 등급과 리더십의 촉발기제로서 관대성과 일반적 호혜성의 전개에 핵심적인 요소로 작용한다. 첫 번째 단계로, 되갚아지지 않은 선물은 '사람들 사이에 무엇인가를 창출한다'. 그것은 적어도 되갚을 의무가 사라질 때까지는 관계의 연속성, 즉 결속을 낳는다. 두 번째 단계로, 수증자는 '채무의 그늘' 아래 있음으로써 증여자와의 관계에 속박된다. 은혜를 입은 사람은 증여자와의 관계에서 우호적이고 신중하며 순응하는 입장에 서게 된다. 굴드너에 따르면 "호혜성의 규범은 최소한 두 개의 상관된 요구를 수반한다. ① 자신을 도운 사람을 도와야 한다, 그리고 ② 자신을 도운 사람에게 해를 주면 안 된다"(Gouldner, 1960: 171). 이들 요구는 페오리아(Peoria) 대초원뿐만 아니라 뉴기니의 고지에서도 강제적인 것으로 나타난다. 즉, "[가후카-가마 (Gahuka-Gama) 사람들 사이에서] 선물은 반드시 되갚아야 하는 것이다. 선물은 채무를 형성하고, 그것이 변제될 때까지 관련된 개인들의 관계는 불균형 상태에 있게 된다. 채무자는 유리한 입장에 있는 채권자에게 신중하게 행동해야 하고, 그렇지 않으면 조롱당할 각오를 해야 한다"(Read, 1959: 429). 관대한 사람에게 부여되는 존경인 관대성은 **추종자를 낳으므로** 리더십의 효과적인 촉발기제로 작용한다. 드니그는 아씨니보인(Assiniboin)* 인디언에 관해 "모든 곳에서 그러하듯 관대성에 기반을 누고 있는 부는 친구를 얻을 수 있도록 해준다"(Denig, 1928~1929: 525)라고 적고 있다.

고도로 조직된 추장제와 단순한 수렵채집민은 물론이고, 이 두 유형 사이에는 지역적 지도자들이 공적 지위와 직함, 귀속적 특권, 영속적 정치집단에 대한 영향력 등은 아직 없지만 중대하고 중추적인 역할을 하고 있는 중간적 수준의 부족 사회들이 많이 존재한다. 그들은 이른바 '입신양명한' '빅맨'이고, 평범한 대중들 위에 우뚝 서서 추종자를 끌어모아 권위를 획득한 '중요한 인물' 혹은 '인걸'이다. 멜라네시아의 '빅맨'과 대평원 인디언 '추장'이 그 적절한 예이다. 개인적 추종자를 끌어모으고 명성의 꼭대기까지 올라가는 과정은 비록 진정한 온정주의에 입각한 것은 아니더라도 계획적인 관대성의 발휘를 특징으로 한다. 여기서도 일반적 호혜성은 일정 정도의 촉발기제로서 작용한다.

그렇다면 일반적 호혜성은 다양한 방식으로 공동체의 등급질서와 관련된다. 하지만 우리는 이미 재분배(또는 대규모 풀링)와 같은 다른 종류의 거래관계에서 추장권의 경제학을 특정한 바 있다. 이 지점에서 '언제 호혜성이 재분배로 전환될까?'라는 진화주의적 질문이 제기된다. 하지만 이 질문 자체가 잘못된 것일 수도 있다. 추장의 재분배는 친족-등급 호혜성과 원리상 다르지 않다. 그것은 오히려 호혜성의 원리, 다시 말해 고도로 조직화된 형태의 호혜성 원리에 기초해 있다고 할 수 있다. 추장의 재분배는 친족-등급 호혜성이 공식화되고 중앙화된 것, 다시 말해 리더십의 권리와 의무가 포괄적인 사회체계로 통합된 것이다. 민족지에 기술된 현실 세계는 재분배의 갑작스러운 '출현'

---

* 북미 대평원 지역에 살던 인디언 부족 중 하나._옮긴이

을 보여주지 않는다. 그것은 단지 중심성과 유사한 형태나 다양한 종류의 중심성을 보여줄 뿐이다. 등급 호혜성 대 재분배 체계라는 구도를 중앙화 과정에서 드러나는 형태상의 차이에 입각해 있는 것으로 이해함으로써 진화론적 쟁점을 해결하는 것이 논리적으로 타당하다.

빅맨체계의 호혜성은 상당히 중앙화되어 있을 수 있고, 추장체계의 호혜성은 상당히 탈중앙화되어 있을 수 있다. 어떤 희미한 경계가 이 둘을 분리시킨다. 그런데 아마 이런 희미한 경계 자체가 중요한 의미를 가질 것이다. 시우아이 사회(Oliver, 1955)와 같은 멜라네시아 빅맨경제에서 나타나는 중심성과 누트카(Nootka) 사회(Drucker, 1951)와 같은 북서부 해안 추장제에서 관찰되는 중심성에는 큰 차이가 없다. 각 경우의 지도자는 다소 지역화된 추종자들의 경제활동을 통합시킨다. 추장은 자신의 집단과 사회의 여타 비슷한 집단들 사이에서 호혜적으로 흐르는 재화의 유통허브 역할을 한다. 추종자와의 경제적 관계도 동일한 성격을 가진다. 즉, 지도자는 중앙의 수령자이자 호의를 베푸는 자이다. 차이의 희미한 경계는 바로 이것이다. 누트카의 지도자는 공동 거주지에서 함께 생활하는 종족집단의 공직자이고 그의 추종자는 바로 이 영속집단의 구성원이며, 그의 중심적인 경제적 역할은 추장적 권리와 의무를 통해 부여된다. 따라서 중심성이 이미 구축되어 있는 구조에 내재한다. 시우아이에서는 중심성이 개인적 성취의 결과이다. 추종자도 관대성을 통해 성취한 결과이고 리더십도 마찬가지이다. 그리고 전체적인 구조는 중심적인 빅맨의 죽음과 함께 해체되어 버린다. '재분배 경제'에 관심을 가진 연구자 대부분이 북서부 해안 원주민을 재분배 경제에 포함시켜 왔다고 생각한다. 반면 시우아이 사회를 재분배 경제에 포함시키는 데는 분명히 이견이 있을 것이다. 이는 호혜성의 정치적 조직화가 암묵적으로 어떤 결정적인 단계로 간주되고 있음을 뜻한다. 친족·등급 호혜성이 공직과 정치적 배속에 의해 구축되고 관습적 의무를 통해 특유해지는 곳에서는 어떤 분명한 특징을 드러내게 된다. 그 특징이 바로 추장의 재분배일 것이다.

추장 재분배 경제의 추가적인 차이에 대해서도 주목할 필요가 있다. 그것은 중심에서 나타나는 또 다른 차이이다. 민족지 사례들을 보면, 현존 권력자의 손으로 들어가고 나오는 재화의 흐름이 대체로 통합되어 있지 않은 것으로 나타난다. 다양한 경우에 아랫사람들이 개별적으로 추장에게 재화를 제공하고, 흔히 개별적으로 추장으로부터 이익을 얻기도 한다. 예를 들어, 추장권 의례가 행해지는 동안에는 대규모 축적과 대규모 분배가 일부 이루어지기도 하지만, 추장과 주민들 사이의 지배적인 물질적 흐름은 항상 독립적이고 소규모적인 거래로 파편화되어 있다. 즉, 이쪽에서 추장에게 선물이 들어오고 저쪽에서 약간의 도움이 나가는 식이다. 따라서 추장은 특수한 경우를 제외하면 지속적으로 사소한 물건들을 내놓는다. 이러한 양상은 모알라(Moala) 사회(Sahlins, 1962)나 티코피아 사회 같은 비교적 규모가 작은 태평양 군도의 추장사회에서 통상적으로 나타나는 현상이다. 그리고 이것은 아마 유목민 추장사회도 마찬가지일 것이다. 다른 한편 추장들은 대규모 축적과 대규모 분배를 통하거나 때로는 평민에 대한 압박을 통해 거둬들인 거대한 비축에 대해 득의양양해할 수도 있다. 여기서 독립적으로 이루어지는 존경스러운 행동 또는 **귀족의 의무**는 별로 중요하지 않다. 게다가 추장의 재분배가 미치는 사회적 범위가 광범위하다면, 다시 말해 그 정치체제가 대규모이고 분산적·분절적인 경우 고대 비축경제에 근접하는 수준의 중심성을 발견할 수 있을 것이다.

부록 B에는 등급과 호혜성의 관계를 예증하는 민족지 자료들이 제시되어 있다. 다양한 규모의 비축경제에 관해서는 말로(Malo)에게서 인용한 B.4.2와 바트람(Bartram)에게서 인용한 B.5.2를 보라.

호혜성과 부

유가거(Yukaghir) 사람들의 사고방식에 의하면 "식량을 가진 사람은 식량이 없는 사람과 나누어 먹어야 한다"(Jochelson, 1926: 43).

이러한 나눔의 습관과 나눔은 누구나 때로 어려움에 처하기 쉬운 공동체에서는 충분히 이해 가능한 것이다. 왜냐하면 사람들을 관대하도록 만드는 것이 바로 결핍과 부족이고, 그러한 나눔을 통해 모든 사람이 굶주림에 대처할 수 있기 때문이다. 오늘 부족한 사람이 내일 마찬가지로 부족해질 수도 있는 사람으로부터 도움을 받는다(Evans-Pritchard, 1940: 85).

앞서 논의한 등급과 호혜성에 관한 논지 중 하나는 등급구분 또는 등급화를 촉진하려는 시도가 일반적 호혜성의 교환을 그 관습적 범위를 초월하여 확장시키는 경향이 있다는 것이다. 등급 차이와 어떤 식으로든 연관되어 있는 교환 당사자들 사이의 빈부 차이를 통해서도 흔히 동일한 결과가 도출될 수 있을 것이다.

한 사람이 가난하고 그의 친구가 부자라면 당연히 이들 둘 사이의 거래에는 탐욕성에 대한 제한이 설정되기 마련이다. 적어도 그들이 오랫동안 계속 친구 관계를 유지하거나 심지어 단순히 아는 사람으로라도 남아 있고자 한다면 더더욱 그러하다. 특히 좀 더 부유한 측에 엄밀히 **부자의 의무**(richesse oblige)는 아니라 하더라도 일정한 형태의 구속력이 작용한다.

다시 말해 교환하는 사람들 사이에 어떤 사회적 결속이 주어져 있다면, 그들 사이에 빈부격차가 존재하는 경우가 그렇지 않은 경우보다 더 이타적인 거래, 즉 일반적 호혜성을 강제한다. 부의 차이 또는 부를 계속 보충할 수 있는 능력의 차이는 균형적인 거래의 사교적 성격을 저하시킬 것이다. 교환이 균형을 이루는 한 교환을 감당할 능력이 없는 측은 교환이 필요하지 않은 측의 이익에 희생된다. 따라서 빈부격차가 크면 클수록 단순히 주어진 사교성의 수준을 유지하기 위해 부자가 가난한 자에게 제공하는 원조도 그만큼 커진다. 동일한 원리로, 일반적 호혜성의 교환으로 기우는 경향은 관습적 필수품 중에서도 특히 비상물자가 한쪽은 공급과잉이고 다른 한쪽은 공급부족일 정도로 경제적 격차가 심한 곳에서 더 강화된다. 여기서 기대할 수 있는 것은 가진 자와 가지지 못한 자 사이의 식량나눔이다. 딱따구리 머리가죽에 대한 보답을 요구하는 것은 별개의 문제이다. 하지만 형제 혹은 심지어 배고픈 이방인에게는 한 푼이라도 나누어준다.

'형제'는 중요하다. 사람들을 관대하도록 만드는 그러한 결핍과 불충분함은 "누구나 때로 어려움에 처하기 쉬운 곳에서"는 이해 가능하고 기능적으로 작용한다. 그러나 그것은 친족 공동체와 친족 도덕성이 지배적인 곳에서 가장 이해 가능하고 또 가장 있음직하다. 이러한 종류의 경제가 전체적으로 결핍과 차별적 축적의 통합작용에 의해 조직된다는 것은 경제학에서 전혀 비밀이 아니다. 하지만 이들 사회는 누어 사회처럼 제한적이고 불확실한 생계를 힘겹게 꾸려나가지 않을 뿐만 아니라, 친족 공동체처럼 어려움에도 직면하지 않는다. 지나치게 불공평한 재산의 축적을 참을 수 없고 역기능적이도록 만드는 것은 바로 그러한 상황들이다. 만약 풍요로운 자가 그러한 나눔의 게임에 참여하지 않으면 어떤 식으로든 나누어주도록 만든다.

부시맨은 다른 부시맨들에게 질투의 대상이 되지 않기 위해 최선을 다한다. 이 때문에 아주 보잘것없는 소유물이라 하더라도 집단 성원들에게 끊임없이 순환시킨다. 특별히 질이 좋은 칼은 아무리 필사적으로 원하더라도 아무도 오랫동안 소유하려 들지 않는다. 그러면 질투의 대상이 되기 때문이다. 홀로 앉아 날카로운 칼날을 닦고 있을 때면 밴드의 다른 사람들이 속삭이는 소리를 듣게 될 것이다.

"저기 저 놈 봐라! 우리는 아무것도 없는데 자기는 칼에 푹 빠져 있어." 모든 사람이 원하기 때문에 조만간 누군가 그에게 칼을 빌려달라고 할 것이고 그는 그냥 줘버릴 것이다. 그들의 문화는 서로 나누어 가지도록 요구한다. 어떤 부시맨이 물건, 식량, 물을 밴드의 다른 성원들과 나누어 가지지 않는 일은 결코 발생하지 않는다. 매우 긴밀한 협력이 없다면 부시맨은 칼라하리사막이 제공하는 건조하고 척박한 환경 속에서 계속 살아남을 수 없었을 것이기 때문이다(Thomas, 1959: 22).

이들 부시맨처럼 빈곤의 잠재성이 극히 큰 식량채집민의 경우 최선의 방법은 풍부함을 나누어 갖는 경향을 타당하게 만드는 것이다. 이곳에서는 날마다 몇몇 가구가 자체의 필요를 충족시킬 수 없다는 점이 바로 그 기술적 조건이다. 식량부족에 대한 취약성은 지역공동체에 지속적인 나눔의 관습을 제도화함으로써 해소될 수 있다. 나는 이 점이 자신이 사냥해 온 동물은 먹지 못한다는 금기, 혹은 매우 큰 사냥물은 캠프 구성원 전체에게 나누어주어야 한다는 더 일반적인 수준의 권고를 해석하는 가장 좋은 방법이라고 생각한다. "사냥꾼은 잡고 다른 사람들은 먹는다고 유카거(Yukaghir) 사람들은 말한다"(Jochelson, 1926: 124). 음식나누기를 하나의 규칙으로 만드는 또 다른 방식은 그것에 중대한 도덕적 가치를 부여하는 것이다. 이렇게 되면 부수적으로 상황이 나쁜 시기뿐만 아니라 특별히 좋은 시기에도 나눔이 실천될 것이다. 일반적 호혜성의 수준은 뜻밖의 횡재를 했을 경우 '정점'에 도달한다. 그런 상황에서는 모든 사람이 관대성을 통해 이익을 얻을 수 있다.

그들은 거의 300파운드의 치닛(tsi nuts)*을 채집했다. …… 그들은 채집할 수 있

---

* 열대 견과류의 일종._옮긴이

는 것은 모두 채집해서 모든 바구니가 가득 찼을 때 나마(Nama)로 갈 준비가 되었다고 했다. 하지만 우리가 트럭을 몰고 와서 치넛을 싣기 시작했을 때 이미 그들은 서로 열심히 치넛 선물을 주고받느라 한없이 분주했다. 부시맨은 식량을 주고받을 필요를 강하게 느낀다. 그것은 아마 서로의 관계를 공고하게 만들고, 서로에 대한 의존성을 입증 및 강화하기 위해서일 것이다. 식량을 주고받을 기회는 많은 양의 식량이 손에 들어오지 않는다면 잘 발생하지 않는다. 따라서 부시맨은 식량을 대량으로 획득했을 때 항상 선물 형태로 서로 교환한다. 교환되는 식량은 사냥한 영양 고기와 치넛 그리고 제철이 되면 망게티 숲 전체에 풍부하게 널려 있는 망게티 열매 등이다. 우리가 트럭 옆에서 기다리고 있는 동안 디카이(Dikai)는 아주 큰 바구니의 치넛을 그녀의 어머니에게 줬다. 그녀의 어머니는 또 다른 바구니를 가오피트(Gao Feet)의 첫 번째 아내에게 주었고, 가오피트는 다시 디카이에게 한 바구니를 줬다. 그 후 며칠 동안 치넛은 다시 분배되었는데 이때는 약간 적은 양으로 이루어졌다. 더 이후에는 더 소량으로 치넛을 교환했고, 마지막에는 식사할 때 아주 소량의 요리된 치넛을 나누어 먹었다. …… (Thomas, 1959: 214~215)

물론 빈부 차이가 호혜성에 대해 갖는 함의는 등급 및 친족거리의 작용과 분리되어 있지 않다. 현실적 상황은 아주 복잡하다. 예를 들어, 빈부 차이는 일반적으로 교환하는 측의 친족거리가 멀어질수록 원조가 제한적이도록 만들 것이다. 동정심이 유발되는 것은 특히 집단 내에서 빈곤이 발생할 때이다. 역으로 '곤경에 처한 친구'를 도와야 한다는 원리에 따라 어려운 사람을 돕는 것이 매우 긴밀한 유대를 창출한다. 다른 한편, 먼 친족 또는 외부인에 대한 물질적 차별로 인해 부유한 측에서 균형적 교환을 하거나, 심지어는 전혀 관대성을 베풀지 않기도 한다. 만약 이해관계가 출발단계부터 대립되어 있다면, 당연히 그와 같은 무모한 거래는 더 부담스러워지게 된다.

이러저러한 사람들 사이에서 이루어지는 어떠한 형태의 부의 축적도 곧바로 지출을 수반한다는 주장이 종종 제기되었다. 실제로 부를 모으는 목적은 그것을 나누어주기 위해서이다. 따라서 바네트는 북서부 해안 인디언에 관해 "빌리거나 다른 방식으로 이루어진 어떤 형태의 축적도 즉각적인 재분배를 위한 것이 아니라면 현실적으로 생각할 수도 없는 일이다"(Barnett, 1938: 353)라고 적고 있다. 원시 사회에서 물질의 동향은 전반적으로 축적과는 거리가 멀고 불충분함에 가까워지는 경향을 보여준다는 일반적인 명제가 가능할 것이다. 따라서 "일반적으로 누어 촌락에서는 모두가 굶주리지 않는 이상 아무도 굶주리지 않는다고 할 수 있을 것이다"(Evans-Pritchard, 1951: 132). 하지만 앞서 이루어진 논의의 관점에서 보더라도, 이 주장에는 일정한 제한을 두어야 한다. 무소유의 경향은 긴박한 필요성이 적은 재화보다는 긴박한 필요성이 큰 재화와 관련해서 더 극적인 양상을 보여준다. 또한 그것은 지역 공동체들 사이에서보다 지역 공동체 내에서 더 극적으로 나타난다.

비록 공동체의 성격에 따라 다르게 나타난다고 하더라도, 필요에 따라 나누는 일정한 경향성을 전제한다면, 전반적인 결핍상황에서 이루어지는 경제 행위에 대해 좀 더 진전된 추론을 이끌어낼 수 있을 것이다. 식량이 부족한 계절에 이루어지는 일반적 교환의 빈도는 특히 폭이 좁은 사회적 섹터에서 평균 이상으로 올라간다. 생존은 이제 사회적 결속과 경제적 협력이라는 두 축의 상승작용에 달려 있다(부록 C의 C.1.3을 보라). 이러한 사회·경제적 협동이 최고점까지 촉진되는 상황을 생각할 수 있다. 즉, 비상시에는 가구들 사이의 통상적인 호혜적 관계가 자원의 풀링을 위해 한시적으로 정지된다. 이때 아마 풀링을 관리한다는 점에서 혹은 추장의 예비식량이 순환되어야 한다는 취지에서 등급구조가 작동되고 이용될 것이다.

하지만 여전히 결핍에 대한 반응은 '상황에 달려 있다'. 즉, 그것은 시험대에 오른 사회의 구조 그리고 그 결핍이 얼마나 지속되고 얼마나 심각한가에 달려 있다. **비사바사** 시기(어려운 시기)에는 상쇄시키는 힘들이 강화되기 때문에, 특히 가구의 이해 쪽으로 관심사가 집중되고, 똑같이 곤궁에 처해 있더라도 먼 친족보다는 가까운 친족에게 온정이 더 많이 제공되는 경향이 강해진다. 아마 모든 원시적 조직에는 어떤 한계점, 혹은 적어도 어떤 전환점이 있을 것이다. 재난의 규모 때문에 협동이 약화되고 속임수가 일반적인 질서로 전환되는 그런 시기를 모든 사람이 인식하고 있을 것이다. 원조의 범위가 점차 가족수준으로 축소되고, 나중에는 이러한 유대조차도 퇴색하고 해체되어 비인간적이지만 가장 인간적인 이기심을 적나라하게 드러낼 것이다. 게다가 관대성의 범위가 축소되는 것과 동일한 원인에 의해 '부정적 호혜성'의 범위가 잠재적으로 확장된다. 평상시에는 서로 도왔던 사람들이 재난의 첫 단계를 거치면서, 비록 속임수, 흥정, 도둑질 등을 통해 서로의 몰락을 촉진시키지는 않더라도, 서로의 곤경을 그냥 모르는 척해버린다. 다시 말해 전체적인 호혜성의 섹터적 구도가 변형되고 축소되면서, 나눔이 가장 내적인 유대 영역 내로 한정되고, 그 외부에 있는 다른 모든 사람은 귀신이 잡아가도 상관하지 않는다.

이들 논의에는 주어진 사례를 통해 통상적인 호혜성의 섹터적 체계를 분석할 방법이 암묵적으로 포함되어 있다. 지배적인 호혜성의 구도가 친족-공동체 관계의 성격, 그리고 생산의 불균형에서 초래된 통상적인 압박이 동시에 작용함으로써 구축된다. 하지만 지금 우리가 논의하고 있는 것은 바로 비상상황이다. '부록'으로 제시된 예증자료 곳곳에서 부족한 식량공급에 대한 두 종류의 예측된 반응, 즉 더 많은 나눔과 더 적은 나눔 양자 모두를 볼 수 있다. 그러한 반응을 규정하는 조건은 한편으로는 공동체의 구조이고 다른 한편으로는 결핍의 심각성일 것이다.

호혜성과 부라는 주제에 관한 마지막 논의로 넘어가 보도록 하자. 어떤 공동체가 적절하게 조직되어 있다면 경제적 압력뿐만 아니라 외부적인 정치적·

군사적 위험 같은 여타 종류의 긴박한 위험에 직면해서도 결속력을 유지할 것이다. 이와 관련해서 전쟁 상황에 있는 원주민 집단의 경제적 양상에 관한 두 가지 기록이 첨부한 예증자료에 포함되어 있다(부록 C의 C.1.10과 C.2.5). 이들 기록은 전쟁을 준비하는 기간 동안 가진 자와 가지지 못한 자 사이에 이루어지는 나눔의 비일상적인 강화(일반적 호혜성)를 보여주고 있다. 이와 유사하게 최근의 전쟁 경험에 따르면, 전방의 최전선에서는 군인들 사이의 거래형태가 이전에 후방의 막사 안에서 이루어지던 주사위 노름이 배급품이나 담배의 나눔으로 전환된다. 온정의 갑작스러운 발현은 사교성, 나눔, 빈부격차에 관해 논의해 온 사실과 일관성을 보여준다. 일반적 호혜성은 단순히 당면해 있는 중대한 상호의존성과 맞물려 있는 교환에 불과한 것이 아니다. 그것은 상호의존성을 강화함으로써 각각이 그리고 모두가 비경제적인 위험에 대처해서 살아남을 수 있는 가능성을 확대해 주기도 한다.

이 절의 주장과 관련된 민족지 자료는 부록 C에서 찾을 수 있다.

호혜성과 식량

교환되는 재화의 성격도 교환의 성격에 적극적인 영향력을 발휘한다. 주요 식량은 그 밖의 다른 종류의 재화와 항상 동일하게 취급될 수 없다. 그것은 사회적으로 나머지 다른 것들과 상당한 차이를 보여준다. 식량은 생명의 유지에 필수불가결한 것이고, 이로 인해 어머니까지는 아니더라도 최소한 안식처와 가정의 상징으로 여겨진다. 식량은 다른 재화보다 더 기꺼이 또는 더 필수적으로 나눈다. 나무껍질이나 구슬장식은 균형적 선물주기에 좀 더 적합하다. 식량에 대해 직접적이고 동등하게 보답하는 것은 대부분의 사회적 상황에서 어울리지 않는다. 식량의 경우 주는 사람과 받는 사람 양측 모두 구체적인 동기를 배제한다. 아래는 이와 같은 식량거래의 다양한 특성에 관한 논의이다.

관례적인 표현에 따르면 식량거래는 사회관계의 미묘한 척도라고 할 수 있다. 따라서 식량은 사교성의 촉발·유지·파괴의 기제로 작용한다.

> 식량은 친족이 일정한 권리를 가지는 재화이고, 반대로 친족은 식량을 공급하거나 자기 식량의 일부를 떼어주는 사람이다(Richards, 1939: 200).

> 쿠마 사람들에게 식량의 나눔은 이해관계의 일치를 상징한다. …… 적과는 식량을 결코 나누지 않는다. …… 식량은 이방인과도 결코 나누지 않는데, 이유는 그들도 잠재적인 적이기 때문이다. 한 개인은 그의 공계친(共系親)* 및 인척과 함께 식량을 나누고, 자신의 씨족 구성원과도 함께 나누어야 하는 것으로 알려져 있다. 그러나 통상 동일한 하위 씨족 구성들만이 서로의 식량을 나누어 먹을 분명한 권리를 가지고 있다. …… 만약 두 사람 또는 두 개의 하위 씨족 성원 사이에 심각하고 고질적인 다툼이 발생했다면, 그들뿐만 아니라 그 자손들도 서로 따로 밥을 해먹을 것이다. …… 인척들이 혼인잔치에 함께 모였을 때, 신부의 공식적 선물, 돼지고기, 귀중품 등이 두 씨족의 분리된 정체성을 분명하게 표현한다. 하지만 실제로 잔치에 참여하는 사람들은 하위 씨족 내 가까운 동료들과 나누어 먹는 것처럼 조용하고 비형식적인 형태로 채소음식을 나누어 먹는다. 이것은 그 두 집단이 상호관계를 형성하는 데 공통적인 관심을 갖고 있다는 것을 표현하는 방식이다. 이제 그들은 상징적으로 하나의 집단에 속하게 되었고, 그래서 그들은 인척관계로서 당연한 '형제'가 된 것이다(Reay, 1959: 90~92).

---

* 부계와 모계를 모두 포괄하는 친족._옮긴이

일반적 호혜성 중에서도 특히 환대의 방식으로 제공되는 식량은 좋은 관계를 뜻한다. 조컬슨은 거의 유교적인 분위기를 가진 유카거 사람들에 관해 "환대는 흔히 적을 친구로 바꾸어주고, 서로 낯선 집단 사이의 우호적인 관계를 강화해 준다"(Jochelson, 1926: 125)라고 적고 있다. 하지만 반대로 식량이 적절한 때에 제공되지 않거나 받아들여지지 않을 때는 나쁜 관계를 의미한다는 부정적인 원리도 작용한다. 따라서 도부인들이 가장 가까운 친족을 제외한 모든 사람에게 보여주는 경계심은 식량을 나누고 식사를 함께하는 사회적 범위를 통해서 가장 분명하게 드러난다. "음식이나 담배는 좁은 범위를 벗어나면 받아들여지지 않는다"(Fortune, 1932: 170, 공동식사에 관해서는 74~75; Malinowski, 1915: 545). 마지막으로, 친구 및 친족은 식량을 다른 재화와 간접적으로 교환하지 않는다. 식량의 거래는 외부자와 하는 거래이다(이는 한 소설가가 등장인물 중 한 사람이 진짜 뻔뻔한 놈이라는 사실을 얼마나 단순하게 표현했는가를 보면 알 수 있다. "그 사내는 자기 담요를 보스 씨의 초라한 집으로 가져왔다. 그리고 보스 씨 가족과 함께 조용히 저녁식사를 마친 후 밥값을 치르겠다고 고집했다. 밥값을 치르겠다고 하자 왜 그들이 내키지 않아 하는지 그 사내는 도무지 이해할 수 없었다. 밥을 하려면 돈이 든다. 보스 씨 가족이 식당을 운영하는 것은 아니었지만, 그래도 밥을 하려면 돈이 든다. 누구도 이 사실을 부정하지는 못할 것이다."_매킨레이 캔터*).

이들 도구적인 식량교환의 원리는 누구에게나 별다른 차이가 없는 것 같다. 물론 그러한 원리가 동원되는 범위와 그중 어떤 원리가 동원되는가 하는 것은 경우에 따라 차이가 난다. 도부인은 명백하게 정당한 이유를 근거로 촌락 간의 방문과 환대를 배척한다. 다른 곳에서는 경제적 상호의존성이나 정치적 전략을 포함하는 다양한 상황들 때문에, 방문뿐만 아니라 방문자에 대

---

* Mackinlay Kantor. 풀리처상을 수상하기도 한 20세기 중반 미국의 저명한 소설가._옮긴이

한 환대도 동시에 요구된다. 이들 상황에 관한 상세한 분석은 현 논의의 범위를 벗어난다. 요점은 방문자와 사교적 관계를 맺는 것이 바람직하게 여겨지는 경우 환대가 그 통상적인 방법으로 활용된다는 것이다. 그리고 도부인의 행위양식은 결코 전형적이지 않다. 일반적으로 "원시인들은 이방인에게 환대를 제공하는 것을 자랑스럽게 생각한다"(Harmon, 1957: 43).

결론적으로, 식량의 경우 일반적 교환의 범위가 때로 다른 재화의 일반적 교환영역보다 광범위하다. 섹터적 구획을 초월하는 이러한 경향은 선물교환을 위해 방문한 교역 파트너나 멀리서 온 친족에게 제공되는 환대에서 가장 극적으로 나타난다(부록 A의 사례들을 보라). 이 사람들은 서로에게 음식과 잠자리를 과도할 정도로 후하게 제공하는 행위를 통해 거래의 탄탄한 균형을 의도적으로 깨거나 심지어 잠재적인 위험부담을 떠안기도 한다. 하지만 환대는 배후에 잠재해 있는 **외부와 부**를 상쇄시키고 선물과 교역물의 직접적 교환이 동등하게 이루어질 수 있는 분위기를 제공한다.

식량이 통상적인 수준 이상의 일반적 호혜성에 의거해서 교환되는 경향에는 나름의 논리가 있다. 부자와 가난한 자 사이 또는 지위가 높은 사람과 낮은 사람 사이의 교환처럼, 식량과 관련된 교환의 경우 단지 주어져 있는 사교성의 수준을 유지하는 데에도 더 강한 희생의 의지가 요구되는 것 같다. 식량나누기는 더 먼 친족까지 확대될 필요가 있다. 즉, 일반적 호혜성이 통상적인 섹터적 한계를 초월해서 확장될 필요가 있다. 관대성이 식량거래와 뚜렷하게 관련되어 있다는 사실은 부록을 통해서 알 수 있다.

식량과 관련해서 유일하게 사교적인 행위는 그냥 줘버리는 것이고, 적당하게 체면을 차린 후에 이루어지는 적절한 사교적 보답은 환대나 원조의 형태로 이루어진다. 이것이 뜻하는 바는 식량 관련 교환의 경우 다소 느슨하고 불완전한 형태로 균형이 잡힌다는 사실뿐만 아니라, 구체적으로 식량을 다른 재화와 교환하는 것을 제한한다는 것이다. 멜라네시아와 캘리포니아의 일부 부족민처럼 원시적 통화를 사용하는 사람들에게서 관찰되는 식량판매 금지규범은 흥미로운 주목을 끈다. 이들 지역에서는 균형적 교환이 정확하게 이루어진다. 화폐는 다소 일반적인 등가성으로 기능하고 다양한 물건과 교환된다. 하지만 식량은 아니다. 화폐와 다른 재화들이 교환되는 광범위한 사회적 섹터 내에서도 주요 식량은 금전적 거래에서 배제된다. 다시 말해 식량은 나누어줄 수는 있지만 판매되는 경우는 드물다. 식량은 너무 큰 사회적 가치 또는 궁극적으로 너무 큰 사용가치를 가지기 때문에 교환가치를 갖지 못한다.

> 식량은 판매되지 않았다. 포모(Pomo)의 관례에 따르면, 식량은 나누어줄 수는 있지만 판매될 수는 없는 '대단한 물건'이다. 바구니, 활, 화살 같은 공예품들만 매매되었다[Gifford, 1926: 329; 유사한 경우로 유록(Yurok)족에 관한 크로버 (Kroeber, 1925: 40)의 연구를 참조하라].

> 톨로와-투투트니(Tolowa-Tututni)에서 식량은 오직 먹을 수만 있고 판매할 수는 없는 것이다(Drucker, 1937: 241; cf. Dubois, 1936: 50~51).

> 레수(Lesu) 사람들은 식량의 주요 품목인 타로감자, 바나나, 코코넛을 결코 판매하지 않고, 친척, 친구, 그리고 마을을 지나가는 이방인에게 호의로 나누어준다 (Powdermaker, 1933: 195).

유사한 방식으로 주요 식량은 알래스카의 에스키모인들 사이에서도 균형적 교환의 대상에서 제외된다. "식량의 거래는 비난받아야 마땅한 행위라는 분위기가 조성되어 있다. 심지어 교역 파트너들 사이에서 교환되는 사치성 식량도 본교역과는 별개로 선물의 형태로 거래된다"(Spencer, 1959: 204~205). 식량 일반은 내구재, 특히 부와는 상관없는 분리된 형태의 '교환영역'을 통

해 거래되는 경향이 있는 것 같다'.'교환 영역'에 관해서는 퍼스(Firth, 1950), 보해
넌(Bohannan, 1955), 보해넌과 달턴(Bohannan and Dalton, 1962)의 연구를 보라.
이는 도덕적·사회적으로 당연한 것이다. 광범위한 사회관계에서 이루어지는
균형적이고 직접적인 식량 대 재화의 거래, 즉 전환(conversion)은 긴밀한 유대
를 약화시킬 것이다. 살리시(Salish) 사람들의 경우처럼, 식량 대 여타 '부'를 차
별적으로 범주화하는 것은 두 종류의 재화 사이의 사회학적 불일치를 표현하
고, 식량의 가치를 역기능적으로 비교하는 것을 방지해 준다.

> 식량은 담요, 조개장식품, 카누 등의 형태로 구현되는 '부'로 분류되지 않고, 부처
> 럼 취급되지도 않는다. …… 한 세미아무(Semiahmoo)족 정보제공자가 표현하
> 듯이 그것은 '신성한 식량'이다. 그는 식량을 공짜로 나누어주어야 되고 또 거부
> 해서도 안 되는 것으로 생각했다. 식량은 분명히 다른 재화와 자유롭게 교환되지
> 않는다. 식량이 부족한 사람이 공동체의 다른 가구에 여타 종류의 재화를 제공하
> 고 약간의 식량을 구입하고자 할 수도 있겠지만, 일반적으로 식량은 판매용으로
> 제공되지 않았다(Suttles, 1960: 301; Vayda, 1961).

하지만 중요한 조건 하나를 즉시 추가해야 한다. 이들 식량부문과 비식량
부문은 사회학적으로 그 토대가 만들어지고 또 구획된다. 식량을 부로 전환
하는 행위의 비도덕성에 섹터적 차원이 존재한다. 즉, 양자의 순환은 어떤 특
정한 사회적 경계 지점에서 통합 및 해체된다. 보해넌과 달턴은 이 지점에서
이루어지는 식량 대 재화의 교환을 '이양(conveyance)'이라고 부른다. 식량은
공동체나 부족 내에서 화폐 또는 여타 재화와 대비해서 유통되지 않지만, 이
들 사회적 맥락에서 벗어나 어떤 강제적이거나 관습적인 이유가 작용한다면
그런 식으로 교환될 수도 있다. 살리시인들은 관례적으로 식량, 즉 '신성한 식
량'을 다른 살리시 마을의 인척에게 가져다주고 보답으로 다른 재화를 받았

다(Suttles, 1960). 유사하게 포모인들은 일정량의 구슬을 제공하고 도토리와 물고기 및 여타 필수품을 다른 공동체로부터 구입했다(Kroeber, 1925: 260; Loeb, 1926: 192~193). 식량의 순환과 부의 순환의 분리는 맥락에 의존한다. 공동체 내에서는 이들 순환이 공동체적 관계에 의거해서 분리된다. 즉, 두 계열의 순환이 필수품에 대한 보답요구와 지배적인 친족관계가 충돌하면서 따로 분리된다. 이 맥락을 초월해서 공동체 간 또는 부족 간 섹터에서는 식량순환의 분리가 사회적 거리에 의해 희미해진다.

이 외에도 식량은 일반적으로 노동원조의 순환과 분리되지 않는다. 오히려 대부분의 원시 사회에서는 경작과 집짓기 및 여타 가내 과업을 위해 요청한 노동에 대한 관례적 보답이 한 끼 식사의 형태로 이루어진다. 이는 통상적인 의미의 '임금'과는 거리가 멀다. 가구경제에서 음식 제공은 다른 친척과 친구들에게까지 비통상적으로 확장된다. 이것은 아마 자본주의를 향한 시도라기보다는 오히려 그 반대의 어떤 원리, 즉 생산적인 노력에 참가한 자는 그 결과물에 대해 일정한 권리를 가진다는 사실을 통해 더 잘 이해될 수 있을 것이다.

균형적 호혜성

이상에서 일반적 호혜성의 작동을 그 도구적인 측면, 특히 등급구분의 촉발기제로서 그리고 다른 공동체에 속한 개인들 사이의 관계를 환대의 형태로 매개하는 매개체로서 접근했다. 균형적 호혜성도 마찬가지로 도구적 기능을 수행하지만, 특히 공식적인 사회계약의 형태로 기능한다. 균형적 호혜성은 평화와 동맹계약의 고전적 수단, 즉 분리된 이해관계에서 조화로운 이해관계로의 변화를 나타내는 상징이다. 집단적인 급부가 균형적 호혜성의 극적이거나 전형적인 형태일 것이다. 하지만 교환을 통해 확립되는 개인적 계약의 사례 또한 존재한다.

여기서 모스의 주장을 되짚어볼 필요가 있다. "이들 원시적이고 고대적인 사회에는 중도가 없다. …… 두 인간 집단이 조우할 때면 서로 물러서거나, 불신과 도전이 발생하는 경우에는 무력을 사용하게 된다. 이도 저도 아니면 그들은 관계를 맺게 된다." 그리고 이들 집단이 '서로 다른' 집단인 경우 그 관계는 균형적이어야 한다. 이런 종류의 관계는 너무나 취약하기 때문에 되갚기의 실패를 오랫동안 감당하지 못한다. "인디언들은 그러한 상황을 잘 알고 있다"(Goldschmidt, 1951: 338). 다시 말해 인디언들은 많은 것을 알고 있다. 실제로 놈라키(Nomlaki) 인디언에 관한 골드슈미트의 기술은 전체적으로 모스가 주장한 원리를 그대로 보여준다.

적들이 조우할 때면 서로를 소리쳐 부른다. 그들은 타협이 우호적으로 이루어지면 더 가까이 접근해서 가져온 재화를 펼쳐 놓는다. 한쪽 사람이 중간에 무언가를 던지면 다른 쪽 사람도 그것에 대해 뭔가를 던져 넣는 식으로 교역한 물건을 서로 가져간다. 그들은 한쪽에서 더 이상 교환할 것이 없어질 때까지 계속 교역한다. 그때까지도 물건이 남아 있는 쪽은 잘났다고 허풍을 떨면서 물건이 동이 난 쪽을 조롱한다. …… 이러한 종류의 교역은 국경에서 이루어진다(Goldschmidt, 1951: 338).

균형적 호혜성은 받은 것에 대해 기꺼이 되갚으려는 성향이다. 이런 성향 속에 균형적 호혜성의 사회계약적 효력이 존재하는 것 같다. 정확하게 등가를 맞추거나 적어도 균형에 어느 정도 가깝게 접근한다는 것은 양측 모두가 자기이해의 보류, 즉 상호성의 구축을 위해 적대적 의도 혹은 무관심을 포기한다는 사실을 입증한다. 물질적인 균형은 기존의 분리성이라는 맥락과 대비되는 새로운 국면이 도래한다는 것을 뜻한다. 이것은 거래가 실용적인 효과를 당연하게 발휘한다는 점을 부정하는 것이 아니다. 그리고 그러한 실용적 효과는 상이한 필수품의 동등한 교환을 통해 발휘될 것이다. 하지만 실용적 가치가 무엇을 의미하든, 그곳에는 그러한 관념조차 존재하지 않는다. 오히려 레드클리프-브라운이 안다만(Andaman) 원주민들의 거래에 관해 논의했던 바처럼, 그곳에는 항상 어떤 '도덕적' 목적이 존재한다. 즉, "우호적인 느낌을 주기 위해서. …… 그리고 우호적인 느낌을 주지 않고서는 그 목적을 달성할 수 없다."

이른바 균형적 교환을 통해 맺어지는 많은 종류의 계약 중에서도 특히 다음과 같은 형태가 가장 일반적으로 나타난다.

형식적 친구 또는 친족관계

이들 관계는 개인들 간의 유대 계약인데, 어떤 경우는 형제관계를 위한 것이고 다른 경우는 친구관계를 위한 것이다. 이러한 동맹은 정체성 교환의 물질적 대응물인 동일한 재화의 교환을 통해 확립된다. 하지만 거래는 어떤 식으로든 균형이 맞춰지고, 교환은 관계가 먼 사람들이 가까운 관계를 형성하기 위한 것이다(e.g., Pospisil, 1958: 86~87; Seligman, 1910: 69~70). 일단 그렇게 형성된 친밀한 관계는 당연히 시간이 지남에 따라 더 사교적으로 되는 경향이 있고, 미래의 거래는 일반적 호혜성에 더 가까워짐으로써 이러한 경향을 강화한다.

영속적 동맹의 확인

우호적인 지역 집단 및 공동체들 사이에서 호혜적으로 이루어지는 다양한 축제와 환대를 이 범주에 포함시킬 수 있다. 뉴기니 하이랜드의 특정 씨족들 간의 채소더미 증여, 혹은 사모아나 뉴질랜드의 촌락들 사이에서 이루어지는 사교적인 축제가 그 예이다.

평화구축

이것은 논쟁, 불화, 전쟁의 중지를 위한 화친의 교환이다. 개인적 적대와 집단적 적대 모두 이러한 교환에 의해 완화될 수 있을 것이다. "'등가가 달성되면' 아벨람(Abelam) 논쟁의 당사자들은 만족하게 된다. 즉, '말썽은 끝이 난다'"(Kaberry, 1941~1942: 341). 이것이 일반적인 원리이다.

아마 이 범주에 전쟁을 끝내는 교환뿐만 아니라, 살인 배상, 간통 보상, 그리고 그밖의 다른 종류의 상해 보상도 포함될 수 있을 것이다. 이것들은 모두 공정한 거래라는 동일한 일반적 원리하에서 작동한다. 스펜서는 에스키모에 관해 흥미로운 사례를 제시한다. 한 남자가 아내를 간통한 남자에게 보상을 받으면, 이 두 남자는 '어쩔 수 없이' 우호적 관계가 된다. 스펜서는 "그들이 분명하게 거래를 텄기 때문이다"(Spencer, 1959: 81)라고 적고 있다. 또한 드니그(Denig, 1928~1929: 404), 파우더메이커(Powdermaker, 1933: 197), 윌리엄슨(Williamson, 1912: 183), 디컨(Deacon, 1934: 226), 크로버(Kroeber, 1925: 252), 로브(Loeb, 1926: 204~205), 호그빈(Hogbin, 1939: 79, 91~92) 등을 참조하기 바란다.

혼인동맹

혼인급부는 물론 사회계약적인 교환의 고전적인 형태이다. 이러한 거래에서 작동하는 호혜성의 성격에 대해 약간의 수정이 필요하다는 점을 제외하면, 전통적인 인류학적 논의에 내가 추가할 수 있는 것은 거의 없다. 심지어 이것조차 불필요한 것일 수도 있다.

하지만 혼인교환을 완벽하게 균형적인 형태의 급부로 간주하는 것은 때로 초점을 흐리게 만든다. 혼인거래와 미래의 부수적인 인척 간 교환이 정확하게 동등하게 이루어지지 않는 경우가 흔하다. 예를 들어 질적인 면에서 비대칭적인 교환이 일반적이다. 여성은 괭이나 소와 교환되고, 토가(toga)는 올로아(oloa)와, 물고기는 돼지와 교환된다. 어떤 세속적인 태환성이나 가치에 대한 객관적 기준이 부재한 상태에서 이루어지는 거래는 어느 정도 비교 불가능한 것일 수밖에 없어 보인다. 동등하지도 않고 절대적이지도 않은 거래는 비교할 수 없는 성격을 가진다. 어떠한 경우에도, 그리고 심지어 동일한 종류의 물건이 교환되더라도, 어느 한쪽이 적어도 당분간은 부당하게 이익을 보는 것으로 생각될 것이다. 이러한 엄밀한 균형의 부재가 바로 사회적으로 핵심적인 중요성을 가진다.

불균형적인 이익이 동맹을 유지하는 반면 완벽한 균형은 동맹을 해체시켜 버리기 때문이다. 사실 관련된 사람들과 민족지학자들은 때가 되면 인척들 사이의 계산이 청산되어 버린다고 생각했을 것이다. 동맹의 순환적 유형 때문에 득실이 상쇄되어 버릴 수도 있을 것이다. 아니면 적어도 일련의 등급화된 종족관계에 의거해서 이루어지는 보상의 상향적 흐름(여성의 하향적 흐름에 대비되는)이 위로부터의 재분배를 통해 역류하는, 전체적인 정치경제체계 내에서 재화의 일정한 균형이 달성될 수도 있을 것이다(Leach, 1951). 하지만 혼인을 통해 결합된 두 집단 사이의 교환이 일정한 기간 동안 혹은 아마 항구적으로 균형에 도달하지 못한다는 점이 사회적으로 중요하다. 거래되는 재화가 상이한 질을 가지고 있는 한, 양측 모두 '동등'하다고 판단하는 것 자체가 어려울 것이다. 그런데 이러한 상황이 오히려 사회적으로는 바람직하다. 대칭적이거나 명백하게 평등한 교환은 동맹의 측면에서 어떤 불이익을 초래한다. 정확히 균형적인 교환은 빚을 청산해 버리고, 그래서 다른 집단과 계약을 맺을 가능성을 열어준다. 양측 모두가 '빚을 지고' 있지 않다면, 그들 사이의 결속은 상대적으로 취약할 수밖에 없다. 하지만 계산이 청산되어 버리지 않는다면, 관계는 '채무의 그늘' 아래에서 계속 유지될 것이다. 그리고 이것이 가능하려면 아마 추가적인 보상을 통해 이루어지는 또 다른 결속의 기회가 있어야 할 것이다.

게다가 상이한 사물의 비대칭적인 교환은 상보적인 동맹에 분명히 적합하다. 통상적으로 집단 간의 혼인결속이 동질적인 당사자들 사이에서 맺어지는 50 대 50의 파트너 관계인 경우는 없다. 한 집단은 여자를 양도하고 다른 집단은 그녀를 차지한다. 부계친족제도하에서는 아내를 제공받는 측이 아내를 제공하는 측의 일정한 손실 위에서 집단의 연속성을 보장받는다. 일정한 형태의 차별적 거래가 이루어지는데, 해당 집단들은 바로 이 보충적이고 비대칭적인 방식을 통해 사회적으로 연결된다. 비슷한 논리로, 등급화된 종족체계에서 여성의 제공은 일련의 지배/복종관계가 특정화된 것일 수 있다. 이 경우 동맹과 맞물려 있는 복수의 권리와 의무는 거래의 차별적인 특징과 상보적인 상징을 통해 표현된다. 다시 한 번 비대칭적인 급부가 상보적인 동맹을 보장해 주는 데 비해 완전히 균형적이고 대칭적인 총체적 급부는 그렇지 못하다.

　호혜성에 관한 엄밀하지 못한 전통적 관점은 매우 직접적인 일대일 교환인 균형적 호혜성 혹은 균형에 가까운 교환을 가정한다. 그렇다면 타당한 이의 제기를 통해 본 논의를 심화하는 것이 부적절하지만은 않을 것 같다. 원시 사회의 주요 동향 속에서 도구적 거래와 실용적 거래를 직접적으로 고려해 보면, 균형적 호혜성이 교환의 우세한 형태로 나타나지 않는다. 심지어 균형적 교환의 안정성에 대해서도 의문이 제기될 수 있다. 균형적 교환에는 자기상환(self-liquidation)적 경향이 내재해 있다. 한편으로, 첫 거래를 통해 이른바 '신용등급'이 창출되는 것처럼, 사회적 거리가 비교적 먼 당사자들 사이에 상당히 균형적인 일련의 거래가 이루어지면 양자 사이에 신뢰와 믿음이 형성되고, 결과적으로 양자 간의 사회적 거리가 좁아져 미래에 더욱 일반적 호혜성의 성격이 강한 거래가 이루어질 가능성이 커진다. 다른 한편으로, 보답의 실패가 교역 파트너 관계를 파괴하듯이, 약속을 어기는 행위는 상대방의 보복적인 책략을 야기하거나 관계를 해체시키는 방향으로 작용한다. 그렇다면 균형적 호혜성이 본질적으로 불안정하다고 결론 내릴 수 있을까? 아니면 그것이 지속되기 위해서는 특수한 조건이 필요한 것이 아닐까?

여하튼 호혜성의 사회적 윤곽은 일반적 호혜성 쪽으로 기울어지는 경향을 가장 흔하게 보여준다. 좀 더 단순한 수렵채집민 집단의 경우 가까운 친족 사이의 일반적 호혜성이 지배적인 형태로 나타나고, 신석기적 추장사회에서는 일반적 호혜성이 친족·등급 의무에 의해 보충된다. 그럼에도 불구하고 균형적 호혜성이 정확히 지배적이지는 않더라도 통상적인 수준 이상으로 현저하게 나타나는 유형의 사회가 존재한다. 단순히 균형적 호혜성에 방점을 둔다는 이유 때문만이 아니라 그것이 동반하는 현상들 때문에 이들 사회에 주목할 필요가 있다.

'노동교환'으로 유명한 동남아시아의 농촌 배후지 공동체들이 이러한 특징을 잘 보여준다. 원시 사회의 주요 동향과 대비되는 위치에 놓여 있기 때문에 경제와 사회구조 면에서 분명한 차이를 보여주고 흥미로운 비교연구가 가능한 일단의 부족이 이곳에 살고 있다. 훌륭한 민족지적 연구가 수행된 바 있는 이반(Iban) 사회(Freeman, 1955, 1960), 랜드다야크(Land Dayak) 사회(Geddes, 1954, 1957; cf. Provinse, 1937), 라메트(Lamet) 사회(Izikowits, 1951) 등이 이 부류에 속한다. 필리핀 원주민도 당연히 여기에 포함되지만, 아래에 제시될 분석이 그들에게 어느 정도까지 적합할지 분명하지 않아서 제외시켰다.

이들 사회는 단순히 경제의 내적 특성이 통상적이지 않다는 사실뿐만 아니라, 외적 관계가 비통상적이라는(정확히 말해 원시 사회의 맥락에서는 비통상적이라는) 이유 때문에 특징적이다. 이들 사회는 소규모 시장교역을 통해 더 복잡한 문화적 중심지에 연결되어 있는 배후지이다. 이들 사회가 중심지와 연결된 이유는 라메트 사회처럼 아마 정치적 지배관계 때문일 가능성이 있다. 발달한 중심지의 관점에서 보면 이들 사회는 쌀과 여타 재화의 2차적 원천으로 기여하는 배후지이다(동남아시아의 배후지 식량공급이 갖는 경제적 중요성에 관해서는 반루어(VanLeur, 1955)의 연구, 특히 p.101의 각주를 참조. 배후지의 관점에서 보면, 중심지와의 관계에서 결정적인 측면은 생계에 필수적인 주식인 쌀이 현금, 철제도구, 위세재(威勢財, 대부분 상당히 비싸다) 등의 획득을 위해 유출된다는 것이다. 이 지역에서 현지조사 경험이 없는 연구자로서, 동남아시아 배후지 부족의 사회경제적 특수성이 가구의 생계잉여가 비통상적으로 활용되는 현상과 맞물려 있음을 아주 조심스럽게 밝히고자 한다. 쌀의 외적인 교역이 갖는 함의는 중층적이다. 쌀의 내부적인 나눔이 금지되어 있고 공동체 내 거래에서 대용품이 요구될 뿐만 아니라, 실제로 모든 측면에서 원시적 분배의 통상적인 특징으로부터 벗어나 있다.

시장에의 참여는 핵심적으로 중요한 최소한의 요건을 필요로 한다. 즉, 공동체 내적인 관계가 쌀의 가구별 축적을 허용해야 하는데, 그렇지 않으면 외적 교환에 필요한 쌀이 결코 축적될 수 없기 때문이다. 이러한 요건은 쌀 생산이 제한적이고 불확실할 때 더더욱 필요하다. 운 좋은 가구가 불운한 가구를 책임질 수 없다. 내적인 평준화가 장려된다면 외적인 교역관계가 유지될 수 없다.

배후지 부족 공동체의 정치경제가 수반하는 결과들은 다음과 같이 정리된다. ① 유효생산자 수와 비율 면에서 차이가 나는 가구들이 상이한 양의 생계용 쌀과 시장 판매용 쌀을 비축한다. 쌀 생산 편차의 범위는 가족의 소비에 필요한 양 이상의 잉여생산과 그 이하의 저생산 사이에 걸쳐 있다. 하지만 이들 차이가 필요에 따른 나눔을 통해 상쇄되지 않는다. ② 오히려 촌락이나 부족 내 나눔의 빈도는 낮다. ③ 가구들 사이의 중요한 호혜적 관계는 균형에 가까운 방식으로 이루어지는 노동서비스의 교환이다. 게데스는 랜드다야크에 대해 다음과 같이 주장한다. "…… 모든 서비스에 동등한 보답이 반드시 요구되는 경우를 제외하면, 가구를 초월한 협동이 낮은 수준에 머물고 있다"(Geddes, 1954: 34). 물론 균형적 노동교환은 더 많은 성인 노동자를 가진 가족이 생산상의 이점(축적의 역량)을 누리도록 해준다. 일반적 호혜성을 통해 유통되는 유일한 재화는 사냥물인데, 아마 가족의례를 위해 도축되는 큰 가축도 거기에 포함될 것이다. 이 품목은 사냥꾼이 원하는 범위 내에서 공동체에 광범위하게 분배된다(Izikowitz, 1951). 하지만 고기의 나눔은 쌀의 시장 판매에 의해 규정되는 나눔의 부족만큼 가족 간 관계를 구조화하는 데 결정적인 영향력을 발휘하지 못한다. ④ 심지어 가구의 공동식사도 시장 판매용 쌀의 비축을 위한 개인별 쌀 배당량 계산에 영향을 받기 때문에 다소 엄격하게 통제될 수 있고, 결과적으로 통상적인 원시 사회의 공동식사보다 사교적인 성격이 약하다(예를 들어, 이지코비츠(Izikowitz, 1951: 301~302)를 퍼스(Firth, 1936: 112~116)와 비교해 보라). ⑤ 흡수적인 시장과의 접합에서 비롯된 쌀의 제한적인 나눔은 공동체 구조의 원자화와 파편화를 통해 사회적으로 보완된다. 종족 또는 그와 유사한 광범위하고 영속적인 유대관계의 체계는 가구의 주요 식량이 외부로 유출되고 그에 상응해서 타 가구에 대해 이기적인 태도가 요구되는 상황과 양립 불가능하다. 대규모의 지역적 출계집단은 아예 존재하지 않거나 불합리한 것이다. 대신 유대관계가 소규모 가족에 한정되어 있고, 가구 간 결속을 가능케 하는 유일한 관계는 다양하고 가변적인 개인적 친족유대이다. 이들 확장된 친족유대는 경제적으로는 취약한 관계이다.

> 가구는 하나의 분리된 단위일 뿐만 아니라, 자체의 일에만 관심을 기울이는 단위이다. 가구는 억지로라도 자체의 일에만 관심을 기울일 수밖에 없다. 왜냐하면 특정한 원조를 받기 위해 의존할 수 있는, 관습적으로 인정되는 어떠한 공식적인 관계도 타 가구와 맺고 있지 않기 때문이다. 실제로 그와 같은 구조화된 관계의 부재는 그 사회의 현재적 조건으로 주어져 있다. 주요한 경제적 과업에서 타자와의 협력은 친족관계가 아니라 주로 계약에 기초해 있다. …… 이러한 상황으로 인해 공동체 내에서 타인과 맺는 개인적 유대관계가 폭넓게 확산되는 경향이 있

지만, 서글프게도 그것은 어디까지나 정서적이고 사교적인 차원에 한정되어 있다(Geddes, 1954: 42).

⑥ 위세는 쌀이나 노동의 교환을 통해 외부로부터 유입되는 중국산 도자기와 황동 징 같은 이국적인 품목의 획득에 분명하게 의존해 있다. 위세의 획득이 빅맨의 경우처럼 동료들에게 제공하는 관대한 원조에 의존해 있지 않고 또 분명히 그럴 수도 없다. 이국적인 재화는 공동체 내의 의례적 과시 품목으로서 혼인급부에서 특히 두드러지게 나타난다. 따라서 그러한 품목이 지위와 연결되는 것은 나눔이 아니라 주로 소유와 지불능력의 과시를 통해서이다. "부유함이 한 남자에게 아낌없이 분배할 수 있는 능력을 제공해 준다고 해서 그가 추장이 되는 데 도움이 되지는 않는다. 부유함이 다야크인으로 하여금 고리대금업을 하게 만들 수는 있지만 자선을 베풀게 하는 경우는 거의 없다"(Geddes, 1954: 50). 따라서 누구도 타인에게 아주 많은 의무를 지우지 않고, 누구도 추종자를 만들지 않는다. 결과적으로 이들 사회에는 어떠한 종류의 강력한 지도자도 없다. 이 사실은 이마 공동체의 원자화에 기여할 것이고 토지사용의 집약성에 영향을 미칠 것이다(Izikowitz, 1951).

이들 동남아시아 공동체에서 나타나는 균형적 호혜성의 우세는 특수한 상황과 관련되어 있는 것으로 보인다. 그렇다면 이들 사회를 부족 경제학에 관한 현재의 논의에 포함시키는 것이 적절하지 않을 수도 있음을 시사한다. 동일한 원리로, 게데스가 마르크스의 '원시적 공산주의'를 반박하기 위해 랜드 다야크 사회를 이용한 것과 마찬가지로, 원시 경제학의 쟁점과 관련된 논의에 이들 사례를 이용하는 것이 그리 바람직하지 않을 수도 있다. 아마 그들은 농민으로 가장 적절하게 분류될 수 있을 것이다. 하지만 불행히도 '경제인류학'이라는 이름하에서 흔히 행해져 온 이와 같은 분류는 '농민'과 '원시인'이 공히 정통경제학의 분석영역 외부에 있는 어떤 부정적이고 무차별적인 경제

유형에 속한다는 암묵적 제안을 하지 않는 한에서만 가능하다.

하지만 원시적 맥락에는 균형적 호혜성에 사회적인 방점을 두는 명백한 사례들이 존재한다. 이에 대한 논거는 다소 고정된 비율로 이루어지는 교환의 매개체인 원시화폐에서 찾을 수 있다. 원시화폐는 앞서 제시한 바와 같은 특수한 균형유지 기제에 해당된다. 이 지점에서 화폐의 영향과 그 경제적·사회적 동반효과에 대한 분석이 필요할 것 같다.

비교경제학의 고전적 딜레마에 가까운 문제인 '원시화폐'에 관해 어떤 형식적 정의가 없다고 해서 이러한 작업이 위험에 빠지는 것은 아니다. 하나의 접근방식은 우리 모두 알고 있는 바와 같은 '화폐용도', 즉 지불수단, 교환매체, 가치척도 등의 기능을 가진 모든 것을 당연한 '화폐'로 인정하는 것이다. 그러면 보통 특정한 범주의 재화가 일정한 지불수단으로 사용된다는 점에서 아마 모든 사회가 화폐의 모호한 혜택을 누리고 있는 것으로 볼 수 있을 것이다. 대안적인 접근방식은 덜 상대주의적이기 때문에 비교연구를 통한 일반화에 더 유용할 것 같다. 이러한 접근은 화폐가 가지는 어떤 최소한의 용도와 속성에 대해 합의를 이끌어내는 것이다. 퍼스가 제시하는 비처럼, "무엇이 원시화폐인가?"라는 질문보다 "원시화폐의 범주에 포함시키는 데 적합한 것이 무엇인가?"(Firth, 1959: 39)라는 질문이 전략적으로 더 유용할 것이다. 교환매체 기능에 초점을 맞추는 퍼스의 구체적인 제안이 매우 유용하게 보인다. "내 생각에 어떤 대상을 화폐로 분류하고 또 그렇게 부르기 위해서는, 일반적으로 인정되는 유형을 가진 것으로서 어떤 대상 또는 서비스의 다른 종류로의 전환을 촉진하고 그 결과 가치의 척도로 이용되어야 한다"(Firth, 1959: 38~39).

여기서는 '화폐'를 원시 사회에서 사용가치보다는 상징가치(token value)를 가지고 교환의 수단으로 기능하는 대상을 지칭하는 것으로 간주하겠다. 교환수단으로서의 기능은 사물의 특정한 범주(통상적으로 토지와 노동은 배제된다)

에 한정되어 있고, 오직 특정한 사회관계를 가진 사람이나 집단들 사이에서만 발휘된다. 주로 그것은 영리적인 목적(M → C → M′)보다는 상이한 재화의 간접적인 매개체(C → M → C′)로 기능한다. 이것을 '원시화폐'라고 부르는 이유가 바로 이러한 제한적인 용도 때문이다. 이 모든 것이 동의할 만한 것이라 하더라도, 원시화폐의 시원적 발달에 관한 자료가 민족지적으로 광범위하게 발견되지 않고 특정한 지역에만 한정되어 있다는 사실을 추가할 필요가 있다. 특히 서부와 중부 멜라네시아, 캘리포니아 원주민, 남미 열대림 지역의 일부분이 거기에 해당된다. 아프리카의 시원적인 맥락에서도 화폐가 발달했을 수 있지만, 고대 문명과 고대의 '국제' 교역에서 그 분포를 해명해 낼 만큼 전문가가 아니기 때문에 제외시켰다.

　이러한 현상은 또한 원시화폐가 역사적으로 특수한 유형의 원시 경제, 즉 주변적인 사회센터에서 균형적 교환의 빈도가 뚜렷하게 나타나는 경제와 연관되어 있다는 것을 뜻한다. 원시화폐는 단순한 수렵채집문화 혹은 밴드수준의 문화에서 관찰되는 현상이 아니다. 또한 그것은 상징가치를 가진 부가 분명히 나타나긴 하지만 교환수단으로서의 기능은 거의 없는, 좀 더 발달한 추장사회의 특징도 아니다. 앞서 언급한 멜라네시아, 캘리포니아, 남미 열대림 지역에 분포했거나 분포하는 사회는 '부족사회'(Sahlins, 1961; Service, 1962), '동질적' 사회, '분절적 부족'(Oberg, 1955) 등으로 불리는 중간적인 형태의 사회이다. 이들 지역은 흔히 구석기 시대와 대비되고 신석기 시대와 연결되는 특징인 정주적인 생활조건 때문만이 아니라, 주로 지역 단위로 이루어져 있는 집단배속을 더욱 크고 복잡한 부족적 단위로 조직하는 현상 때문에 밴드체계와 구별된다. 부족사회를 구성하는 복수의 지역 거주지가 친족관계망을 통해서뿐만 아니라, 일단의 씨족체계같이 상호 교차하는 사회제도를 통해 함께 연결되어 있다. 하지만 상대적으로 규모가 작은 지역 거주지들은 다소 자율적이고 자치적인 성격을 보여주는데, 이는 추장사회와 부족사회를 구별해 주는 특징이기도 하다. 분절과 하위분절로 구성된 추장사회의 지역적 단위들은 등급원리 및 추장과 하위추장이라는 구조를 통해 더 큰 정치체제로 통합되어 있다. 부족사회는 순전히 분절적인 구조를 보여주고 추장사회는 피라미드적 구조를 보여준다.

이와 같은 사회-문화유형의 진화론적 분류는 어디까지나 느슨한 종류의 분류임을 밝히고 싶다. 이것은 단지 원시화폐가 분포하는 지역의 대조적인 구조적 특징에 주목하기 위해서 제시한 것에 불과하다. 따라서 이러한 분류 자체가 논쟁의 대상이 되지 않길 바란다. 앞의 논의에 입각해서, 이들 지역의 구조적 특징이 비통상적인 균형적 교환을 분명하게 보여주는 것이라고 할 수 있다. 밴드사회보다 부족사회에서 균형적 교환이 더 큰 역할을 하는 현상은 사회경제적 산물 중에서 공예품과 서비스가 차지하는 비율이 더 높다는 사실에 의해 부분적으로 논증된다. 식량이 부족경제의 생산에 여전히 결정적인 부문이기는 하지만 상대적으로 그 비중이 감소한다. 반면 식량거래보다 더 균형적인 성격을 띠는 경향이 있는 내구재 거래의 빈도가 증가한다. 하지만 더 중요한 것은 주변적 섹터의 교환비율, 즉 관계가 비교적 먼 사람들 사이의 교환 빈도가 밴드사회보다 부족사회에서 더 현저하게 증가한다는 사실이다. 이는 부족사회의 분절적 구도가 더 분명하다는 점을 감안하면 이해할 수 있는 것으로서 사회구조에 좀 더 분명한 섹터구분이 존재함을 뜻한다.

부족사회의 지역적 거주분절들은 비교적 안정적이고 형식적인 방식으로 구축되어 있다. 그리고 수렵채집민의 유연한 캠프-밴드 구도에서는 결여되어 있는 영속적인 정치적 결속이 부족적 분절사회의 뚜렷한 특징이다. 또한 부족의 분절적 구조는 더 포괄적인 것이기도 하다. 그것은 아마 정치적 분절, 정치적 분절의 세트(때로 분절의 하위세트), 부족-비부족 구분 등에서 이루어지는 내적인 종족배속을 포함할 수도 있다. 그렇다면 밴드적 사회조직에 추가되는 부족사회의 특징은 특히 주변부적 구조, 즉 부족 내 섹터와 부족 간 섹터의 발달에서 찾을 수 있다. 도구적이고 화친적인 교환이든 아니면 적나라한 물질주의적 거래이든 간에, 바로 이 지점에서 교환이 증가한다. 따라서 교환의 증가가 균형적 호혜성이 지배적인 사회영역에서 발생한다.

또 다른 차이점으로, 추장사회는 외적 관계를 내적 관계로 전환시킴으로써, 즉 인접한 지역 집단들을 포괄적인 정치적 통합체 속으로 통합시킴으로써 주변적 섹터들을 정리하고 밀어낸다는 점을 들 수 있다. 동시에 균형적 호혜성의 빈도는 교환관계의 '내부화'와 중앙화에 의해 낮아진다. 따라서 추장사회의 수준에 도달하면 균형적 교환이 감소하고 일반적 호혜성의 성격이 강한 교환이 증가한다. 이러한 원리가 원시화폐에 대해 갖는 함의는 추장이 있는 트로브리안드섬이 화폐 사용 부족들에게 둘러싸여 있음에도 불구하고 화폐를 사용하지 않는다는 사실을 통해, 또는 부족사회의 성격이 뚜렷한 캘리포니아에서 시원적 추장사회의 성격을 가진 브리티시컬럼비아 쪽으로 이동하면서 조개장식의 교환과 사용이 점차 감소한다는 사실을 통해 드러날 수 있을 것이다.

이제 원시화폐에 관한 가설을 조심스럽게 제시할 수 있을 것 같다. 원시화폐는 주변적인 사회섹터에서 균형적 호혜성이 비통상적으로 현저해질 때 발생한다. 원시화폐는 엄격한 균형적 거래를 촉진시키는 것으로 추정된다. 원시화폐의 발달을 촉진하는 조건은 '부족적'이라는 형용사로 수식될 수 있는 원시 사회의 영역에서 가장 용이하게 나타나고, 밴드나 추장권의 발달에 의해서는 거의 조성되지 않는 것 같다. 하지만 여기서 제한사항 하나를 바로 추가해야 한다. 모든 부족이 화폐의 발달에 유리한 환경을 제공하는 것은 아니고, 모든 부족이 본 논의에서 이해되는 바와 같은 원시화폐를 사용하는 것도 분명히 아니다. 주변적 교환의 잠재성이 일부 특정한 부족에 의해서만 극대화되기 때문이다. 여타 부족들은 상대적으로 내부 지향적인 상태로 남아 있다.

첫째, 주변적 섹터들은 지역 부족들 사이의 공생과 연동되어 집약적인 교환의 배경이 된다. 지역적·생태적으로 전문화된 부족체계, 그리고 그 체계를 구성하는 가족과 공동체들이 교역관계를 맺고 있는 것이 아마도 원시화폐의 필수조건일 것이다. 이러한 체계는 캘리포니아와 멜라네시아에서 특징적으로 나타난다(남미에 관해서는 아직까지 이렇다 할 연구가 충분하게 이루어지지 않았다). 하지만 여타 부족사회에서는 공생이 특징적이지도 않고 부족 간(또는 지역 간) 교환센터가 상대적으로 발달해 있지도 않다. 아마 지체된 교환을 유리하게 하는 환경만큼 그 사이에 가치를 저장할 수 있는 상징의 발달을 촉진시키는 환경도 중요할 것이다. 예를 들어, 해안-내륙 간 교역에서 교환 가능한 어류의 포획이 상보적인 내륙 생산물과 항상 맞아떨어질 수는 없는 것처럼, 상호의존적인 공동체의 생산품 교역은 필연적으로 시간상의 불균형을 수반할 수밖에 없다. 여기서 양측 모두가 받아들일 수 있는 통화는 상호의존성을 크게 촉진시킨다. 따라서 한 번은 어류를 주고 교환한 조개장식품이 다음에는 도토리와 교환될 수 있는 것이다(Vayda, 1954; Loeb, 1926). 유사하게 멜라네시아에서 볼 수 있는 빅맨의 리더십 체계는 지체된 균형적 교환을 기능적인 것으로 만들 수 있다. 부족사회의 빅맨은 오랜 기간 동안 대량으로 보관하기에 쉽지 않다는 공통적인 특징이 있는 음식, 돼지, 혹은 그와 유사한 종류의 재화로 구성되는 권력기금을 운용한다. 하지만 동시에 그러한 정치적 기금을 축적하기 위한 추출장치는 발달되어 있지 않다. 따라서 꼭대기로부터의 분배를 위한 재화의 비축은 시간이 걸릴 수밖에 없고 기술적으로도 어려운 것이다. 이 딜레마는 바로 화폐의 운용을 통해 해결 가능하다. 즉, 부를 상징으로 전환함으로써, 그리고 대부와 교환에 화폐를 계산적으로 활용함으로써 가능하다. 그 결과 재화를 대규모로 요구하는 것이 가능해지고, 그렇게 축적된 엄청난 규모의 권력기금이 분배되어 지위로 전환될 수 있을 때가 오는 것이다.

후기

여기서 어떤 극적이고 화려한 결론을 이끌어내기는 힘들다. 이 글은 어떤 극적인 구조에 입각해서 작성되지 않았다. 오히려 이 글을 관통하는 전체적인 경향은 하향적인 것이고, 어떠한 요약도 불필요한 반복에 지나지 않는다. 그럼에도 불구하고 주목할 만한 논지가 하나 있다. 이 글은 '경제화'가 주로 외적인 요인에 의해 달성되는 경제에 관한 논의였다. 즉, 경제의 조직 원리를 다른 곳에서 찾았다. 이들 원리가 인간의 가정된 쾌락주의적 성향과 상관없는 것으로 드러난 만큼, 원시 경제의 연구를 위해서는 주류 경제학의 정통성과 반대되는 어떤 전략이 필요하다. 이러한 이단적 관점이 어디까지 확장될 수 있을지를 밝혀보는 것도 어느 정도 가치 있는 일일 것 같다.

제6장

교환가치와 원시교역의 외교수완

인류학적 경제학은 그 고유한 영역인 원시 경제와 농민 경제에서 접해온 경험적 사실들을 통해 특유한 가치이론을 도출해 낼 수 있다. 이들 사회 대부분에서 복수의 '교환 영역'이 발견되는데, 이들 영역은 미덕의 도덕적 위서체계에서 상이한 위치를 차지하는 다양한 범주의 재화에 대해 차별적인 기준을 설정한다. 하지만 이것은 어떤 태의 교환가치이론이 결코 아니다. 사물에 부가되는 다양한 가치가 그것의 상호교환을 가로막는 장애, 즉 구체적으로 상이한 영역에 속하는 재화의 비전환성에 의존해 있다. 그리고 어떤 영역이든 하나의 영역 내에서 이루어지는 거래('이양')의 경우, 아직까지 그 교환율을 결정하는 요인에 관해서 구체적으로 밝혀진 바가 전혀 없다(Firth, 1965; Bohannan and Dalton, 1962; Salisbury, 1962). 따라서 우리의 이론은 비교환에서의 가치이론 또는 비교환가치이론이라고 할 수 있겠다. 이는 아마 시장의 관점에서는 역설적으로 보이겠지만, 영리주의적 원리에 철저하게 입각해 있지 않은 경제에서는 그만큼 적절한 것일 수도 있다. 하지만 여전히 인류학적 경제학은 교환가치이론을 통해 가치이론을 완성해야 한다. 그렇지 않으면 이 시점에서 통상적인 영리주의 경제의 힘들인 수요, 공급, 균형가격에 이 분야를 양보해야 할 것이다.

이 글은 교환가치이론을 인류학의 한 분야로 지켜내기 위한 예비적인 작업이다. 하지만 이는 여하튼 '석기시대 경제학'에서 하나의 모험적인 작업이 될 수밖에 없다. 그리고 이것은 이 책의 후반부보다 전반부에서 다루어졌어야 할 주제이다. 인류학적 교환이론을 구축하기 위한 지적 무기는 대상에 거친 타격밖에 가할 수 없고, 얼마 지나지 않아 다루기 힘든 경험적 자료에 부딪혀 부서져버릴 수도 있는 가장 무딘 도끼에 불과하다.[1]

경험적 사실이 다루기 어려운 문제로 작용하기 때문이다. 그것은 흔히 수요/공급이라는 정통경제학의 관점에서 볼 때 당혹스러운 것임이 틀림없다. 또한 가격을 조절하는 시장이 없는 상태에서도 '수요'와 '공급'의 의미가 여기서 사용되는 기술적 정의(즉, 일련의 가격에서 이용 가능하고 취득할 수 있는 양)보다 더 적절하다는 데 동의한다고 하더라도, 그러한 경험적 사실이 전반적으로 여전히 당혹스러운 것은 어쩔 수 없다. 하지만 동일한 경험적 사실들이 원시 경제에서는 '호혜성'(이 개념이 무엇을 뜻하든 상관없이)이 지배적이라는 믿음과 같은 인류학적 신념에도 마찬가지의 혼란을 초래한다. 실제로 이 사실들이 당혹스럽게 느껴지는 정확한 이유는 바로 호혜성이 갖는 의미를 교환율이라는 측면에서 거의 천착해 보지 않았기 때문이다.

오히려 '호혜성'이 정밀한 물질적 교환율을 내포하고 있다는 사실이 거의 외면당하고 있다. 원시적 교환에 특징적인 사실은 교환율의 비결정성이다. 유사한 재화가 상이한 거래에서 상이한 비율로 교환되는데, 이는 일상적인

---

1) 내가 여기서 추구하는 바는 일반가치이론에 대한 모색이 아니다. 나의 주요 관심사는 교환가치이다. 한 재화(A)의 '교환가치'라는 표현은 '어떤 물건의 가치는 정확히 그것이 가져다줄 만큼이다'라는 유명한 문구처럼 그 재화에 대한 보답으로 받은 다른 재화(B, C 등)의 양을 의미한다. 이 글에서 문제시되고 있는 역사상의 경제에서 이러한 '교환가치'가 리카도·마르크스적 '가치', 즉 생산물에 구현되어 있는 사회적 평균노동과 유사한 것인지 여부는 여전히 밝혀야 할 과제로 남는다. 교환영역에서 비롯되는 애매성이 없다면, 재화에 상이한 상대적 기준을 부여하는 데 '상대적 가치'라는 용어가 '교환가치'보다 모든 면에서 더 받아들일 만할 것이다. 따라서 문맥상 어색하지 않은 곳에서는 상대적 가치를 교환가치 대신 사용하도록 하겠다. '가격'은 화폐 형태로 표현된 교환가치를 의미하는 것으로 그대로 사용한다.

선물증여와 상호원조를 위시한 다양한 일상적 거래들의 복합적인 체계, 그리고 친족집단과 공동체의 내적인 경제에서 특히 그러하다. 재화는 관련된 사람들의 모든 의향과 비교 가능한 것으로 생각될 수 있을 것이고, 교환율의 변이는 동일한 일반적 시기와 장소 및 일단의 경제적 조건에서 발생한다. 다시 말해 시장의 불완전성이라는 통상적인 조건 자체가 문제는 아닌 것 같다.

또한 상이한 거래들 사이의 상호연관성이 부족하고 경쟁이 구매자와 판매자 간의 정향적 조우(oriental confrontation)라는 궁극적 조건으로 환원되는 곳에서는 호혜성의 변이를 불완전성이 가장 높은 흥정 때문이라고 볼 수도 없다. 흥정이 교환율의 비결정성을 이론적으로 설명해 줄지도 모르지만, 원시적 세계에서는 너무나 주변적인 전략이기 때문에 일반적인 설명력을 발휘하지 못한다. 흥정은 대부분의 원시인에게 전혀 알려져 있지 않고, 그 나머지 사람들에게도 대체로 이방인과의 일회적인 관계에서만 이루어지는 것이다.

가능하다면 이 지점에서 경제학에 대해 개인적으로 너무 무지하다는 변명만으로는 결코 정당화될 수 없고 또 부적절할 수도 있는 방백을 하나 삽입하겠다. 극단적인 상황을 편리하게 가정하는 것이 이론적으로 무효하거나 제한적인 사례에 지나지 않음에도 불구하고 형식적이고 영리주의적인 장치를 원시 경제에 그대로 적용하려는 시도가 보여주는 특징적인 측면인 것 같다. 고립된 도시에서는 식량에 대한 수요가 시장의 대체 가능성과 탄력성을 수반한다거나 늦은 오후의 어류시장은 공급탄력성을 보여준다고 주장하는 것은 물론이고, 모유를 일종의 '사업자본'(Goodfellow, 1939)으로 평가하거나 사회적 가치를 물질적 가치보다 선호하는 지역적 특성에 근거해서 사익추구의 실패를 설명하는 동어반복적 처방이 그와 같은 시도에 해당된다. 이는 마치 원시인들이 형식론적 관점에서 보면 체계가 성립 불가능한 이론적으로 주변적인 조건에서 여하튼 어떤 체계적인 경제를 그럭저럭 꾸려나가고 있다고 주장하는 것이나 마찬가지이다.

사실 원시 경제는 체계화 자체를 불가능하게 하는 것처럼 보인다. 민족지에 기록된 거래 형태들로부터 어떤 표준적인 교환율을 추론해 내는 것은 사실상 불가능하다(Driberg, 1962: 94; Harding, 1967; Pospisil, 1963; Price, 1962: 25; Sahlins, 1962). 민족지학자들은 원시인들이 재화에 고정된 가치를 전혀 부여하지 않는다고 결론 내릴 수도 있을 것이다. 그리고 비록 어떤 모호한 수단을 통해 특정한 등가표가 도출된다고 하더라도 실제적인 교환이 그 기준에서 근본적으로 벗어나 있는 경우가 흔하다. 하지만 상이한 공동체나 부족 성원들 사이의 거래에서 관찰되는 바처럼, 이들 실제적 교환은 친족거리와 등급 및 상대적 부에 대한 고려가 효과적으로 작동하는 어떤 광범위한 내적 섹터 내에서는 상하로 심하게 진동하면서도, 사회적으로 주변적인 거래에서는 그 기준에 대체로 접근하는 경향을 보여준다. 바로 마지막 논지, 즉 호혜성의 물질적 균형이 사회적 섹터에 의해 결정된다는 사실이 중요하다. 따라서 교환가치에 대한 분석은 앞 장의 「원시교환의 사회학」이 끝나는 지점에서 시작된다.

제5장에서는 물질적 조건이 사회적으로 조직된다는 사실에 관해 상세하게 논의했다. 제5장의 논의를 아주 간단하게 개괄하면 다음과 같다. 부족적 구획은 가구와 작은 마을 단위라는 긴밀하게 결속된 내적 영역들에서 출발한 다음 지역적 또는 부족적 결속의 더 넓고 분산적인 영역들로 확장되어, 부족 간의 외적인 영역으로 점차 희미해져 가는 일련의 동심원 형태로 나타난다. 이는 동시에 부족적 우주의 사회적·도덕적 설계도로서 각 영역의 행위규범을 공통적 이해에 적합하게 구체화한다. 교환도 마찬가지로 일종의 도덕적 행위로서 그와 동일한 방식으로 통제된다. 따라서 호혜성은 가장 내부의 섹터들에서는 일반적 호혜성으로 나타난다. 이 영역에서는 선물에 대한 보답이 단지 막연하게만 규정된다. 즉, 되갚음의 시기와 양이 처음 증여자의 미래의 필요와 받은 사람의 능력에 의존해 있고, 따라서 재화의 흐름은 오랫동안 불균형적이거나 심지어 일방적일 수도 있다. 하지만 이들 내적인 영역과 불확실

한 되갚음에서 벗어나면 관계가 너무 취약해서 좀 더 즉시적이고 균형적인 교환을 통해서만 겨우 유지될 수 있는 특정한 사회관계의 섹터가 나타난다. 이 영역은 장기적인 교역에 대한 관심을 통해서, 그리고 '교역 파트너 관계'와 같은 사회적 보호장치하에서 넓게는 부족 간 관계까지 확장될 수 있다. 호혜성이 가변적인 이러한 내적인 경제를 넘어서면, 관습상의 등가율과 실제 등가율 사이에 존재하는 일정한 상관관계가 특징적인 다소 광활한 영역이 존재한다. 이 마지막 영역이 바로 교환율에 관한 연구를 하는 데 가장 적합한 영역이다.

전통적으로 화폐의 기원을 외적인 시장에서 찾아온 것과 동일한 이유 때문에 원시적 가치이론에 대한 탐구는 거래의 외적인 영역에 의거한다. 이 영역에서는 균형적 교환이 요구될 뿐만 아니라, 사회적 거리로 인해 '전환'의 비도덕성이 의미 없어지면서 내적인 경제의 교환범위가 해체되고 병합되는 경향을 보여준다. 공동체 내부에서는 서로 분리되어 있는 재화들이 이 영역에서 대등한 것으로 변화한다. 교역 친구 및 교역 친족 간 거래에 특히 주목할 필요가 있다. 이들 관계가 경제적 형평성과 실제 교환율을 규정하기 때문이다. 따라서 아래의 논의는 파트너 관계 교역에 초점을 두고 있다. 하지만 지면의 한계를 감안해서 토착적 교역으로 유명한 태평양의 몇몇 지역에서 선택된 소수의 경험적 사례에만 집중하고자 한다.

세 가지 교역체계

여기서 분석의 대상은 세 가지 지역적 교환망이다. 이들 교환망은 각각 세 가지 상이한 종류의 구조적·생태학적 형태를 보여준다. 뉴기니의 비티아즈해협(Vitiaz Straits)과 휴언만(Huon Gulf) 교역체계, 그리고 호주 북부 퀸즐랜드의 부족 간 교역망이 거기에 해당된다. 이들 각 사례의 교환율에서 수요/공급 원리의 효과가 관찰된다. 하지만 이러한 수요/공급 효과의 존재는 그것이 부재한 경우보다 교역을 훨씬 더 이해 불가능하게 만든다. 주류 경제학 이론에 따르면 바로 시장경쟁으로 인해 수요/공급 원리가 교환가치에 강력한 영향력을 발휘하는데, 현재 문제시되고 있는 교역에는 그러한 시장경쟁이 전혀 존재하지 않기 때문이다.

로리스턴 샤프(Lauriston Sharp, 1952)의 간략한 묘사에 입각해서 작성한 퀸즐랜드 교역망의 핵심적 내용이 그림 6.1에 제시되어 있다. 구조상으로 보면 이것은 케이프요크(Cape York) 해안에서 남쪽으로 약 400마일에 걸친 해안선을 따라 밴드와 밴드가 연결되어 구성하는 하나의 단순한 교역망이다. 이 해안선에 위치하는 각 집단의 교역은 인접한 이웃집단과의 접촉에 한정되어 있고, 멀리 떨어진 밴드와는 간접적으로 연결되어 있다. 교역 자체는 유별적 형제관계를 통해 연결되는 연장자들 사이에서 선물교환의 형태로 이루어진다. 여-여론트(Yir-Yiront)족에 관한 샤프의 연구는 교역망 전체를 관통하는 도끼-창 교환의 세부사항을 제시해 주지는 않지만, 수요/공급이 거래 조건에 미치는 영향을 입증하기에 충분한 정도의 정보를 제공하고 있다. 이 교환은 다음과 같은 단순한 원리에 의거해 있다. 어떤 지역 교역망 내에서 재화 A의 재화 B에 대한 교환율이 A의 원산지로부터의 거리에 비례해서 높아진다면, A의 상대적 가치는 '실질' 비용과 희소성에 비례해서, 즉 공급이 감소함에 따라, 그리고 아마 수요가 증가함에 따라 증가한다는 가정이 가능할 것이다. 퀸즐랜드 교역망에서 나타나는 창-도끼 교환율의 차이는 이러한 원리의 이중적 작용을 반영했을 것이다. 북부 지역 창의 원산지와 가까운 여-여론트에서는 도끼 하나에 창 12개를 줘야 하고, 도끼의 원산지와 훨씬 더 가까운 약 150마일 남쪽에서는 그 교환율이 1 대 1로 떨어진다. 그리고 남쪽 극단에서는 교환율이 분명히 창 하나에 도끼 '여러 개'를 주는 형태가 될 것이다. 이 점은 수요/

그림 6.1 **퀸즐랜드 교역망**

A. 교역집단

A	(가오리 꼬리 창의 원산지)	
B 여-여론트 (약간의 창)		↑ 150마일 ↓
C		
		↑ '더 남쪽' ↓
D		
E	(돌도끼 원석 산지)	

B. 다양한 지점에서의 교환율

B 여-여론트	창 12개	= 도끼 1개
C	창 1개	= 도끼 1개
D	창 1개	= '도끼 여러 개'(추정)

자료: Sharp(1952).

공급 이론 및 정통경제학 이론의 논점과 명백히 일치한다.

비티아즈해협의 교역체계도 동일한 효과를 보여준다. 그렇지만 이 지역에서는 그 효과가 상이한 조직수단을 통해서 실현된다(그림 6.2). 비티아즈의 교역망은 사이에시(Siassi)섬을 중심부로 해서 그 주민들의 항해를 통해 연결되어 있는데, 이는 페니키아 상인과 유사한 중개인의 활동을 통해서 형성이 되는 다수의 멜라네시아 교역망 중 하나이다. 말라이타(Malaita)의 랑가랑가(Langalanga)인, 타미(Tami)섬 주민들, 뉴브리튼(New Britain)의 아라웨(Arawe)인, 애드머럴티(Admiralty)군도의 마누스(Manus)인, 뉴기니의 빌리빌리(Bilibili)인 등이 각각의 고유한 지역에서 유사한 종류의 교역을 행하

그림 6.2 **사이에시 교역자들의 중개이익**

A. 사이에시 교역망

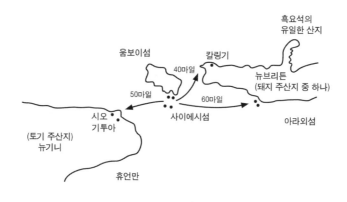

B. 사이에시 중개인의 거래절차

```
거래 시작 ─────────────────────────────── 거래 종료

①   돼지 1마리  →  사고야자 5~10꾸러미  →  토기 50~100개  →  돼지 5~10마리
           (움보이)              (시오·기투아)         (뉴브리튼)

②   돼지 1마리  →  석간주 50파운드  →  토기 50개  →  돼지 5마리
           (움보이)          (시오·기투아)   (뉴브리튼)

③   코코넛 12개  →  토기 3개  →  흑요석 1덩어리  →  토기 10개  →  돼지 1마리
           (시오·기투아)   (칼링기)         (시오)        (뉴브리튼)

④   코코넛 20~40개  →  토기 10개  →  개 1마리  →  돼지 1마리
            (시오·기투아)    (뉴브리튼)    (뉴기니)
```

자료: Harding(1967).

고 있다. 이와 같은 상업적 적응방식에 관해 간략한 논의가 필요하다.

교역망에 참가하는 집단들은 독자적으로는 비록 중심부에 위치하더라도 경작 가능한 토지(mow)가 없다면, 석호(潟湖) 한가운데에 있는 수상가옥에서 생활하는 것처럼 불안한 상태에 놓이게 된다. 이 지역은 경작지가 없으면 바다가 제공해 주는 것을 제외한 어떠한 자원도 구할 수 없고, 심지어 카누를 만들 목재나 어망을 만들 섬유도 부족하기 때문이다. 주요 교역품은 물론이고 생산과 교환의 기술적 수단도 수입해야 한다. 하지만 교역자들은 일반적으로 각 지역에서 가장 부유한 사람들이다. 사이에시 사람들은 움보이(Umboi) 하위 지역(이 지역에는 동명의 큰 섬이 포함되어 있다) 전체 영토의 약 1/300 정도밖에 점하고 있지 않지만 인구는 약 1/4을 차지한다(Harding, 1967: 119).[2] 사이에시의 이러한 번영은 인근 촌락 및 섬들과의 교역을 통해 얻은 이익에서 비롯된다. 이들 인근 촌락과 섬들은 자연자원이 상대적으로 더 풍부하지만 물질적 효용과 혼인상의 필요를 포괄하는 다양한 이유 때문에 사이에시와의 교역을 원한다. 사이에시 사람들은 근채류(根菜類, 뿌리채소류)를 얻기 위해 움보이 섬 인근의 촌락들과 정규적으로 어류를 교환한다. 그들은 또한 북부 뉴기니에 있는 몇몇 토기산지와의 중개교역을 통해 많은 비티아즈 지역민들에게 토기를 공급하는 유일한 사람들이다. 사이에시인들은 동일한 방식으로 북부 뉴기니의 원산지로부터 흑요석을 확보해서 유통시킨다. 마찬가지로 중요한 사실은 사이에시인이 신부대나 위세재로 사용되는 돼지 어금니, 개 이빨, 목재 사발 등과 같은 희소하거나 배타적인 자원을 교역 파트너에게 공급한다는 점이다. 뉴기니, 뉴브리튼, 움보이와 인접한 지역에 사는 남자라면 직접적이든 간접적이든 먼저 사이에시와 거래를 하지 않으면 아내를 맞아들일 수 없다. 전체적으로 볼 때 사이에시인들의 교역활동은 생태학적으로 특수한 형태

---

2) "마누스인은 이 지역의 군도에 사는 전체 부족들 중에서 가장 불리한 위치에 있음에도 불구하고 가장 부유하고 높은 생활수준을 영위하고 있다"(Mead, 1937: 212).

의 교역체계를 탄생시켰다. 그것은 바로 일련의 공동체들이 중심에 위치한 한 집단의 항해를 통해 연결되는 교역망인데, 이 중심 집단은 자체 환경은 빈약하지만 환경이 풍요로운 지역으로부터 역내로 부를 유입해서 주변의 공동체들에게 공급하는 방식으로 부를 누렸다.

이러한 생태학적 유형은 특정한 배열의 교환을 촉진하고 그에 의존해 있기도 하다. 때로 상이한 교역자들의 거래영역이 중첩되는 경우도 있지만 사이에시 같은 집단은 고유한 영역 내의 교역을 거의 독점하고 있다. 이러한 영역 내에서 이루어지는 '경쟁'은 매우 불완전하다. 역내의 멀리 떨어진 촌락들 간에는 서로 직접적인 거래가 없다[마누스 사람들은 자기 세력권 내에 있는 다른 집단들이 항해용 카누를 소유하거나 조작하지 못하도록 하기 위해 무척 노력했다 (Mead, 1961: 210)]. 전통 시대의 사이에시 사람들은 거리가 멀리 떨어진 공동체들 사이에 교역관계가 형성되어 있지 않은 상황을 유리하게 이용해서 거래를 수행했고, 교환율을 상승시키기 위해 항상 자신들이 공급하는 재화의 기원에 관해 환상적인 설화들을 퍼뜨렸다.

…… 요리용 토기는 본토(뉴기니)의 멀리 떨어져 있는 세 지역으로부터 분배된다. 군도(움보이와 인근 섬들 및 뉴브리튼 서부)에서는 토기가 전혀 생산되지 않았고, 사이에시인의 손을 거쳐 토기를 수입하는 사람들은 심지어 옛날에는 점토 토기가 인간이 생산한 것이라는 사실도 눈치 채지 못했다. 토기를 바다에서 나오는 이국적인 산물로 여겼다. 토기가 없는 사람들이 이러한 믿음을 발원시켰는지는 분명하지 않다. 하지만 사이에시인은 그 이후 모든 이가 습득해 온 그런 종류의 믿음을 더 세련되게 만들고 유지하는 데 일조했다. 그들의 이야기에 따르면 토기는 깊은 바다에 사는 홍합의 껍데기이다. 뉴기니의 시오스(Sios) 사람들은 홍합을 따는 데 필요한 전문적인 잠수기술을 가지고 있고, 홍합을 잡아 속살은 먹고 빈 '껍데기'를 사이에시인에게 판다. 이러한 속임수는 토기의 가치에 부가되어

원양 교역에서 차지하는 토기의 절대적 중요성에 의해 정당화되었다(Harding, 1967: 139~140).

단기간의 답사를 통해 이해한 바에 따르면, 사이에시인은 이들 설화 속에서 '큰 일꾼의 노동(big-fella work)'은 '큰 일꾼의 대가(big-fella pay)'를 받을 만한 가치가 있다는 지역적 원리에 입각해서 토기의 희소성보다 생산에 투여된 노력을 더 직접적으로 강조했다. 가장 세련된 거래상의 기만이 가장 순박한 형태의 노동가치론과 겹쳐져 있다. 일종의 교역 친구관계인 비티아즈 교역망의 관습적 파트너 관계는 사교성 측면에서 퀸즐랜드 체계의 교역 친족관계에서 여러 단계 벗어나 있다는 점이 일관적이다. 사이에시인과 그 파트너 사이의 교환이 표준적인 교환율을 따른다는 것은 사실이다. 하지만 중개인으로서의 위상이 확고하고 교역 '친구들'에게 필수불가결한 존재인 사이에시인들은 교역 파트너의 사정을 진심으로 고려해 줄 필요가 없었기 때문에 표준 교환율 범위 내에서 가능한 한 높은 대가를 청구했다. 원산지로부터의 거리에 따른 거래조건의 차이(Harding, 1967: 42)를 통해 판단할 때, 교환가치가 수요/공급에 따라 지역적으로 달라질 뿐만 아니라 분명한 독점적 관행이 차별적 이익을 가능케 했을 것이다. 그림 6.2의 거래절차가 보여주는 바와 같이 사이에시인은 다양한 지역으로의 항해를 통해 원리상 코코넛 12개를 돼지 1마리로 바꾸거나 그 돼지 1마리를 다시 5마리로 바꿀 수도 있었다. 원시인의 터무니없는 교역활동은 이미 한물 간 생각이고, 토속적 교역에 관한 영리주의적 해석이 다시 한 번 분명한 승리를 거두고 있다.[3]

---

3) 마누스의 교역체계에서는 지역적 수요가 어떤 색다른 장치에 의해 결정된다. 마누스인은 사고 야자말레이 지방에서 나는 야자나무과로 고갱이에서 녹말을 채취_옮긴이가 희소한 지역인 발로완(Balowan)과의 거래에서 사고야자 한 꾸러미를 제공하고 달걀 10개를 받는다. 하지만 마누스인이 발로완인에게 제공한 사고야자 한 꾸러미를 조개화폐로 환산하면 단지 달걀 세 개의 가치밖에 되지 않는다. 만약 마누스인이 이들 항목을 어디서든 전환할 수 있다면 엄청난 횡재를 할

그림 6.3 **휴언만의 교역망**

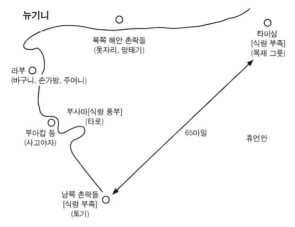

자료: Hogbin(1951).

휴언만 체계에서는 주류 경제학의 수요/공급 원리가 그다지 쉽게 드러나지 않는다. 이곳에서는 전문화된 지역 특산물들로 구성된 재화가 교환망 전체에 걸쳐 동일한 교환율로 거래되기 때문이다(Hogbin, 1951). 그럼에도 불구하고 간단한 분석은 수요/공급의 원리가 다시 한 번 작동한다는 것을 보여줄 것이다.

휴언만의 반원형 해안 교역망은 종족적으로 이질적인 공동체들을 통합하고 있다(그림 6.3). 하지만 교역은 항해를 통해 호혜적 교환의 형태로 실행된

것임이 틀림없다. 유사하게 마누스인이 우시아이(Usiai) 육지 주민들과 행하는 일상적 교역에서는 수요가 다음과 같은 종류의 불균등 교환율을 통해 결정된다. 즉, 마누스의 생선 한 마리는 우시아이의 타로감자 네 개나 빈랑나무 열매 80개와 교환된다. 미드는 다음과 같이 진술하고 있다. "빈랑나무 열매 씹기 수요가 빈랑나무 열매 씹기 수요와 맞물려서 마누스 해양민들로 하여금 육지 주민들에게 라임을 공급하도록 만든다"(Mead, 1930: 130). 다시 말해 우시아이인은 라임이 필요할 때 빈랑나무 열매를 제공하고, 마누스인은 생선보다 라임의 교환에서 더 많은 빈랑나무 열매를 얻을 수 있다. 그리고 우시아이인은 생선을 원할 때 타로감자를 가져올 것이다. 마누스인이 이러한 교역에서 얻는 노동상의 이익과 마누스 교역망의 상이한 부분에서 나타나는 수요/공급의 변이를 통해 누리는 이익에 관해서는 슈와르츠(Schwartz, 1963: 75, 78)를 참조.

다. 즉, 교역이 보통 멀리 떨어진 지역보다 다소 가까운 지역 사람들에 의해 수행되기는 하지만, 어떤 주어진 촌락의 주민들이 해안의 아래 위 방향으로 방문하고 다른 촌락 파트너들의 방문을 받는 식으로 이루어진다. 교역 파트너는 집단 간 결혼을 통해 연결되는 친족원이다. 따라서 그들의 교역은 관습적 교환율에 따라 균형이 잡히는 사교적인 선물교환의 형태로 이루어진다. 이들 교환율 중 일부를 표 6.1에 제시했다.

호그빈은 이 체계에서 보이는 공예품과 식량 생산의 지역적 전문화를 자원 분포의 자연적 차이에서 비롯된 것이라고 생각한다. 하나의 촌락 또는 여러 개의 인접한 촌락으로 구성된 소규모 집단은 고유한 전문성을 가지고 있다. 항해의 범위가 제한되어 있기 때문에 중심부에 위치한 공동체들이 전문화된 재화를 휴언만의 말단 지역으로 유통하는 과정에서 중개인 역할을 한다. 예를 들어, 부사마(Busama)인은 북부 해안에서 생산된 돗자리와 그릇을 위시한 다양한 재화를 남쪽으로 보내고 남쪽 촌락에서 생산된 토기를 북쪽으로 보낸다. 이 교역체계에 관한 연구는 바로 이들 부사마인의 관점에서 수행되었다.

뉴기니의 여타 교역망과 유사하게 휴언만 교역체계는 완전히 폐쇄적인 체계가 아니다. 해안 촌락들은 각각 인접한 배후지 사람들과 거래관계를 맺고 있었다. 게다가 원양항해를 하는 당사자인 타미섬 주민들은 휴언만 북쪽을 사이에시인의 교환영역과 연결시켰다. 그리고 전통 타미인들은 뉴브리튼에서 나는 흑요석을 휴언만에 보급했다. 남부 촌락의 토기제작민은 이와 유사한 방식으로 토기를 더 남쪽으로 수출했지만, 이 교역에 관해서는 거의 알려진 바가 없다. 이 지점에서 하나의 질문이 제기된다. 왜 휴언만이 하나의 독특한 '체계'로 구축되어 있을까? 이 질문에는 두 가지 가능한 답이 있다. 첫째, 물질적인 측면에서 볼 때 휴언만의 촌락들은 분명히 하나의 유기적인 공동체를 구성해서 고유한 거래영역 내에서 지역 생산물의 대부분을 교환한다. 둘째, 사회조직이라는 측면에서 보면, 이러한 분명한 형태의 친족관계 교역과 일련

표 6.1 휴언만 교역망의 관습적 등가

Ⅰ. 부사마

(교환품목)		(부사마가 제공하는 품목)
대형 토기 1개	=	약 타로 150파운드 또는 사고야자 60파운드
대형 토기 24~30개	=	소형 카누 1대
소형 토기 1개	=	약 타로 50파운드 또는 사고야자 20파운드
돗자리 1장	=	소형 토기 1개
돗자리 3장	=	대형 토기 1개(또는 2실링)[1]
주머니 4개	=	소형 토기 1개(또는 2개에 1실링)
바구니 1개	=	대형 그릇 2개(또는 1파운드)
보통 크기의 그릇 1개	=	0~12실링(큰 그릇은 더 비쌈)

Ⅱ. 북부 해안 촌락

(교환품목)		(북부 해안촌락들이 제공하는 품목)
대형 토기 1개	=	망태기 4개 또는 돗자리 3장(또는 6~8실링)
소형 토기 1개	=	돗자리 1장(또는 2실링)
주머니 4개	=	돗자리 1장(또는 2개에 1실링)
바구니 1개	=	돗자리 10장(또는 1파운드)
조각한 그릇 1개	=	분량 미상의 식량

Ⅲ. 라부(Labu)

(교환품목)		(라부가 제공하는 품목)
대형 토기 2개	=	짠 바구니 4개(또는 6~8실링)
소형 토기 1개	=	주머니 4개(또는 2실링)
망태기 1개	=	주머니 3개(또는 2실링)
조각한 그릇 1개	=	10~12실링

Ⅳ. 토기생산 촌락

(교환품목)		(토기생산 촌락들이 제공하는 품목)
타로 150파운드 또는 사고야자 60파운드	=	대형 토기 1개
타로 50파운드 또는 사고야자 20파운드	=	소형 토기 1개
망태기 4개	=	대형 토기 1개
돗자리 1장	=	소형 토기 1개
돗자리 3장	=	대형 토기 1개
주머니 4개	=	소형 토기 1개
바구니 1개	=	대형 토기 2개
조각한 그릇 1개	=	8실링
소형 카누 1대	=	토기 24~30개

---

[1] 조사 당시 그릇교환을 제외하고는 교역에 화폐가 거의 사용되지 않았다.

자료: Hogbin(1951: 81~95).

의 표준적인 교환율이 휴언만에 한정되어 있는 것으로 나타난다.[4]

휴언만 교역망은 원시교역의 실용적(또는 '경제적') 중요성을 폄하하는 이들에게 적절한 반박 자료를 제공한다. 휴언만의 일부 촌락은 교역이 없었다면 형성될 수조차 없었을 것이다. 휴언만의 남부 지역에는 자연적인 한계로 인해 경작이 힘들기 때문에 사고야자와 타로를 부아캡(Buakap)이나 부사마에서 수입해야 한다(그림 6.3과 표 6.1을 보라). "실제로 토기 생산자인 남쪽 주민들은 교역이 없다면 현재와 같은 환경에서 그리 오래 생존하지 못했을 것이다"(Hogbin, 1951: 94). 유사하게 북동부의 타미섬 주민들도 이용 가능한 토지가 충분하지 않아서 "식량의 대부분을 수입해야 한다"(Hogbin, 1951: 82). 결과적으로 부사마같이 비옥한 지역에서 수출되는 식량이 지역산물의 중요한 부분을 차지한다. '매달 5톤 이상'의 타로감자가 부사마 지역 외부, 주로 남쪽에 있는 4개의 촌락으로 보내지고, 부사마 내부에서도 직접적인 생계용으로 매달 28톤의 타로감자가 소비된다. 부사마에서 관습적으로 충분한 식사 기준(Hogbin, 1951: 69)에 따르면, 수출되는 타로는 인구 84명의 다른 공동체를 부양할 수 있었다. 휴언만 전체의 촌락 평균 인구는 200~300명으로 인구가 600명이 넘는 부사마는 예외적인 경우이다. 전체적으로 볼 때 휴언만은 비티아즈해협과 정확히 반대되는 생태학적 유형을 보여준다. 이곳에서는 주변부 공동체들의 자연환경이 빈약한 반면 중심부의 자연환경은 풍부하기 때문에, 중심부에서 주변부로 부의 전략적 흐름이 이루어짐으로써 균형이 맞춰진다.

이러한 흐름의 차원들을 주변부에서 생산된 재화 대 중심부에서 생산된 재화의 교환율을 통해 조명해 볼 수 있을 것이다. 예를 들어 부사마의 타로는 소형 토기 1개에 타로 50파운드, 또는 대형 토기 1개에 타로 150파운드의 교환

---

4) 하지만 나는 이들 주장을 입증할 경험적 증거를 확보하고 있지 않다. 이들 주장이 무효하다고 판명되면 아래 논의의 일부는 수정되어야 할 것이다.

율로 남쪽의 토기와 교역된다. 이 지역 전반에 관한 필자의 간단한 경험적 지식에 근거해서 판단해 보면, 이러한 교환율은 필요노동시간이라는 측면에서 토기에 매우 유리하게 작용하는 것으로 보인다. 호그빈도 동일한 견해를 가지고 있는 것 같다(Hogbin, 1951: 85). 이 점에서 더글러스 올리버는 '중간형' 토기 1개가 조개화폐로 환산할 때 타로 51파운드에 해당하는 가치가 있는 부건빌 남부의 경우, 타로 51파운드가 "비교할 수 없을 정도로 더 많은 노동량을 나타낸다"(Oliver, 1949: 94)라는 사실을 발견했다. 부사마와 토기생산 촌락 간 교역은 노력이라는 측면에서 불균등한 것으로 나타난다. 생존을 위해 더 가난한 공동체가 지배적인 교환율에 입각해서 더 부유한 공동체의 집약적인 노동을 전유하고 있는 셈이다.

그럼에도 불구하고 이러한 착취는 허구적인 노동가치 방정식에 의해 숨겨져버린다. 누구도 의도적으로 속이려고 하는 것 같지는 않지만, 그러한 속임수가 교환을 공평하게 보이도록 만든다는 점은 분명하다. 남쪽의 토기생산자가 토기의 노동가치를 과장하는 반면, 부사마인은 단순히 토기의 사용가치에 대해서만 불평한다.

적절한 에티켓을 통해 논쟁이 미연에 방지되기는 하지만, 나는 남쪽으로 교역길에 오른 몇몇 부사마인과 동행했을 때, 토기를 생산하는 부소(Buso) 마을 주민이 토기생산에 필요한 노동을 끊임없이 과장하는 것을 보고 흥미롭게 생각했다. 한 남성은 "해가 뜰 때부터 해가 질 때까지 하루 종일 토기제작에 매달린다"라는 말을 계속해서 반복했다. "점토를 캐내는 일이 금을 캐는 일보다 더 힘들다. 허리가 얼마나 아픈지 모른다! 마지막 단계에서 토기에 금이 갈 가능성도 항상 있다." 우리 쪽의 부사마인들은 공손하게 동의를 표했지만, 곧바로 그날 가져온 토기의 열등한 질에 관해 화제를 돌렸다. 특별히 누구를 지적해서 비난하지는 않고 전반적인 것에 대한 불평에 그쳤지만, 그러한 불평 속에 앙갚음을 하려는 속셈이 있음이 틀림없었다(Hogbin, 1951: 85).

앞서 지적한 바와 같이, 표준 교환율이 휴언만 전체에 걸쳐 매우 획일적으로 적용된다. 예를 들어 모든 촌락에서 돗자리, '주머니', 혹은 토기가 교환될 때 적용되는 교환율은 돗자리 1장―주머니 4개―소형 토기 1개이다. 이러한 교환율은 생산지로부터의 거리에 상관없이 지켜진다. 소형 토기 1개는 토기가 생산되는 남쪽 촌락이든 돗자리가 생산되는 북쪽 해안이든 상관없이 돗자리 1장의 가치를 가진다. 호그빈이 확인한 바에 따르면, 이러한 교환율의 직접적인 함의는 중심부에 위치하는 중개인이 주변부에서 생산된 재화의 거래를 통해 전혀 이익을 얻지 못한다는 것이다. 부사마인은 남쪽의 토기를 북쪽으로 가져다주거나 북쪽의 돗자리를 남쪽으로 유통시키면서 전혀 '이윤'을 남기지 못한다(Hogbin, 1951: 83).

따라서 교환가치가 생산지로부터의 거리에 따라 직접적으로 달라지는 비티아즈와 퀸즐랜드 체계에서 나타나는 수요/공급의 영향력을 조명하기 위해 제시했던 단순한 원리를 휴언만에 그대로 적용할 수 없다. 하지만 휴언만의 '시장'은 외형적으로 차이가 난다. 즉, 휴언만의 경우 시장이 비교적 덜 불완전하다. 적어도 잠재적으로는, 각 공동체가 특정한 재화의 공급자를 하나 이상 확보하고 있기 때문에 특별한 이익을 얻으려고 시도하는 자는 따돌림 당할 위험을 감수해야 한다. 따라서 부사마인은 중개대가를 얻지 못하는 데 대해 다음과 같이 합리화한다. "각 공동체는 나머지 모든 공동체의 생산물을 필요로 하고, 주민들은 그 교환망 내에 계속 남아 있기 위해 경제적 이익을 기꺼이 희생할 용의가 있다고 솔직하게 인정한다"(Hogbin, 1951: 83). 이 모든 요인 때문에 수요/공급이 교환율에 영향을 미칠 가능성이 배제된다. 오히려 그 가능성은 전체로서의 교환망이라는 더 높은 수준으로 전이된다. 이 지점에서의 쟁점은 한 재화의 다른 재화에 대한 상대적 가치가 휴언만 전체에 걸친 수요/

공급의 총합을 반영하는가 하는 문제가 된다.

이 문제에 대한 해답은 획일적인 교환율에서 명백하게 벗어나 있고, 상식과 훌륭한 비즈니스의 가장 기본적인 원리에서도 벗어나는 것으로 보이는 하나의 예외적인 사례에서 찾을 수 있다. 부사마인은 타미섬 주민의 그릇에 10~12실링을 지불하고, 남쪽 촌락에서는 그것을 8실링의 가치가 있는 토기와 교환한다.[5] 부사마인은 남쪽의 토기 생산자에 대해 다음과 같이 말한다. "그들은 그렇게 배고픈 지방에서 살고 있다. 게다가 우리는 우리 자신이 사용할 뿐만 아니라 돗자리 같은 다른 물건과 교환하기 위해서라도 토기가 필요하다"(Hogbin, 1951: 92). 그런데 토기를 근거로 해서 이루어지는 이러한 설명은 부사마인이 생산하는 타로의 측면에서 볼 때 흥미로운 함의를 가진다. 부사마인은 휴언만 전체에 걸쳐서, 그리고 특히 다양한 공예품이 생산되는 북부 촌락에서 타로의 수요가 제한적이라는 이유 때문에, 남부의 교역에서 분명한 손해를 감수한다. 타로 '시장'은 남부의 토기생산자에게 유리한 방향으로 제한되어 있다. 표 6.1을 보면 타로에 대한 언급이 북부의 교역에서는 나타나지 않고 오직 남부의 교역에서만 나타난다. 하지만 부사마에서 생산되는 타로의 교환성이 제한적인 반면, 남부에서 배타적으로 생산되는 토기는 모든 곳에서 수요가 존재한다. 부사마인에게 토기는 교역의 제1항목으로서 단순한 하나의 소비항목 이상의 의미를 가진다. 그들은 토기가 없으면 북쪽에 고립될 것이기 때문에, 토기를 확보하기 위해 기꺼이 막대한 노동비용을 지불하고자 한다. 따라서 고전경제학의 영리주의적 원리가 다음과 같은 의미에서 작동한다. 부사마의 타로가 남부의 토기에 대해 갖는 상대적 가치는 이들 각각의 재화에 대한 휴언만 전체의 수요를 반영한다.[6]

---

5) 전통적으로 현금은 타미섬의 그릇과 교역되는 돼지 어금니를 대신하는데, 이는 핀쉬하펜 (Finschhafen) 지역의 신부대에서 유럽의 화폐가 타미섬의 그릇을 대신하는 것과 마찬가지이다.
6) 벨쇼는 교환가치를 규정하는 조건이 휴언만과 매우 유사한 남부 마씸(Massim) 지역의 교역체계

이러한 논지를 좀 더 추상적인 방식으로 표현할 수 있을 것이다. 세 촌락 A, B, C가 각각 특수한 재화 x, y, z를 생산한다고 가정하고, 이들이 A는 B와 교역하고 B는 C와 교역하는 방식으로 교역망에 연결되어 있다고 가정해 보자. 이러한 가정에 입각해서 촌락 A와 B 간에 이루어지는 재화 x와 y의 교환을 고려해 보자.

촌락:	A	B	C
재화:	x	y	z

이들 생산물 모두에 잉여분이 없다고 가정하면, B가 x를 얻기 위해 양도하는 y의 양은 촌락 C에서 x에 대한 수요와 비교한 y에 대한 수요에 부분적으로 의존할 것이다. 만약 촌락 C에서 x에 대한 수요가 y에 대한 수요보다 훨씬 더 크다면, 촌락 B는 최종적으로 z의 획득을 위해 촌락 A로부터 x를 획득하기 위해 막대한 양의 y를 기꺼이 지불할 것이다. 반대로 만약 C에서 y에 대한 수요가 x에 대한 수요보다 훨씬 더 많다면, B는 촌락 A와의 교환에서 y를 아끼려고 할 것이다. 따라서 어떤 두 개의 촌락 사이에 지역적 산물이 교환될 때 적용되는 교환율은 그 체계 내 모든 촌락의 수요를 포괄적으로 반영할 것이다.

여기서 긴 삽입구가 하나 필요할 것 같다. 비록 분석이 이 지점에서 단절된

에 관해 기록하고 있다(Belshaw, 1955: 28~29, 81~82). 하지만 그는 빈랑나무 열매, 토기, 궐련 등 특정한 항목의 교환율이 지역적 수요에 따라 달라진다고 주장한다. 실링 가치에 입각해서 개진된 그의 주장을 완전하게 이해하지 못했을 수도 있다. 하지만 출판된 교환율 도표(Belshaw, 1955: 82~83)와 관련시켜서 보면 다음과 같은 사실이 드러난다. 즉, 이들 재화의 상대적 가치 또는 교환가치가 장소에 따라 달라지는 것이 아니라, 각 재화에 대한 남부 마씸 전 지역의 수요와 공급을 반영한다는 것이다. 어떤 구체적인 재화가 전체적인 수요/공급에 따라 다른 재화를 어느 정도 압도할 수도 있겠지만, 한 장소에 적용되는 교환율은 여하튼 다른 장소에서도 동일하게 적용된다. 교환율 도표에 따르면 관습적인 교환율이 매우 획일적으로 적용되고 있는 것처럼 보인다. 예를 들자면 투베투베(Tubetube), 봐실레이크(Bwasilake), 밀네베이(Milne Bay) 등 여러 장소에서 토기 1개가 빈랑나무 열매 1'묶음'과 교역되고, 수데스트(Sudest)에서는 궐련 2개피가 빈랑나무 열매 1'묶음'과 교환되며, 수마라이(Sumarai)에서는 토기 1개가 궐련 2개피와 교환된다(Belshaw, 1955: 81~82).

다고 하더라도, 휴언만의 교환가치가 통상적인 시장의 힘에 대응한다는 판단에 입각해서 좀 더 이론적인 동시에 실제적인 영역으로 논의를 진척시켜 나갈 수 있을 것 같다. 이를 통해 여기서 제시한 논지를 확인해 봄과 동시에 휴언만 체계의 생태학적·구조적 한계와 역사에 대한 통찰을 시도해 볼 것이다.

이상의 분석을 개시한 핵심적 사례인 부사마인은 남부로부터의 토기유통을 촉진시키기 위해 타미와의 그릇 거래에서 비롯되는 순손실을 기꺼이 받아들였다. 타미와의 그릇 거래는 상호의존적인 교환의 연쇄에서 단지 하나의 교환에 불과하기 때문에 그 자체만으로는 이해 불가능하다. 세 촌락 모델이 이해에 도움이 되기는 하지만, 여전히 그릇의 판매에서 최종적으로 실현되는 모든 제한 요소들을 적절하게 드러내지는 못한다. 왜냐하면 이 거래의 이면에는 타미의 그릇이 이곳저곳을 경유해서 휴언만 전체에 걸쳐 이동하는 어떤 예비적 교환의 연쇄가 존재하고, 바로 이 과정에서 대규모 지역 특산물의 예비적 재분배가 이루어지기 때문이다. 이러한 재분배와 이것이 수반하는 물질적 압력을 일일이 구체화하려면 더 이상의 고찰이 어려워질 수밖에 없다.

따라서 이제 네 촌락 모델이 편으해진다. 처음이 세 촌락(A, B, C)은 그대로 두고, 경험적 실재로의 회귀를 용이하게 하기 위해서, 촌락 B를 부사마로, 촌락 A를 토기생산 촌락으로 설정하겠다. 그다음 특산물 t(그릇)를 생산하는 타미를 네 번째 촌락 T로 추가할 수 있다. 또한 정확하게 현실을 반영하는 것은 아니지만, 각 촌락에서 수출되는 재화에 대해 나머지 촌락 모두에서 풍부한 수요가 있다고 가정하고, 더 현실에 가깝게 각 촌락이 바로 인접한 촌락들과만 교환한다고 가정해 보자. 이렇게 하는 목적은 타미의 그릇(t)이 거래연쇄의 한쪽 끝에서 다른 쪽 끝까지 전달되도록 하고, 결과적으로 전문화된 생산물들의 전체적인 분포가 타미 그릇의 이동에 의해 결정되도록 하기 위해서이다.

부사마가 타미의 그릇을 토기생산자 촌락(A)에게 현저하게 판매하는 현상을 좀 더 적절하게 설명하기 위해서, 먼저 촌락 B(부사마), C, T(타미) 사이에 교환이 이루어지는 것으로 설정하겠다. 처음의 흐름을 통해, T와 C는 각각의 품목 t와 z를 교환하고, B와 C도 각각의 품목 y와 z를 교환한다. 교역된 재화의 양을 난외로 두면, 첫 번째 순환 후에 재화들은 다음과 같은 분포를 보여줄 것이다.

일정한 물량의 그릇 t가 촌락 B를 향해, 그리고 품목 y가 촌락 T를 향해 이동하는 두 번째 순환은 이미 어떤 어려움에 직면하게 된다. 극복 불가능하지는 않지만 이 어려움은 바로 체계 내에 누적되는 압력과 그 전개방향의 징후가 된다. 하지만 주어진 조건하에서는 선택의 여지가 거의 없다. 촌락 C는 이미 z를 생산하기 때문에 t를 위한 교환에서 B로부터 z를 수입하지 않을 것이다. 따라서 B는 오직 t를 얻기 위해 C에게 다시 y를 제공해야 하는데, 여기서 아마 B는 C가 보유하고 있는 t의 일부만을 획득할 것이다. 동일한 방식으로 T는 y를 얻기 위해 더 많은 t를 C에게 준다. 이렇게 되면 세 촌락 사이의 연쇄가 완성된다. 즉, 한 끝에서 비롯된 재화가 다른 끝에서 나타난다(A는 여전히 제외되어 있지만).

이러한 연쇄는 완성되었지만 동시에 끝난 것일 수도 있다. 이 국면에서 B(부사마)는 특산품과 수입품의 전체적인 분포와 관련해서 난처한 상황에 처해 있고 더 이상의 교역 가능성이 급격하게 감소해 버렸음을 깨닫게 된다. B는 그다음 촌락인 C와 T가 아직 가지고 있지 않는 것, 그리고 아마 B와의 인접성 때문에 그만큼 많은 물량을 가지고 있을 수도 있는 재화를 더 이상 순환시킬 여분이 남아 있지 않다. 따라서 토기생산자 촌락 A가 부사마와의 관계에서 갖게 되는 전략적 중요성이 발생한다. 부사마가 교환망에 지속적으로 참여할 가능성은 이제 그 교환망에서 벗어나 A와의 교역을 개시하는 데 달려 있다. 이는 또한 전체로서 이 교역체계의 연속성이 확장에 달려 있다는 뜻이기도 하다. 그리고 이러한 전략적 교섭에서 A의 토기가 B에게 중요한 의미를 갖는 이유는 단순히 사용가치를 가진 재화이기 때문만이 아니라 촌락 C, T의 재화와 교환할 수 있는 유일한 재화이기도 하기 때문이다. B와 A 간의 거래에서는 체계 내에 이미 존재하는 여타 모든 재화의 총체적 가치가 A의 토기와 대비된다. 따라서 교환율이 B의 재화에 불리하게 작용하고 '노동비용' 면에서의 손식도 감수해야 한다

추상적인 모델을 통해 미지의 역사를 밝혀낼 수 있을까? 소수의 공동체들로 출발한 휴언만 유형의 교역체계는 얼마 지나지 않아 공간적 범위의 확장을 통해 교환망 내에 생산물을 다양화하려는 경향을 강하게 보여줄 것이다. 특히 교역의 시작 단계부터 거래상의 위상이 잠식되는 주변부 공동체들은 교역에 새로운 품목을 추가시키기 위해 더 넓은 영역을 찾게 될 수밖에 없다. 이 교역망은 가능하면 이국적인 재화를 공급할 수 있는 새로운 공동체로 호혜적 관계를 단순히 확대함으로써 그 변경지역에서 영역을 확장시켜 갈 것이다.

이러한 가설은 멜라네시아 연구자들에게 또 다른 이유로 매력적일 수도 있다. 인류학자들은 **쿨라**(kula)와 같이 광범위한 교역망과 조우했을 때 일단 그 '지역적 통합'의 복잡성에 감탄하면서 그것이 어떻게 가능할 수 있는가에 대

~~경향을 보여주었다. 약술한 역동적 과정이 갖는 장점은 교역의 단순한 분절적 확대—멜라네시아 공동체들의 경우 완벽하게 가능한—와 유기적 복잡화를 공히 가능하게 한다는 점이다.

하지만 이와 같은 원리를 통한 확장은 종국적으로 어떤 한계를 설정해야만 한다. 외부 공동체의 합병은 기존 체계의 변경 지역에 위치하는 촌락들이 상당한 비용을 부담함으로써 달성된다. 이들 주변부 공동체들은 지역 특산물의 내적인 재분배를 통해 이미 발생한 수요를 전이하는 가운데 노동비용 면에서 매우 불리한 입장에서 외부와의 접촉을 확대해 나간다. 이러한 확장 과정에서 생태학적 한계영역이 설정된다. 생산성이 높은 지역에서는 확장이 계속될 수 있지만, 일단 생태학적 한계영역을 벗어나면 더 이상의 확장이 실행 불가능하게 된다. 한계영역에 위치하는 공동체들은 제공되는 유리한 조건 때문에 기꺼이 체계로 편입해 들어가려고 하겠지만, 스스로 더 이상의 확장비용을 감당할 능력이 없어지게 된다. 그렇다고 해서 교역망의 주변부 전초기지가 된 그러한 공동체들이 그것을 벗어난 어떤 형태의 교역도 받아들일 수 없다는 것은 아니다. 단지 어떤 통일된 절차와 교환율이 재화의 상호 연관된 흐름을 통제하는 조직화된 교역체계는 바로 이 지점에서 어떤 자연적인 한계와 만나게 된다는 것이다. 이 한계를 넘어서서 유통되는 재화는 틀림없이 다른 형식의 교환과 교환율을 통해 유통될 것이고, 또 다른 체계로 흘러들어간다.[7]

이제 연역을 통해 경험적 실재에 재진입할 수 있다. 휴언만 체계의 생태학적 구조는 다음과 같이 이론적으로 정확하게 명시될 수 있다. 즉, 이 체계의 중심부에는 상대적으로 부유한 촌락들이 위치하고, 변방에는 상대적으로 빈곤한 촌락들이 위치하며, 가치와 전략적 재화가 교역 관계를 통해 중심부에서

---

[7] 따라서 휴언만의 재화는 당연히 타미를 거쳐 사이에시·뉴브리튼 지역까지 유통될 수도 있다. 하지만 아마 상이한 교역조건하에서 거래될 것이다. 그 이유는 타미섬 주민들이 사이에시인들과 아주 유사하지만 아마 어느 정도 유리한 조건으로 사이에시·뉴브리튼 영역 일부에서 중개자 역할을 할 것이기 때문이다.

주변부로 유통된다. 삽입구는 여기서 끝이다.

요약하면, 이상에서 살펴본 세 유형의 오세아니아 교역체계의 교환가치는 적어도 순환되고 있는 재화의 실제 분포로부터 수요와 공급이 추론될 수 있는 한, 수요와 공급에 대응하는 것으로 나타난다. 다시 말해 이곳에서도 영리주의가 마찬가지로 작동하고 있다.

시간에 따른 교환율의 변이

지금까지 살펴본 주로 공간적인 차원에서 도출된 증거는 멜라네시아의 구체적 교역 장소에 관한 시간적 차원의 관찰을 통해 보충될 수 있다. 교환가치의 시간적 변이도 마찬가지로 동일한 수요/공급의 법칙을 따른다. 하지만 한 가지 유보사항이 있는데, 그것은 교환율이 비록 장기적인 차원에서는 분명히 조정되지만 단기적인 차원에서는 심지어 수요/공급의 중대한 변화에도 영향을 받지 않고 안정적으로 유지되는 경향이다.

예를 들어, 공급의 계절적인 변화가 일반적으로 교역조건에 영향을 미치지 않는다. 샐리즈버리는 뉴브리튼 톨라이(Tolai)의 내륙-해안 교역이 다른 방식으로는 유지될 수 없었다고 주장한다.

> 내륙과 해안 사이를 오가는 **타부**(tabu, 조개화폐)의 실질적인 양은 소규모에 불과하다. 이는 표면적으로 볼 때 계절에 따라 모든 해안 촌락이 타로를 구입하지만 타부는 전혀 벌어들이지 않고, 내지인들이 의례적인 목적을 위해 생선을 모두 구매해 버리지만 많은 양의 타로는 팔지 않는 현상과 모순된다. 만약 가격이 특정한 시기의 수요/공급 비율에 의해 곧바로 결정된다면 광범위하고 예측 불가능하게 변동할 것이다. 장기적인 균형을 가능하게 하는 '전통적' 가격을 통해 고정적인

등가로 이루어지는 거래가 매우 바람직한 이유는 바로 이와 같은 맥락 때문이다 (Salisbury, 1966: 117n).

하지만 아주 장기적인 차원에서는 톨라이의 '전통적' 등가성이 변동한다. 식량의 경우 1880년의 교환율이 1961년에 비해 50~60%밖에 되지 않았다. 조개화폐 규모가 전반적으로 일정하게 증가하는 현상을 제외하면 이러한 변화의 역학이 아주 분명하게 드러나는 것은 아니다. 하지만 멜라네시아의 여타 지역에서 관찰되는 교환율의 장기적인 조정은 유럽인이 지역 교역체계로 유입시킨 재화(그리고 조개화폐)의 공급량이 증가한 결과였음이 틀림없다. 비록 균형적 교역으로 유명하지는 않지만, 카파우쿠에 대한 연구는 여기서 문제시되고 있는 두 가지 경향인 관습적 교환율의 단기적 둔감성[8]과 장기적 민감성을 모두 예증해 준다.

일반적으로 수요/공급 차원의 일시적인 불균형에 의한 가격변동은 드물게 발생한다, …… (하지만) 공급의 지속적인 증가가 실질가격의 지속적인 하락을 초래할 수는 있다. 공급증가의 항구적 지속은 실질적인 지불과 동일시되는 경향이 있는 관습적 가격에 영향을 미친다. 따라서 쇠도끼를 해안 사람들로부터 구입해야 했던 1945년 이전에는 도끼 한 자루의 관습적 가격이 10Km이었다. 백인의

---

8) 수요/공급이 불균등한 상태에서도 교환율이 단기적으로 변동하지 않는 현상, 즉 교환율의 단기적 둔감성을 논의하는 데 적용되는 준거가 다름 아닌 관습적 교환율이라는 점을 명심할 필요가 있다. 이는 특히 경제에 흥정의 섹터가 포함되어 있는 경우 더욱 그렇다. 흥정은 다양한 수준의 유불리한 입장을 가진 개인들에 의해 수행되기 때문에 전체적인 수요/공급을 반영하지 않고 거래에 따라 교환율의 현저한 차이가 발생한다. 마셜의 표현을 빌리면, 흥정자가 어떤 균형에 도달하는 것은 어디까지나 우연적 결과이다(Marshall, 1961: 791~793). 이와 같이 양자 간에 이루어지는 흥정은 제3자의 참여가 없다면 수요자와 공급자 어느 쪽도 '시장원리'를 관철시키지 않을 뿐만 아니라 경쟁모델에서 상상되는 방식으로 가격에 영향을 미치지도 않는다. 따라서 이런저런 원시 사회에서 가격이 흥정을 통해 도출되는 경우 현대 사회의 시장보다 훨씬 더 수요/공급에 민감하게 반응한다는 민족지적 주장은 의심스러울 수밖에 없다. 여하튼 이러한 종류의 변동은 단기적 안정성에 관한 현재의 논의와 관련성이 없다.

출현으로 도끼가 직접 공급되고 공급량이 증가하자 종전 가격이 절반으로 하락했다. 이러한 과정은 여전히 지속되고 있고, 1956년에는 실질가격이 관습적 가격인 개당 5Km 이하로 떨어지는 경향을 보여주었다(Pospisil, 1958: 122~123; cf. Dubbledam, 1964).

1959년에 이르자 도끼 한 자루에 원주민 화폐 두 단위(2Km)밖에 받을 수 없게 되었다(Pospisil, 1963: 310). 하지만 카파우쿠의 사례는 경제에 광범위한 흥정적 교환센터가 포함되어 있기 때문에 예외적이다. 이 섹터에서는 현행 교환율이 거래에 따라 급격하게 변할 수 있을 뿐만 아니라, 균형적 호혜성의 섹터와 소통할 수 있는 장기적 경향성이 나타나기도 한다(cf. Pospisil, 1963: 310~311).

대부분의 교역이 특정한 파트너들 사이에서 표준화된 교환율로 이루어지는 호주의 뉴기니 하일랜드에서는 상황이 조금 더 단순하다. 이곳에서는 유럽인들이 대규모 조개화폐를 순환시키면서 화폐가치가 지속적으로 하락해 왔다(Gitlow, 1947: 72; Meggitt, 1957~1958: 189; Salisbury, 1962: 116~117). 멜라네시아 외부에서도 이와 동일한 과정이 관찰되었다. 북미 대평원의 인디언 부족 간의 교역에서 말의 교환가치 변동은 공급조건의 변화에 기인한 것이다(Ewers, 1955: 217f).

이렇게 수요/공급에 대한 민감성을 보여주는 사례는 틀림없이 더 많이 추가될 수 있다. 하지만 더 많은 사례를 추가한다면, 어떤 종류의 지배적인 교환가치이론을 동원하더라도 문제가 더 이해 불가능해져 버리는 상황에 처하게 된다. 하지만 오히려 이와 같은 이론적 좌절이 매우 중요한 의미를 가진다. 여기서 내가 이 문제를 해결할 수는 없다고 하더라도 문제를 제기했다는 것만으로도 이 글이 어느 정도 성공적이라고 생각한다. 원시교역에서 교환가치가 수요/공급에 대응한다는 주장을 통해 실질적으로 설명되는 것은 아무것도 없다. 시장에서 수요/공급에 의한 가격결정을 가능하게 한다고 여겨지는 경쟁기제가 원시교역에는 존재하지 않기 때문이다. 교환율이 수요/공급에 대응한다는 주장은 교환율이 수요/공급에 영향을 받지 않고 그대로 유지된다는 주장보다 훨씬 더 신비적이다.

원시교역과 시장교역의 사회조직

수요와 공급의 효과는 자기조절적인 시장에서 구매자를 둘러싼 판매자의 경쟁과 판매자를 둘러싼 구매자의 경쟁이라는 양면적인 경쟁을 통해 가격을 균형에 이르도록 하는 가운데 발휘된다. 대칭적이면서도 비대칭적인 이러한 이중적 경쟁이 바로 형식론적 시장이론이 전제하는 '그' 사회조직이다. 이러한 사회조직이 없다면 수요와 공급이 가격에 실현되지 못한다. 따라서 그것은 비록 암묵적인 형태라 하더라도 미시경제학 교과서에 항상 출현한다. 이론적으로 완벽한 사례에서는 모든 거래가 상호 연결되어 있다. 거래에 참가하는 모든 사람은 각각 서로에 대해서뿐만 아니라 시장에 관해서도 완벽한 지식을 가지고 있고, 그래서 구매자는 (필요하고 가능하면) 더 많이 지불하는 방식으로 자기들끼리 경쟁하고, 판매자는 더 적게 요구하는 방식으로 자기들끼리 경쟁한다. 어떤 주어진 가격에서 수요의 양에 비해 공급과잉이 발생했을 경우, 판매자는 가격을 내려 제한된 구매자를 얻기 위해 경쟁한다. 그리고 일부 판매자는 더 많은 구매자가 그 조건을 매력적이라고 생각하더라도 그와 같은 가격하락을 감당할 수 없기 때문에 시장이 정리되는 가격에 도달한 때까지 시장에서 철수한다. 그 반대의 상황으로 공급에 비해 수요가 과잉일 경우 구매자는 이용 가능한 물량이 수요물량을 충족시킬 때까지 가격을 경쟁적으로 올린다. '수요자 군중'은 내부적으로뿐만 아니라 공급자 군중에 대해서도 결속력을 분명히 가지지 않고, 그 역으로도 마찬가지이다. 이러한 상황은 상이한 부족 공동체들 사이에서 이루어지는 교역과 정반대이다. 이곳에서는 외부인과 경제적으로 조우할 때 친족관계와 우호적인 내적 관계가 영리주의적 모델이 필요로 하는 경쟁에 반작용한다. 위험부담이 따를 수도 있지만, 부족적 결속과 집단 내 도덕률이 경제적 내부경쟁의 여지를 남겨두지 않는다. 어느 누구도 자신이 속한 캠프 내에서는 명성이나 이익을 추구할 수 없기 때문이다.

경제학자의 그래프에 나타나는 수요곡선과 공급곡선의 분리된 교차점은 일정한 경쟁구조를 전제로 한다. 원시적 교역의 절차는 이와 매우 다르게 나타난다. 방문한 이방인이 제공하는 이국적 재화를 얻기 위해 그저 자기 몫만 챙기려고 하거나 자기 쪽 사람과 경쟁할 수 있는 이는 아무도 없다. 원시 사회의 교역은 통상 사전에 이미 형성되어 있는 어떤 외부 당사자와의 관계에 입각해서 배타적으로 이루어진다. 이러한 교역은 고립적·병렬적으로 존재하는 특수한 쌍들 사이의 거래이다.[9] 파트너 관계를 통해 교역이 이루어지는 곳에서는 정확히 누가 누구와 교환할 것인가가 미리 정해져 있다. 즉 가격이 아니라 사회관계가 '구매자'와 '판매자'를 연결시킨다. 교역관계가 없는 사람은 여하한 가격에도 원하는 것을 손에 넣을 수 없다.[10] 내가 아는 한, 같은 교역 집

---

[9] 아니면 각 공동체의 추장이 대표로 나서서 교역을 수행하고 각 추장은 다시 자신의 집단 내에 그 수익을 재분배한다. 그 예로 포모(Pomo)의 교역(Loeb, 1926: 192~193)이나 마르퀘사(Marquesas)의 교역(Linton, 1939: 147)을 들 수 있다. 집단들 사이의 영속적 파트너 관계에 관해서는 아래 각주 10을 보라.

[10] 올리버는 시우아이에서 파트너 관계가 없으면 심지어 동일한 종족집단에 속한 사람들 사이에서도 교역상의 어려움에 직면할 수 있다는 사실을 사례를 통해 밝히고 있다. "돼지 한 마리를 구입하는 것도 단순한 문제가 아니다. 돼지의 소유자가 가축에게 정이 들어 남에게 줘버리는 걸 몹시 꺼리는 경우가 흔하다. 구매하려 하는 사람은 단지 그것을 구매할 의향이 있다는 사실만을 알릴 수 있고, 그다음에는 집에 앉아 처분을 기다려야 한다. …… 어떤 열정적인 구매자는 최종적으로 거래가 성사되기까지 9일간이나 매일같이 잠재적 판매자를 방문한 경우도 있는데, 거래 대상은 기껏해야 **마우아이**(mauai) 20쁨 가치밖에 없는 작은 돼지 한 마리였다. 따라서 돼지의 획득을 단순화할 수 있는 제도화된 배열이 발달할 수밖에 없었다. 그러한 제도적 배열 중 하나가 바로 이미 기술한 **타오부**(taovu, 교역 파트너) 관계이다"(Oliver, 1955: 350).

단에 속하는 구성원들이 서로 다른 사람의 파트너를 두고 경쟁적 입찰을 하는 사례는 어떤 곳에도 존재하지 않는다. 반대로 그러한 행위를 분명하게 금지하는 사례는 종종 발견된다.[11] 마찬가지로 흥정도 누구나 참가할 수 있는 것이 아니라 개인들 사이의 따로 분리된 관계를 통해 이루어진다. 개방시장 거래와 유사한 형태의 교환에 관한 두 종류의 기록이 있다. 첫째, 에스키모와 호주 원주민에 관한 자료(Spencer, 1959: 206; Aiston, 1936~1937: 376~377)는 수요자 측에서만 경쟁이 수반되는 일종의 경매 형태로 거래가 이루어지는 경우를 보여준다.[12] 둘째, 포스피실이 제공한 사례에 따르면, 한 카파우쿠 남성이 구매하고자 하는 사람에게 돼지 값을 낮춰줌으로써 다른 판매자와 경쟁했는데, 흥미롭게도 그는 비밀스럽게 그러한 합의에 도달하려고 했다(Pospisil, 1958: 123). 영리주의 모델의 본질인 이중적이고 상호 연관된 경쟁, 즉 수요/공급의 힘을 통해 가격을 결정한다고 여겨지는 경쟁은 일반적으로 원시적 교환이 실행되는 과정에서 분명하게 나타나지 않고, 단지 예외적인 경우에만 어느 정도 유사한 형태로 드러난다.

구매자들 사이와 판매자들 사이에서 **암묵적인** 교환 및 경쟁이 진개될 가능

---

11) "…… 다른 사람의 교역 파트너를 빼돌리거나 유혹하는 것은 일종의 심각한 위반행위이다. 옛날에는 사람들이 일탈을 범한 교역친구와 그의 새로운 파트너를 살해하려고 했을 수도 있다"(Harding, 1967: 166~167). 다음 사례도 마찬가지로 교역에서 경쟁이 작동하지 못하는 상황을 보여준다. "관대성으로 인해 존경받는 한 콤바(Komba, 내지 부족)족 남성이 시오(Sio)족의 일부 교역친구가 의도적으로 자신에게 무례하게 굴고 있다며 불평했다. 그는 화가 많이 나 있었다. '그 사람들은 내가 방문해서 거래해 주길 원하지만, 난 단지 한 사람일 뿐이다. 그 사람들 도대체 내가 뭘 해주길 바라는 걸까? 내가 팔다리라도 잘라서 나누어줘야 한단 말인가?'"(Harding, 1967: 168).

12) 흥정을 통해서 결정되는 교환율과 마찬가지로 경매를 통해 결정되는 교환율도 불확정적이고 정해진 균형 상태에 도달하지 못하는 경향이 있다. 애이스턴은 호주 원주민의 **피체리**(pitcheri) 마취재 경매에 관해 다음과 같이 기록하고 있다. "내재적 가치는 판매와 아무런 관계도 없다. 큰 가방 하나만큼의 피체리가 부메랑 달랑 한 개와 교환되는 경우가 흔하지만, 그것은 또한 부메랑 6개와 방패 1개 그리고 **피라**(pirra) 1개와 교환되는 경우도 그만큼 흔했다. 교환율은 항상 구매자와 판매자가 원하는 것에 달려 있었다. 가끔 판매자가 가져올 수 있는 최대한의 물량을 가지고 왔을 때는 동료들에게 먹일 음식을 얻기 위해 하나의 가방을 제공하기도 했다(Aiston, 1936~1937: 376~377).

성은 항상 존재한다. 하지만 나는 기존 연구들로부터 그러한 경쟁을 분명하게 도출해 낼 수 없었다.[13] 그리고 적대감이 지배적인 맥락에서 공평성과 연속성을 보장하는 수단 중 하나인 관습적 교환율의 도덕적 힘에 대해 냉소적인 자세를 취하는 것도 현명하지 못할 것이다. 더 중요한 것은 관습적 교환율이 우세한 곳, 특히 교역이 파트너 관계를 통해 이루어지는 곳에서는 판매가격을 낮추거나 물량을 더 주는 데서 비롯되는 물질적 불이익을 피하기 위해, 경쟁적인 평가절하가 아닌 다른 종류의 대안적인 전략에 의존한다는 점이다. 그중 한 가지 대안은 평소 조건으로 교역 파트너를 더 많이 확보하는 것이고, 뒤에서 좀 더 상세하게 분석될 다른 종류의 대안은 당분간 파트너에게 덤으로 물량을 제공해서 그가 품위나 파트너십을 잃을까 봐 염려해서 적절한 기간 내에 되갚게 함으로써 정상교환율로 거래를 마감하는 것이다. 하지만 이러한

13) 아니면 적어도 나는 명백히 혹은 전반적으로 비밀스러운 형태의 경쟁을 도출해 내지 못했다. 경쟁이 있다고 인정할 수도 있는 한 가지 교역 형태가 있기는 하다. 그것은 멜라네시아의 이른바 '시장' 또는 '시장 만남'이다. 블랙우드(Blackwood, 1935)가 제시하는 몇몇 사례에 따르면, 이 배열은 전통적인 장소에서 미리 정해진 시간에 만나 그 장소에 나타난 상대편의 누구하고든 자유롭게 교역하는, 공동체 간의 영속적인 교역 파트너 관계로 간주될 수 있을 것이다. 관례적인 생산품을 거래하는 이러한 교역은 능가의 관습적 교환율에 의해 규제되고 흥정 과정으로 여겨질 흥정이나 협상이 없이 이루어진다. 블랙우드는 한 여성이 자기 생산품 한 꾸러미에 대해 관습적 교환율보다 더 많이 받으려고 흥정을 시도했지만 실패하는 경우를 관찰했다(Blackwood, 1935: 440). 하지만 파트너의 선택과 제공된 재화에 대한 검토는 여전히 이루어진다. 비록 호객행위는 하지 않지만, 한 측의 여성들이 물량을 차이 나게 하거나 '표준' 꾸러미의 질을 차이 나게 하는 방식으로 서로 경쟁하는 것은 상상할 수 있는 일이다(꾸러미의 차이에 관해서는 블랙우드(Blackwood, 1935: 443)를 참조).

이보다 더 일반적인 암묵적 경쟁의 또 다른 가능성은 본문에서 더 논의된다. 게다가 우리가 이미 영리주의적 경쟁의 원인이라고 생각해 온 두 가지 다소 예외적인 교역조건이 있다. 그중 하나는 균형적 호혜성의 섹터와 흥정의 섹터가 조합된 카파우쿠의 혼합경제이다. 이곳에서는 사회적 관계가 허용하는 한도 내에서 교환율의 차이 때문에 다른 섹터에서 얻을 수 있는 더 큰 이익을 위해 특정한 섹터로부터 재화가 철회될 수도 있다. 혹은 다른 한편으로, 휴언만처럼 두 개 또는 그 이상의 촌락이 동일한 재화를 취급하고 나머지 공동체들이 이들 공급자 중 하나 이상에 접근 가능할 수도 있다. 두 경우 모두 시장과 유사한 효과가 상이한 섹터나 공동체를 관통해서 교환율이 균등해지는 방식으로 발휘된다. 하지만 이러한 해석은 핵심적인 문제를 해결하지 못한다. 흥정 섹터의 불확정적인 교환율이 어떻게 균형적인 파트너 관계 교환의 관습적인 교환율로 전환될 수 있고, 그 결과 후자에서도 마찬가지로 수요/공급의 영향력이 실현되도록 할 수 있을까? 더욱이 공동체 수준에서 경쟁적인 유형을 보여주는 교역망의 경우, 상대적 가치가 도대체 어떤 식으로 수요/공급과 조화될 수 있는가를 이해하는 것이 여전히 어려운 문제로 남는다. 교환이 여전히 관습적 파트너라는 쌍들 사이에서 관습적 교환율을 통해 이루어지기 때문이다.

전략이 시세조작이나 생산물의 차별화 같은 형태로 발전하지는 않는다. 표준적인 전략은 외부 파트너의 수를 늘리거나 기존 파트너와의 교역을 증대시키는 것이다.

이들 멜라네시아 사회에는 이른바 시장이 존재하지 않는다. 모든 형태의 고대사회도 사정은 마찬가지였을 가능성이 크다. 이러한 맥락에서 보해넌과 달턴(Bohannan and Dalton, 1962)이 설령 주변적이라 하더라도 '시장원리'에 관해 말한 것은 잘못이었다. 그들은 트로브리안드에서 흥정을 통해 이루어지는 비파트너 관계 교역인 **김왈리**(gimwali)를 두 가지 측면에서 잘못 판단했다. 그중 하나는 그들이 김왈리에 본질적이지 않은 특정한 유형의 경쟁, 즉 구매자와 판매자 간의 공공연한 갈등으로부터 시장을 유추해 냈다는 사실이다.[14] 두 번째로, 그들은 교환의 전체적인 조직을 염두에 두지 않은 채 따로 분리해서 고려한 어떤 몰인격적이고 경쟁적인 유형의 거래로부터 시장을 도출해 냈다는 것이다. 이러한 실수는 단순히 **유형**으로서가 아니라 **통합**의 유형으로서 거래를 이해해야 한다는 폴라니(Polanyi, 1959)의 주장을 뒷받침해 주는 것이 틀림없다. 폴라니의 논의에서 '호혜성'과 '재분배', 그리고 시장교환은 단순히 경제적 거래의 형태일 뿐만 아니라 경제적 조직의 양식이기도 하다. 판매나 가끔 흥정같이 시장에서 발견되는 명확한 거래형태가 많은 원시적 사례에서도 발견될 수 있다. 하지만 구매자 간, 그리고 판매자 간의 대칭적이고 대향적인 경쟁이 부재하는 그러한 교환은 시장체계 내로 통합되지 않는다. 트로브리안드의 흥정이 그런 식으로 통합되어 있지 않다면(전통적으로 그렇지 않다),

---

14) 마르크스가 동일한 실수를 이유로 프루동을 비판했다는 점이 흥미롭다. "프루동의 경우 우리가 방금 말했던 요소들이 수요와 공급의 관계에서 제외되었다는 것만으로는 충분하지 못하다. 그는 모든 생산자를 하나의 생산자로 모든 소비자를 하나의 소비자로 간주하고, 이들 두 가공의 인격체 사이에 갈등을 끌어들임으로써 추상화의 수준을 극단까지 끌어올린다. 하지만 현실 세계에서는 사정이 다르게 나타난다. 수요자 간 경쟁과 공급자 간 경쟁은 구매자와 판매자 간의 갈등을 필수적인 요소로 만들고 거기서 시장가격이 형성된다"(Marx, 1968[1847]: 53~54).

그것은 시장원리나 주변부적 시장의 어떠한 징후도 보여주지 않을 것이다. 경쟁과 가격조절 기능을 가진 소위 말하는 시장은 원시 사회에서 보편적으로 부재한다.

하지만 만약 교역이 가격변동을 통해 수요/공급의 압력을 흡수하는 방식으로 구성되지 않는다면, 멜라네시아의 교환가치에서 우리가 볼 수 있었던 감수성은 여전히 당혹스러운 미스터리로 남게 된다.

원시적 교환가치 이론

나는 여기서 이 미스터리에 대해 어떤 결정적인 해결책을 제시하고자 하는 것이 아니다. 형식론적 경제이론의 부적합성과 인류학적 경제학의 전적인 미숙함이 드러난 이상, 지엽적이거나 초보적인 설명 이상의 무엇인가를 기대하는 것은 불합리하다. 하지만 나는 그와 같은 수준의 원시적 가치이론을 분명히 가지고 있다. 이 원시적 가치이론은 경제학의 훌륭한 전통에서처럼 '비현실적인' 양상을 띠지만, 특정한 교역의 경험적인 관행과 맞아떨어지고, 관습적 가치가 수요/공급에 반응하는 이유를 제시해 준다. 이 이론은 파트너 관계 교역에만 배타적으로 적용된다. 파트너 관계 교역의 핵심은 교환율이 사회적 전략, 특히 상대적으로 이방인인 사람들 간의 조우에 적합한 경제적 덤이라는 외교수완을 통해 설정된다는 점이다. 일련의 호혜적인 교환에서, 먼저 한 파트너 측에서, 그다음에는 다른 파트너 측에서 덤을 번갈아가면서 제공하는 것은 개방적인 가격경쟁만큼이나 확실하게 균형적 교환율을 이끌어낸다. 동시에 '관대성'이라는 길잡이 원리가 수요/공급의 균형 상태와 유사한 특질을 합의된 교환율에 부여해 준다.

원시공동체나 부족 간의 교역은 지극히 섬세하고 잠재적으로 가장 와해되기 쉬운 성격을 가지고 있다는 사실을 명심해야 한다. 인류학적 보고서들은 이방 영토에서 이루어지는 교역 모험의 위험 요소인 불안과 의심으로 인해 재화의 교역에서 폭력의 교환으로 전환되기 쉬운 상황들을 기록하고 있다. 레비스트로스가 기록한 바와 같이, "적대적 관계와 호혜적 급부 사이에는 어떤 연결고리가 존재한다. 교환은 평화적으로 해결된 전쟁이고, 전쟁은 성공적이지 못한 거래의 결과이다"(Lévi-Strauss, 1969: 67).[15] 원시 사회가 선물과 씨족 관계를 통해 전쟁상태를 내적인 휴전으로 전환하는 데 성공한다면(제4장을 보라), 그것은 단지 그러한 상태의 전체적인 부담을 외부적 관계, 즉 씨족 및 부족 간 관계로 전이하는 데 불과하다. 외적인 섹터의 환경은 근본적으로 홉스적이다. 이곳에는 '만인을 공포에 떨게 하는 일반적 권력'이 부재할 뿐만 아니라, 심지어 만인으로 하여금 평화를 원하도록 만드는 일반적인 친족관계도 존재하지 않는다. 게다가 교역에서 서로 만나는 동기는 바로 효용의 획득에 있다. 그리고 우리가 살펴본 바처럼, 재화는 당연히 매우 절실하게 필요한 것일 수 있다. 아직 서로에게 아무것도 빚진 것이 없는 사람들이 서로에게 뭔가를 얻기 위해 만날 때, 평화적인 교역의 가능성이 매우 낮다. 주권이 부재한 경우처럼, 외적인 보장이 부재한 상태에서는 평화가 다른 방식으로 보장되어야만 한다. 그 방식은 교역 친구관계 또는 교역 친척관계를 맺어 외부인에게 사교적 관계를 확대함으로써, 그리고 가장 중요하게는 **교환 자체의 조건을 통해서** 평화를 확보하는 것이다. 경제적 교환율이 외교적 수완이다. 래드클리프-브라운이 안다만섬 주민의 밴드 간 교역에 관해 기록한 바와 같이, "어떤 사람이 자신이 준 것만큼 받지 못했다고 생각할 경우 발생할 수도 있는 불상사를 피하기 위해서는 관련된 모든 사람이 적절한 요령을 많이 발휘할 필요가 있다"(Radcliffe-Brown, 1948: 42). 사람들은 반드시 특정한 조건에 입각해서

---

15) "인디언들은 외부인과 교역할 때 활과 화살을 동시에 건네주지 않는다"(Goldschmidt, 1951: 336).

관계를 맺어야만 한다. 교환율이 평화조약의 기능을 발휘한다.

집단 간 교환이 단순히 친구만들기라는 '도덕적 목적'에 봉사하는 것은 아니다. 하지만 그 의도가 무엇이든, 그리고 그것이 얼마나 실용주의적이든 상관없이, 적을 만들기 위해 집단 간 교환을 수행하지는 않을 것이다. 우리가 이미 알고 있는 바와 같이, 모든 거래는 필연적으로 어떤 종류의 사회적 전략으로서 사교성의 계수를 포함하고 있다. 거래의 사교성은 자기도 살고 남도 살도록 하기 위해 덤으로 넉넉하게 주려는 암묵적이고 자발적인 성향이 구현되어 있는 거래방식과 교환율에서 드러난다. 이러한 거래가 이루어질 때 단지 정확한 균형적 호혜성에 입각해서 정량 대 정량으로 교환하는 것이 안전하고 합리적인 절차는 아니다. 가장 요령 있는 전략은 경제적 덤의 제공, 즉 불평이 없도록 받은 것보다 더 관대하게 돌려주는 것이다. 래드클리프-브라운은 그러한 집단 간 만남에서 관찰되는 **더 많이 되갚는** 경향에 관해 다음과 같이 묘사한다.

안나만의 서로 다른 밴드에 속한 사람든 사이에서 이루어지는 교환의 목적은 두 당사자 사이에 우호적인 감정을 생기게 하기 위해서이고, 그렇게 하지 못하면 목적 달성에 실패한다. **이 때문에 적절한 요령과 예의를 발휘해야 하는 광범위한 영역이 존재한다.** 누구도 제공되는 선물을 쉽게 거절할 수 없다. **모든 사람이 서로를 더 관대하게 대하려고 노력한다.** 그곳에서는 누가 가치 있는 선물을 가장 많이 줘버릴 수 있는가를 둘러싸고 일종의 우호적 경쟁이 펼쳐진다(Radcliffe-Brown, 1948: 84; 강조는 필자).

교역의 경제적 외교수완은 보답 시 '덤으로 무엇인가를 더 주는 것'이다. 흔히 그것은 '여비로 주는 어떤 것'이다. 이전에 자신에게 먼저 선물을 준 친구가 방문했을 때 주인은 그에게 우정의 표시와 안전한 여정을 바라는 마음에서 제공하는 '청원의 선물(solicitory gift)'을 그보다 더 관대하게 증여하는데, 물론 여기에는 호혜적 보답에 대한 기대도 포함되어 있다. 장기적인 차원에서 덤이 정산되어 균형을 이룰 수도 있고 한 번의 훌륭한 보답이 또다시 다른 보답을 낳을 수도 있지만, 당분간 일정한 정도의 보답되지 않은 덤이 남아 있도록 한다는 사실이 매우 중요하다. 문자 그대로 일종의 안전보장기제로 작용하는 과잉의 관대성은 큰 비용을 전혀 치르지 않고도 '어떤 사람이 자신이 준 것만큼 가치 있는 것을 받지 못했다고 생각할 경우에 발생할 수 있는 불상사', 다시 말해 너무 정확히 계산했을 때 발생할 수 있는 불상사를 피하게 해준다. 동시에 이러한 관대성의 수혜자는 '빚진 사람'이 된다. 따라서 관대성을 제공한 증여자는 다음번에 자신이 교역 파트너의 손님이나 방문객이 되었을 때 마찬가지로 좋은 대우를 기대할 수 있는 모든 권리를 가지게 된다. 앨빈 굴드너가 간파한 것처럼, 가장 포괄적인 관점에서 보면 이와 같은 약간의 불균형이 오히려 관계를 유지시켜 주는 기능을 한다(Gouldner, 1960: 175).

일시적인 불균형을 통해 주인 측이 청원의 선물에 관대하게 보답하도록 만드는 절차는 안다만섬에만 특유한 현상이 아니라, 멜라네시아에서도 다소 일반적으로 나타난다. 이는 휴언만의 교역친족원들 사이에서 이루어지는 거래에 적합한 형태이다.

> 친족유대와 흥정은 양립 불가능한 것으로 여겨진다. 따라서 모든 재화는 정서적 동기에서 비롯된 공짜 선물의 형태로 양도된다. 사람들은 재화의 가치에 대한 논의를 회피하고, 증여자는 보답선물을 전혀 생각하지 않는다는 인상을 주기 위해 최선을 다한다. …… 대부분의 방문객은 …… 최소한 자신이 가져온 셋만큼의 가치가 있는 물건을 갖고 집으로 돌아간다. 실제로 친족거리가 가까울수록 주인의 관대함은 더 커지고, 일부는 훨씬 더 가치 있는 것으로 보답한다. 하지만 조심스러운 계산은 이루어지고, 수치는 나중에 갚아진다(Hogbin, 1951: 84).

마씸의 쿨라도 한 예가 될 수 있다.

> 방문자는 주인에게 도착선물인 **파리**(pari)를 제공하고 주인은 작별선물로 **탈로아이**(talo'i)를 줌으로써 그에 보답한다. 이 둘은 다소 등가적인 선물의 부류에 속한다. …… 지역 주민들은 일반적으로(말리노프스키는 이 표현을 통해 '항상'을 의미하려고 하는 것 같다) 더 큰 선물을 제공한다. **탈로아이**가 항상 양과 질적으로 **파리**를 능가하고, 방문자가 머무는 동안 사소한 선물들도 제공되기 때문이다. 물론 **파리**에 돌칼이나 훌륭한 참피나무 숟가락 같이 아주 가치 있는 청원의 선물이 포함되어 있다면 항상 정확한 등가의 형태로 보답된다. 그 나머지에 대해서는 가치 면에서 더 많은 보답이 이루어진다(Malinowski, 1922: 362).[16]

이제 이렇게 호혜적 덤을 제공하는 관행이 휴언만 교역의 실질적인 특징이라고 가정해 보자. 파트너들이 번갈아가면서 일정한 관대성을 보여주는 일련의 거래가 가능하려면 추정상 교환되는 재화의 등가율이 명확하게 규정되어야만 한다. 단계적으로 분석해 보면 교환가치에 대해 상당히 정확한 합의에 도달해 있음을 알 수 있다.

이와 관련된 간단한 증거가 표 6.2에 제시되어 있다. 이는 파트너 X와 Y가 창과 도끼를 교환하는 상황이다. 이 교환은 일련의 호혜적 방문을 통해 수행되는데, X가 Y를 방문해서 최초의 선물을 주는 것으로 시작된다. 첫 번째 순환 후에 Y가 제공한 도끼 2개는 X가 가져온 창 3개에 대한 보답으로, 창 3개보다 더 가치 있는 것으로 간주된다. 다음 두 번째 순환에서는 Y가 X를 방문해서 X에게 도끼 2개를 선물해서 부채를 지우지만, X가 선물한 창 6개로 인

---

16) 트로브리안드의 상이한 촌락 출신 파트너들 간의 물고기·얌 교환에서 나타나는 불균형에 관해서는 말리노프스키(Malinowski, 1922: 188)를 참조. 호혜적 보답 시 제공되는 교역 파트너의 덤에 관한 다른 종류의 사례는 올리버(Oliver, 1955: 229, 546), 스펜서(Spencer, 1959: 169), 골드슈미트(Goldschmidt, 1951: 355)를 참조.

표 6.2 **호혜적 덤의 제공을 통한 교환가치의 결정**

	파트너 X가 주는 것	파트너 Y가 주는 것
순환 I (X가 방문자)	창 3개 ⟶ ⟵ (∴ 창 3개 < 도끼 2개)	도끼 2개
순환 II (Y가 방문자)	⟵ 창 6개 ⟶ (∴ 창 9개 > 도끼 4개) 하지만 만약 창 3개 < 도끼 2개, 창 6개 < 도끼 4개라면 ∴ 창 7~8개 = 도끼 4개 또는 2 : 1	도끼 2개
순환 III (X가 방문자)	창 1~3개 ⟶ ⟵	도끼 1~3개

해 Y가 다시 부채를 진다. 첫 번째 순환과 두 번째 순환에서 교환된 재화의 총합은 창 9개와 도끼 4개인데, 전자가 후자보다 더 큰 가치를 가진다. 따라서 이 단계에서 도끼 4개에 대한 등가는 창 7~8개로 내략 2 대 1의 교환율이 적용되고 있다는 것을 알 수 있다. 물론 선물의 가치를 계속 증대시킬 필요는 없다. 두 번째 순환의 끝에서 Y는 약 창 1개 정도 등가에 못 미쳐 있다. 만약 다음에 X가 창 1~3개를 가져오고 Y가 도끼 1~3개(또는 2~4개가 더 좋을 것이다)를 되갚는다면, 상당히 평균적인 균형이 유지되는 셈이다. 또한 양측이 신용과 부채에 적용되는 현행 균형을 이해하고 있고, 어떤 심각한 오해가 발생할 경우 파트너 관계가 해체(이 또한 교역에서 지켜야 하는 교환율을 규정한다)된다면, 이 거래에 적용되는 교환율이 양측이 자동적으로 합의한 결과임을 알 수 있다.

교역에서 자신이 받은 보답을 자기 집단의 동료가 받은 것과 비교(아마 아주 불쾌하게 여길 것이다)할 가능성이 크다는 점을 고려해 보면, 이러한 등가에 대한 이해가 일반화될 수 있음을 알 수 있다. 내 생각에 교역상의 보답을 서로 비교해 보는 행위는 일종의 암묵적인 내부경쟁이다. 이렇게 비교를 통해 얻은 정보는 다음에 다른 공동체에 속하는 교역 파트너에게 역으로 적용될 것이라고 추정해 볼 수 있다. 하지만 이 점에 관한 한 증거가 거의 없을 뿐만 아니라, 동일 집단 내 동료들 간의 거래에 관한 정보가 얼마나 정확한지조차 분명하지 않다. 심지어 외부 파트너와의 거래도 개인적이고 은밀하게 수행되는 경우가 있다(Harding, 1967).

앞의 예는 호혜적 방문과 어떤 표준적 증여절차를 전제로 하는 단순한 모범사례이다. 교역의 상이한 배열이 교환가치를 계산하는 또 다른 방법을 수반한다고 생각할 수 있다. 예를 들어, 앞의 단순 모델에서 X가 항해-교역자로서 항상 방문자의 입장에 있고 동일한 관대성의 에티켓이 지켜진다면, Y가 계속 관대성을 보여줘야 하기 때문에 아마 실질 교환율은 X의 창에 더 유리하게 작용할 것이다. 실제로 X가 계속 창 3개를 제공하고 Y가 계속 도끼 2개로 되갚는다면, 비록 두 번째 순환을 거치면서 2 대 1에 가까운 비율로 교환율이 계산될 수 있다고 하더라도, X가 피조의 신뢰 이후 빚을 기능인 없이 두익한 교환율이 네 번의 순환 동안 계속 유지될 수 있을 것이다(표 6.3). 이 경우에는 3 대 2라는 관습적 교환율이 나타날 수 있을 것이다. 여하튼 모든 수송비용을 부담해야 함에도 불구하고 항해하는 집단에 분명한 이점이 있다. 따라서 호혜적 방문을 통해 얻는 교환율상의 이익은 '공급비용'의 차이에 필적하게 된다.

이 두 번째 예는 교환율을 결정하는 가능한 많은 순열들 중에서 단지 하나일 뿐이다. 심지어 일방적 항해의 경우에도, 증여와 보답증여의 에티켓이 생각보다 훨씬 더 복잡할 수 있을 것이다(Barton, 1910). 이 예를 제시한 이유는 단지 교환의 상이한 형식이 상이한 교환율을 산출할 가능성을 보여주기 위해서이다.

표 6.3 **일방적 방문 시의 교환율 결정**

		X가 주는 것	Y가 주는 것	X의 계산 가능한 부채
순환 I	{	창 3개 ―――――▷		
		◁――――	도끼 2개	
		(∴ 창 3개 < 도끼 2개)		(창 -?개)
순환 II	{	창 3개 ―――――▷		
		(∴ 창 6개 > 도끼 2개		
		∴ 창 4-5개 ≒ 도끼 2개)		
		◁―――――	도끼 2개	
		(∴ 창 6개 < 도끼 4개		
		∴ 창 2개 ≒ 도끼 1개)		(창 -2개)
순환 III	{	창 3개 ―――――▷		(창 +1개)
		◁―――――	도끼 2개	(창 -3개)
순환 IV	{	창 3개 ―――――▷		(창 0개)
		◁―――――	도끼 2개	(창 -4개)
		(∴ 창 3개 = 도끼 2개?)		

어떤 균형 상태를 최종적으로 결정하는 호혜성의 전략이 얼마나 복잡한가 하는 문제와 상관없이, 그리고 현재의 분석이 아무리 엄밀하더라도, 경제적으로 결정되는 것이 정확히 무엇인가의 문제는 여전히 밝혀져야 할 과제로 남는다. 호혜적 관대성에 의해 결정되는 교환율이 당시의 평균적 수요/공급을 반영하는 것이 어떻게 가능할까? 모든 것은 바로 핵심 원리인 '관대성'의 의미와 실행에 달려 있다. 하지만 관대성의 의미 자체가 민족지적으로 불명확하고, 바로 이로 인해 여기서 제시되는 이론의 중대한 취약성이 드러난다. 단지 다음과 같은 소수의 사실들만 알려져 있는데, 민족지 자료에서 반복적으로 나타나지도 않는다. 교환에서 어떤 재화를 제공하는 사람은 주로 생산하는 데 필요한 실질적인 노력인 노동가치의 측면에서 그 재화를 이해하는 반면, 제공받는 사람은 주로 사용가치의 측면에서 그것을 평가한다. 휴언만과 사이

에시의 교역 사례로부터 많은 것을 알 수 있었다. 이들 사례에 따르면 어떤 재화를 생산한 공급자는 그것을 생산하는 데 필요한 노동가치를 과장하는 반면 수요자는 그 재화의 가치를 평가절하했다. 따라서 양측 모두 자신에게 유리한 방향으로 교역조건에 영향을 미치려고 시도한다는 것을 알 수 있다. 이와 같이 사익추구에 전념하는 현상에서 출발해서 '관대성'의 가능한 의미를 논리적으로 거꾸로 풀어나가야 할 것 같다. 호혜적 덤의 필요성을 전제하면, 각 당사자는 자신이 받는 재화의 가치뿐만 아니라 자신이 제공하는 재화가 상대방에게 갖는 상대적 효용도, 그리고 자신이 투여한 노동뿐만 아니라 상대측의 노동도 고려해야 한다는 사실이 도출된다. '관대성'은 사용가치를 사용가치와 연관시키고, 노동을 노동과 연관시켜야 한다.

그렇다면 '관대성'은 시장에서 가격에 영향을 미치는 것과 동일한 방식으로 작용하는 몇몇 힘이 교환율에 영향을 미치게 할 것이다. 원리상으로 더 많은 실질비용이 투여된 재화가 더 많은 보답을 이끌어낼 것이다. 또한 더 큰 효용을 가진 재화가 그것을 받는 사람에게 더 많은 관대성을 보여줄 의무를 부과한다는 것은 수요의 증가와 함께 가격이 올라간다고 주장하는 것과 마찬가지이다.[17] 따라서 전략적인 외교수완을 통해 설정되는 교환율은, 생산자에게는 노력을, 받는 측에게는 효용을 보상함으로써 경제학자의 수요/공급 곡선에서 다른 방식으로 재현되는 본질적 조건들을 드러내줄 것이다. 생산의 실질적 어려움, 자연적 희소성, 재화의 사회적 효용, 대체 가능성 등이 동일한

---

17) 노동가치의 불일치가 효용의 등가성에 의해 유지되는 경험적 사례도 있다(cf. Godelier, 1969). 앞서 논의한 바처럼, 동등한 노동이라는 관념이 이데올로기적 책략과 기만을 통해 유지될 수도 있지만, 아마 한쪽 당사자의 실질비용이라는 측면에서 '필요'와 '필요'가 연결될 것이다. 식량과 교환하기 위해 제작한 공예품처럼, 교역되는 재화가 한쪽 또는 양쪽 공동체의 상이한 교환영역에 속하고, 특히 그 공예품이 신부대의 지불수단으로 사용되는 경우, 그와 같은 불일치가 가장 용이하게 나타난다. 따라서 한 종류의 소량의 재화(공예품)가 갖는 높은 사회적 효용이 대량의 좀 더 낮은 효용을 갖는 재화를 통해 보상된다. 이러한 논리는 아마 사이에서처럼 가난한 측이 부유한 측을 '착취'하는 경우 중요한 비밀로 작용할 것이다.

일반적 효과를 통해 두 세계에서 공히 관철된다. 많은 측면에서 시장경쟁과 반대로 나타나는 원시교역의 에티켓은 상이한 경로를 통해 유사한 결과를 이끌어낸다. 하지만 시작 단계부터 기본적인 유사성이 존재하기도 한다. 두 체계 모두 교역자를 물질적으로 만족시켜야 한다는 전제를 공유하고 있다. 차이는 한쪽에서는 물질적 만족이 교역자 자신의 고유한 성향에 달려 있는 반면, 다른 한쪽에서는 그것이 교역자의 파트너에게 달려 있다는 점이다. 하지만 원시교역의 관습적 교환율이 외교상 만족스러운 '가격', 즉 평화의 가격이 되기 위해서는 통상적인 시장가격에 근접해야 한다. 각 체계의 기제가 다르기 때문에 그러한 일치는 단지 근사치에 불과할 수밖에 없지만 그 경향성은 동일하다.

교환율의 안정과 변동

이 지점에서 에미직으로 나음과 같은 결론을 도출해 낼 수 있다. '수요'와 '공급'이라는 익숙한 용어로 표현되는 물질적 조건이 멜라네시아의 교역과정을 구성하는 훌륭한 대접이라는 관행에도 마찬가지로 포함되어 있다. 하지만 교환율이 어떻게 수요/공급의 단기적 변동에 영향을 받지 않고 유지될 수 있을까?

교환율의 단기적 안정성을 가능케 하는 몇 가지 이유는 이미 언급했다. 첫째, 관습적 교환율이 일정한 도덕적 힘을 발휘하는데, 이는 교환율이 집단 간 관계가 취약해서 평화적 교역이 지속적으로 위협받는 지역에서 평화적 교역을 위한 표준으로 기능하는 상황을 통해 이해 가능하다. 그리고 비록 도덕적 실천이 어디서든 사리사욕에 영향을 받기 쉽지만, 보통 규칙 자체를 변화시키는 것은 그렇게 쉽지 않다. 둘째, 지배적인 교환율 면에서 볼 때 수요에 비해 확보된 물량이 부족한 경우, 파트너 교역은 '요구 가격'을 낮추거나 제공물량을 늘리는 것보다 매력적인 대안을 제공해 준다. 종전의 교환율로 교역할 새로운 파트너를 찾는 것이 더 유리하거나, 아니면 대규모의 초과지불을 통해 기존 파트너를 난처하게 하면 되갚을 때 그만큼 더 많이 지불해야 할 의무를 지기 때문에 통상적인 교환율을 지키도록 만드는 효과가 있다. 마지막의 방법은 단지 상상을 통해 구상한 가설적인 전략이 아니다. 부사마인들이 돼지 공급을 촉진시키기 위해 동원하는 다음과 같은 전략을 고려해 보자.

우리 서구인이 영리를 추구하는 방법과 원주민이 영리를 추구하는 방법 간의 차이가 1947년 초에 이루어진 한 교환을 통해서 분명하게 드러났다. 살라마우아(Salamaua) 지역은 돼지가 여전히 남아 있는 대다수 북부지역 거주지보다 더 많은 피해를 입었다. 일본의 패망 후 항해가 재개되면서 부카와(Bukawa') 출신의 한 남성이 보야(Boya)라는 이름의 부사마 친족원에게 암돼지 새끼 한 마리를 가져다주려고 생각했다. 그 돼지는 약 2파운드 정도의 가치가 있었지만, 대가로 돈보다는 토기를 받고 싶다는 힌트를 냈다. 그는 돼지에 대한 합리적 대가로 토기 10개를 요구했지만, 보야가 가진 토기는 5개밖에 없었다. 따라서 보야는 친척들 중 누구든 자발적으로 원조해 주는 사람은 머지않아 돼지 새끼 한 마리를 받을 수 있을 것이라고 알렸다. 보야의 요청이 받아들여져 22개의 토기가 기증되었고, 결과적으로 토기는 전부 27개로 늘어났다. 그는 다소 격앙된 목소리로 토기 전부를 방문객에게 양도했다고 내게 개인적으로 고백했다. 하지만 이러한 관대성은 겉으로 드러나는 것처럼 그렇게 불합리한 것이 아니다. 보야는 과도하게 줌으로써 자기 손님에게 돼지 새끼를 또 가져와야 할 의무를 부과했던 것이다(Hogbin, 1951: 84~85).

보야가 펼친 전략의 성공은 오직 그 교역관계의 사회적 성격에 의거해서만 가능했던 것이다. 파트너 관계는 단순한 특권이 아니라 호혜성의 의무이기도 하다. 구체적으로 그것은 **되갚을** 의무뿐만 아니라 **받아들일** 의무도 포함하고 있다. 어떤 경우는 자신이 필요하거나 기대했던 것보다 더 많은 재화를 가지고 교환을 마감할 수도 있지만, 교환 당사자들이 흥정을 하지 않았다는 점이 중요하다. 어떤 교역친구는 전혀 필요 없는 물건을 어쩔 수 없이 받아들인 후, '경제적'으로 타당한 이유가 전혀 없이 되갚게 될 것이다. 하겐산(Mt. Hagen)의 로스(Ross) 신부는 그와 같은 영적인 윤리를 인정하지 않았던 것 같다.

> 그 선교사는 자신과 교역을 해온 원주민들이 당시 궁핍한 환경에 처해서 물질적 가치도 전혀 없고 쓸모도 없는 물건들을 가지고 선교소를 찾아올 것이라고 필자에게 말했다. 원주민들은 물건을 가지고 와서 필요한 물건과 교환하기를 원했다. 선교사가 교환을 거절하자, 원주민들은 그를 친구로 생각하고 그래서 그들이 도움이 필요할 때 도움을 주기 위해 필요 없는 물건도 받아들여야 한다면서 선교사의 행동이 옳지 못하다고 비난했다. 그들은 선교사에게 "당신은 우리에게 식량을 사고, 우리는 당신에게 돼지를 판다. 또 우리 자식들은 당신을 위해 일한다. 따라서 당신은 원하지 않더라도 이 물건들을 사야만 한다. 구입을 거절하는 것은 옳지 못한 행동이다"라고 말했다(Gitlow, 1947: 68).[18]

---

18) 이러한 오해는 문화적인 동시에 경제적인 것으로서 분명히 인종이나 종교와는 별개의 문제이다. "…… 누어인은 아랍 상인들로부터 물건을 구매하는 행위를 우리가 가게에서 물건을 구매하는 행위와 다른 방식으로 이해한다. 누어인에게 물건의 구매는 어떤 몰인격적인 거래가 아니다. 또한 그들에게는 우리식의 가격과 화폐라는 관념도 없다. 누어인의 구매 관념에 따르면, 당신이 한 상인에게 뭔가를 제공하면 그 상인은 당신을 도와야 할 의무를 지게 된다. 또한 당신이 상인의 물건 중에서 필요한 것을 요구하면 상인은 반드시 그것을 당신에게 줘야 한다. 그 이유는 그가 당신의 선물을 받음으로써 당신과 호혜적 관계를 맺었기 때문이다. 따라서 콕(kok)은 '사다' 또는 '팔다'는 의미를 가진다. 이 두 행위는 호혜성이라는 단일한 관계의 표현이다. 어떤 아랍 상인이 이러한 거래를 다소 다른 방식으로 이해하게 되면 오해가 발생한다. 누어인의 관점에서 보면, 이러한 종류의 교환이 수반하는 것은 물건들 사이의 관계가 아니라 사람들 사이의 관계이다. 물건이 아니라 바로 상인이 '구매된다.' ……"(Evans-Pritchard, 1956: 223~224).

뉴기니 북동부 배후지의 시오(Sio)인은 교역을 꺼리는 해안지역 교역 파트너의 마음을 동일한 원리를 통해 바꿀 수 있었다.

물론 시오인들도 당장은 필요 없는 재화를 흔히 받아들인다. 내가 한 시오 사람에게 활을 왜 네 개(남자들 대부분이 하나 이상의 활을 가지고 있다)씩이나 가지고 있냐고 묻자, 그는 "숲속 친구(교역 파트너)가 활 하나를 가지고 오면, 그를 도와줘야 한다"라고 답했다(Harding, 1967: 109~110).

마지막으로 동일한 종류의 인상적인 사례가 하나 있다. 말리노프스키는 트로브리안드의 상이한 공동체들 사이에서 이루어지는 생선-얌 교환(와시, wasi)을 묘사하면서 이 사례를 첨부하고 있다. 말리노프스키에 따르면, 당시 내지의 얌 경작민은 해안의 파트너에게 받아들여야 할 의무가 있다고 끈질기게 주장하면서 통상적인 조건으로 생선을 계속 공급해 달라고 졸랐다. 해안의 어민들은 잠수를 해서 진주를 채취하면 훨씬 더 큰 이익을 얻을 수 있었지만 내지인들에게 생선을 공급할 수밖에 없었다. 따라서 와세는 여진히 관습에 종속되어 있었고, 파트너 관계는 토착 교환율의 결정인자로 작용했다.

요즘 어부들은 잠수해서 진주를 채취하면 **와시**를 통해 버는 것보다 10~20배나 더 벌 수 있다. 그래서 와시 교환은 대체로 그들에게 큰 부담이다. 진주채취가 제공하는 모든 유혹과 백인 상인들이 행사하는 강력한 압력에도 불구하고, 어민들은 와시를 결코 회피하려고 하지 않는다. 그들은 개시선물을 받으면 첫 번째 파도가 조용한 날은 항상 진주채취가 아니라 물고기 잡는 일에 소비한다. 이것은 토착적 관습의 완고성을 보여주는 가장 뚜렷한 사례이다(Malinowski, 1922: 188n).

교역 파트너 관계는 교환가치의 안정성을 유지하는 데 이런 방식으로 작용한다. 따라서 교역 파트너 관계의 경제적 중요성에 대해 더욱 일반적이고 타당한 해석이 필요하다. 원시교역에서 파트너 관계는 시장가격 기제의 기능적 대응물이다. 당면한 수요/공급 불균형이 교환율의 조정이 아니라 교역 파트너에게 압력을 행사하는 것을 통해 해소된다. 시장에서는 이러한 균형 상태가 가격변동에 영향을 받지만, 여기서는 거래의 사회적 측면인 교역 파트너 관계가 그 경제적 압력을 흡수한다. 비록 특정한 거래에서 교환이 시간적으로 지체될 수는 있지만, 교환율은 여전히 안정된 상태에서 유지된다. 영리주의 가격기제의 원시적 대응물은 관습적 교환율이 아니라 관습적 교환관계이다.

이런 식으로 교환가치의 단기적 지속성이 달성된다. 하지만 동일한 압력이 교환율에서 파트너 관계로 굴절되는 현상은 후자를 지속적인 수요/공급의 불일치에 매우 민감하도록 만든다. 예를 들어 거래되는 재화 중에서 어떤 한 종류의 재화를 획득하는 일이 이전보다 용이해져서 전통적인 교환율과 실제로 처분 가능한 물량 사이의 불균형이 지속되거나 확대된다고 가정해 보자. 그러면 파트너 관계 교역은 반복석으로 불균형을 해소하는 과정에서 물질적 압력을 증대시키게 된다. 교환조건을 확고하게 유지시키는 과잉지불의 전략은 오직 수요/공급의 불균형이 역전될 수 있는 한에서만 유효하고 지속 가능한 것으로 드러난다. 그렇지 않으면 물량을 축적시키는 어떤 내재적인 경향으로 인해 감당 불가능한 상황이 빚어지게 될 것이다. 파트너의 받아들여야 하는 의무를 공략해서 물건을 제공하고 파트너가 보답을 지체할 가능성을 용인하기 때문에 교환은 항상 가장 절박한 측이 원하는 물량에서 이루어질 수밖에 없다. 이러한 측면에서, 생산과 교환에 대한 자극이 심지어 경쟁적 시장의 역동성을 능가하기도 한다.

다시 말하면, 어떤 특정한 가격에서 공급이 수요 이상으로 이루어지든 이하로 이루어지든 상관없이, 파트너 관계 교역이 수반하는 교환물량은 시장의 유사한 균형 상태보다 더 많다. 교환율이 돼지 1마리에 토기 5개일 때, 돼지의 가용물량이 수요물량보다 일시적으로 더 적다면 돼지 사육자들에게 낭패스러운 상황이 벌어진다. 즉, 그들은 모든 토기가 소모될 때까지 동일한 교환율로 더 많은 양의 돼지를 제공해야 할 것이다. 개방시장에서는 거래되는 전체 물량이 더 적을 것이고, 거래 조건은 돼지에게 더 유리하게 작용할 것이다.

현행 교환율과 가용-재화의 불균형이 지속된다면, 파트너 관계 교역은 어떤 한계를 균형 상태 유지기제로 설정해서 항상 통상적인 조건으로 수요를 충족시키는 공급이 가능하도록 만든다고 보는 것이 정확하다. 사회적 수준에서 보면 그러한 교역은 불합리한 것이 된다. 즉, 한 집단이 다른 집단의 노동에 대한 선매권을 통해 경제적 발전을 도모한다. 일단의 불이익을 당하는 파트너가 그러한 불균형을 무제한 묵인하리라고 기대할 수 없는 만큼, 그러한 절차를 관용하는 사회가 무기한 지속되리라고 기대할 수도 없다. 개인적인 수준에서 보면, 그 불합리성은 보상받지 못한 생산비용이 아니라 축적의 비효율성으로 가장 잘 드러난다. 한 남성이 5개의 화살, 혹은 그보다 훨씬 많은 10~20개의 화살을 소유하게 된다면, 그 물건을 모두 축적하는 일이 바람직한지 의심하기 시작하고 파트너가 부담을 덜어주길 원하게 되는 그런 순간이 반드시 올 것이다. 그렇다면 사람들이 교역의무의 이행을 기피하거나 그럴 능력이 없어지는 때는 언제이고, 또 만약 그렇게 되면 어떤 일이 발생할까? 이 질문에 답할 수 있다면 멜라네시아의 교역에서 경험적으로 드러나는 마지막 미스터리, 즉 교환가치가 단기적으로는 아니지만 장기적으로 수요/공급의 변동에 따라 조정되는 경향을 이해할 수 있을 것이다. 분명한 해결책은 바로 교환율을 재평가하는 것이다. 하지만 교환율의 재평가가 어떻게 가능할까?

교환율의 재평가는 바로 교역의 재배치, 즉 파트너 관계의 수정을 통해서 이루어진다. 한편으로는 우리는 교역 파트너가 되갚기를 기피할 때 어떤 일이 발생하는가에 대해서 이미 알고 있다. 모든 곳에서 그에 대한 제재는 파트너 관계의 해체로 나타난다. 당분간은 발뺌을 할 수도 있지만 너무 장기화되거나 결국 적절한 보답을 못하게 되면 교역관계는 깨지게 된다. 게다가 그러한 상황이 발생하면 교환물량은 감소하고 교역압력은 증가한다. 다른 한편으로 우리는 애초에 호혜적 덤을 통해 교환가치가 결정되는 과정이 현행의 평균적 수요/공급 조건을 반영하는 것으로 알고 있다. 따라서 교환가치와 수요/공급의 지속적인 부정합성을 해결하는 방법은 어떤 사회적 과정을 통해 종전의 파트너 관계가 해체되고 새로운 관계가 협상되는 것이다. 아마 교역망의 지리적·종족적 구성도 수정되어야 할 것이다. 하지만 여하튼 호혜적 과잉지불이라는 전통적인 수완을 새로운 파트너에게 발휘함으로써 개시되는 새로운 출발이 교환가치와 수요/공급의 조화를 재정립시키게 될 것이다.

비록 가설적이기는 하지만, 이러한 모델은 서구와의 접촉 이후 멜라네시아의 교역망이 겪었던 사회적으로 조직된 디플레이션 같은 경험적 사실과 일치한다. 이 토착적 교역은 한동안 영리주의적 경쟁이 가져다주는 이익 없이 지속되었다. 하지만 다른 한편으로 지나치게 많은 불량의 도끼, 조개화폐, 돼지를 들여온 바로 그 유럽인들이 평화상태를 강제하기도 했다. 식민지 시대에는 멜라네시아의 안전 통해권(通海權)이 확대되었고, 부족 공동체의 사회적 지평도 확장되었다. 교역을 위한 접촉의 현저한 변화와 확장이 가능해졌다. 그리고 교환율도 당연히 재평가되었다. 한 예로 전반적으로 비교적 최근에 개시되었고 전통적인 해양교역보다 훨씬 더 수요/공급에 민감해진 휴언만의 해안·내륙 교역을 들 수 있겠다(Hogbin, 1951: 86; cf. Harding, 1967).

이상의 논의는 다음과 같은 최종적 제안으로 우리를 인도한다. 교역관계의 사회적 성격에 의존해서 상이하게 조직되는 교역체계의 교환율은 아마 수요/공급의 변동에 상이한 정도로 민감하게 반응할 것이다. 여기서 파트너 관계의 정확한 성격이 중요해진다. 파트너 관계는 좀 더 또는 덜 사교적일 수 있고,

그에 따라 호혜적 되갚기의 장기적 혹은 단기적인 지체를 허용할 것이다. 예를 들어, 교역 친족관계는 교역 친구관계보다 더 장기적인 지체를 허용한다. 지배적인 사회관계가 어떤 와해되기 쉬운 경제관계와 맞물려 있고, 이 때문에 전체 체계는 수요/공급의 변화에 특정한 방식으로 반응한다. 교역이 은밀하게 사적으로 수행되는가 공개적으로 수행되는가 하는 단순한 문제도 마찬가지로 지배적인 사회관계의 효과일 것이다. 아마 기존 파트너와 새로운 조건을 비밀스럽게 정하는 것이 가능하고 이 사실을 모두가 인지하고 있을 것이다. 체계 내부에서 새로운 파트너를 충원하는 데 어느 정도의 자유가 보장될까? 이전에는 체계 외부에 있던 촌락이나 종족집단으로 경로를 새롭게 개척하는 일이 수반하는 어려움을 차치하더라도, 파트너 관계는 관습적으로 상속될 수 있고, 그 결과 교환관계의 세트가 폐쇄되거나 축소되어 교환가치의 재조정이 더욱 용이하게 이루어질 것이다. 요약하면, 교역관계의 사회적 구조가 체계의 경제적 유연성을 규정한다.

지금까지 개괄한 바와 같은 과정이 교환가치의 장기적 변동을 실제로 반영한다면, 불확실하기는 하지만 아주 일반적인 수준에서 그 과정이 영리주의적 경쟁과 유사하다고 할 수 있겠다. 물론 둘 간의 차이는 매우 심원하다. 원시교역의 경제적 균형은 자율적인 개인이나 기업이 구매자와 판매자로서 대등하게 경쟁하는 과정에서 가격이 결정되는 것과 다른 방식으로 작용한다. 오히려 그것은 공동체 내부 경쟁을 금지하고, 서로에게 관대성의 의무를 지고 있는 파트너들을 다양한 방법으로 함께 끌어모으며, 관대하지 않은 성향을 보이는 사람들을 배제시키는 제도적 배열을 통해 궁극적으로 어떤 유사한 '가격'을 도출한다. 시장교역과의 유사성은 이 모든 경험적 과정에 대해 광범위한 시공간적 추상화가 이루어지고, 한 종족집단과의 교역에서 다른 종족집단과의 파트너 관계로 변화하는 수십 년에 걸친 궤적을 경험적으로 추적할 때 드러난다. 따라서 전체적으로 볼 때, 원시적 교역체계는 재화의 가용성과 효용을 적절하게 반영하는 교환율을 통해 이들 개인을 거래관계 속으로 끌어들인다.

하지만 이러한 잔여적 유사성이 갖는 이론적 의의는 무엇일까? 부르주아의 영리주의적 형태에서 평가한다면, 그 과정을 주류 경제학의 고유한 분석 대상으로 편입할 수 있을까? 그렇지는 않을 것이다. 그러한 과정이 부르주아적 형태에서는 일반적이지 않고, 일반적인 형태에서는 부르주아적이지 않기 때문이다. 멜라네시아 교역의 한 측면으로부터 도출된 이와 같은 결론이 인간의 경제 전반을 이해하는 데도 분명히 기여하는 바가 있을 것이다. 결과적으로 아직 존재한다고 할 수는 없지만, 어떤 원시적 교환가치이론이 필요하고 또 아마 구축 가능하기도 할 것이다.

부록

A. 호혜성과 친족거리에 관한 기록

B. 호혜성과 친족등급에 관한 기록

C. 호혜성과 부에 관한 기록

부록 A. 호혜성과 친족거리에 관한 기록

A.1.0 : 수렵채집민

일반적으로 호혜성의 섹터적 구분이 농경민들처럼 늘 분명하지는 않다. 하지만 친족거리에 따른 호혜성의 개인적 차이는 분명하게 존재한다. 이타적인 원조가 아니라 특정한 친족구성원에게 재화를 제공해야 하는 구체적인 의무, 즉 친족의무가 흔히 일반적 호혜성을 구성한다. 식량의 운용과 내구재의 운용에서 호혜성의 차이가 분명하게 나타난다.

A.1.1 : 부시맨

!쿵 부시맨은 관대성의 부족과 호혜적 교환의 실패를 '소원해진 마음'이라고 표현하는데, 이는 우리 서구인의 관점에서도 적절한 표현임이 틀림없다.

!쿵 부시맨의 교환에 관한 마셜(Marshall, 1961)의 연구는 호혜성에 세 종류의 사회적·물질적 한계점이 존재한다는 것을 분명하게 보여준다. ① 같은 캠프에 속하는 일정한 범위 내의 친족은 고기를 함께 나누어 먹고, 이는 흔히 관습적인 의무로 간주된다. ② 같은 캠프의 다소 먼 친족 및 다른 캠프 부시맨들과의 경제적 관계는 내구재의 경우 좀 더 균형적인 형태의 '선물'로, 그리고 고기의 경우는 '선물'과 유사한 형태로 교환된다는 것이 특징이다. ③ 반투 (Bantu)족과의 경제적 관계는 '교역'의 형태로 이루어진다. 마셜의 풍부한 자료는 다양한 종류의 사회적 고려와 제약이 구체적 거래에 영향을 미치고 있다

는 사실을 보여준다. 대규모 사냥물은 여러 번에 걸친 나눔의 연쇄를 통해 캠프 전체로 배분된다. 먼저 그것은 직접 포획한 사람이 사냥팀 구성원들에게 분배하고, 사냥에 사용된 화살 주인에게도 당연히 일정한 몫이 돌아간다. "두 번째 분배(이 지점에서 적절한 호혜성이 작동하기 시작한다)에서는 가까운 친족 관계가 나눔의 유형을 결정하는 요인으로 작용한다. 이 경우 일정한 강제적 의무가 수반된다. 이 시점에서 한 남자는 가장 먼저 아내의 부모에게 나누어 주어야 할 의무가 있다. 그는 가진 고기 중에서 가장 좋은 부위를 가능한 한 많이 아내의 부모에게 줘야 하고, 그 외에도 자기 부모, 아내, 자식들에게도 일차적으로 나누어주어야 할 의무가 있다(고기를 요리해서 먹는 것은 이와 다른 문제임을 유의할 것). 그다음 순서로 자기 몫을 챙긴다. 그는 이 몫에서 자신의 형제자매와 아내의 형제자매에게 조금씩 나누어주고, 마침 다른 친척이나 친구가 현장에 있다면 그들에게도 소량을 나누어준다. 고기를 나누어 받은 모든 사람은 또 다른 일련의 나눔을 통해, 부모, 배우자의 부모, 배우자, 자식, 형제자매들뿐만 아니라 다른 사람들에게도 나누어준다. 이제 고기는 요리된 것일 수 있고 그 양도 아주 적다. 방문객이 있으면 가까운 친족이나 인척이 아니라 하더라도 고기를 나누어준다"(Marshall, 1961: 238). 가까운 친족의 범위를 넘어서 이루어지는 고기의 나눔은 우정이나 과거에 받은 도움에 대한 보답의 의무 등 다양한 고려가 개입되는 개인적인 의향의 문제이다. 하지만 이러한 나눔은 분명히 더 균형적인 성격을 띤다. "1차적 분배와 1차적인 친족의무가 충족된 후에 이루어지는 후기의 나눔 연쇄에서, 자기 자신의 몫에서 나누어주는 고기의 나눔은 선물주기의 성격을 띤다. 이 시점에서 !쿵 부시맨 사회는, 한 개인이 자신이 받은 것에 비례해서 적당히 관대하게 나누어주어야 하고, 마지막에 자신의 몫으로 적당한 양 이상을 가지고 있지 않아야 하며, 고기선물을 받은 사람은 미래에 언젠가 그 보답으로 선물을 줘야 한다는 것만을 요구한다"(Marshall, 1961: 239). 마셜은 '선물주기'를 내구제의 교환에 한정하는데, 의미심장하게도 이러한 현상은 상이한 밴드에 속하는 !쿵 부시맨들 사이에서 이루어지는 교환에서도 발견된다. 그러한 선물은 거부해서도 안 되고 보답하지 않아도 안 된다. 대부분의 선물주기는 주로 사회적 효과를 발휘하는 도구적인 것이다. 한 부시맨 남성의 주장에 따르면, 심지어 물건에 대한 요구도 사람들 사이에 '좋아하는 감정을 형성한다'. 이것은 '그가 여전히 나를 좋아하기 때문에 내게 뭔가를 요구한다'는 뜻이다. 그리고 마셜은 "내 생각에 선물주기는 적어도 사람들 사이에 무엇인가를 형성한다"(Marshall, 1961: 245)라고 간략하게 덧붙인다. '선물주기'는 호혜성의 형식과 사회적 섹터라는 두 가지 측면 모두에서 '교역'과 구별된다. "사람들은 선물의 호혜적 주고받기에서 동일한 것을 다시 돌려주지는 않지만 대등한 가치를 가진 어떤 것을 돌려준다. 받기와 되갚기 사이의 시간간격은 몇 주에서 몇 년까지 다양하다. 너무 서둘러 되갚지 않는 것이 예의이다. 증여는 교역처럼 보이지 않아야 한다"(Marshall, 1961: 244). 교역의 역학이 구체화되어 있지는 않다. 하지만 '협상'은 언급되고 있는데, 이는 흥정의 의미를 내포하고 있다. 여하한 경우이든 교역의 사회적 범위는 분명하다. "!쿵 부시맨은 자기들끼리는 교역하지 않는다. 그들은 교역의 절차가 품위 없고 쉽사리 기분을 상하게 한다는 이유로 가능하면 삼가한다. 하지만 그들은 비피(BP)* 근교와 인접한 정착지에 사는 반투족과는 교역을 한다. …… 불화는 반투족과 교역할 때 주로 발생한다. 덩치가 크고 공격적이며 원하는 것에 대한 소유욕이 강한 반투족이 부시맨을 협박하는 경우가 비일비재하다. 여러 !쿵 부시맨 정보제공자들은 츠와나(Tswana)족도 까다로운 흥정꾼이기는 하지만 헤레로(Herero)족은 더 나쁘기 때문에, 가능하면 후자와는 교역을 하지 않으려 한다고 했다"(Marshall, 1961: 242).

토머스(Thomas, 1959: 22, 50, 214~215)와 샤페라(Schapera, 1930: 98~101,

---

* 남아프리카 북동부 요하네스버그의 도시인 브랙팬(Brack·Pan)을 뜻하는 것 같다._옮긴이

148)도 부시맨 캠프와 밴드 내의 집약적인 일반적 호혜성, 특히 음식나눔에 주목한다. 하지만 샤페라는 밴드 간 교환을 '물물교환'으로 간주한다(Schapera, 1930: 146; 서로 다른 집단에 속하는 한 남자와 한 여자 사이에서 여자의 아버지가 남자의 아버지에게 준 선물이 보답되지 않았다는 사실을 둘러싸고 갈등이 발생했는데, 이에 관한 토머스(Thomas, 1959: 240~242)의 흥미로운 일화를 참조하라).

!쿵 부시맨 사이에 도둑질이 발생한 일은 없는 것으로 보고된다(Marshall, 1961: 245~246; Thomas 1959: 206). 하지만 샤페라는 도둑질이 발생한다는 점을 암시한다(Schapera, 1930: 148).

A.1.2 : 콩고 피그미(Congo Pygmies)

일반적으로 피그미족의 호혜성 구도는 부시맨의 경우와 매우 유사하게 나타나는데, 여기에는 '니그로(Negroes)'족과의 다소 몰인격적인 교환도 포함된다(Putnam, 1953: 322; Schebesta, 1933: 42; Turnbull, 1962). 사냥물, 특히 큰 사냥물은 캠프 내에서 친족거리를 토대로 해서 나누어진다. 퍼트넘의 연구에 따르면, 가장 먼저 가족이 나누어 갖고, 그다음은 '일군의 가족', 즉 밴드가 나눈다(Putnam, 1953: 332; cf. Schebesta, 1933: 68, 124, 244).

A.1.3 : 와쇼(Washo)

"나눔이 와쇼 사회조직의 모든 수준에서 행해진다. 이 경우도 마찬가지로 나눔이 친족거리와 거주거리가 멀어짐에 따라 감소한다"(Price, 1962: 37). '교역'이 끝나고 '선물주기'가 시작되는 지점을 특정하기는 어렵다. 하지만 "선물교환에는 흔히 시간적 지체가 수반되지만, 교역에는 즉각적인 되갚음이 이루어지는 경향이 있다. 교역은 또한 경쟁적인 경향이 있고, 이런 경향은 사회적 유대가 약할수록 강해지는 추세를 보인다. 교역은 노골적인 협상을 수반하고, 사회적 지위는 거래의 2차적 요인에 불과하다"(Price, 1962: 49).

A.1.4 : 세망(Semang)

밴드의 경계에서 발견되는 호혜성의 분명한 섹터적 구분: "각 가족은 이미 요리되거나 준비된 음식 중 일부를 다른 모든 가족들에게 나누어준다. 어떤 가족이 어느 날 평소보다 많은 양의 식량을 획득하게 되었다면, 너무 많이 나누어줘 버려서 자신들의 몫은 너무 적게 남더라도, 모든 친척에게 관대하게 나누어준다. 다른 밴드에 속하는 가족이 캠프에 있다면, 그들에게는 나누어주지 않거나 아주 제한적으로만 나누어준다"(Schebesta, n.d.: 84).

A.1.5 : 안다만

래드클리프-브라운(Radcliffe-Brown, 1948)의 설명은 지역 집단 내, 특히 식량거래 및 연장자 세대와 연하자 세대 간 거래에서 나타나는 좀 더 수준 높은 일반적 호혜성(cf. Radcliffe-Brown, 1948: 42~43)과 상이한 밴드에 속하는 사람들 사이의 내구재 거래에서 작용하는 좀 더 균형적인 형태의 호혜성을 제시한다. 선물의 교환이 밴드 간 조우의 특징적인 측면으로, 이는 지역 특산물을 물물교환하는 것이나 마찬가지이다. 이 섹터에서는, "어떤 사람이 준 만큼 받지 못했다고 생각할 경우에 발생할 수 있는 불상사를 피하기 위해 많은 재치와 요령이 필요하다"(Radcliffe-Brown, 1948: 43; cf. 83~84; Man, n.d.: 120).

A.1.6 : 호주 원주민

캠프 내 친족들 간의 식량 및 여타 재화의 나눔을 규정하는 다양한 종류의 형식적이고 강제적인 친족의무와 형식적 우선순위(Elkin, 1954: 110~111; Meggitt, 1962: 118, 120, 131, 139, etc; Warner, 1937: 63, 70, 92~95; Spencer and Gillen, 1927: 490).

무리 내에서 식량을 나누어 먹어야 할 명백한 의무(Radcliffe-Brown, 1930~

1931: 438; Spencer and Gillen, 1927: 37~39).

여·여론트족의 교환은 앞의 부시맨의 구도와 유사하다. 샤프는 관습적 친족의무 세트의 양측에서 호혜성이 다르게 나타난다고 지적한다. 다시 말해 가장 좁은 친족관계 영역에서는 일반적 호혜성을 지향하고 그것을 넘어서면 균형적 호혜성을 지향한다. 당연한 관습적 의무가 적용되는 범위를 벗어나는 사람에게 증여하는 것은 "강제적 교환에 해당된다. …… 하지만 상대적으로 좁은 사회적 범위 내에서이기는 하지만, 주로 정서적인 동기에 의거해 있고 이타적인 것으로 간주될 수 있는 비정규적인 증여도 존재한다. 이는 단지 나누어주기 위해 재화를 취득하려는 욕구를 수반할 수도 있을 것이다"(Sharp, 1934~1935: 37~38).

원조와 가까운 친족관계의 연관성: 메기트는 왈비리(Walbiri)족에 관해 다음과 같이 주장한다. "어떤 남자가 여러 개의 창을 가지고 있다면 기꺼이 나누어 가지지만, 창이 하나밖에 없다면 그의 아들이나 아버지가 그것을 요구해서는 안 된다. 그는 창을 달라는 요청을 받으면 보통 진짜 아버지나 아들 또는 가까운 아버지나 아들에게는 주지만, 먼 '아버지'와 '아들'에게는 주지 않는다"(Meggitt, 1962: 120).

다양한 형태의 균형적 호혜성은 밴드 간 교역과 부족 간 교역에 잘 알려져 있는 특징적인 측면인데, 이는 흔히 유별적 친족인 교역 파트너를 통해 효력이 발휘된다(Sharp, 1952: 76~77; Warner, 1937: 95, 145).

A.1.7 : 에스키모

버켓-스미스가 '거주적 동반자관계'와 연관시킨 바 있는, 캠프 내의 고도의 일반적 호혜성. 이는 주로 식량, 특히 동절기에 사냥한 큰 동물과 연관되어 있다(Birket-Smith, 1959: 146; Spencer, 1959: 150, 153, 170; Boas, 1884~1885: 562; Rink, 1875: 27).

일반적인 수준에서 북알래스카 에스키모에 관한 스펜서의 연구는 친족원, 교역 파트너, 그리고 교역 파트너도 친족원도 아닌 사람에게 적용되는 호혜성에 현격한 차이가 있다는 사실을 보여준다. 이들 차이는 내구재, 특히 교역 재화와 관련되어 있다. 캠프 내에 있는 비친족원도 부족할 경우에는 약간의 식량을 제공받을 수 있다. 하지만 교역재화의 경우, 외부인(교역 파트너가 아닌)뿐만 아니라 그러한 비친족원과도 몰인격적인 '입찰' 거래(브라질 인디언의 '교역게임'을 연상시키는)를 통해서 교환된다. 해안 사람들과 내지 사람들 사이의 교역 파트너 관계는 의사친족(擬似親族) 관계나 제도적 친구관계를 토대로 형성되고, 교환은 지역 특산물과 관련되어 있다. 파트너들은 흥정 없이 거래하고 실제로 그렇게 하려고 많은 노력을 기울인다. 하지만 교환에서 균형(또는 근사한 균형)이 이루어지지 않으면 파트너 관계가 해체된다. 스펜서는 교역 관계를 친족들 간의 일반적 호혜성과 명확하게 구별한다. 따라서 친족성원들끼리는 파트너 관계를 맺을 필요가 없다. 그에 따르면, "친척은 항상 우선적으로 음식을 나누어 먹고 잠자리를 제공하도록 만드는 제도적 배열에 속해 있기 때문이다"(Spencer, 1959: 65~66). 다시 말하면 "사람들은 형제와는 파트너 관계를 맺지 않으려고 한다. 그들은 어떤 경우든 가까운 친척으로부터 원조와 도움을 보장받고 있기 때문이다"(Spencer, 1959: 170).

A.1.8 : 쇼쇼니 인디언

어떤 가족이 단지 씨앗류나 작은 동물만을 획득해서 나누어줄 것이 별로 없을 때는 가까운 친척과 이웃에게만 나누어주었다(Steward, 1938: 74, 231, 240, 253). 스튜어드가 "촌락 구성원 사이의 높은 수준의 친족관계"(Steward, 1938: 239)와 연결시킨 매우 높은 수준의 일반적 호혜성이 촌락 내에 존재하는 것 같다.

A.1.9 : 북부 퉁구스(산간지역 수렵채집민)

씨족 내에서 많은 나눔이 행해지지만, 특히 식량나눔은 같은 씨족에 속하면서도 함께 유랑하는 소수의 가족들 사이에서 가장 집중적으로 이루어진다(Shirokogoroff, 1929: 195, 200, 307). 쉬로코고로프에 따르면, 퉁구스인들이 행하는 선물주기는 호혜적이지 않았다. 그리고 퉁구스인들은 만주족의 요구를 일언지하에 거절해 버리기도 했다(Shirokogoroff, 1929: 99). 하지만 그는 손님에게는 일반적인 환대 이상의 선물이 제공되었고, 이들 선물에 대해서는 반드시 보답이 이루어졌다고 기록했다(Shirokogoroff, 1929: 333). 순록은 오직 씨족 외부에서만 판매되고, 씨족 내부에서는 선물과 원조의 형태로 증여된다(Shirokogoroff, 1929: 35~36).

A.2.0 : 오세아니아

호혜성의 섹터적 체계는 특히 멜라네시아에서 더 분명하고 뚜렷하게 나타난다. 폴리네시아의 경우는 호혜성의 섹터적 체계가 추장의 관할하에서 이루어지는 호혜성의 중앙화나 재분배를 통해 무효화된다.

A.2.1 : 가와(부사마)

호그빈은 파트너 관계에 의거해 있는 부족 간 해상교역과 파트너 관계가 없는 사람들 사이에서 이루어지는 내지교역을 비교한다. 그는 후자에 관해 다음과 같이 묘사한다. "교환 당사자들은 다소 주저하면서 촌락 밖에서 교역을 행한다(가와 촌락 내에서는 몰인격적 교환이 엄격하게 배제된다는 점에 주목하라). 상업적 교역은 주로 사람들이 살고 있는 곳에서 멀리 떨어진 도로나 해안에서 행해져야 하는 것으로 간주된다(부사마에서 원주민이 소유한 가게는 가장 가까운 거주지에서 50야드나 떨어진 곳에 위치한다). 부사마인들은 해안에 사는 사람들과는 그냥 서로 선물을 주고받지만, 숲속에 사는 사람들에게는 적절한 보답을 요구한다는 말을 통해 그와 같은 상황을 압축적으로 설명한다. 이러한 구분의 토대는 해안에서의 교환활동이 친족구성원에게 한정되어 있고 극히 소수의 해안 사람만이 내지에 친족원이 있기 때문에, 내지인들과의 거래 대부분은 상대적으로 이방인인 사람들 사이에서 필요에 의해 이루어진다는 점이다(다른 글에서 호그빈은 숲속 교역이 잦아진 것은 최근의 일이라고 주장한다). 해안을 따라 일정 정도의 촌락 간 이주와 통혼이 이루어져왔고, 모든 해안 원주민은 몇몇 다른 해안 촌락, 특히 가까운 촌락에 친족원이 있다. 해상교역에서 교환상대는 다름 아닌 친족원이고 또 그들과만 교환한다. 친족유대와 흥정은 양립 불가능한 것으로 여겨지고, 모든 재화는 정서적 동기에서 제공되는 공짜 선물의 형태로 증여된다. 가치에 관한 논의가 회피되고, 주는 사람은 보답선물을 받을 마음이 전혀 없다는 인상을 주기 위해 최선을 다한다. 하지만 나중에 어떤 적절한 기회가 생겼을 때 무엇을 바라는지, 즉 항아리나 돗자리를 바라는지 아니면 바구니나 식량을 바라는지를 넌지시 비춰준다. …… 방문객 대다수는 적어도 자신이 가져온 것만큼의 가치 있는 물건을 가지고 집으로 돌아간다. 실제로 방문하는 친족과의 관계가 가까울수록 주인의 관대성은 더 커지고, 방문객 중 일부는 나중에 훨씬 더 크게 보답한다. 조심스러운 계산이 행해지지만, 가치의 균형은 나중에 가서야 이루어진다. …… (이어지는 설명은 관련 사례들을 제시함으로써 균형의 실패가 파트너 관계의 단절을 초래한다는 사실을 보여준다. 이제 전술한 바를 촌락 내 섹터의 호혜성과 대조해 보라.) 최근에야 가능해진 일이지만, 한 부사마인이 같은 마을 주민에게서 망태기를 얻었을 경우, 북부 해안의 좀 더 먼 친척(예를 들어 교역 파트너)에게 주는 것보다 항상 두 배를 더 쳐준다는 사실이 중요하다. 부사마인들의 설명에 따르면, '교역자로 알고 지내는 사람들과의 거래를 별로 내키지 않아 한다'"(Hogbin, 1951: 83~86). 친족거리에 따른 호혜성의 변이에 관해서도 주목할 만한 가치가 있다. "가까운 친척에게 돼지 한 마리를 선물로 받으면, 통상 미래의 일정한 시점에 동일한 크기의 돼지 한 마리를 보답해야 하지만, 처음 선물이 이루어질 때이든 나중에 보답할 때이든 화폐를 전하는 경우는 전혀 없다. 이와 유사한 의무가 먼 친족성원들 사이에도 적용되지만, 이 경우 각각의 돼지는 완전한 시장가격에 따라 값이 치러져야 한다. 이러한 거래는 과거에는 개의 이빨이 지불수단 역할을 했다는 점만 제외하고 옛 관행과 일치한다. 구매자 집단의 성원들은 과거에 한두 줄의 개 이빨을 제공했던 것처럼 몇 실링을 대가로 지불한다"(Hogbin, 1951: 124).

A.2.2 : 쿠마(Kuma)

일반적 호혜성이 '하위-하위 씨족'—"구성원들에게 은행의 기능과 노동력을 제공하는"(Reay, 1959: 29)—이나 하위 씨족 같은 소규모 출계집단에서 지배적으로 나타난다(Reay, 1959: 70). 씨족 간 섹터는 균형적 교환, 즉 "집단 간의 정확한 호혜성에 대한 전반적인 강조"(Reay, 1959: 47; 55, 86~89, 126)가 특징적이다. 외부섹터에서는 교역 파트너 간의 균형적 교환이 적합하지만, 파트너 관계가 없으면 거래가 부정적 호혜성 쪽으로 기울어진다. "쿠마의 교역에는 두 종류의 독특한 형식, 즉 교역 파트너를 통한 제도화된 거래와 교역경로를 따라 이루어지는 우연적인 거래가 있다. 전자에서는 지배적인 가치척도를 따르지만, …… 후자에서는 물질적 이익을 얻기 위한 노골적 흥정이 이루어진다. 동사형 '내가-함께-먹다'가 '교역 파트너'를 뜻하는 용어이다. …… 이를테면 교역 파트너는 이기적인 목적으로 이용해서는 안 되는 사람으로 간주되는 씨족원이나 인척의 '내집단'에 포함된다"(Reay, 1959: 106~107, 110). 교역 파트너 사이에서 이루어지는 재화의 균형적 교환과 함께 환대가 제공된다. "물질적 이익을 위해 파트너를 이용하면 그를 잃게 된다"(Reay, 1959: 109). 비파트너 관계 교환은 대부분 최근에 나타난 현상이다.

A.2.3 : 부건빌의 뷰언평원(Buin Plain)

시우아이 사람들에게서 발견되는 호혜성의 섹터적 구분은 앞서 본문의 인용을 통해 소개했다. 여기서는 몇몇 부수적인 측면을 언급하도록 하겠다. 우선 매우 가까운 친족관계에 적합한 극단적인 일반적 호혜성에 관해 살펴보기로 하자. "나눔(올리버는 '나눔'으로 정의하지만 제5장에서는 '풀링'으로 표현했다)에 대한 통상적인 기대 이상으로 이루어지는 가까운 친척 간의 선물주기는 호혜성에 대한 의식적인 기대로 완전히 환원될 수 없다. 아버지가 노후에 부양받기를 원한다는 이유를 들며 아들에게 나누어주는 행위를 합리화시킬 수도 있다. 하지만 나는 부자간에 이루어지는 것과 같은 증여는 되갚음에 대한 욕망이나 기대를 전혀 수반하지 않는다고 확신한다"(Oliver, 1955: 230). 생산적 재화의 대여는 보통 훨씬 더 많은 보답('이자')을 수반하지만, 가까운 친척들 사이에서는 그렇지 않다(Oliver, 1955: 229). 먼 친척 사이나 교역 파트너 사이에서 이루어지는 교환은 **우투**(ootu)이다. 우투는 등가성에 가까운 거래가 특징적이지만, 지불의 지체 가능성이 있다는 점 때문에 조개화폐를 통해 이루어지는 '판매'(공예품 판매처럼)와 구별된다(Oliver, 1955: 230~231). 또한 교역 파트너 간 거래에서도, 현행 교환율 이상으로 제공하는 것이 신뢰를 형성하기에 좋고, 이 때문에 장기적인 차원에서만 균형이 달성되는 것으로 보인다(Oliver, 1955: 297, 299, 307, 350~351, 367~368).

투른발트는 시우아이[특히 테레이(Terei)]의 이웃인 뷰언 사회의 경제에서 나타나는 섹터적 차이가 너무나 인상적이어서 세 가지 "종류의 경제가 존재한다고 주장했다. ① 가족 내 살림살이(풀링), ② 추장의 권위하에 통합되어 있는 거주지의 성원들이나 가까운 친족들 사이에서 이루어지는 개인 간 혹은 가족 간 상호부조, ③ 다른 공동체나 사회계층에 속하는 개인들 사이의 물물교환(흥정)을 통해 표현되는 공동체 간 관계"(Thurnwald, 1934~1935: 124).

A.2.4 : 카파우쿠

카파우쿠 경제의 지역 간 섹터와 지역 내 섹터에서 나타나는 호혜성의 차이는 본문의 인용을 통해 이미 주목한 바 있다. 또 주목할 만한 현상은 친족과 친구관계 유대가 카파우쿠의 조개화폐 거래에서 관습적인 교환율을 낮춘다는 사실이다(Pospisil, 1958: 122). 카파우쿠의 자료는 부적절한 경제용어의 사용으로 인해 명료성이 떨어진다. 예를 들어 이른바 '대부(貸付)'는 일반적 호혜성의 성격을 가진 거래—"가까운 미래에 즉시 반제가 이루어지지 않아도 되는 것으로 여겨지는"(Pospisil, 1958: 78, 130)—이지만, 그 사회적 맥락과 범위가 분명하지 않다.

A.2.5 : 마줄루

윌리엄슨이 의례적인 것으로 폄하한 돼지교환을 제외하고, "교환과 물물교환은 일반적으로 동일한 공동체의 성원들이 아니라 오직 서로 다른 공동체의 성원들 사이에서만 이루어진다"(Williamson, 1912: 232).

A.2.6 : 마누스

통상 같은 촌락이나 다른 촌락의 마누스인들 사이에서 이루어지는 인척 간 교환은 교역 친구관계나 시장교환의 단기적인 신용과 비교할 때, 신용이 장기적이라는 측면에서 구별된다(Mead, 1937: 218). 교역 친구관계를 통한 교환은 다소 균형적이기는 하지만, 우시아이의 숲속 거래 상대자들과 행하는 좀 더 몰인격적 성격이 강한 '시장' 교환과는 다르다. 교역 친구관계는 먼 부족 사람들과 맺는데, 때로 기존의 친족유대에 기초해서 이루어진다. 약간의 신용관계나 환대는 교역 친구관계의 확장을 뜻한다. 하지만 시장교환은 직접적이다. 우시아이인은 교활하고 적대적인 사람들로 간주된다. "그들의 눈은 날카로운 흥정을 주도하는 데 관심이 있고, 그들의 교역 방식은 잔인하기 이를 데 없다"(Mead, 1930: 118; 1934: 307~308).

A.2.7 : 침부

"상호부조와 나눔은 하위 씨족 성원들 간에 형성되어 있는 관계의 특징적인 측면이다. 필요할 때면 동료 하위 씨족원에게 항상 도움을 청할 수 있다. 그리고 음식이 있다면 아무 하위 씨족원의 아내나 딸에게 음식을 달라고 요구할수 있다. …… 하지만 가장 걸출한 인물만이 자기 하위 씨족 외부의 사람들로부터 그러한 서비스를 받을 수 있다"(Brown and Brookfield, 1959~1960: 59; '걸출한 인물'의 예외적인 경우에 관해서는 부록 B의 '호혜성과 친족등급'과 비교해보라). 뉴기니 하일랜드의 다른 지역들과 마찬가지로, 이곳에서도 외부 섹터에서 이루어지는 씨족 간 돼지 교환과 여타 종류의 교환은 균형을 필요로 한다(Bulmer, 1960: 9~10과 비교해 보라).

A.2.8 : 부카패시지(Buka Passage)

외적인 교역과 비교할 때 내적인 호혜성 전체가 제한적인 것으로 보인다. 하지만 흥정을 수반하지는 않으나 균형적 성격을 띠는 외적인 교환과 대조적으로, 내적인 섹터는 일반적 호혜성의 징후를 몇 가지 보여준다. 쿠르타치 (Kurtatchi) 촌락에서 동성(同性) 혈족에게 빈랑나무 열매나 코코넛을 요구하면, 역으로 그러한 요구를 받을 가능성도 있기는 하지만, 보답에 대한 요청 없이 받아들여진다. 이 외에 뭔가를 거저 주는 경우는 없다. 하지만 예외적으로 어떤 사람의 가까운 친척은 그의 코코넛을 가져도 된다(Blackwood, 1935: 452, 454; 439의 교역에 관한 각주와 비교해 보라).

A.2.9 : 레수(Lesu)

'무상의 선물'(일반적 호혜성)은 특히 친척과 친구에게, 그리고 가장 특별하게는 특정한 유형의 친족에게 제공된다. 이들 선물은 바로 음식과 빈랑나무 열매이다. 촌락들과 반족(半族)*들 사이에는 다양한 형태의 균형적 거래가 이루어진다(Powdermaker, 1933: 195~203).

A.2.10 : 도부

잘 알려진 것처럼, **수수**(susu)와 가구만을 포함하는 매우 폭 좁은 경제적 신뢰와 관대성의 섹터가 있다. 그 외부에서는 절도가 하나의 가능성으로 작용한다. 촌락 간 인척교환은 다소 균형적으로 이루어지고, 같은 촌락 동료들은 자신이 원조하고 있는 **수수**가 의무를 다할 수 있도록 돕는다(Fortune, 1932).

A.2.11 : 트로브리안드

말리노프스키가 기술한 호혜성 연속체의 사회학은 섹터적 성격을 부분적으로만 보여주는데, 여기에는 등급에 대한 고려(아래와 비교해 보라)와 인척에 대한 의무가 분명하게 개입된다. 하지만 '순수한 선물'이 가족관계의 특징이다(Malinowski, 1922: 177~178). "비정규적으로 엄밀한 등가성 없이 되갚아지는 관습적 지불"에는 **우리구부**(urigubu)와 친족원의 장례기금 마련을 위한 부조가 포함된다(Malinowski, 1922: 180). "경제적으로 등가 혹은 거의 등가적인 형태로 보답되는 선물"에는 방문 시의 촌락 간 선물, '친구' 간 교환(이는 특별히 혹은 배타적으로 촌락 외부에서만 이루어진다), 그리고 **쿨라**(kula) 파트너 간에 이루어지는 전략적 재화의 '2차적' 교역이 포함된다(Malinowski, 1922: 184~185). "지불이 지체되는 의례적인 물물교환"(흥정을 하지 않음)은 쿨라 파트너 사이와 내륙-해안 파트너 사이의 채소 및 어류 교환[와시(wasi)]에서 나타나는 특징이다(Malinowski, 1922: 187~189; cf. 42). 흥정을 수반하는 "순

---

* 한 사회가 두 개의 단계친족 범주나 집단으로 구성될 때 각 집단을 지칭하는 용어이다. 전형적으로 부계혈통을 따라 나뉘는 부계반족과 모계혈통을 따라 나뉘는 모계반족이 있다. _옮긴이

수하고 단순한 교역"은 주로 "산업사회"와 키리위나(Kiriwina)의 다른 촌락 구성원들 사이에 이루어지는 비파트너 교환에서 나타난다(Malinowski, 1922: 189~190). 마지막 유형은 **김왈리**(gimwali)인데, 이것은 파트너 관계가 없는 채소·어류 교환 그리고 쿨라를 동반하고 파트너 관계가 없이 이루어지는 원정교환의 특징이다(cf. Malinowski, 1922: 361f).

A.2.12 : 티코피아

가까운 친족과 이웃이 경제적 특권을 가짐(e.g. Firth, 1936: 399; 1950: 203) 과 동시에 다양한 방식으로 경제적 원조를 제공해야 하기도 한다(e.g. Firth, 1936: 116; 1950: 292). **등가물**(quid pro quo)에 대한 요구는 친족거리가 멀어짐에 따라 증가하는 것 같다. 따라서 '강제적 교환'(민족지에서 '강요된 선물'로도 알려진)은 좀 더 거리가 먼 섹터의 거래유형이다. "사회적 범주의 중요성은 누군가 코코넛 분쇄도구를 원할 때와 같은 상황에서 표면으로 드러난다. 가까운 친족 중 누군가가 그 도구를 하나 더 가지고 있다는 사실을 알게 되면 그를 찾아가서 달라고 요구하고 특별한 예의를 차리지 않고도 가질 수 있다. '나를 위해 그 도구를 달라. 당신은 두 개나 있지 않느냐!' 그 친족은 둘 사이의 유대관계 때문에 그것을 주면서 '기쁘다'고 말한다. 머지않아 그가 다시 찾아와서는 또 다른 마음에 드는 것을 달라고 요구해도 그것 역시 공짜로 양도한다. 이러한 접근의 자유는 오직 소규모 친족집단 성원들 사이에서만 가능하고, 호혜성의 원리에 대한 인정에 근거해 있다. 만약 어떤 사람이 친족이 아닌 사람, 즉 티코피아인들이 말하는 '남'에게 뭔가를 요구하고자 한다면, 요리한 음식을 큰 바구니에 담아 나무껍질 옷 한 벌이나 심지어 담요 한 장을 그 위에 얹어서 가져가야 한다. 이런 물건들을 가지고 도구의 소유자에게 찾아가 달라고 요청하면, 보통 거절당하지는 않는다"(Firth, 1950: 316).

A.2.13 : 마오리

특히 이곳 촌락에서는 내적인 순환 대부분이 추장의 통제하에 중앙화되어 있다. 이 순환은 일반적 호혜성의 성격을 충분히 가지고 있지만, 추장의 의무와 귀족의 의무라는 원리에 기초해서 이루어졌다(cf. Firth, 1959). 비록 관대성에 당연한 위세가 부여되기는 했지만, 외적인 교환(촌락 간 혹은 부족 간)은 좀 더 직접적이고 등가적인 되갚음을 수반했다(cf. Firth, 1959: 335~337, 403~409, 422~423). "겨울에는 먼 친척, 가을에는 아들"이라는 마오리 속담이 있는데, "이것은 '해야 할 힘든 일이 많이 있을 때인 경작 시기에는 단지 먼 친척이라고 하지만, 모든 일이 끝나고 먹을 음식이 풍부한 추수 후에는 자기가 내 아들이라고 한다'는 뜻이다"(Firth, 1926: 251).

A.3.0 : 여기저기서 발췌한 기록들

A.3.1 : 필라가(Pilaga)

필라가 촌락의 내부적 식량나눔에 관한 헨리(Henry, 1951)의 유명한 연구를 인용하려면 약간의 주의가 필요하다. 이 연구는 붕괴되어 재정착한 인구집단에 관한 것이다. 또한 헨리가 연구를 수행한 기간은 대부분의 남성들이 설탕 플랜테이션에서 일하기 위해 멀리 떠나 있을 때였다. 게다가 당시는 필라가의 한 해 중 '곤궁기'였다. "따라서 우리는 상당한 수의 생산 가능 인구가 빠져나간 경제체계를, 그리고 저수준에서 기능하고 있는 곤궁기의 사회를 다루고 있다"(Henry, 1951: 193; 이러한 힘겨운 조건하에서의 집약적인 식량나눔은 필요와 호혜성의 관계에 관한 아래의 주장과 일치한다). 나는 나눔의 사례 대부분이 대량의 재화를 손에 넣었을 때 이루어지는 나눠주기 및 원조의 제공 등과 같은 일반적 호혜성의 성격을 가질 것으로 추정한다. 이러한 추정은 헨리가 제공하는 사례뿐만 아니라 그가 기록한 개인적 지출/수입상의 불균형과도 일치한다. 헨리가 보고하는 타 집단과의 교역은 문제시되는 연구에서 고려되지 않고 있다. 헨리의 연구가 현재의 논의에 대해 갖는 중요한 함의는 사회적 거리에 따른 식량나눔의 범위를 구체화했다는 점이다. 식량을 나누어야 할 의무는 친족/거주관계가 가장 가까운 사람들 사이에서 가장 강하게 작용한다. "동일한 가구(촌락의 한 구역을 구성하는 복수의 가족과 복수의 주거 집단)의 성원권은 매우 가까운 유대를 형성한다. 하지만 동일한 가구의 성원권과 가까운 친족관계가 겹쳐지는 경우가 가장 친밀한 유대를 형성한다. 이는 식량나눔에서 구체적으로 나타나는데, 가장 가까운 유대관계의 사람들이 가장 자주 식량을 나눈다"(Henry, 1951: 188). 특수한 사례의 분석을 통해 이와 같은 결론을 입증할 수 있다(이들 사례 중 하나는 나눔과 가까운 관계의 연관성이 우회적으로 작용하는 경우이다―한 여자가 식량을 많이 나눈 남자와 결혼을 하고 싶어 했고 결국은 결혼했다). "가구(촌락의 구역)의 내적인 분배와 관련해서 지금까지 살펴본 사례들은 다음과 같이 요약될 수 있을 것이다. '각각의 개인이나 가족은 어느 개인이나 가족에게 가장 자주 나누어줄까?'라는 질문에 대한 답은 오직 개인과 가족의 행위에 관한 양적인 분석을 통해서만 가능하다. 이러한 분석을 통해 다음과 같은 네 가지 요점이 도출될 수 있다. ① 필라가 사람들은 생산물 대부분을 자기가 속한 가구의 구성원들에게 나누어준다. ② 하지만 모두에게 똑같이 나누어주지는 않는다. ③ 이렇게 모두에게 똑같이 나누어주지 않는 이유는 다음과 같은 다양한 요인들 때문이다. ⓐ 계보적 관계의 차이, ⓑ 가구원에 대한 의무와 가구를 벗어난 사람들에 대한 의무의 차이, ⓒ 거주의 안정성, ⓓ 부양상의 필요, ⓔ 혼인 가능성, ⓕ 샤먼에 대한 두려움, 그리고 ⓖ 특별한 음식금기. ④ 가족들 사이의 생산물의 상호교환 빈도는 공동거주와 계보적 유대의 근접성이 결합될 때 가장 높게 나타난다"(Henry, 1951: 207). '표'에 식량나눔의 섹터적 구분이 제시되어 있다(Henry, 1951: 210의 표 IV를 인용). 숲속을 여기저기 옮겨 다녔다는 이유로 헨리가 수치로 기록하지 않은, 촌

표 식량을 나누는 횟수의 백분율

가족	촌락의 자기 가구 섹터에 속하는 가족	촌락의 다른 가구 섹터에 속하는 가족	다른 촌락의 외부인
I	72	18	10
II	43	0	7
III	81	16	3
IV	55	34	11

락의 다른 가구 섹터는 동일한 경향을 보여주지 않는다(표 IV). 두 번째 칸은 '가구' 섹터 내의 나눔보다 촌락을 관통하는 나눔이 첫 번째 칸보다 더 많은 네 경우 중 세 경우에 속한다. 하지만 촌락의 이 섹터는 그 위에 도표화되어 있는 다른 섹터와 비교할 수 없다. 왜냐하면 전자에 속하는 사람들은 "촌락의 다른 끝에 있는 사람들보다 더 가까운 유대관계로 통합되어 있어서, 그 아래에 도표화되어 있는 28번 섹터에서는 **분배**—생산물이 생산자에게서 다른 사람에게로 이전되는—의 형태를 취하는 대부분이 14번 섹터에서는 **공동식사**의 형태를 취하기 때문이다. 따라서 14번 섹터의 구성원들이 섹터 내에서 분배한 생산물의 비율은 낮게 나타나는 반면, 다른 구역에 분배한 것은 높게 나타난다"(Henry, 1951: 211; 헨리의 강조). 헨리가 동일한 '가구 섹터'에 속하는 상이한 가족들 사이에서 식량나눔의 형태로 이루어지는 공동식사를 고려하지 않았기 때문에 이 예외적인 사례는 무시해도 문제가 없을 것 같다.

A.3.2 : 누어

누어족 촌락의 하위 섹터들과 육우캠프에서 이루어지는 집중적인 식량나눔과 환대, 그리고 여타 일반적 호혜성(Evans-Pritchard, 1940: 21, 84~85, 91, 183; 1951: 2, 131~132; Howell, 1954: 201). 신부대와 분쟁중재를 위한 도구적 거래(보상으로서 균형적 성격을 가지는)를 제외하면, 촌락 단위를 초월하는 부족 센터 수준의 교환은 그리 많지 않다. 누어인은 내적인 호혜성과 아랍인과의 교역을 정확하게 구별하는데, 그 기준은 아랍인과의 교환에 적용되는 즉시성이다(Evans-Pritchard, 1956: 223f). 이웃하는 부족, 특히 딩카(Dinka)족과의 관계는 주로 폭력적으로 전리품과 영토를 약탈하는 악의적 도용의 형태를 취한다.

A.3.3 : 북카비론도(Kavirondo)의 반투(Bantu)

이웃 간의 집약적인 비공식적 환대. 균형적 형태의 교환은 주로 공예품 생산자와의 내구재 교환에서 이루어진다. 하지만 이웃하는 씨족원에게는 가장 값싸게, 이웃이 아닌 씨족원에게는 더 비싸게, 그리고 이방인에게는 가장 비싸게 제공한다(Wagner, 1956: 161~162).

A.3.4 : 척치(Chukchee)

척치족의 경우 캠프 내적으로는 일정한 환대와 원조가 이루어진다(Sahlins, 1960). 하지만 다른 캠프의 가축을 훔치는 일을 인상적으로 반생한다(Bogoras, 1904~1909: 49). 해양 척치족과 순록 척치족 사이의 토착적 교역과 베링해협을 가로지르는 교역은 대체로 균형적인 성격을 가진다. 그중에서 일부는 침묵교역의 형태를 취하고, 모든 교역의 이면에 상당한 정도의 불신이 깔려 있다(Bogoras, 1904~1909: 53, 95~96).

A.3.5 : 티브(Tiv)

적어도 외적 영역('시장')과 내적 영역의 분명한 차별화가 존재한다. '시장' 교환이 다양한 종류의 선물과 구별된다. 선물은 "'시장'에서는 알려져 있지 않은 항구적이고 온정적인 양자관계를 의미한다. 선물이 장기적인 차원에서는 호혜적이더라도, 그것에 관해 노골적으로 계산, 경쟁, 또는 흥정하는 것은 나쁜 일로 간주된다"(Bohannan, 1955: 60). '시장'은 경쟁적이고 착취적이다. "실제로 교환 당사자들 사이에 이미 구축된 관계가 존재한다면 '시장의 효과적인 작동'이 불가능해진다. 사람들은 친족에게 뭔가를 판매하는 것을 별로 좋아하지 않는다. 이방인에게나 받는 높은 가격을 친족에게 요구하는 것은 나쁜 짓이기 때문이다"(Bohannan, 1955: 60).

A.3.6 : 벰바(Bemba)

폴리네시아와 유사하게, 중앙화된 호혜성 체계(추장의 재분배)가 더 광범위한 경제의 중요한 축이고, 부족 간 교환섹터는 매우 한정되어 있다(Richards, 1939: 221f). 그리고 친족분류 체계상의 가까운 친족에게 다양한 의무가 부과된다(Richards, 1939: 188f). 친족원과 추장이 방문했을 때, 그리고 오늘날의 경우 이방인이 방문했을 때 제공하는 환대를 제외하면, 음식나눔은 보통 가까운 친족의 폭 좁은 범주 내에서만 이루어진다. 하지만 분명히 곤궁기에는 더욱 넓은 범주에서도 음식나눔이 이루어진다(Richards, 1939: 108~109, 136f, 178~182, 186, 202~203). 내부적 교환에서는 외부에서 도입된 화폐가 많이 사용되지 않는다. 하지만 화폐가 사용되는 경우, "친족에게서 뭔가를 구매하는 사람은 통상적인 가격보다 낮게 지불하고, 보통 그 거래에 어떤 서비스를 추가로 제공한다"(Richards, 1939: 220). "나는 연장자 친척이 찾아온다는 소리를 들은 여자들이 항아리에 든 술을 친구의 곡물창고로 가져다 숨기는 것을 자주 볼 수 있었다. 화로 위에 술 한 항아리를 올려놓고도 그것을 대접하지 않는다면 있을 수 없는 모욕이 된다. 하지만 가끔은 '아이고 어르신! 우리는 가난하고 비참합니다. …… 집에 먹을 게 아무것도 없습니다'라고 읊는 소리를 해야 할 때도 있다. 하지만 가까운 친척에게는 그렇게 하지 않는다. 오직 친족분류 체계상 더 먼 친족으로 분류되는 사람이나 빌어먹기로 소문난 가족의 구성원일 경우에만 그렇게 한다"(Richards, 1939: 202).

부록 B. 호혜성과 친족등급에 관한 기록

B.0.0

아래 자료는 친족-등급 호혜성을 그 단순한 형태와 추장의 재분배라는 맥락에서 다루고 있다.

B.1.0 : 수렵채집민

B.1.1 : 부시맨

"부시맨은 누구도 남에게 두드러져 보이고 싶어 하지 않는다. 하지만 토마(Toma, 한 밴드의 우두머리)는 두드러져 보이고 싶어 하지 않는 성향을 대부분의 사람들보다 훨씬 더 강하게 보여주었다. 그는 거의 아무것도 소유하고 있지 않았고, 자기 손에 들어온 모든 것을 나누어줘 버렸다. 그는 대인관계에서 수완이 좋은 사람이었다. 스스로 가난해지도록 만드는 교환을 통해 그곳의 모든 사람으로부터 존경받고 추앙받았기 때문이다"(Thomas, 1959: 183). "우리는 사람들이 다음과 같이 말하는 것을 들을 수 있었다. 우두머리는 우두머리로서의 위상으로 인해 다른 사람들보다 조금 더 두드러져 보이기 때문에 그러한 두드러짐에서 비롯되는 사람들의 주목이 질투로 전환되지 않길 바란다. 따라서 우두머리는 최대한 관대하게 나누어주어야 한다고 느낀다. 이러한 생각이 우두머리를 계속 가난하게 만들 수 있다고 누군가 말했다"(Marshall, 1961: 244).

B.1.2 : 안다만

래드클리프-브라운의 기록에 따르면, "안다만 군도 주민들은 관대성을 가장 높은 미덕 중 하나로 찬양하고, 또 그들 중 대다수가 그것을 끊임없이 실천하고 있다"(Radcliffe-Brown, 1948: 43). 래드클리프-브라운은 일하지 않고 음식을 얻어먹어야 하는 사람은 존경받지 못한다고 했고, 맨은 관대한 사람이 많은 존경을 받는다고 했다(Man, n.d: 41). 세대-지위 변수가 호혜성에 분명한 영향을 미친다. 적어도 가끔은 연장자들이 식량제공자 역할—사냥물을 집단적으로 나누는 경우—을 하기도 한다. 하지만 그들은 연하자들에 대해 일정한 특권을 행사한다. "타인의 요청을 거절하면 예의에 어긋나는 것으로 간주된다. 따라서 다른 사람으로부터 무엇이든 달라는 요청을 받으면 곧바로 줘버린다. 두 사람이 동등한 위치에 있다면 동일한 가치의 보답이 이루어진다. 하지만 연장의 기혼자 대 독신자 혹은 젊은 기혼자 간의 관계인 경우, 연하자는 그와 같은 성격의 어떠한 요청도 하지 않는다. 그리고 연장자가 무엇을 요구하는 경우, 연하자는 보답을 기대하지 않고 그것을 제공한다"(Radcliffe-Brown, 1948: 42~43).

B.1.3 : 에스키모

북알래스카의 에스키모족 고래잡이 배 우두머리나 순록사냥 우두머리가 발휘하는 영향력과 위세는 적어도 부분적으로는 눈에 띄게 관대하게 나누어 주는 행위에서 비롯된다(Spencer, 1959: 144, 152f, 335~336, 351). 위대한 인물은 위대한 관대성 때문에 주목받는다(Spencer, 1959: 154~155, 157). 인색함은 일반적인 비난의 대상이다(Spencer, 1959: 164).

B.1.4 : 캐리어(Carrier)

모피 교역상에게 무시당한 한 빅맨이 자신이 그 교역상만큼 훌륭한 추장이라며 자랑을 늘어놓았다. "사냥철이 되면 비버를 사냥해서 그 고기로 친척들을 위한 잔치를 연다. 나는 마을의 모든 인디언들에게 자주 잔치를 베푼다. 그리고 가끔은 멀리 떨어져 있는 사람들도 초대해서 내 사냥의 결실을 나누어 가진다 ……"(Harmon, 1957: 143~144; cf. 253~254).

B.2.0 : 멜라네시아

다른 지면을 통해 서부 멜라네시아 사회의 빅맨 리더십 경제에 관한 개괄적인 연구를 소개한 바 있다(Sahlins, 1963). 이곳에서는 일반적 호혜성이 등급의 결정적인 '촉발기제'로 작용한다. 개인들에 대한 사적인 원조를 통해 추종자를 확보하고, 흔히 돼지나 채소식량을 대규모로 나누어줌으로써 부족 차원의 명성을 획득한다. 야심적인 빅맨이 관대성을 보여주는 데 필요한 자금은 처음에는 자신이 속한 가구의 가장 가까운 친족원들로부터 확보된다. 그는 시작 단계에서 친족의무를 활용하고 가까운 친족들 사이에 작용하는 일반적 호혜성을 교묘하게 조작해서 자본을 형성한다. 초기 단계에서는 흔히 더 많은 아내를 맞이해서 가구의 규모를 확대한다. 지도자로서의 성공은 다른 사람들과 그 가족을 자신의 패거리로 영입하고, 추종자들을 거창한 방식으로 도와줌으로써 그들의 생산물을 자신의 야망을 위해 이용할 수 있을 때 순조롭게 달성된다. 하지만 추종자들을 너무 심하게 몰아 부치면 안 된다. 어느 정도의 물질적 이익을 추종자들에게 제공해야 한다. 그렇게 하지 않으면 추종자들의 불만을 사게 되고 결국 몰락하게 된다.

이어지는 대부분의 사례는 빅맨체계에 관한 것이다. 하지만 마지막 부분에서 제시되는 사례는 재분배의 맥락에서 등급 간의 일반적 호혜성이 분명하게 드러나는 추장사회나 원시적 추장사회에 관한 것이다.

B.2.1 : 시우아이

올리버(Oliver, 1955)의 연구는 멜라네시아 빅맨경제에 관한 가장 포괄적이고 상세한 묘사 중 하나이다. 이 연구는 일반적 호혜성에 입각한 거래를 통해 영향력과 위세가 확대되는 과정을 세밀하게 기술하고 있다. 이 연구의 주변적인 특징들 또한 현 논의의 맥락에서 흥미로운 의미를 가진다. 주목할 만한 것은 조개화폐 거래가 이루어질 때 등급이 관습적 균형가격에 미치는 영향이다. "지도자로서의 지위가 수반하는 큰 이점 중 하나는 물건을 좀 더 싸게 살 수 있는 능력이다['한 **무미**(mumi, 빅맨)가 축제에 사용할 돼지 한 마리를 구입하기 위해 30뼘의 **마우아이**(mauai)를 보내면, 돼지의 소유자는 40뼘 이상의 가치가 있는 돼지를 보내줘야 마음이 편하다고 느낀다']. 다른 한편으로, 지도자가 누리는 이러한 거래상의 이점은 보통 **귀족의 의무**의 전통적인 실천을 통해 상쇄된다"(Oliver, 1955: 342). 따라서 "어떤 사람이 할 수 있는 가장 칭찬받을 만한 일은 자신이 받은 모든 재화와 서비스에 대해 관대한 대가를 (재화로) 지불함으로써, 자신이 직접적으로 의무를 지고 있지 않은 사람들에게도 재화를 나누어줌으로써, 그리고 이러한 일을 과거의 위대한 지도자의 방식을 따라 행함으로써, 교역과 친족관계에 적용되는 통상적인 거래요건을 초월하는 것이다"(Oliver, 1955: 456; cf. 378, 407, 429~430).

투른발트는 또 다른 뷰언평원 사람들에 관해서 다음과 같이 기록했다. 빅맨이 추종자들에게 제공하는 보답인 **마모코**(mamoko)는 "의무를 수반하지 않는 관대한 행동으로 간주된다. 모든 종류의 우정의 선물도 같은 이름으로 불린다. 합의된 가격에다 덤으로 얹어주는 것 또한 마모코라고 한다. **토토카이**(totokai)는 **키테레**(kitere, 추종자)가 **무미라**(mumira, 지도자)에게 선의를 보여주기 위해, 그리고 차후에 **아부타**(abuta, 조개화폐)를 기꺼이 제공할 의향이 있다는 사실을 확신시키기 위해 지도자에게 덤으로 제공하는 지불이다. **다카이**(dakai)는 동등한 지위를 가진 사람들 간의 화해나 배상을 위한 지불을 가리킨다"(Thurnwald, 1934~1935: 135). 호혜성이 등급의 차이에 따라 분명한 차이를 보여준다.

B.2.2 : 가와(부사마)

서부 멜라네시아의 빅맨은 전형적으로 남성결사체의 지도자이거나 마을의 탁월한 지도자이다. 호그빈은 다음과 같이 주장한다. "어떤 사람이 장기간에 걸쳐 관대성을 보여주면 결과적으로 많은 이에게 빚을 지우는 셈이 된다. 서로 동등한 지위에 있는 사람들 사이에서 관대성이 실행되면, 다시 말해 가난한 사람들이 서로 약소한 선물을 주고받거나 부유한 사람들이 서로 값비싼 선물을 교환한다면 전혀 문제가 없다. 하지만 한 사람의 자원이 다른 사람보다 더 풍부한 경우, 자원이 풍부하지 못한 사람은 결국 보답능력이 고갈되어 채무를 이행할 수 없게 될 것이다. 빚을 진 자는 자신의 위치를 정확하게 의식하고 경의와 존경이라는 형태로 겸양을 표한다. …… 채무자-채권자 관계가 리더십 체계의 토대를 제공한다"(Hogbin, 1951: 122). 지도자는 "뼈만 먹고 라임만 씹었던 사람들이다. 그들은 고기의 가장 좋은 부위를 다른 사람들에게 모두 나누어줘 버려서 자기 몫은 찌꺼기만 남아 있었고, 빈랑나무 열매와 고추를 너무 후하게 나누어줘 버려서 정작 자신에게는 빈랑나무 열매로 만든 소스가 전혀 남아 있지 않았다. 과거의 전설적인 우두머리에 관한 설화는 그들이 '무수히 많은 돼지와 훨씬 더 큰 밭'을 가지고 있었지만 모든 것을 나누어줘 버렸다고 전한다"(Hogbin, 1951: 123; cf. 118f). 남성결사체의 지도자 대부분은 어쩔 수 없이 떠밀리다시피 그 지위에 올랐다. 일이 힘들지만 그에 대한 물질적 보상은 전혀 없었다. "그의 손은 땅에서 떨어질 때가 없고, 이마에는 항상 땀방울이 맺혀 있다"(Hogbin, 1951: 131). 하지만 마을의 최고 빅맨은 야심가였다. "그는 식량을 나누어줄 구실을 일부러 만들려고까지 할 정도로 높은 명성을 열망했다"(Hogbin, 1951: 139). 인색하게 굴고 다른 사람을 이용해 먹으려고 하면 등급이 낮아진다. 즉, "사회계층의 사다리 맨 밑바닥으로 떨어진다"(Hogbin, 1951: 126).

B.2.3 : 과달카날(Guadalcanal)의 카오카(Kaoka)

전형적인 빅맨경제(Hogbin, 1933~1934; 1937~1938). "명성은 자신이 사용하기 위해 재산을 축적하는 것이 아니라 그것을 나누어주는 것을 통해 높아진다. 혼인, 출생, 사망, 그리고 새 집을 짓거나 새 카누를 제작하는 등 개인의 삶에서 중요한 모든 사건을 잔치를 열어 경축한다. 어떤 사람이 잔치를 많이 베풀면 베풀수록 더 많은 식량을 관대하게 나누어주는 셈이 되고, 그 결과 더 큰 위세를 얻게 된다. 사회적 지도자는 바로 가장 많이 나누어주는 사람이다"(Hogbin, 1937~1938: 290).

B.2.4 : 카파우쿠

민족지학자들은 뉴기니 고원의 빅맨을 일종의 자본가로 묘사한다. 하지만 이 지역의 빅맨 체계는 고구마밭 경작에 의거해 있는 통상적인 유형 중 하나이다. 카파우쿠의 빅맨[토노위(tonowi), 관대한 부자라는 뜻]이 제공하는 '대부'와 '신용'은 표준적인 의미의 이자를 수반하지 않는다(앞의 부록 A.2.4를 보라). 그것은 단지 관대성을 통해 신분을 상승시키는 수단이다(Pospisil, 1958: 129). "이 사회에서는 자신의 재산을 분배해서 많은 사람의 필요를 충족시키는 관대한 사람을 이상적인 인간이라고 생각한다. 관대성이 최고의 문화적 가치이고 정치적·법적인 생활에서 추종자를 끌어들이는 데 필수적인 속성이다"(Pospisil, 1958: 57). 관대성을 보여주는 데 필요한 자금이 고갈되면 빅맨의 지위는 추락한다(Pospisil, 1958: 59). 빅맨이 사람들에게 지나친 요구를 하게 되면 평등주의적 반란에 직면하기 쉽다. "'…… 당신이 유일한 부자여서는 안 된다. 우리 모두 똑같아야 한다. 따라서 당신은 우리와 동등한 위치에 있어야 한다'는 주장은 파니아이(Paniai) 사람들이 충분히 관대하지 못했던 마디(Madi)의 모테 주위피야(Mote Juwopija)라는 **토노이**(빅맨)를 죽인 이유로든 것이었다"(Pospisil, 1958: 80; cf. 108~110). 부만으로는 충분하지 않다.

"돈을 쌓아놓고 빌려주지 않는 이기적인 사람은 아무리 부자가 된다 하더라도, 사람들이 그의 말을 진지하게 받아들이거나 그의 충고와 결정을 따를 가능성이 없다. 자신보다 운이 좋지 못한 추종자들에게 축적한 재산을 재분배하는 것이 부자 됨에 대한 유일한 정당화이자 추종자들의 지지를 얻는 절차라고 사람들은 생각한다"(Pospisil, 1958: 79~80). 빅맨은 지배적 가격보다 싸게 구매한다(Pospisil, 1958: 122). 한 빅맨은 다소 냉소적이기는 하지만, 일반적 호혜성을 통한 등급형성의 유인을 잘 표현하고 있다. "그 빅맨은 '내가 우두머리인 이유는 사람들이 나를 좋아해서가 아니라 내게 돈을 빚지고 있어서 나를 두려워하기 때문이다'라고 말했다"(Pospisil, 1958: 95).

B.2.5 : 뉴기니 하일랜드

이곳 하일랜드에서는 분절적 종족의 맥락에서 작동하는 빅맨 유형이 일반적이다. "많은 부를 관장할 수 있는 쿠마(Kuma), 즉 '빅맨' 또는 '유력한 사람'은 다른 씨족에게 자신의 비용으로 그럴듯한 선물을 하거나 기부 여부를 결정하는 방식으로 씨족들 간에 이루어지는 가치재의 흐름을 통제한다는 의미에서 일종의 기업가이다. 이러한 거래를 통해 빅맨이 얻는 이익은 명성의 확대이다. …… 그의 목적은 단순히 부자가 되거나 오직 부자만이 할 수 있는 역할을 하려는 것이 아니라 부자라고 널리 알려지는 것이다. 게다가 한 남성이 부 자체는 아무것도 아닌 양 행동하는 것처럼 보이기 전까지는 진정한 의미에서 야망을 성취한 것이 아니다"(Reay, 1959: 96, 110~111, 130). 이곳에는 또한 통상적인 멜라네시아 빅맨체계의 당연한 귀결인 '보잘것없는 인물'도 있다. "많은 친구와 친척에게 제공할 식량은 물론이고, 자신의 개인적 필요를 충족시키기에도 부족할 정도의 식량을 가진 사람이라면 전혀 중요하지 않은 '보잘것없는 인물'이다"(Reay, 1959: 23).

벌머는 하일랜드에 관한 또 다른 사례에서 일반적 호혜성이 지위차별화 기제로 작용하는 상황을 간략하게 묘사한다. "추종자들은 보통 지도자와의 관계에서 상호의무의 그늘하에 놓이게 된다. 신부대의 지불과 같은 경우에 지도자에게 도움을 받아왔거나 그러한 종류의 도움을 기대하고 있기 때문이다. 지도자의 이러한 원조로 인해 추종자들은 모카(Moka, 씨족 간 돼지 교환)에 필요한 돼지를 전자에게 제공해야 할 의무를 지게 된다"(Bulmer, 1960: 9).

B.2.6 : 레수

"부유한 자는 평범한 사람이라면 통상 4**체라**(tsera)를 지불할 돼지 한 마리에 5**체라**를 지불할 것이다. 더 많이 지불할수록 그의 위세는 높아진다. 따라서 모든 사람이 그가 부자라는 사실을 알게 된다. 다른 한편으로 돼지의 소유자는 5**체라**를 받고 돼지를 팔 수 있음에도 불구하고 4**체라**에 판다면 위세를 얻게 된다"(Powdermaker, 1933: 201).

B.2.7 : 북부 말라이타(Malaita)의 토암바이타(To'ambaita)

모든 본질적인 면에서 이미 논의된 것들과 일치하고 전형적인 빅맨체계를 보여주는 또 하나의 훌륭한 기록(Hogbin, 1939: 61f; 1943~1944: 258f).

B.2.8 : 마누스

마누스인들에게도 특정한 유형의 빅맨이 있다(혹은 '과거에' 있었다)(Mead, 1934, 1937a). 하지만 그들의 씨족은 귀속적인 두 개의 등급인 **라판**(lapan, 상위등급)과 **라우**(lau, 하위등급)로 구분되어 있다. 미드에 따르면 하위등급은 정치적으로 큰 중요성이 없지만 경제적으로는 중요하다. "**라판**과 **라우** 사이에는 봉건적 관계와 유사한 형태의 상호부조가 기대된다. **라판**은 **라우**의 경제적 필요를 보살펴주고 **라우**는 라판을 위해 일한다"(Mead, 1934: 335~336).

다른 빅맨체계에 관한 논의는 살린스(Sahlins, 1963)를 참조하라. 빅맨체계에 관한 훌륭한 기록 중에는 아라페시(Arapesh; Mead, 1937a, 1938, 1947), 아벨 람(Abelam; Kaberry, 1940~1941, 1941~1942), 그리고 탕구(Tangu; Burridge, 1960) 등에 관한 것들이 있다. 디컨은 빅맨체계의 일반적 특징을 다음과 같이 기록했다. "하지만 지금까지 논의된 바처럼, 말레쿨란(Malekulan)은, 비록 모든 면에서 부를 장악하고 있고 부에 대한 부르주아적 태도를 보여주지만, 자신에게 빚진 사람들에 대한 관대성과 배려를 미덕으로 지킨다. …… 인색하다는 것은 대중적 존경을 상실한다는 뜻이고, 관대하다는 것은 명성, 명예, 영향력을 획득한다는 뜻이다"(Deacon, 1934: 200).

B.2.9 : 사아(Sa'a)

소규모 재분배 체계의 맥락에서 작동하는 일반적 호혜성의 원리. "주민들과 훌륭한 추장은 서로를 상호의존적인 존재로 생각한다. 일반 주민들은 추장이 잔치를 열어서 공동체를 영광스럽게 하는 것을 좋아한다. 와테오우오우(Wate'ou'ou, 추장)가 '카누의 항로를 올바르게 지켜주는 사람'이라 불리는 이유는 그가 향연을 베푸는 데 능숙하기 때문이었다"(Ivens, 1927: 255). "추장의 재산은 화폐 형태로 가방 속에 넣어져 오두막 안에 안전하게 보관되어 있다가 잔치나 살인배상금 지불 같은 공동체적 목적을 위해 필요할 때 인출된다. 그래서 도라아디(Doraadi)는 그것을 어떤 면에서 마을의 '팡가(panga)', 즉 '은행'이라고 부른다. 사아의 추장은 공적인 행사 때 주민들이 제공한 기부에 대해 빚을 지고 있는 부유한 사람이다"(Ivens, 1927: 32). "추장과 사제는 받은 선물에 대해 보답할 의무가 없지만, 일반 주민들은 항상 보답해야 할 의무가 있다"(Ivens, 1927: 8). "추장은 자신에게 찾아와 보호를 요청하는 사람들을 끌어모아 **쿨루히에 회누에**(kuluhie hänue), 즉 영토를 구원한다고 사람들은 말한다. 그리고 '끌어모으다' 혹은 '끌어올리다'라는 의미의 단어 **쿨루**(kulu)는 잔치 및 추장과 관련된 복합어로, 영광스럽다는 의미의 단어인 **뫼니**

쿨루에(mänikulu'e)의 일부이기도 하다"(Ivens, 1927: 129; cf. 145, 147~148, 160f, 221f).

B.2.10 : 트로브리안드

재분배 형태로 조직되는 등급화된 일반적 호혜성. 추장과 주민들 사이의 호혜적 원조가 저변에서 작동하는 윤리이다. 추장의 경제적 의무에 관한 말리노프스키의 분석에 관대성과 지위의 관계를 조명하는 여러 사례가 포함되어 있다. 예컨대, "소유한다는 것은 위대하다는 것이다. 그리고 부는 사회적 등급의 필수불가결한 속성이자 개인적 미덕의 구성요소이기도 하다. 하지만 그러한 속성에 추가해서 소유한다는 것은 나누어주는 것이라는 사실이 중요하다. …… 어떤 물건을 소유한 사람은 자연스럽게 그것을 나누어 가지고 분배하며, 그것의 보관자이자 분배자일 것으로 기대된다. 그리고 등급이 높을수록 의무는 더 무거워진다. …… 따라서 권력자가 되는 주요한 징후는 부자가 되고 그 부에 대해 관대해지는 것이다. 실제로 인색함은 원주민들이 강한 도덕관에 입각해서 경멸하는 유일한 속성인 바면, 과대성은 미덕의 핵심적 요소이다"(Malinowski, 1922: 97). 다시 말해 "항상 그렇지는 않지만, 대부분의 경우 부의 양도는 양도자가 양수자에 대해 갖는 우월성의 표현이다. 다른 경우 부의 양도는 추장에 대한 복종, 그리고 친족관계나 인적관계에 대한 복종을 나타낸다"(Malinowski, 1922: 175). "**추장과 주민의 관계**: 한편으로 추종자들이 추장에게 제공한 공물과 서비스, 다른 한편으로 추장이 추종자들에게 주는 작지만 빈번한 선물 및 추장이 부족 차원의 모든 사업을 위해 행하는 크고 중대한 기여가 이 관계의 특징이다"(Malinowski, 1922: 193). 트로브리안드의 추장이 빈랑나무 열매를 계속 가지고 있음으로 인해 겪게 되는 어려움과 자기 몫의 빈랑나무 열매를 남겨두기 위해 동원하는 무용한 술책들은 인류학 입문과정에서 접하는 유명한 일화이다(Malinowski, 1922: 97).

B.3.0 : 북미 대평원

대평원 인디언 추장은 멜라네시아의 빅맨에 해당한다. 유형은 거의 동일하지만 문화적 특질 면에서 차이를 보여준다. 이곳에서도 마찬가지로 일반적 호혜성이 리더십의 결정적인 촉발기제로 작용한다. 군사적 명성이 지도자의 중요한 속성이기는 하지만, 그만큼 혹은 그 이상으로 지도자의 영향력은 전리품, 말, 육류, 가난한 자와 미망인에 대한 도움 등을 관대하게 제공하는 데 달려 있기도 하다. 추장의 추종자 집단은 일단의 약소한 자들과 의존적인 사람들로 구성된 유동적인 밴드인데, 추장은 이들의 복지에 책임을 짐과 동시에 경제적으로 이들을 동원하기도 한다. 한 밴드의 추장이 반드시 갖추어야 할 필수조건은 말을 많이 소유하는 일이다. 관대성을 발휘하는 데 동원하는 기금의 상실은 영향력의 상실을 의미한다.

B.3.1 : 아시니보인

"한 밴드의 추장은 모든 사람의 명목적인 아버지에 버금가는 의미가 있고, 추장은 주민들 모두를 자기 자식이라 부른다"(Denig, 1928~1929; 431). "추장은 인기를 유지하기 위해 모든 것을 나누어줘 버려야 하고, 밴드 내에서 항상 가장 가난하다. 더욱이 그는 언제든지 자신이 필요할 때면 동원할 수 있는 친척이나 부유한 자들에게 선물을 하기 위해 세심한 노력을 기울인다"(Denig, 1928~1929: 440; cf. 432, 525, 547~548, 563; 아시니보인 사회에서 관대성을 평가하는 요소에 관해서는 475, 514~515를 보라).

B.3.2 : 칸사-오세이지(Kansa-Osage)

"높은 공적 지위를 얻고자 하는 자와 추장은 청렴함과 가난함을 통해 인기를 얻는다. 그들은 재산을 획득하는 데 크게 성공하면 항상 그것을 추종자들의 이익을 위해서 사용한다. 왜냐하면 그들은 부를 매우 관대하게 분배함으로써 공동체에서 가장 가난한 사람으로 존경받는 데 대해 자부심을 느끼기 때문이다"(Hunter, 1823: 317).

B.3.3 : 대평원 크리(Plains Cree)

"추장이 된다는 것은 쉬운 일이 아니다. 지금 이 추장을 보라. 그는 가난한 사람들에게 동정심을 가져야 한다. 그는 어려움에 처한 사람을 보면 가능한 모든 방법을 동원해 도움을 제공해야 한다. 누군가 추장의 티피(tipi)* 안에 있는 무언가를 요구하면 기꺼이 기분 좋게 내주어야 한다"(Mandelbaum, 1940: 222; cf. 195, 205, 221f, 270~271).

B.3.4 : 블랙풋(Blackfoot)

기본적으로 동일한 유형을 보여준다(Ewers, 1955: 140~141, 161f, 188~189, 192~193, 240f).

B.3.5 : 코만치(Comanche)

동일함(Wallace and Hoebel, 1952: 36, 131, 209f, 240).

B.4.0 : 폴리네시아

나는 다른 지면을 통해 폴리네시아 추장경제에 관한 연구를 소개한 적이 있다(Sahlins, 1958, 1963). 재분배는 일반적 호혜성의 원리가 적용되는 거래 형태이다. 여기서 제시하는 기록들은 특히 그러한 일반적 호혜성의 원리를 조명해 준다.

---

* 북미 인디언들이 주거용으로 사용하는 원추형 천막._옮긴이

B.4.1 : 마오리

마오리 경제에 관한 퍼스의 탁월한 분석은 폴리네시아의 맥락에서 등급-호혜성을 고려해 볼 수 있는 무대를 제공해 준다. 두 개의 긴 구절을 인용해 보겠다. "추장의 위세는 부, 특히 식량의 아낌없는 사용에 달려 있었다. 식량의 아낌없는 나눔은 결과적으로 관대성을 과시하는 데 필요한 더욱 큰 재원을 확보해 주는 경향이 있다. 추종자와 친척들이 추장에게 특별한 선물을 가져다주기 때문이다. …… 추장은 이방인과 방문객을 위한 아낌없는 대접은 물론이고 추종자들을 위한 선물로 재산을 아낌없이 지출했다. 추장은 이러한 수단을 통해 추종자들의 충성을 확보하고, 자신에게 제공된 선물과 개인적 서비스에 대한 보답을 한다. 마오리에서 모든 지불은 선물의 형태로 이루어진다. 따라서 추장과 평민 간에는 지속적인 호혜성이 작용한다. 또한 추장은 특정한 '공공사업'—이렇게 부를 수 있다면—을 실행하는 데 선도적인 역할을 하면서 일종의 자본가처럼 행동했다. 추장이 중요한 부족적 차원의 사업에 박차를 가할 수 있었던 것은 바로 재산의 축적과 소유 및 그에 뒤따르는 재산의 아낌없는 재분배를 통해서였다. 추장은 단지 다시 아낌없이 누어져 버리기 이전에 부가 축적되고 유통되는 일종의 통로였다"(Firth, 1959a: 133). "받는 선물의 질과 양은 부족 내에서 차지하는 추장의 등급과 세습적 지위 및 위세가 높을수록, 그리고 추장의 주위에 모이게 할 수 있는 추종자의 수가 많을수록 높아지고 증가하는 경향이 있다. 하지만 추장과 추종자의 관계는 결코 일방적인 것이 아니다. 추장의 수입이 주로 위세와 영향력, 그리고 추종자들의 존경심에 의존해 있다면, 그것은 동시에 추종자들을 위한 아낌없는 배려에 의존해 있는 것이기도 했다. 추장의 자원에 대한 요청은 끊임없이 계속된다. 추장은 노예와 직접적인 피부양자들을 먹여 살려야 하고, 뭔가 부족해서 찾아온 주민들에게 도움을 주어야 한다. 그리고 추장에게 제공한 모든 사소한 사회적 서비스에 대한 관대한 보답과 추장에게 보여준 충성심에 대한 감사의 표시로 특별하사품을 줄 것이라는 기대를 품고 찾아온 수많은 친척―마오리의 친족유대는 광범위하다―들을 원조해야 한다. 다른 부족의 주민들이 추장에게 음식물을 선물하면, 추장은 명성에 대한 고려 때문에 그 대부분을 부족민에게 분배해 주어야 한다. 추장에게 제공된 모든 선물에 대해서는 등가의 또는 심지어 더 큰 가치가 있는 보답이 기대된다. 게다가 환대에 대한 요구는 결코 끝이 없다. 방문한 추장과 그 추종자들을 위한 대접도 아낌없이 제공해야 한다. …… 더욱이 등급의 고하를 막론하고 촌락 내에서 누군가 출생, 혼인, 또는 사망한 경우 추장의 개인적 자원이 엄청나게 동원되고, 가끔씩 열리는 대규모 향연도 마찬가지로 추장의 식량을 이용해서 준비된다. 추장은 이런 식으로 식량이 필요에 따라 활용될 수 있도록 지휘하면서 공동체의 식량창고에 대한 통제력을 행사했던 것 같다. 추장이 부를 사용하는 방식을 재고해 보면, 추장의 중대한 책임들이 추장의 창고를 재화로 채워주는 다양한 원천들과 부합하는 것으로 나타난다. 결과적으로 수입과 지출 사이에 일종의 균형이 잡힌다. 일반적으로 재화의 획득과 재분배 체계로 인해 대부분의 재화가 추장의 손을 거쳐 유통되기는 하지만, 추장 자신이 엄청난 양의 가치재 소유자인 경우는 결코 없었다"(Firth, 1959a: 297~298; cf. 130f, 164, 294f, 345~346).

B.4.2 : 하와이

추장은 일반 주민들(마카아이나나, makaainana)의 노동, 자원, 생산물에 대해 포괄적 요구를 할 수 있었을 뿐만 아니라, 전문가들을 통제하고 비용절감을 통해 부수입을 향유할 수도 있었다. 흔히 하나의 큰 섬 전체를 아우르는 추장체계는 정교한 징세/재분배 장치였다. "왕(각 섬의 최고 추장)은 식량, 어류, 타파(tapa, 나무껍질 옷), 말로(malo, 남자들이 허리에 걸치는 옷), 파우(pa-u, 여성용 치마) 등 모든 종류의 재화를 수집할 수 있는 창고를 짓는 것이 관행이었다. 이들 창고는 주민들을 만족시켜 왕을 저버리지 못하도록 하기 위한 수단으로서 추장의 대리인인 칼라이모쿠(Kalaimoku)가 기획한다. 이것은 히날레아 (hinalea) 물고기를 잡는 데 사용하는 바구니 모양의 통발과 비슷하다. 히날레 아는 통발 속에 뭔가 좋은 것이 있다고 생각하고 접근해서는 덫에 걸린다. 같 은 방식으로 주민들은 창고 속에 식량이 있다고 생각하고는 왕에게 계속 관심 을 가진다. 쥐가 먹을 것이 있다고 생각하는 한 식료품 창고를 버리지 않듯이, 주민들은 왕의 창고에 식량이 있다고 생각하는 동안은 왕을 저버리지 않는 다"(Malo, 1951: 195). 그러나 최고위 추장은 고문들의 훌륭한 충고에도 불구 하고 하위 추장과 주민들을 너무 심하게 억압하는 경향이 있었고, 그 결과 말 로가 지적하는 바처럼, "많은 왕이 **마카아이나나**에 대한 억압과 착취 때문에 주민들에게 살해당했다"(Malo, 1951: 195; cf. 58, 61; Fornander, 1880: 76, 88, 100~101, 200~202, 227~228, 270~271).

B.4.3 : 통가

추장경제의 윤리에 관한 원주민의 훌륭한 진술. 마리너는 이 진술을 추장 인 피나우(Finau)가 했다고 주장한다. 다음 진술은 회계기록에 대한 마리너 의 설명과 연관해서 이루어졌다. "피나우는 설명이 만족스럽지 않다고 하면 서, 사람들이 화폐를 어떤 유용한(물질적인) 목적에 사용할 수 없거나 사용하 지 않으려고 하는데도 불구하고 화폐에 가치를 부여하는 것은 어리석은 짓 이라고 답했다. 그는 '화폐가 만약 철로 만들어져서 칼, 도끼, 끌 등으로 전환 될 수 있다면, 그것에 일정한 가치를 부여하는 것이 어떤 의미가 있겠지만, 사실상 나는 아무런 의미도 발견할 수 없다'고 했다. 피나우는 '만약 어떤 사 람이 원하는 것보다 더 많은 얌을 가지고 있다면, 그중 일부를 돼지고기나 그 나투(gnatoo, 허리에 걸치는 옷)와 교환하도록 해야 한다. 화폐는 분명히 들고 다니기에 훨씬 더 용이하고 편리하다. 하지만 가지고 있어도 부패하지 않기 때문에 화폐를 나누어 갖는 대신 축적하려고 할 것이다. 추장이 화폐를 축적할 수 있다면 당연히 이기적으로 될 것임이 틀림없다. 반면 어떤 사람의 가장 유용하고 필요한 주요 재산이 식량이고 또 그래야만 한다면, 그것은 부패하기 때문에 축적할 수 없다. 결과적으로 그는 식량을 다른 유용한 것들과 교환하거나 이웃, 하위 추장, 피부양자들과 나누어 가져야만 할 것이다'라고 덧붙였다. 그는 '나는 이제 파팔랑기(Papalangi, 유럽인)를 그렇게 이기적인 인간으로 만드는 것이 무엇인지 잘 알겠다. 그것은 바로 돈이다!'라는 말과 함께 결론을 내렸다"(Mariner, 1827 i: 213~214).

다음은 재화의 상향적 흐름에 관한 것이다. "…… 상위 추장들에게 선물을 하는 관행이 매우 일반적이고 흔하다. 더 높은 계급의 추장들은 일반적으로 왕에게 돼지나 얌을 2주에 한 번 정도 선물한다. 거의 동시에 이들 추장은 자신보다 하위의 추장들로부터 선물을 받고, 이들 수하는 다시 자기의 수하들로부터 선물을 받는 식으로 일반 주민까지 내려간다"(Mariner, 1827 i: 210; cf. Gifford, 1929).

B.1.1 : 타히티

더프 선교사들의 기록에 따르면, 타히티의 사제-추장인 하아마니마니는 피나우가 표현한 이상을 충실하게 따랐던 것 같다. "마네마네(Manne Manne)는 누구도 남에게 빌려주려고 하지 않을 돛, 밧줄, 닻 등이 자기 배에 긴급하게 필요했다. 이런 연유로, 선장이 챙이 젖혀진 모자를 위시한 다양한 물건을 그에게 줬음에도 불구하고 그는 다음과 같이 불평을 했다. '많은 사람이 당신이 나(마네마네)를 원한다고 했다. 그래서 지금 내가 와서 청하는데 아무것도 주지 않는다.' 그는 또한 선교사들에게도 이와 유사하게 말한 적이 있다. '당신들은 나에게 이토라(Eatora)를 위한 말과 기도는 많이 해주지만, 도끼, 칼, 가위, 옷 같은 것들은 거의 주지 않는다.' 그가 이렇게 불평을 하는 이유는 무엇이든 받으면 즉시 친구나 수하들에게 나누어줘 버리기 때문이다. 그래서 이

제 그는, 수많은 선물을 받았음에도 불구하고, 윤이 나는 모자, 바지 한 벌, 빨간 깃털로 술을 단 낡은 검정 코트 한 벌을 제외하면 아무것도 남아 있지 않다. 그리고 그는 그렇게 나누어주지 않으면 결코 왕이 될 수 없고, 심지어 말단 추장으로도 남아 있을 수 없다고 하면서 자신의 낭비적인 행동에 대한 변명을 늘어놓는다"(Duff missionaries, 1799: 224~255). 더프 선교 저널과 여타 초창기 보고서(e.g. Rodriguez, 1919)에 따르면, 타히티의 고위 추장들은 엄청난 규모의 재화를 축적했고, 특히 주민들에게 식량을 요구할 수 있는 상당한 정도의 권력을 행사할 수 있었음이 분명하다. 전통적인 규범은 하와이와 동일하다. "식량을 숨겨서 당신의 가구가 지탄의 대상이 되어서는 안 된다. 당신의 이름이 숨겨둔 식량이나 재화와 관련되지 않도록 하라! 아리(Arii)의 손은 항상 열려 있어야 한다. 그 두 손에 당신의 위신이 달려 있다"(Handy, 1930: 41). 하지만 분명히 타히티의 추장들은 이른바 '정부의 권력을 너무 남용하는' 경향이 있었다[또한 데이비즈(Davies, 1961: 87)의 주 1을 보라].

D.4.6 | 디코피아

선물의 흐름이 아래로부터 티코피아의 추장에게로 이루어진다. 하지만 추장이 재화를 축적할 수 있는 능력만큼이나 후에 관대하게 베풀어야 할 의무도 중요하다. 실제로 관대성은 질투에 의해 감시되는 추장의 특권이다. "추장은 대규모 식량을 통제하고 자기 집에 수많은 가치재를 축적할 수 있는 적절한 사람으로 인식된다. …… 하지만 그가 축적한 비축물이 주민들에게 이익이 되는 방식으로 분배될 것이라는 기대가 존재한다. 일반 주민에 의한 대규모 축적도 마찬가지로 그에 상응하는 분배가 뒤따라야 한다. 하지만 이런 사람은 **피아 파사크**(fia pasak), 즉 '과시하기 좋아하는' 추장가족들에게 비난을 받기 쉽다. 그리고 추장의 가족은 그가 추장의 특권을 조금이라도 침해하지 못하도록 하기 위해 감시할 것이다. 티코피아의 역사적 선례에 따르면, 추장가족은 그의 재화를 강탈하거나 그를 죽여버릴 기회를 잡으려고 했다"(Firth, 1950: 243). 간단하게 말하면 티코피아의 추장들은 촉발기제를 묵인하지 않으려고 했다. 이러한 관행이 폴리네시아 전체에 걸쳐 보편적인 것은 아니다. 예를 들어, 마르케사의 경우, '부의 축적과 분배'를 통한 상향이동이 가능했다(Linton, 1939: 150, 153, 156~157; Handy, 1923: 36~37, 48, 53; 티코피아의 추장과 주민 사이에 작용하는 호혜성의 또 다른 측면에 관해서는 Firth, 1936: 382~383, 401~403; 1950: 34, 58, 109f, 172, 188, 190, 191, 196, 212f, 321을 보라).

B.5.0 : 부수적인 자료들

B.5.1 : 북미 북서부 해안

일반적 호혜성이 추장들 간의 포틀래치, 그리고 추장과 그 추종자들 간의 내적인 관계를 통해 북서부 해안 인디언의 정치경제를 관통하고 있다. 이에 관해 명확하게 기술된 사례로 누트카족을 들 수 있다. 추장들은 연어잡이 통발의 첫 포획물, 딸기밭의 초기 수확물, 주민들이 잡은 큰 몰고기 등 다양한 공물(세금)을 거두어들인다(e.g., Drucker, 1951: 56~57, 172, 255, 272, et passim). 역으로, "추장은 항상 모든 종류의 식량을 대량으로 확보하고, 그것을 사람들에게 나누어주기 위한 잔치를 열었다"(Drucker, 1951: 370; Suttles, 1960: 299~300; Barnett, 1938; Codere, n.d.).

톨로와-투투트니족의 정치경제는 다소 소규모이기는 하지만 북부의 지배적인 형태와 원리상 동일하다. 드러커는 추장/추종자 관계의 특징을 '공생적'이라는 단어로 표현한다. "부유한 자와 그의 친족구성원들을 결속시켜 주는 관계는 본질적으로 공생적이다. 알려진 바에 따르면 가장 부유한 사람들 중 일부는 전혀 일하지 않고, 대신 그 수하들이 수렵과 어로를 수행한다. 그에 대한 보답으로 부자는 향연을 베풀고, 흉년이 들었을 때 자신의 비축물을 수하들에게 나누어준다. 부자가 젊은이들에게 아내를 사주거나 적어도 그 비용의 대부분을 부담해 주기도 하지만, 그들의 딸이나 여형제들에 대해 지불되는 신부대를 받아 챙기는 사람도 바로 그 부자이다. 가장 중요한 것은 추종자들이 범한 잘못에 대해 보상금을 지불함으로써 그들과 자신에 대한 보복을 면할 수 있도록 조치해야 하는 사람도 바로 그 부자라는 점이다. …… 그는 상해를 입은 추종자에게 지불되는 배상금의 가장 큰 몫을 차지했다"(Drucker, 1937: 245; 캘리포니아의 유사한 등급-호혜성에 관한 논의로 Kroeber, 1925: 3, 40, 42, 55; Goldschmidt, 1951: 324~325, 365, 413; Loeb, 1926: 238~239를 보라).

B.5.2 : 크리크

18세기 후반 바트람이 작성한 크리크족에 관한 보고서는 마찬가지로 일반적 호혜성의 원리에 입각해서 작동하는 추장의 재분배에 관한 가장 훌륭한 기록 중 하나이다. "고래 뼈 축제가 끝나고 곡식이 모두 여물면, 마을 주민 전체가 다시 모여 자신에게 할당된 밭에서 노동의 결실을 수확해 와서 각자의 곡물창고에 보관한다. 이 수확물은 개인적으로 자신의 것이다. 하지만 농장에는 왕의 헛간이라 불리는 커다란 곡물창고가 세워져 있는데, 각 가족은 각자의 밭에서 곡물을 가져오기 전에 능력과 의향에 따라 일정한 양의 곡물—원하지 않으면 조금도 가져오지 않아도 된다—을 가져와 이 창고를 채운다. 이것은 표면적으로 **미코**(mico, 추장)에 대한 공납이나 세금처럼 보이지만 실제로는 다른 목적, 즉 약간의 자발적인 기부를 통해 공공기금을 조성한다는 목적으로 고안된 것이다. 모든 주민이 이에 대해 자유롭고 동등한 접근권을 행사할 수 있다. 그리고 이 기금은 각자의 개인 창고가 고갈되었을 때 구휼을 위해 즉시 동원될 수 있는 잉여로 기능하고, 흉년이 든 이웃 마을을 원조하며, 이방인이나 여행객을 접대하거나 적대적 원정을 나갈 때 식량과 장비를 조달하고, 여타 비슷한 상황의 모든 긴급사태에 대처하기 위한 것이다. 또한 이

기금은 왕, 즉 미코의 처분권하에 있기도 하다. 이는 분명히 공동체의 궁핍한 자들에게 원조와 은혜를 베풀어줄 수 있는 추장의 배타적인 권리이자 능력이다"(Bartram, 1958: 326; Swanton, 1928: 277~278).

B.5.3 : 카친(Kachin)

"이론적으로 상위계급에 속하는 자들이 하위계급에 속하는 사람들에게서 선물을 받는다. 하지만 이로 인해 어떠한 항구적인 경제적 이익도 발생하지 않는다. 누구든 선물을 받으면 선물을 준 자에게 빚(hka)을 진 셈이 된다. …… 따라서 역설적으로, 비록 높은 계급적 지위를 가진 사람을 '선물을 받는 자'로 정의하기는 하지만, 항상 자신이 받은 것보다 더 많이 나누어주어야 한다는 사회적 압력이 그에게 가해진다. 그렇게 하지 않으면 그는 인색한 사람으로 간주될 것이고, 인색한 사람은 지위를 박탈당할 위험에 처하게 된다"(Leach, 1954: 163).

B.5.4 : 벰바

추장과 일반 주민들 사이에 전형적인 일반적 호혜성을 보여주는 고전적인 재분배 경제의 한 사례이다. "…… 요리한 음식을 분배하는 행위가 권위와 위세의 속성이다. 그리고 음식을 받아먹는 행위는 그것을 준 사람에게 존경, 서비스, 호혜적 환대를 통해 보답할 의무를 지게 된다는 것을 뜻한다"(Richards, 1939: 135). 추장이 분배과정에 가장 깊숙이 관여한다. 이는 "물론 추장이 수하들을 통해 밭을 갈고 부족적 차원의 사업을 실행하는 데 필수적이다. 하지만 여기에는 그 이상의 의미가 있다. 대부분의 아프리가 부족들과 마찬가지로, 음식제공이 촌락이나 가구 내의 권위와 연관되어 있을 뿐만 아니라 추장권의 절대적이고 본질적인 속성이기도 하다. 그리고 벰바인들은 중앙에 있는 추장이 성공적으로 비축을 조직하는 것이 전체 부족의 안전과 복지에 중요하다고 생각한다. ······ **카미템보**(kamitembo, 부족의 신성한 부엌과 창고) 제도는 비축된 식량—부족 공동체가 의존하는—을 분배할 수 있는 권력과 권위 사이의 밀접한 관련성을 조명해 볼 수 있는 창을 제공해 준다. 추장은 식량을 소유하고 공물을 받는다. 그리고 수하들을 부양하고 요리한 음식을 그들에게 나누어준다. 이 두 속성 모두 카미템보 건물에 상징화되어 있다"(Richards, 1939: 148, 150). "나는 추장이 자신의 곡물창고에 관해 다른 사람들에게 허풍을 떠는 경우를 본 적이 없었다. 하지만 사람들이 자신에게 가져온 식량과 자신이 분배한 식량의 양에 관해서 자랑하는 경우는 흔했다. 사실 추장은 자신의 식량 중 일부가 자기 밭에서 경작된 것이 아니라 선물로 받은 것이고, 이 식량이 자신이 활용할 수 있는 자원이라는 사실을 특별히 중요하게 여겼다. 벰바인들은 다음과 같이 말한다. '우리는 열매가 떨어질 때까지 나무를 흔든다.' 다시 말해 추장이 비축물을 나누어줄 때까지 성가시게 한다. 추장이 고기를 말려 차후의 분배를 위해 보관하려고 하면, 추종자들은 그가 어쩔 수 없이 조금씩 나누어줄 때까지 엉덩이를 깔고 앉아 고기를 쳐다보며 그것에 관한 이야기를 했다. 하지만 다른 촌락에서 비징기적으로 들어오는 고기로 말미암아 비축량이 지속적으로 재충전되었다"(Richards, 1939: 214). "사람들은 지도자가 큰 곡물창고를 소유하고 있는 걸 아주 좋아한다. 내 생각에 곡물창고는 그들에게 어떤 안정감—우두머리한테 식량이 있을 것이라는 확신과 자신들이 강력하고 성공적인 사람을 위해 일하고 있다는 생각—을 제공해 준다. ······ 이 외에도 배고픈 사람은 원칙적으로 추장에게 도움을 요청할 수 있는 권리를 가진다. 이러한 요청이 아주 흔하게 관철된다고 들은 적은 없지만, 여전히 **우물라사**(umulasa, 공납-노동) 밭과 **우물라사** 곡물창고는 평민들에게 속하는 것으로 어느 정도 인식되고 있다. 남성들은 추장의 공납 밭에서는 훔치더라도 자기 아내의 밭에서는 훔치지 않는다. 그리고 나는 가끔 늙은 원주민들이 '곡물창고를 넘칠 정도로 가득 채운 사람은 바로 우리들이다'라고 하면서 '우리' 곡물창고에 대해 자랑스러워하는 모습을 볼 수 있었다. 따라서 일반 주민들은 노동을 통해 초자연적 원조를 받는다는 안도감, 추장에 대한 개인적 접근권, 노동에 대한 보답으로서의 식량, 기근 시의 원조, 경제적 목적을 추구하는 데 필요한 리더십 등을 얻었다. 이에 대해 추장은 재분배할 잉여식량의 비축, 부족 위원회를 후원할 수 있는 재원, 도로건설 같은 부족적 차원의 사업에 필요한 노동, 그리고 마지막으로 적지 않은 위세를 얻었다"(Richards, 1939: 261; cf. 138, 169, 178~180, 194, 215, 221, 244f, 275, 361~362).

B.5.5 : 필라가

이곳에서 관대성은 촉발기제가 아니라 등급을 지속시키는 기제로 작용한다. 헨리의 도표(Henry, 1951: 194, 197, 214)에 따르면, 누구보다 더 많은 재화를 누구보다 더 많은 사람에게 나누어주는 사람은 바로 추장이다. 헨리는 이에 관해 다음과 같이 주장한다. "다른 어떤 가족에 의한 기부도 추장 가족이 다른 모든 가족에게 행한 기부에 버금가거나 이를 초과하는 경우는 결코 없다는 사실을 알 수 있다. 시 싱 평균적으로 수입의 35%를 기부하는 경우는 추장(28번) 자신뿐이다. 따라서 필라가 사회에서 추장과 추장의 가족이 하는 역할은 다른 사람들을 원조하는 일이다. 추장과 그의 가족은 **촌락을 통합시키는 요인으로 작용한다.** 바로 이 때문에 추장에게 아버지에 해당하는 호칭을 사용하고 촌락의 성원들에게 자녀에 해당하는 호칭을 사용하는 것이 유의미해진다. …… 추장의 지위에는 그 '위세'에 버금가는 무거운 책임이 따른다. 모든 사람은 추장이 책임지고 있는, 추장의 코코테피(kokotepi), 즉 자녀이다. 따라서 추장을 지칭하는 단어인 **살아라니크**(salyaranik)는 책임이 무거운 사람을 뜻한다"(Henry, 1951: 214~215).

부록 C. 호혜성과 부에 관한 기록

C.0.0 : 호혜성과 부

아래 기록 대부분은 다른 맥락에서 이미 다루었던 사회에 관한 것이다. 인용된 자료들은 특히 부의 차이와 관대성(일반적 호혜성)의 상관관계를 조명해 준다. 식량이 가장 흔하게 나누는 품목이라는 사실이 중요하다. 통상 균형적 교환을 하는 사회적 거리가 먼 당사자들 사이의 필요에 의한 나눔의 사례들은 특히 제5장의 관련 절에서 이루어진 주장을 뒷받침해 준다.

C.1.0 : 수렵채집민

C.1.1 : 안다만

"모든 식량이 사적인 재산이고 그것을 획득한 여성이나 남성에게 속한다는 사실은 앞에서 이미 언급되었다. 하지만 식량을 가진 모든 사람은 식량이 없는 사람들에게 그것을 나누어주어야 한다는 사회적 기대가 존재한다. …… 이러한 관습의 결과로 사실상 획득된 모든 식량이 캠프 전체에 걸쳐 공평하게 분배된다 ……"(Radcliffe-Brown, 1948: 43).

C.1.2: 부시맨

"채소든 동물이든 식량과 물 또한 개인적 재산이고 그것을 획득한 사람에게 속한다. 그러나 식량을 가진 모든 사람은 식량이 없는 사람들에게 그것을 나누어주어야 한다는 사회적 기대가 존재한다. ······ 결과적으로 사실상 획득된 모든 식량이 캠프 전체에 걸쳐 공평하게 분배된다"(Schapera, 1930a: 148). 앞의 두 인용구를 비교해 보라! 이것은 인류학에서 극히 드문 우연일 뿐만 아니라, 위대한 자연법의 존재 앞에서 겸허한 경외감을 느끼게 해준다. 사실 이들 인용구에서 생략된 부분은 분배방식 면에서 약간의 차이가 있음을 보여준다. 안다만의 경우 연장의 기혼남자는 자기 가족에게 충분할 정도로 남겨둔 후 식량을 나누어주고, 젊은 남자는 돼지를 연장자들이 분배하도록 넘겨준다 (또한 Radcliffe-Brown, 1948: 37~38, 41; Man, n.d.,: 129, 143 주 6을 보라). 샤페라에 따르면, 부시맨의 경우 사냥감이나 벨드코스(veldkos)를 잡은 당사자가 분배를 한다.

안다만에서는 되갚을 가능성이나 확실성이 없다 하더라도, 게으르거나 무력한 주민들도 마찬가지로 식량을 제공받는다(Radcliffe-Brown, 1948: 50; Man, n.d.: 25). 부시맨의 경우는 게으른 사냥꾼은 좋은 대접을 받지 못하고, 장애자는 가장 가까운 친척들을 제외하고는 거의 모든 사람에게 거부당한다 (Thomas, 1959: 157, 246; 부시맨의 나눔에 관해서는 Marshall, 1961을 보라).

C.1.3 : 에스키모

알래스카의 물개 사냥꾼들은 특히 먹을 것이 풍부하지 않은 동절기에 자주 원조 요청을 받는데, 그러한 요청을 거절하는 경우는 거의 없다(Spencer, 1959: 59, 148~149). "식량이 부족한 시기에 배가 고픈 쪽은 오히려 성공적인 사냥꾼과 그의 가족이었다. 그 이유는 관대성으로 밀미암아 자신이 가지고 있는 모든 것을 나누어줘 버렸기 때문이다"(Spencer, 1959: 164). 주목할 만한 현상은 캠프 내에서 운 좋은 사람들이 부담하는 비친족원에 대한 의무이다. "관대성이 제일의 미덕이고, 누구도 구두쇠로 소문날 위험을 감수할 수 없었다. 따라서 내지이든 해안이든 공동체의 모든 구성원이 부유한 사람에게 도움을 청할 수 있었고 결코 거부당하지도 않았다. 이것은 아마 어려운 시기에는 부유한 사람들이 집단 전체를 지원해야 할 책임이 있다는 점을 의미했을 것이다. 이곳에서는 비친족원에게까지 도움이 확장되었다"(Spencer, 1959: 153; 다른 시기라면 이들 비친족원은 아마 '입찰게임'과 마찬가지로 균형적인 교환을 했을 것으로 추정된다. 부록 A.1.7을 보라). 게으른 사람들은 사냥꾼의 관대성을 이용하고, 심지어 자신의 비축물이 있어도 반드시 되갚지는 않는다(Spencer, 1959: 164~165; 가난한 사람들이 오히려 물질적으로 득을 볼 가능성이 있는 원조에 관해서는 345~351, 156~157을 보라).

일반적으로 에스키모인들 사이에서 작은 사냥물은 아니지만 큰 사냥물은 '공동재산'으로 간주된다. 하지만 사냥꾼은 포획물이 있으면 여하튼 캠프 사람들을 식사에 초대한다(Rink, 1875: 28f; Birket-Smith, 1959: 146; Boas, 1884~1885: 562, 582; Weyer, 1932: 184~186).

알래스카의 에스키모족이 1930년대 대공황기에 보여준 반응에 관한 스펜서의 기록은 전반적으로 부족한 시기에 긴밀한 경계책 위라는 점에서 흥미롭다. "공동체의 내집단 의식이 활황기 때보다 더 강화된 것으로 보인다. 사냥에 참가한 사냥꾼들은 포획한 물개, 해마, 순록 등 모든 사냥물을 관습에 따라 공동체의 운이 없는 구성원들과 함께 나누어 먹어야 한다는 의무감을 느꼈다. 비록 이러한 나눔이 비친족원들 사이에서도 이루어지긴 했지만, 당시의 경제적 환경으로 인해 협동의 단위로서 토착적 가족체계가 더 강화되었다. 가족들은 함께 일했고, 그들의 협동적 노력을 공동체 전체의 이익을 위해 확장했다. 경제적 압박의 시기에 이루어진 토착적 사회유형으로의 복귀가 가족체계에 잠재하는 어떤 힘이 발휘될 수 있는 계기를 제공했던 것 같다. 하지만 공동체 내의 비친족원들 사이의 협동은 새로운 부가 추가되면서 해체되는 경향을 보여준다"(Spencer, 1959: 361~362).

C.1.4 : 호주 원주민

왈비리(Walbiri)족이나 이웃에 있는 친한 부족의 지역 공동체 구성원들은 부족한 시기에 가까운 왈비리 공동체를 불시에 방문할 수 있었다. 그들은 심지어 주인의 비축량이 얼마 남아 있지 않더라도 환영받았다. 하지만 그러한 경제적 관계에는 일정한 수준의 균형이 존재했다. 굶주린 공동체의 요청은 "흔히 실질적인 친족유대에 호소하는 형태로 이루어졌고, 그러면 거의 거절될 수 없었다. 요청을 한 사람들은 감사를 표시하기 위해, 그리고 부끄러움과 당혹감을 없애기 위해, 도움을 받을 당시나 그 후에 무기, 머리끈, 붉은 황토 같은 것들을 선물했다"(Meggitt, 1962: 52). 아룬타인들은 평소에는 세대, 성, 친족 지위를 고려하지만, 부족한 계절에는 이용 가능한 재화를 모든 사람이 나누어 가진다(Spencer and Gillen, 1927 i: 38~39, 490).

C.1.5 : 루존네그리토(Luzon Negritos)

많은 양의 식량을 나눈다. 횡재를 하면 언제든지 이웃들을 초청해서 다 먹어치울 때까지 함께 나누어 먹는다(Vanoverbergh, 1925: 409).

C.1.6 : 나스카피(Naskapi)

동일함(e.g. Leacock, 1954: 33).

C.1.7 : 콩고 피그미

사냥꾼은 여론에 대한 고려 때문에 캠프 내에서 사냥물을 나누어 먹는 것을 쉽게 거절할 수 없다(Putnam, 1953: 333). 큰 동물은 적어도 확대가족 집단 전체에 걸쳐 분배된다. 채소의 경우는 어떤 가족이 전혀 가지고 있지 않아서 다른 가족이 '원조를 제공하는' 경우를 제외하고, 그와 같은 식으로 분배되지 않는다(Schebesta, 1933: 68, 125, 244).

C.1.8 : 서부 쇼쇼니(Shoshoni)

근본적으로 동일한 형태로 캠프 내에서 커다란 사냥물의 관습적인 분배가 이루어지고, 가족 비축물의 나눔은 필요에 따라 좀 더 소규모로 이루어진다 (Steward, 1938: 60, 74, 231, 253; 새 사냥에 성공하지 못한 가족에게 제공하는 원조에 관해서는 pp.27~28 참조).

C.1.9 : 북부 퉁구스(산악 수렵민)

수렵한 사냥물은 **니마디프**(nimadif)라는 관습에 따라 씨족에게 넘겨진다. "한마디로 사냥의 결실은 그것을 사냥한 사람에게 속하는 것이 아니라 씨족에게 속한다"(Shirokogoroff, 1929: 195). 이곳에서는 도움이 필요한 씨족 구성원을 아주 기꺼이 도우려고 한다(Shirokogoroff, 1929: 200). 가축전염병 때문에 가난해진 씨족 구성원에게 순록이 할당되고, 그 결과 60마리 이상의 순록을 소유하고 있는 가족은 볼 수가 없었다(Shirokogoroff, 1929: 296).

C.1.10 : 북부 지페완(Northern Chipewyan)과 코퍼 인디언(Copper Indian)

새뮤얼 히른은 선원들이 에스키모족에 대한 공격을 준비할 때 발휘한 '사심 없는 우정'에 주목하고 있다. "내 선원들 중 대다수가 이해관계의 호혜성을 당시보다 더 일반적으로 존중한 적은 결코 없었다. 누군가 빌려줄 수 있는 어떤 물건을 요구하면 한순간도 지체 없이 빌려주었기 때문이다. 그리고 사심 없는 우정의 정신이 북부 인디언들의 마음을 넓게 했다면, 그 단어의 가장 포괄적인 의미가 바로 이곳에서 실현되었다. 일반적으로 사용될 수 있는 모든 종류의 재산이 더 이상 사유물로 간주되지 않았고, 여하한 물건이라도 소유하고 있는 사람은 누구든 그것이 없거나 가장 원하는 사람에게 주거나 빌려줄 수 있다는 데 대해 자부심을 느끼는 것 같았다"(Hearne, 1958: 98).

C.2.0 : 대평원 인디언

북부의 인디언 부족 대부분은 훌륭한 들소사냥용 말이 부족했고, 또 말의 소유에도 불평등이 존재했다. 하지만 말이 없는 사람이라 하더라도 식량 때문에 고통을 받지는 않았다. 고기는 다양한 방식으로 사람들에게 유통되었다. 예를 들면 아래와 같다.

C.2.1 : 아시니보인

드니그의 기록에 따르면, 대규모 캠프에서는 말이 없는 사람들뿐만 아니라 노약자들도 사냥을 따라가서 사냥꾼의 몫인 가죽과 좋은 부위는 남겨두고 원하는 만큼 고기를 차지했다(Denig, 1928~1929: 456; cf. 532). 식량이 부족한 시기에는 형편이 좀 더 나은 천막을 물색해서 식사시간에 방문했다. "인디언들은 마지막으로 남은 음식이라도 찾아 온 손님에게 반드시 나누어준다"(Denig, 1928~1929: 509; cf. 515). 기마사냥에 성공한 사람이 돌아올 때면, 노인들이 너무나 추켜세운 나머지 자신의 천막에 도착할 때쯤이면 이미 포획물 전부를 나누어주고 없는 경우가 허다했다(Denig, 1928~1929: 547~548).

C.2.2 : 블랙풋

말이 적은 사람들은 말이 많은 사람들―이 사람들은 결과적으로 추종자의 수가 늘어난다―에게 빌릴 수 있었고, 운이 없어서 가축이 감소한 사람들은 좀 더 운이 좋은 사람들에게 도움을 받을 수 있었다(Ewers, 1955: 140~141). 사냥을 위해 말을 빌린 사람은 말 주인에게 고기의 가장 좋은 부위를 보답으로 줄 수도 있지만 그것은 어디까지나 말 주인의 식량비축 정도에 달려 있었다(Ewers, 1955: 161~162). 말을 빌리는 것이 불가능하면, 고기를 '많이 가진 사람'에게 도움을 청해야 하고, 보통 영양분이 적은 부위를 얻는다(Ewers, 1955: 162~

163; 240~241). 불구가 된 전사가 천막, 말, 식량을 자신의 밴드로부터 공급받은 사례도 있다(Ewers, 1955: 213). 습격에서 말을 포획한 사람은 나중에 그렇지 못한 동료들과 자신의 포획한 말을 나누어 가지도록 되어 있지만, 이 상황에서 논쟁이 자주 발생했다(Ewers, 1955: 188; 부록 C.2.5에 제시되어 있는 대평원 오지브웨이 인디언이 습격 전에 보여주는 관대성과 비교해 보라). 부의 차이 때문에 교환이 일반적 호혜성에 입각해서 이루어지게 되는 상황에 관해 주목해 보자. 부유한 자는 부족 내 거래에서 다른 사람보다 물건 값을 더 비싸게 지불했다. 예를 들어 보통 사람은 셔츠와 각반 한 벌에 말 두 필을 주는 데 반해 부자는 같은 물건에 3~9필의 말을 줬다(Ewers, 1955: 218). 게다가 어떤 사람은 '명성을 높이기 위해' 말이 부족한 사람들에게 자주 말을 줬고, 가난한 사람들은 말을 얻으려고 부자에게 작은 선물을 주거나 단순히 큰 소리로 칭찬함으로써 말을 얻을 수도 있었다(Ewers, 1955: 255). 따라서 이워스는 부자와 빈자 간의 경제적 관계를 다음과 같이 요약한다. "관대함은 부자들의 책임으로 여겨졌다. 그들은 사냥을 하거나 캠프를 옮기는 데 사용할 말을 가난한 자들에게 빌려주고, 가끔 말을 나누어주기도 했다. 그들은 부족 내 물물교환에서 능력이 없는 다른 인디언보다 더 많이 지불해야 했다. 부유한 자가 정치적 야망을 가지고 있다면, 자신의 입후보를 지지해 줄 많은 수의 추종자를 얻기 위해 아낌없이 선물을 제공하는 일이 특히 중요했다"(Ewers, 1955: 242).

나눔의 확대가 전반적인 결핍 상황에 대처하는 방식이었다. 나눔은 일반적으로 부족한 동절기에 현저하게 확대되었다. "이때가 되면 지난 가을에 동절기용 양식을 풍부하게 비축해 놓은 부자들은 자신이 가진 식량을 가난한 자들과 나누어 먹어야 했다"(Ewers, 1955: 167). 밴드의 등급구조 또한 구휼의 조직화와 관련이 있었다. 즉, 사냥꾼들은 자신의 사냥물 꾸러미를 밴드의 우두머리에게 넘겨주었고, 그 우두머리는 고기를 잘라 각 가족에게 동등하게 나누어주었다. 사냥감이 풍부해지면 이러한 '원시적 형태의 식량분배'가 정지되었고, 우두머리는 중앙의 분배자 역할에서 물러났다(Ewers, 1955: 167~168).

C.2.3 : 대평원 크리(Cree) 인디언

부유한 사람들은 말이 없는 사람들에게 고기를 나누어주고, 때때로 말을 선사하는 동일한 경향을 보여준다. 가난한 사람들은 이에 대한 보답으로 고기 대신 충성을 제공한다(Mandelbaum, 1940: 195). 그리고 대평원에서 발견되는 부의 차이와 관련된 여타 종류의 관대성도 나타난다(Mandelbaum, 1940: 204, 221, 222, 270~271; 코만치 인디언에 관해서는 월라스와 호벨(Wallace and Hoebel, 1952: 75 et passim)의 연구를, 그리고 만단(Mandan, 정주 인디언)족에 관해서는 쿠즈(Coues, 1987: 337)의 연구를 보라).

C.2.4 : 칸사(Kansa)

헌터의 기록에 따르면, 합의된 교환에서 한쪽이 건강상의 문제나 사냥에 운이 없어서 자신의 의무를 다할 수 없더라도, 빚을 독촉당하지 않았고 채권자와의 우호적 관계가 난설되지도 않았다. 반면 게으름 때문에 의무에 충실하지 못한 사람은 나쁜 인디언으로 간주되었고, 친구들에게 외면당했다. 하지만 이런 경우는 거의 드물었다(Hunter, 1823: 295). 게다가 "…… 존경받는 위치에 있는 사람이라면 누구든 어떤 종류의 부족함이나 고난도 경험하지 않았다. 이와 같은 경험을 하지 않게 방지하는 것은 같은 공동체에 속해 있는 다른 사람들에게 달려 있다. 이러한 측면에서 그들은 지나치게 관대하고, 항상 자신의 풍부한 자원을 이용해서 친구들의 부족함을 채워준다"(Hunter, 1823: 296).

현저하게 부족한 시기에는 일반적 호혜성이 더 강화된다. "전반적으로 부족할 때면 그들은 항상 호혜적으로 빌려주거나 각자의 비축물이 완전히 고갈될 때까지 서로 나누어 가진다. 이런 관행은 검소하고 훌륭한 인격을 갖춘 사람들에게 한정된다. 그렇지 못한 사람들의 요구는 비교적 냉정하게 무시된다. 비록 그들의 가족은 비축물을 서로 나누지만, 전반적인 위기가 닥쳤을 때는 검소하지 못한 사람들의 요구가 무시되는 경우가 흔하다(Hunter, 1823: 258).

C.2.5 : 대평원 오지브웨이

곤경에 처한 태너와 그의 오지브웨이 가족이 오지브웨이와 오타와(Ottawa)의 한 캠프에 도착했다. 캠프의 우두머리들이 태너와 그 가족의 곤경을 배려해 주기 위해 모였고, 한 사람씩 번갈아가며 사냥을 했다. 태너의 아버지의 형제의 아내가 그들에게 인색하게 굴자 남편이 그녀를 구타했다(Tanner, 1956: 30~34). 비슷한 처지에 있는 한 오지브웨이 천막 가족이 어느 겨울 태너의 가족에게 약간의 고기를 제공한 보답으로 은장식품과 여타 귀중품을 요구했다. 태너는 자신의 굶주린 가족에게 그와 같은 교환을 요구하는 것은 비열한 짓이라고 생각했다. "이전에는 인디언들에게서 이런 경험을 한 적이 없다. 그들은 보통 부족해서 찾아온 모든 사람과 무엇이든 기꺼이 나누어 가진다"(Tanner, 1956: 47, 49, 60, 72~73, 118~119).

전반적으로 식량부족이 만연한 시기에 오지브웨이 캠프에서 태너와 다른 사냥꾼이 어쩌다가 곰 한 마리를 잡게 되었다. 그는 "우리는 이 짐승의 살코기를 한 입도 먹지 않고 캠프로 가져와서 모든 천막에 골고루 분배해 주었다"(Tanner, 1956: 95)라고 적었다. 또 다른 유사한 경우로 큰 사슴 두 마리를 사냥한 인디언이 고기를 캠프의 다른 가족들과 나누지 않고 몰래 태너와 둘이서만 나누자고 제안했다. 그 사람보다 훌륭한 인디언이었던 태너는 제안을 거절했고, 사냥을 나가 곰 네 마리를 잡아 배고픈 사람들에게 분배해 주었다(Tanner, 1956: 163).

다음은 출정길에 오른 전사들이 보여준 특수한 경제적 행위에 관한 것이다. 전투단 중에서 모카신(mocasin)*이나 탄약이 부족한 사람이 있으면, 그는 그것을 많이 가지고 있는 사람 면전에서 그중 하나를 꺼내 들고 캠프를 돌아 다닌다. 그러면 그 사람은 보통 누가 말하지 않더라도 원하는 물건을 건네준 다. 아니면 전투단의 우두머리가 이 사람 저 사람에게 돌아다니면서 부족한 사람이 필요로 하는 물건을 가져온다(Tanner, 1956: 129).

C.3.0 : 부수적인 자료들

C.3.1 : 누어
본문 해당 절의 인용문을 보라. "친족구성원끼리는 서로 도와야 한다. 그리고 누군가 좋은 물건의 여분이 있으면 이웃과 나누어 가져야 한다. 결과적으로 누어인 중 누구도 여분을 가지고 있는 사람은 없다"(Evans-Prichard, 1940: 183). 가진 자와 가지지 못한 자 간에, 특히 전체적으로 식량이 부족한 계절에 소규모 건기캠프의 가까운 친척이나 이웃들 사이에서 일반적 호혜성이 특징적으로 나타난다(Evans-Prichard, 1940: 21, 25, 84~85, 90~92; 1951: 132; Howell, 1954: 16, 185~186).

C.3.2 : 씽구(Xingú)강 상류의 쿠이쿠루(Kuikuru)
주곡인 마니옥의 처분과 옥수수의 처분에서 나타나는 차이는 확보된 식량과 나눔의 관계에 관해 유익한 설명을 제공해 준다. 쿠이쿠루의 가구는 일반적으로 자급자족적인 단위이다. 가구들 간에는 거의 나눔이 이루어지지 않는다. 풍부하고 용이하게 생산되는 마니옥의 나눔이 특히 그렇다. 하지만 카니로가 머문 동안에는 마을에서 오직 다섯 사람만 옥수수를 심었고, 그들의 수확물은 공동체 전체에 걸쳐 분배되었다(Carneiro, 1957: 162).

---

* 북미 인디언의 뒤축 없는 신._옮긴이

C.3.3 : 척치(Chukchee)

인류학적으로 반대의 경우로 널리 알려져 있음에도 불구하고, 척치족은 '모든 부족한 사람에게' 매우 관대하다(Bogora, 1904~1909: 47). 이러한 관대함의 대상에는 이웃의 부유한 척치족에게 생계수단을 공짜로 얻은 가난한 라무트(Lamut)족 가족들, 그리고 척치족이 아주 작은 보답이나 아니면 아예 아무런 보답도 받지 않고 호의로 가축을 도살해서 제공해 주었던 굶주린 러시아인 거주 집단도 포함된다(Bogora, 1904~1909: 47). 연례적인 추계 도축에서 약 1/3의 사슴을 손님들에게 제공하는데, 손님들 중에서 특히 가난한 자들은 그에 대한 보답을 할 필요가 전혀 없다. 하지만 이웃 캠프들은 이때 도살한 짐승을 서로 교환할 수도 있다(Bogora, 1904~1909: 375). 가축이 심각하게 감소했을 때, 이웃한 캠프들—반드시 친족관계일 필요는 없다—은 서로 원조를 제공할 것이다(Bogora, 1904~1909: 628). 담배는 척치족에게 매우 가치 있는 물건이지만, 부족하더라도 몰래 독차지하지는 않는다. "…… 마지막 파이프 하나라도 나누거나 번갈아가면서 피운다"(Bogora, 1904~1909: 549, 615f, 624, 636~638).

C.3.4 : 캘리포니아-오리건

이미 논의한 바와 같이, 톨로와-투투트니의 '부자'는 주민들을 위한 원조의 원천이었다(Drucker, 1937). 가난한 사람들이 부유한 자의 풍부한 물자에 의존했다. "마을에서 검소한 사람들이 헤픈 사람들에게 식량을 분배해 주었다"(Dubois, 1936: 51). 크로버의 기록에 따르면, 유록(Yurok)족 중에서 가끔 식량을 판매하는 사람도 있었지만, "부유한 사람이라면 아무도 그렇게 하지 않았다"(Kroeber, 1925: 40). 이는 균형적 교환(판매)이 아니라 일반적 호혜성에 입각해서 교환이 이루어졌다는 점을 암시한다. 이와 유사하게 크로버에 따르면, '선물이 분명히 부유한 자의 호사'이기는 하지만, 유록 사람들 사이에서 작은 선물은 통상 호혜적으로 보답되었다(Kroeber, 1925: 42; 성공적인 어부가 물고기를 아낌없이 분배하는 사례에 관해서는 p.34 참조). 패트윈(Patwin)족 가족들은 육류나 어류 등을 대량으로 획득하면 가장 부족한 가족들에게 분배해 주기 위해 마을의 우두머리에게 넘긴다. 게다가 부족한 가족은 운 좋은 이웃에게 식량을 요구할 수도 있다(McKern, 1922: 245).

C.3.5 : 오세아니아

멜라네시아 빅맨 복합체는 부의 차이가 나는 사람들 사이의 교환에서 일반적 호혜성이 우세하다는 사실을 입증해 준다.

타히티인의 관대함, 특히 **귀족의 의무**에 관한 더프 선교사들의 묘사는 아마 너무 완벽해서 사실이 아닐 수도 있을 것이다. 여하튼 그것은 너무 완벽해서 분석적으로 적합하지 않다. "모든 사람이 심지어 죄에 대해서도 호의적이고 관대하다. 요청을 하면 무엇이든 거절하는 일이 거의 없다. 그들의 선물은 너무나 아낌이 없어서 헤프기까지 하다. 어떤 사람이 가난하다고 해서 결코 경멸의 대상은 되지 않는다. 하지만 부유하면서도 탐욕스러운 것은 매우 수치스럽고 치욕적인 일이다. 누구든 상습적으로 탐욕스러운 증세를 드러내고 부족할 때 자신이 가진 것을 나누어 갖기를 거부하면, 그의 이웃은 곧바로 그의 모든 재산을 파괴해서 겨우 머리만 가릴 수 있는 작은 집 한 채도 남겨두지 않음으로써, 그를 가장 가난한 자들과 대등하게 만들어버릴 것이다. 그들은 구두쇠라고 불리느니 차라리 속옷이라도 벗어주려고 할 것이다"(Duff Missionaries, 1799: 334).

마오리족의 필요에 따른 나눔을 묘사한 퍼스의 연구는 좀 더 타당성이 있다. "식량이 부족한 시기에 …… 사람들은 대체로 노동의 산물을 자신이 차지하지 않고 촌락의 다른 사람들과 나누어 가졌다"(Firth, 1959: 162). "촌락의 다른 가족들이 식량을 풍부하게 가지고 있는 한 어떤 가족이 굶주리거나 실질적인 궁핍을 경험하는 일은 불가능했다"(Firth, 1959: 290). 이 점은 수단의 사바나 지역이나 뉴질랜드의 산림지대에서도 마찬가지로 사실이다.

식량이 부족한 폴리네시아 환초섬—이 지역의 공동체들은 지역적 산물을 정기적으로 풀링한다—에서 집단적 복지를 위해 활용하는 예비적 토지는 전반적 결핍에 대응하는 방식을 잘 보여주는 흥미로운 사례이다(e.g. Beaglehole, E. and P., 1938; Hogbin, 1934; MacGreger, 1937). 하지만 티코피아 사회에 관한 퍼스와 스필리우스의 재연구는 원시 사회가 지속적이고 심각한 식량부족에 대응하는 방식에 관해 가장 포괄적인 자료를 제공해 주는 것 같다. 다음은 오랫동안 계속되어 온 반응방식이다. 식량교환이 이루어지지 않는 반면 도둑질은 뚜렷하게 발생했고, 식량의 나눔도 가구영역 내로 위축되었다. 이러한 반응, 즉 부정적 호혜성이 증가하고 일반적 호혜성의 섹터가 축소되는 경향은 위기가 심화되면서 점점 더 뚜렷해졌다. 여기서 퍼스와 스필리우스의 분석을 온전하게 평가하는 것은 불가능하다. 하지만 적어도 기근기의 교환행위에 관한 퍼스의 논의 일부를 발췌해 보는 것은 유용하리라고 생각한다. "일반적으로 기근의 압박하에서 노역은 뇌색했지만 긴 습은 그대로 유기되었다고 할 수 있다. …… 가장 심각한 식량부족 시기에도 통상적인 식사대접 관행은 여전히 지켜졌다. …… 하지만 환대라는 측면에서 보면, 기근기 전체에 걸쳐 에티켓의 모든 **형식**은 계속 유지되었지만, 그 실질적 **내용**은 근본적으로 변화했다. 더 이상 실제로 손님들과 음식을 나누어 먹지 않았다. 게다가 음식을 요리한 후에 숨겨놓거나 때로는 심지어 상자 속에 넣고 잠가버렸다. …… 이러한 전개과정에서, 비록 더 일반적인 환대의 규칙과 동일한 정도는 아니지만, 친족유대도 마찬가지로 일정한 영향을 받았다. 불러들인 친족을 일반 방문객과 동일한 방식으로 대했고 음식을 나누어주지도 않았다. …… 집에 식량이 남아 있는 경우 대부분은 가구의 구성원 중 한 명이 그것을 지키기 위해 남아 있었다. 가족들은 흔히 이방인에 의한 도둑질보다 오히려 친족—보통 때라면 원하는 것을 기꺼이 제공해 주었을—의 침입을 더 두려워한다고 스필리우스에게 말했다. 기근의 압박하에서 나타나는 친족 이해관계에 관한 설명에 따르면, 더 큰 친족집단은 소비 면에서 어느 정도 원자화되고 개별 가구집단은 좀 더 긴밀하게 통합되는 경향이 있다(여기에서 개별 가구는 통상 직계가족을 의미하지만 다른 친족원을 포함하고 있는 경우도 흔하다). 기근이 절정에 달하더라도 직계가족 내에서는 식량의 완전한 나눔이 계속 규범으로 유지되는 것으로 나타났다. 원자화는 식량이 가장 절박하게 부족한 곳에서 가장 강하게 나타나는 경향이 있었다. 그리고 식량공급이 집단의 인구규모와 토지규모에 따라 현저하게 차이가 났다는 사실을 기억해야 한다. 하지만 식량 풀링의 일반적 관행이라는 측면에서 볼 때, 친족유대의 효과는 특히 식량이 부족하기는 하지만 절박할 정도로 부족하지 않은 곳에서 명백하게 드러났다. 가까운 친족관계로 연결되어 있는 가구들은 각자의 식량창고에서 꺼내 온 식량을 한 솥에서 요리한 다음 함께 나누어 먹는 방식으로 '밥솥을 연결시킨다[tau umu]'. …… 기근기에 티코피아인들은 친족원에 대한 일반적이거나 불명확한 책임을 가능하면 회피했다. 하지만 그들은 약속에 의해 구체적으로 정해져 있는 책임을 거부하는 경향은 보여주지 않았다. 기근의 영향은 직계가족의 결속성을 명확하게 드러내주었다. 하지만 그것은 또한 개인적으로 인정하는 다른 친족유대의 영향력도 마찬가지로 드러내주었다 ……"(Firth, 1959: 83~84).

C.3.6 : 벰바

식량 보유량 차이와 연관되어 있고, 전반적으로 식량이 부족한 계절에 나타나는 높은 빈도의 일반적 호혜성. "어떤 사람의 작물이 갑작스러운 재난으로 인해 망쳐졌거나, 자신의 필요량에도 못 미칠 정도로 작물을 심었다면, 그 사람이 속해 있는 촌락의 친척들이 곡식 여러 바구니를 제공하거나 식사를 함께하는 방식으로 그를 도울 것이다. 하지만 공동체 전체가 메뚜기 떼나 코끼리의 습격 같은 고난에 처하게 되면, 가구의 가장과 가족구성원들은 식량이 덜 부족한 지역에 사는 다른 친족과 함께 살기 위해서 옮겨간다. …… 이러한 종류의 환대는 가족들이 '먹을 것을 찾아', 또는 '굶주림에서 벗어나기 위해' 이곳저곳을 떠돌아다니는 때인 기근의 계절에 일반적으로 제공된다. …… 따라서 자신의 촌락에서뿐만 아니라 주변의 이웃 촌락에서도 친족의 규범적 의무는 특수한 유형의 식량나눔으로 귀결된다. 이러한 식량나눔은 좀 더 개인주의적 성격이 강한 가내경제가 지배적인 근대적 공동체에서는 발견되지 않는다"(Richard, 1939: 108~109). "벰바 여성들이 살아가는 경제적 조건은 식량의 축적보다 호혜적 나눔을 필수적 조건으로 만들고, 개인의 책임을 자신의 가구 외부까지 확장시킨다. 따라서 동료보다 훨씬 더 많은 곡식을 소유하는 것은 벰바 여성들에게 이익이 되지 않는다. 그들은 식량을 그냥 나누어 먹으려 했고, 또 최근의 메뚜기 떼 습격으로 인한 재난의 시기에 밭을 망치지 않았던 주민들도 '사람들이 찾아와서 함께 살거나 수수를 달라고 간청하기' 때문에 실제로 동료들보다 형편이 나은 것은 전혀 아니라고 불평했다"(Richard, 1939: 201~202).

C.3.7 : 필라가

헨리의 표 I(Henry, 1951: 194)에 따르면, 연구대상 촌락—연구 당시 식량이 매우 부족한 시기였다는 점을 상기하라—에 사는 모든 비생산적인 사람들은 자신이 식량을 제공한 사람보다 더 많은 사람으로부터 식량을 받았다. 비생산적인 사람으로 기록되어 있는 8명—늙고 눈먼 사람과 늙은 여자 등—의 '마이너스' 균형은 -3에서 -15까지 다양하게 나타나고, 이들이 마이너스 균형을 보여주는 사람들의 반 이상을 차지한다. 이는 필라가의 전체적인 추세와 반대이다. "도표를 보면, **전체적으로** 필라가인은 자신이 식량을 받는 사람보다 준 사람의 수가 더 많지만, 비생산적인 필라가인의 경우는 그 반대라는 사실이 분명하게 드러날 것이다"(Henry, 1951: 195~197). 비생산적인 인구의 마이너스 균형은 거래 수에서뿐만 아니라 마이너스로 받은 사람들에게 준 사람의 수에서도 나타난다(Henry, 1951: 196). 준 식량 대 받은 식량의 근사치를 제시하고 있는 표 III에서 보면, 10명이 비생산적 인구로 기록되어 있고, 그중 8명의 수입이 지출을 초과했다. 그리고 6명은 매우 혹은 예외적으로 생산적인 인구로 기록되어 있는데, 그중 4명은 지출이 수입을 초과했고, 다른 1명은 수입이 지출을 초과했으며, 나머지 1명의 경우는 수입과 지출이 같았다(Henry, 1951: 201). 나는 이들 수치가 전반적으로 식량을 가진 사람들이 식량이 없는 사람들에게 나누어줬음을 뜻한다고 생각한다.

참고문헌

Aiston, G. 1936-37. "The Aboriginal Narcotic Pitcheri." *Oceania*, 7, pp. 372~377.

Allan, William. 1949. *Studies in African Land Usage in Northern Rhodesia*. Rhodes-Livingstone Papers, No.15.

_____. 1965. *The African Husbandman*. Edinburgh: Oliver and Boyd.

Althusser, Louis. 1966. *Paur Marx*. Paris: Maspero.

Althusser, Louis, Jacques Rancière, et al. 1966. *Lire le Capital*, 2 Vols. Paris: Maspero.

Anonymous. md. *Apercu d'histoire et d'économie*: Vol. 1, *Formations précapitaliestes*. Moscow: Editions du Progrès.

Awad, Mohamed. 1962. "Nomadism in the Arab Land of the Middle East." in *The Problems of the Arid Zone*, Proceedings of the Paris Symposium, UNESCO.

Barnett, H. G. 1938. "The Nature of the Potlatch." *American Anthropologist*, 40, pp. 349~358.

Barth, Fredrik. 1961. *Nomads of South Persia*. London: Allen and Unwin, for Oslo University Press.

Barton, F. R. 1910. "Motu-Koita Papuan Gulf Expedition(Hiri)." in C. G. Seligman(ed.). *The Melanesians of British New Guinea*. Cambridge: At the University Press.

Bartram, William. 1958. *The Travels of William Bartram*. Edited by Francis Harper. New Haven, Conn.: Yale University Press(first published 1791).

Basedow, Herbert. 1925. *The Australian Aboriginal*. Adelaide, Australia: Preece.

Beaglehole, Ernest, and P. Beaglehole. 1938. *Ethnology of Pukapuka*. Bernice P. Bishop Museum Bulletin, No.150.

Belshaw, Cyril. 1955. *In Search of Wealth*. American Anthropological Association Memoir, No.80.

Bennett, Wendell C. 1931. *Archeology of Kauai*. Bishop Museum Bulletin, No.80.

Best, Elsdon. 1900-01. "Spiritual Concepts of the Maori." *Journal of the Polynesian Society*, 9, pp. 173~199; 10, pp. 1~20.

_____. 1909. "Maori Forest Lore ······ Part III." *Transactions of the New Zealand Institute*, 42, pp. 433~481.

_____. 1922. *Spiritual and Mental Concepts of the Maori*. Dominion Museum Monographs, No.2.

_____. 1924. *The Maori*. 2 vols. Memoirs of the Polynesian Society, No.5.

_____. 1925a. *Tuhoe: The Children of the Mist*. Memoirs of the Polynesian Society, No.6.

_____. 1925b. *Maori Agriculture*. Dominion Museum Bulletin, No.9.

_____. 1942. *Forest Lore of the Maori*. Dominion Museum Bulletin, No.14.

Biard, le Père Pierre. 1897. "Relation of New France, of its Lands, Nature of the Country, and of its Inhabitants ······" in R. G. Thwaites(ed.). *The Jesuit Relations and Allied Documents*, Vol. 3. Cleveland: Burrows(First French edition, 1616).

Birket-Smith, Kaj. 1959. *The Eskimos*. 2nd Ed. London: Methuen.

Blackwood, Beatrice. 1935. *Both Sides of Buka Passage*. Oxford: At the Clarendon Press.

Bleak, D. F. 1928. *The Naron*. Cambridge: At the University Press.

Boas, Franz. 1884-85. "The Central Eskimo." *Smithsonian Institution, Bureau of American Ethnology, Anthropological Reports*, 6, pp. 399~699.

_____. 1940. *Race, Language and Culture*. New York: Free Press.

Boeke, J. H. 1953. *Economics and Economic Policy of Dual Societies*. New York: Institute of Pacific Relations.

Bogoras, W. 1904-19. *The Chukchee*. American Museum of Natural History Memoirs, No. 11(2-4).

Bohannan, Paul. 1954. *Tiv Farm and Settlement*. Colonial Research Studies, No. 15. London: H. M. Stationery Office.

_____. 1955. "Some Principles of Exchange and Investment Among the Tiv." *American Anthropologist*, 57, pp. 60~70.

Bohannan, Paul, and Laura Bohannan, 1968. *Tiv Economy*. Evanston: Northwestern University Press.

Bohannan, Paul, and George Dalton(eds.) 1962. *Markets in Africa*. Evanston: Northwestern University Press.

Bonwick, James. 1870. *Daily Life and Origin of the Tasmanians*. London: Low and Merston.

Boukharine, N. 1967. *La Théorie du matérialism historique*. Paris: Editions Anthropos (First Russian edition, 1921).

Braidwood, Robert J. 1952. *The Near East and the Foundations for Civilization*. Eugene: Oregon State System of Higher Education.

_____. 1957. *Prehistoric Men*. 3rd ed. Chicago Natural History Museum Popular Series, Anthropology, Number 37.

Braidwood, Robert J., and Gordon R. Willey(eds.). 1962. *Courses Toward Urban Life*. Chicago: Aldine.

Brown, Paula, and H. C. Brookfield. 1959-60. "Chimbu Land and Society." *Oceania*, 30, pp. 1~75.

_____. 1963. *Struggle for Land*. Melbourne: Oxford University Press.

Bucher, Carl. 1907. *Industrial Evolution*. New York: Holt

Bulmer, Ralph. 1960-61. "Political Aspects of the Moka Ceremonial Exchange System Among the Kyaka People of the Western Highlands of New Guinea." *Oceania*, 31, pp. 1~13.

Burling, Robbins. 1962. "Maximization Theories and the Study of Economic Anthropology." *American Anthropologist*, 64, pp. 802~821.

Burridge, Kenelm. 1960. *Mambu: A Melanesian Millenium*. London: Methuen.

Carneiro, Robert L. 1957. Subsistence and Social Structure: An Ecological Study of the Kuikuru Indians, Ph.D. dissertation, University of Michigan. Ann Arbor, Michigan: University Microfilms.

_____. 1960. "Slash-and-Burn Agriculture: A Closer Look at its Implications for Settlement Patterns." in A. F. C. Wallace(ed.). *Men and Cultures*. Philadelphia: University of Pennsylvania Press.

_____. 1968. "Slash-and-Burn Cultivation among the Kuikuru and its Implications for Cultural Development in the Amazon Basin." in Y. Cohen(ed.). *Man in Adaptation: The Cultural*

Present. Chicago: Aldine(Reprinted from *Anthropologica*, Supplement No. 2, 1961).

Cazaneuve, Jean. 1968. *Sociologie de Marcel Mauss.* Paris: Presses universitaires de France.

Chayanov, A. V. 1966. *The Theory of Peasant Economy.* Homewood, Ill.: Richard D. Irwin for the American Economic Association.

Chowning, Ann and Ward Goodenough. 1965-66. "Lakalai Political Organization." *Anthropogical Forum*, 1, pp. 412~473.

Clark, Colin, and Margaret Haswell. 1964. *The Economics of Subsistence Agriculture.* London: Mac Millan.

Clark, Graham. 1953. *From Savagery to Civilization.* New York: Schuman.

Clark, W. T. 1938. "Manners, Customs, and Beliefs of the Northern Bega." *Sudan Notes and Records*, 21, pp. 1~29.

Codere, Helen. (n.d.) *Fighting with Property.* American Ethnological Society Monograph, 18. New York: Augustine.

_____. 1968. "Money-Exchange Systems and a Theory of Money." *Man*, (n.s.) 3, pp. 557~577.

Colson, Elizabeth. 1960. *Social Organization of the Gwembe Tonga.* Manchester: At the University Press for the Rhodes-Livingstone Institute.

Conklin, Harold C. 1957. *Hanunoo Agriculture.* Rome: Food and Agriculture Organization of the United Nations.

_____. 1959. "Population-Land Balance under Systems of Tropical Forest Agriculture." *Proceedings of the Ninth Pacific Science Congress*, 7, p. 63.

_____. 1961. "The Study of Shifting Cultivation." *Current Anthropology*, 2, pp. 27~61.

Cook, Scott. 1966. "The Obsolete 'Anti-Market' Mentality: A Critique of the Substantive Approach to Economic Anthropology." *American Anthropologist*, 63, pp. 1~25.

Couse, Elliot(ed.). 1897. *The Manuscript Journals of Alexander Henry and of David Thompson, 1799-1814, 2* vols. New York. Harper.

Curr, E. M. 1965. *Recollections of Squatting in Victoria, then Called the Port Phillip District, from 1841-1851.* (First edition, 1883) Melbourne: At the University Press.

Dalton, George. 1961. "Economic Theory and Primitive Society." *American Anthropologist*, 63, pp. 1~25.

Davies, John. 1961. *The History of the Tahitian Mission 1799-1830.* Edited by C. W. Newbury. Cambridge: At the University Press.

Deacon, A. Bernard. 1934. *Malekula: A Vanishing People in the New Hebrides.* London: Routledge.

Denig, Edwin T. 1928-29. "Indian Tribes of the Upper Missouri." *Smithsonian Institution Bureau of American Ethnology, Annual Report*, 46, pp. 395~628.

deSchlippe, Pierre. 1956. *Shifting Cultivation in Africa.* London: Routledge and Kegan Paul.

Douglas, Mary. 1962. "Lele Economy as Compared with the Bushong." in G. Dalton and P. Bohannan(eds.). *Markets in Africa.* Evanston: Northwestern University Press.

_____. 1963. The Lele of Kasai. London: Oxford University Press.

Driberg, J. H. 1923. The Lango. London: Fisher, Unwin.

Drucker, Phillip. 1937. "The Tolowa and their Southwest Oregon Kin." *University of California Publications in American Archaeology and Ethnology*, 36, pp. 221~300.

_____. 1939. "Rank, Wealth, and Kinship in Northwest Coast Society." *American Anthropologist*,

41, pp. 55~65.

_____. 1951. *The Northern and Central Nootkan Tribes*. Smithsonian Institution Bureau of American Ethnology Bulletin 144. Washington, D.C.: U.S. Government Printing Office.

Dubbledam, L. F. B. 1964. "The Devaluation of the Kapauku-Cowrie as a Factor of Social Disintegration." in James Watson(ed.). *New Guinea: The Central Highlands. American Anthropologist*, 66, Special Publication.

Dubois, Cora. 1936. "The Wealth Concept as an Integrative Factor in Tolowan Tututni Culture." in *Essays Presented to A. L. Kroeber*. Berkeley: University of California Press.

Duff Missionaries. 1799. *A Missionary Voyage to the Southern Pacific Ocean Performed in the Years 1796, 1797, 1798 in the Ship Duff* ······ [etc.]. London: T. Chapman.

Elkin, A. P. 1952-53. "Delayed Exchange in Wabag Sub-District, Central Highland of New Guinea." *Oceania*, 23, pp. 161~201.

_____. 1954. *The Australian Aborigines*. 3rd Ed. Sydney: Angus and Robertson.

Engels, Frederick. 1966. *Anti-Dühring*. New York: International Publications(New World Paperbacks; First German edition 1878).

Evans-Pritchard, E. E. 1940. *The Nuer*. Oxford: At the Clarendon Press.

_____. 1951. *Kinship and Marriage Among the Nuer*. Oxford: At the Clarendon Press.

_____. 1956. *Nuer Religion*. Oxford: At the Clarendon Press.

Ewers, John C. 1955. *The Horse in Blackfoot Indian Culture*. Smithsonian Institution Bureau of American Ethnology, Bulletin, No. 159. Washington, D.C.: U.S. Government Printing Office.

Eyre, Edward John. 1845. *Journals of Expeditions of Discovery into Central Australia, and Overland from Adelaide to King George's Sound, in the Years* 1840-41, 2 vols. London: Boone.

Firth, Raymond. 1926. "Proverbs in Native Life, with Special Reference to Those of the Maori." *Folklore*, 37, pp. 134~153, 245~270.

_____. 1936. *We, the Tikopia*. London: Allen and Unwin.

_____. 1951. *Elements of Social Organization*. London: Watts.

_____. 1959a. *Economics of the New Zealand Maori*. 2nd Ed. Wellington: R. E. Owen, Government Printer.

_____. 1959b. *Social Change in Tikopia*. New York: Macmillan.

_____. 1965. *Primitive Polynesian Economy*. 2nd ed. London: Routledge and Kegan Paul.

_____. 1967. "Themes in Economic Anthropology: A General Comment." in R. Firth(ed.). *Themes in Economic Anthropology*. London: Tavistock, ASA Monograph, 6.

Firth, Raymond(ed.). 1957. *Man and Culture: An Evaluation of the Work of Bronislaw Malinowski*. London: Routledge and Kegan Paul.

Forde, C. Daryll. 1946. "Native Economies of Nigeria." in M. F. Perham(ed.). *The Economics of a Tropical Dependency*. London: Faber and Faber.

_____. 1963. *Habitat, Economy and Society*. 8th ed. London: Methuen.

_____. 1964. *Yakö Studies*. London: Oxford University Press.

Fornander, Abraham. 1878-85. *An Account of the Polynesian Race*, 3 vols. London: Trübner.

Fortune, Reo. 1932. *Sorcerers of Dobu*. New York: Dutton.

Freeman, J. D. 1955. *Iban Agriculture*. Colonial Research Studies, No. 18. London: H. M. Stationary Office.

Geddes, W. R. 1954. *The Land Dayaks of Sarawak*. Colonial Research Studies, No. 14. London: H. M. Stationary Office.

_____. 1957. *Nine Dayak Nights*. Melbourne: Oxford University Press.

Gifford, E. W. 1926. "Clear Lake Pomo Society." *University of California Publications in American Archaeology and Ethnology*, 18, pp. 287~390.

_____. 1929. *Tongan Society*. Bernice P. Bishop Museum Bulletin, No. 61.

Gitlow, Abraham L. 1947. *Economics of the Mount Hagen Tribes*. American Ethnological Society Monographs, No. 12.

Gluckman, Max. 1943. *Essays on Lozi Land and Royal Property*. Rhodes-Livingstone Papers, No. 10.

Godelier, Maurice. 1966. *Rationalité et irrationalité en économie*. Paris: Maspero.

_____. 1969. "La 'monnaie de sel' des Baruya de Nouvelle-Guinée." *L'Homme*, 9(2), pp. 5~37.

Goldschmidt, Walter. 1951. "Nomlaki Ethnography." *University of California Publicaions in American Archaeology and Ethnology*, 42, pp. 303~443.

Goodfellow, D. M. 1939. *Principles of Economic Sociology*. London: Routledge and Sons.

Gorz, Andre. 1967. *Le socialisme difficile*. Paris: Seuil.

Gouldner, Alvin. 1960. "The Norm of Reciprocity: A Preliminary Statement." *American Sociological Review*, 25, pp. 161~178.

Grey, Sir George. 1841. *Journals of Two Expeditions of Discovery in North-West and Western Australia, During the Years 1837, 38, and 39.* ······ 2 vols. Londog: Boone.

Grinnell, George Bird. 1923. *The Cheyenne Indians*. New Haven, Conne.: Yale University Press.

Guillard, J. 1958. "Essai de mesure de l'activité d'un paysan Africain le Toupuri." *L'Agronomie Tropicale*, 13, pp. 415~428.

Gusinde, Martin. 1961. *The Yamana*. 5 vols. New Haven, Conn.: Human Relations Area Files(German edition 1931).

Handy, E. S. Craighill. 1923. *The Native Culture in the Marquesas*. Bernice P. Bishop Museum Bulletin, No. 9.

_____. 1930. *History and Culture in the Society Islands*. Bernice, P. Bishop Museum Bulletin, No. 79.

_____. 1932. *Houses, Boats, and Fishing in the Society Islands*. Bernice, P. Bishop Museum Bulletin, No. 90.

_____. 1940. *The Hawaiian Planter*. Bernice P. Bishop Buseum Bulletin, No. 161.

Harding, Thomas G. 1967. *Voyagers of the Vitiaz Strait*. The American Ethnological Society Monography, 44. Seattle: University of Washington Press.

Harmon, Daniel Williams. 1957. *Sixteen Years in the Indian Country: The Journal of Daniel Williams Harmon, 1800-1816*. Edited by W. K. Lamb. Toronto: Macmillan.

Harris, Marvin. 1968. *The Rise of Anthropological Theory*. New York: Thomas Y. Crowell.

Haury, Emil W. 1962. "The Greater American Southwest." in J. Braidwood and G. R. Willey(eds.). *Courses toward Urban Life*. Chicago: Aldine.

Hearne, Samuel. 1958. *A Journey from Prince of Wales' Fort in Hudson's Bay to the Northern Ocean,*

1769, 1770, 1771, 1772. Edited by R. Glover. Toronto: Macmillan.

Henry, Jules. 1951. "The Economics of Pilagá Food Distribution." *American Anthropologist*, 53, pp. 187~219.

Herskovits, Melville J. 1952. *Economic Anthropology.* New York: Knopf.

Hiatt. L. 1965. *Kinship and Conflict.* Canberra: Australian National University.

Hodgkinson, Clement. 1845. *Australia, from Port Macquarie to Moreton Bay, with Descriptions of the Natives.* London: Boone.

Hoebel, E. Adamson. 1958. *Man in the Primitive World.* 2nd Ed. New York: McGraw-Hill.

Hogbin, H. Ian. 1933-34. "Culture Change in the Solomon Islands: Report of Field Work in Guadalcanal and Malaita." *Oceania*, 4, pp. 233~267.

_____. 1934. *Law and Order in Polynesia.* New York: Harcourt, Brace.

_____. 1934-35a. "Native Culture of Wogeo: Report of Field Work in New Guinea." *Oceania*, 5, pp. 308~337.

_____. 1934-35b. "Trading Expeditions in Northern New Guinea." *Oceania*, 5, pp. 375~407.

_____. 1937-38. "Social Advancement in Guadalcanal, Solomon Islands." *Oceania*, 8, pp. 289~305.

_____. 1938-39. "Tillage and Collection: A New Guinea Economy." *Oceania*, 9, pp. 127~151.

_____. 1939. *Experiments in Civilization.* London: Routledge.

_____. 1943-44. "Native Councils and Native Courts in the Solomon Islands." *Oceania*, 14, pp. 258~283.

_____. 1951. *Transformation Scene: The Changing Culture of a New Guinea Village.* London: Routledge and Kegan Paul.

Holmberg, Allan R. 1950. *Nomads of the Long Bow.* Smithsonian Institution, Institute of Social Anthropology, Publication, No. 10. Washington, D.C.: U.S. Government Printing Office.

Howell, P. P. 1954. *A Manual of Nuer Law.* London: Oxford University Press.

Hunter, John D. 1823. *Memoirs of a Captivity among the Indians of North America.* London: Longmans.

Ivens, W. G. 1927. *Melanesians of the Southeast Solomon Islands.* London: Kegan, Paul, Trench, Trübner.

Izikowits, Karl Gustave. 1951. *Lamet: Hill Peasants in French Indochina*, Ethnologiska Studier, 17. Göteborg: Etnologiska Museet.

Jochelson, Waldermar. 1926. "The Yikaghir and the Yukaghirzed Tungus." *American Museum of Natural History Memoirs*, 13, pp. 1~469.

Johansen, J. Prytz. 1954. *The Maori and His Religion.* Copenhagen: Musksgaard.

Kaberry, Phyllis M. 1940-41. "The Abelam Tribe, Sepik District, New Guinea: A Preliminary Report." *Oceania*, 11, pp. 233~258, 345~367.

_____. 1941-42. "Law and Political Organization in the Abelam Tribe, New Guinea." *Oceania*, 12, pp. 79~95, 205~225, 331~367.

Kelly, Raymond C. 1968. "Demographic Pressure and Descent Group Structure in the New Guinea Highlands." *Oceania*, 39, pp. 36~63.

Kluckhohn, Clyde. 1959. "The Philosophy of the Navaho Indians." in M. H. Fried(ed.). *Readings in Anthropology*, Vol. 2. New York: Crowell.

Kroeber, A. L. 1925. *Handbook of the Indians of California*. Smithsonian Institution Bureau of American Ethnology Bulletin, 78. Washington, D.C.: U.S. Goverment Printing Office.

Lafargue, Paul. 1909. *The Right to be Lazy*. Chicago: Kerr(First edition, 1883).

Landtman, Gunnar. 1927. *The Kiwai Papuans of British New Guinea*. London: Macmillan.

Leach, E. R. 1951. "The Structural Implications of Matrilateral Cross Cousin Marriage." *Journal of the Royal Anthropological Institute*, 81, pp. 23~55.

_____. 1954. *The Political Systems of Highland Burma*. London: Bell.

Leacock, Eleanor. 1954. *The Montagnais 'Hunting Territory' and the Fur Trade*. American Anthropological Association Memoir, No. 78.

LeClair, Edward E., Jr. 1962. "Economic Theory and Economic Anthropology." *American Anthropologist*, 64, pp. 1179~1203.

Lee, Richard. 1968. "What Hunters Do for a Living, or, How to Make Out on Scarce Resources." in R. Lee and I. DeVore(eds.). *Man the Hunter*. Chicago: Aldine.

_____. 1969. "!Kung Bushman Subsistence: An Input-Output Analysis." in A. Vayda(ed.). *Environment and Cultural Behavior*. Garden City, N.Y.: Natural History Press.

Lee, Richard B. and Irven DeVore(eds.). 1968. Man the Hunter. Chicago: Aldine.

LeJeune, Le Père Paul. 1897. "Relation of What Occurred in New France in the Year 1634." in R. G. Thwaites(ed.). *The Jesuit Relations and Allied Documents*, Vol. 6. Cleveland: Burrows(First French edition, 1635).

Lévi-Strauss, Claude. 1943. "Guerre et commerce chez les Indiens de l'Amerique du Sud." *Renaissance*, 1, pp. 122~139.

_____. 1961. *Tristes Tropiques*. New York: Atheneum.

_____. 1966. "Introduction à l'oeuvre de Marcel Mauss." in M. Mauss, *Sociologie et anthropologie*. Paris: Presses Universitaries de France.

_____. 1969. *The Elementary Structure of Kinship*. London: Eyre and Spottiswoode.

Lewthwaite, Gordon R. 1964. "Man and Land in Early Tahiti: Polynesian Agriculture through European Eyes." *Pacific Viewpoint*, 5, pp. 11~34.

_____. 1966. "Man and the Sea in Early Tahiti: Maritime Economy through European Eyes." *Pacific Viewpoint*, 7, pp. 28~53.

Linton, Ralph. 1939. "Marquesan Culture." in A. Kardiner, *The Individual and His Society*. New York: Columbia University Press.

Loeb, Edwin M. 1926. "Pomo Folkways." *University of California Publications in American Archaeology and Ethnology*, 19, pp. 149~409.

Lothrup, Samuel K. 1928. *The Indians of Tierra del Fuego*. New York: Museum of the American Indian, Heye Foundation.

Lowie, Robert H. 1938. "Subsistence." in F. Boas(ed.). *General Anthropology*. Boston: Heath.

_____. 1946. *An Introduction to Cultural Anthropology*(2nd ed.). New York: Rinehart.

McArthur, Margaret. 1960. "Food Consumption and Dietary Levels of Groups of Aborigines Living on Naturally Occurring Foods." in C. P. Mountford(ed.). *Records of the Australian-American Scientific Expedition to Arnhem Land, Vol. 2: Anthropology and Nutrition*. Melbourne: Melbourne University Press.

McCarthy, Frederick D. and Margaret McArthur. 1960. "The Food Quest and the Time Factor in Aboriginal Economic Life." in C. P. Mountford(ed.). *Records of the Australian-American Scientific Expedition to Arnhem Land, Vol. 2: Anthropology and Nutrition*. Melbourne: Melbourne University Press.

MacGregor, Gordon. 1937. *Ethnology of the Tokelau Islands*. Bernice P. Bishop Museum Bulletin, No. 146.

McKern, W. C. 1922. "Functional Families of the Patwin." *University of California Publications in American Archaeology and Ethnology*, 13(7), pp. 236~258.

McNeilly, F. S. 1968. *The Anatomy of Leviathan*. London: Macmillan.

MacPherson, C. B. 1965. "Honnes's Bourgeois Man." in K. C. Brown(ed.). *Hobbes Studies*. Oxford: Blackwell.

Malinowski, Bronislaw. 1915. "The Natives of Mailu." *Transactions of the Royal Society of South Australia*, 39, pp. 494~706.

_____. 1921. "The Primitive Economics of the Trobriand Islanders." *Economic Journal*, 31, pp. 1~16.

_____. 1922. *Argonauts of the Western Pacific*(3rd imp. 1950). London: Routledge and Kegan Paul.

_____. 1935. *Coral Gardens and Their Magic*, Vol. 1. New York: American Book Co.

_____. 1939. "Anthropology as the Basis of Social Science." in Cattel, Cohen, and Travers(eds.). *Human Affairs*. London: Macmillan.

Malo, David. 1951. *Hawaiian Antiquities*. Bernice P. Bishop Museum Special Publications, No. 2.

Man, Edward Horace(n.d). *On the Aboriginal Inhabitants of the Andaman Islands*. (Reprinted from the *Journal of the Royal Anthropological Institute*). London: RAI.

Mandel, Ernest. 1962. *Traite d'économie marxiste*, 2 Vols. Paris: Julliard.

Mandelbaum, David G. 1940. "The Plains Cree." *American Museum of Natural History-Anthropological Papers*, 37, pp. 155~316.

Mariner, William. 1827. *An Account of the Tongan Islands in the South Pacific Ocean*. 3 vols., 3rd Ed. Edited by J. Martin. Edinburgh: Constable.

Marshall, Alfred. 1961. *Principles of Economics*. 8th ed. London: Macmillan.

Marshall, Lorna. 1961. "Sharing, Talking, and Giving: Relief of Social Tensions among !Kung Bushman." *Africa*, 31, pp. 231~249.

Marx, Karl. 1967a. *Capital*. 3 vols(First German editions, 1867, 1893, 1894). New York: International Publishers.

_____. 1967b. *Fondaments de la critique de l'économie politique*, 2 Vols(Manuscripts of 1857-1858, "Grundrisse der Kritik der Politischen okonomie." first published in Moscow, 1939). Paris: Editions Anthropos.

_____. 1968. *Misère de la philosophie*(First edition, in French, 1847). Paris: Editions Sociales.

Mathew, John. 1910. *Two Representative Tribes of Queensland*. London: Unwin.

Mauss, Marcel. 1966. "Essai sur le don: Forme et raison de l'échange dans les sociétés archaiques." in *Sociologie et anthropologie*(First published 1923-24 in *L'Année Sociologique*). Paris: Presses Universitaires de France.

_____. 1967. *Manuel d'ethnograhie*(First published 1947). Paris: Payot.

Mead, Margaret. 1930. "Melanesian Middlemen." *National History*, 30, pp. 115~130.

_____. 1934. "Kinship in the Admiralty Islands." *American Museum of Natural History-Anthropological Papers*, 34, pp. 181~358.

_____. 1937a. "The Manus of the Admiralty Islands." in M. Mead(ed.). *Cooperation and Competition among Primitive Peoples*. New York: McGraw-Hill.

_____. 1937b. "The Arapesh of New Guinea." in M. Mead(ed.). *Cooperation and Competition among Primitive Peoples*. New York: McGraw-Hill.

_____. 1938. "The Mountain Arapesh I. An Importing Culture." *American Museum of Natural History-Anthropological Papers*, 36, pp. 139~349.

_____. 1947. "The Mountain Arapesh III. Socio-economic Life." *American Museum of Natural History-Anthropological Papers*, 40, pp. 159~232.

Meggitt, Mervyn. 1956-57. "The Valleys of the Upper Wage and Lai Rivers, Western Highlands, New Guinea." *Oceania*, 27, pp. 90~135.

_____. 1957-58. "The Enga of the New Guinea Highlands: Some Preliminary Observations." *Oceania*, 28, pp. 253~330.

_____. 1962. *Desert People*. Sydney: Angus and Robertson.

_____. 1964. "Indigenous Forms of Government among the Australian Aborigines." *Bijdragen tot de taal-Land-en Volkenkunde*, 120, pp. 163~180.

Meillassoux, Claude. 1960. "Essai d'interprétation du phénomène économique dans les sociétés traditionelles d'autosubsistence." *Cahiers d'Etudes Africaines*, 4, pp. 38~67.

_____. 1964. *Anthropologie économique des Gouro de Côte d'Ivoire*. Paris: Mouton.

Nadel, S. F. 1942. *A Black Byzantium*. London: Oxford University Press.

Nash, Manning. 1967. "'Reply' to reviews of *Primitive and Peasant Economic Systems*." *Current Anthropology*, 8, pp. 249~250.

Needham, Rodney. 1954. "Siriono and Penan. A Test of Some Hypotheses." *Southwestern Journal of Anthropology*, 10, pp. 228~232.

Nilles, John. 1950-51. "The Kuman of the Chimbu Region, Central Highlands, New Guinea." *Oceania*, 21, pp. 25~26.

Oberg, Kalervo. 1955. "Types of Social Structure in Lowland Soth America." *American Anthropologist*, 57, pp. 472~487.

Oliver, Douglas. 1949. *Studies in the Anthropology of Bougainville, Solomon Islands*. Papers of the Peabody Museum of American Archaeology and Ethnology, Harvard University. Vol. 29, 1-4. Cambridge, Mass: The Museum.

_____. 1955. *A solomon Island Society*. Cambridge, Mass: Harvard University Press.

Pirenne, Henri. 1955. *A History of Europe*. New York: University Books(Translated from the 8th French ed., 1938).

Pirie, N. W. 1962. "Future Sources of Food Supply: Scientific Problems." *Journal of the Royal Statistical Society*(Series A), 125, pp. 399~417.

Polanyi, Karl. 1944. *The Great Transformation*. New York: Rinehart.

_____. 1947. "Out Obsolete Market Mentality." *Commentary*, 3, pp. 109~117.

_____. 1957. "The Economy as Instituted Process." in K. Polanyi, C. Arensberg and H. Pearson(eds.). *Trade and Market in the Early Empires*. Glencoe: The Free Press.

_____. 1959. "Anthropology and Economic Theory." in M. Fried(ed.). *Readings in Anthropology*, Vol. 2. New York: Crowell.

Pospisil, Leopold. 1958. *Kapauku Papuans and Their Law*. Yale University Publications in Anthropology, No. 54.

_____. 1959-60. "The Kapauku Papuans and Their Kinship Organization." *Oceania*, 30, pp. 188~205.

_____. 1963. *Kapauku Papuan Economy*. Yale University Publications in Anthropology, No. 67.

Powdermaker, Hortense. 1933. *Life in Lesu*. New York: Norton.

Powell, H. A. 1960. "Competitive Leadership in Trobriand Political Organization." *Journal of the Royal Anthropological Institute*, 90, pp. 118~145.

Price, John Andrew. 1962. *Washo Economy*. Nevada State Museum Anthropological Papers, No.6.

Provinse, John H. 1937. "Cooperative Ricefield Cultivation among the Siang Dyaks of Borneo." *American Anthropologist*, 39, pp. 77~102.

Putnam, Patrik. 1953. "The Pygmies of the Ituri Forest." in Carelton S. Coon(ed.). *A Reader in General Anthropology*. New York: Holts.

Quimby, George, I. 1962. "A Year with a Chippewa Family, 1763-1764." *Ethnohistory*, 9, pp. 217~239.

Radcliffe-Brown, A. R. 1930-31. "The Social Organization of Australian Tribes." *Oceania*, 1, pp. 34~63, 206~256, 322~341, 426~456.

_____. 1948. *The Andaman Islanders*. Glencoe: The Free Press(First edition 1922).

Read, K. E. 1946-47. "Social Organization in the Markham Valley, New Guinea." *Oceania*, 17, pp. 93~118.

_____. 1949-50. "The Political System of the Ngarawapum." *Oceania*, 20, pp. 185~223.

_____. 1959. "Leadership and Consensus in a New Guinea Society. *American Anthropologist*, 61, pp. 425~436.

Reay, Marie. 1959. *The Kuma*. Carlton: Melbourne University Press.

Redfield, Robert. 1953. *The Primitive World and its Transformations*. Ithaca, N.Y.: Cornell University Press.

Richard, Audrey I. 1961. *Land, Labour and Diet in Northern Rhodesia*. 2nd ed. London: Oxford University Press.

Rink, Henry. 1875. *Tales and Traditions of the Eskimo*. Edinburgh: Blackwood.

Rivers, W. H. R. 1906. *The Todas*. London: Macmillan.

Robbins, Lionel. 1935. *An Essay on the Nature and Significance of Economic Science*. 2nd ed. London: Macmillan.

Rodriguez, Maximo. 1919. "Daily Narrative Kept by the Interpreter Maximo Rodriguez at the Island of Amat, Otherwise Otahiti, in the Year 1774." in B. G. Corney(ed.). *The Quest and Occupation of Tahiti by Emmissaries of Spain* ······ *1772-1776*, Vol. 3. London: Hakluyt Society.

Rousseau, Jean-Jacques. 1964. *Oeuvres complètes*. 4 vols. Paris Bibliothèque de la Pléiade.

Sahlins, Marshall D. 1958. *Social Stratification in Polynesia*. Monograph of the American Ethnological Society. Seattle: University of Washington Press.

_____. 1960. "Political Power and the Economy in Primitive Society." in Dole and Carneiro(eds.). *Essays in the Science of Culture in Honor of Leslie White*. New York: Crowell.

_____. 1961. "The Segmentary Lineage: An Organization of Predatory Expansion." *American Anthropologist*, 63, pp. 322~345.

_____. 1962a. "Review of Sociological Aspects of Economic Growth"(B. F. Hoselitz). *American Anthropologist*, 64, pp. 1063~1073.

_____. 1962b. *Moala: Culture and Nature on a Fijian Island*. Ann Arbor: University of Michigan Press.

_____. 1963. "Poor Man, Rich Man, Big-Man, Chief: Political Types in Melanesia and Polynesia." *Comparative Studies in Society and History*, 5, pp. 285~303.

_____. 1969. "Economic Anthropology and Anthropological Economics." *Social Science Information*, 8(5), pp. 13~33.

Sahlins, Marshall and Elman R. Service(eds.). 1960. *Evolution and Culture*. Ann Arbor: University of Michigan Press.

Salisbury, Richard. 1962. *From Stone to Steel*. Cambridge: At the University Press.

_____. 1966. "Politics and Shell-Money Finance in New Britain." in Marc J. Swartz, Victor W. Turner, and Arthur Tuden(eds.), *Political Anthropology*. Chicago: Aldine.

Schapera, I. 1930. *The Khoisan Peoples of South Africa*. London: Routledge.

Schebesta, Paul(n.d.). *Among the Forest Dwarfs of Malaya*. London: Hutchinson.

_____. 1933. *Among Congo Pygmies*. London: Hutchinson.

Schwartz, Theodore. 1963. "Systems of Areal Integration: Some Considerations Based on the Admiralty Islands of Northern Melanesia." *Anthropological Forum*, 1, pp. 56~97.

Scudder, Thayer. 1962. *The Ecology of the Gwembe Tonga*. Manchester: Manchester University Press.

Seligman, C. G. 1910. *The Melanesians of British New Guinea*. Cambridge: At the University Press.

Service, Elman R. 1962. *Primitive Social Organization*. New York: Random House.

_____. *Profiles in Ethnology*. New York: Harper & Row.

Sharp, Lauriston. 1934-35. "Ritual Life and Economics of the Yir-Yiront of Cape York Peninsula." *Oceania*, 5, pp. 19~42.

_____. 1952. "Steel Axes for Stone-Age Australians." *Human Organization*, 11, pp. 17~22.

_____. 1958. "People without Politics." in V. F. Ray(ed.). *Systems of Political Control and Bureaucracy in Human Societies*. American Ethnological Society. Seattle: University of Washington Press.

Shirokogoroff, S. M. 1929. *Social Organization of the Northern Tungus*. Shanghai: Commercial Press.

Smyth, R. Brough. 1878. *The Aborigines of Victoria*, 2 Vols. Melbourne: Government Printer.

Spencer, Baldwin and F. J. Gillen. 1899. *The Native Tribes of Central Australia*. London: Macmillan.

_____. 1927. *The Arunta*, 2 Vols. London: Macmillan.

Spencer, Joseph E. 1966. *Shifting Cultivation in Southeastern Asia. University of California Publications in Geography*. Berkeley: University of California Press.

Spencer, Robert F. 1959. *The North Alaska Eskimo: A Study in Ecology and Society*. Smithsonian Institution Bureau of American Ethnology Bulletin, 171. Washington D.C.: U.S. Government Printing Office.

Steward, Julian. 1938. *Basin-Plateau Aboriginal Sociopolitical Groups*. Smithsonian Institution Bureau of American Ethnology Bulletin, 120. Washington, D.C.: U.S. Government Printing Office.

Steward, Julian H. and Louis C. Faron. 1959. *Native Peoples of South America*. New York: McGraw-Hill.

Stewart, C. S. 1828. *Journal of a Residence in the Sandwich Islands, during the Years 1823, 1824, and 1825*. New York: Haven.

Suggs, Robert C. 1961. *The Archaeology of Nuku Hiva, Marquesas Islands, French Polynesia*. American Museum of Natural History-Anthropological Papers, 49(1).

Suttles, Wayne. 1960. "Affinal Ties, Subsistence and Prestige among the Coast Salish." *American Anthropologist*, 62, pp. 296~305.

Swanton, John R. 1928. "Social Organization and Social Usages of the Indians of the Creek Confederacy." *Smithsonian Institution Bureau of Ethnology-Annual Report*, 42, pp. 23~472.

Tanner, John. 1956. *A Narrative of the Captivity and Adventures of John Tanner*, Edited by E. James. Minneapolis: Ross & Haines.

Terray, Emmanuel. 1969. *Le marxisme devant les sociétés 'primitives.'* Paris: Maspero.

Thomas, Elizabeth Marshall. 1959. *The Harmless People*. New York: Knopf.

Thomson, Donald F. 1949a. *Economic Structure and the Ceremonial Exchange Cycle in Arnhem Land*. Melbourne: Macmillan.

_____. 1949b. "Arnhem Land: Explorations among an Unknown People." *The Geographical Journal*, 113, pp. 1~8, 114, 54~67.

Thurnwald, Richard. 1932. *Economics in Primitive Communities*. London: Oxford University Press.

_____. 1934-35. "Pigs and Currency in Buin." *Oceania*, 5, pp. 119~141.

Titiev, Mischa. 1944. *Old Oraibi*. Papers of the Peabody Museum of American Archaeology and Ethnology, Harvard University, Vol. 22(1).

Turnbull, Colin. 1962. *The Forest People*. Garden City, N.Y.: Doubleday and the American Museum of Natural History.

_____. 1965. *Wayward Servants*. Garden City. N.Y.: Natural History Press.

Turner, Victor. 1957. *Schism and Continuity in an African Society*. Manchester: Manchester University Press.

Van der Post, Laurens. 1958. *The Lost World of the Kalahari*. New York: Morrow.

Vanleur, J. C. 1955. *Indonesian Trade and Society*. The Hague and Bandung: vanHoeve.

Vanoverbergh, Morice. 1925. "Negritoes of Northern Luzon." *Anthropos*, 20, pp. 148~199, 399~443.

Vayda, A. P. 1954. "Notes on Trade among the Pomo Indians of California." mimeographed. Columbia University Interdisciplinary Project: Economic Aspects of Institutional Growth.

_____. 1961. "A Re-examination of Northwest Coast Economic Systems." *Transactions of the New York Academy of Sciences*(Series 2), 23, pp. 618~624.

Veblen, Thorstein. 1914. *The Instinct of Workmanship*. New York: Macmillan.

_____. 1915. *Imperial Germany and the Industrial Revolution*. New York: Macmillan.

Wagner, Guntar. 1956. *The Bantu of North Kavirondo*, 2 Vols. London: Oxford University Press for the International African Institute.

Wallace, Ernest and E. A. Hoebel. 1952. *The Comanches, Lords of the South Plains*. Norman: University of Oklahoma Press.

Warner, W. Lloyd. 1964. *A Black Civilization*. (Harper 'Torchback' from the edition of 1958; first edition 1937). New York: Harper & Row.

Weyer, E. M. 1932. *The Eskimos*. New Have, Conn.: Yale University Press.

White, Leslie A. 1949. *The Science of Culture*. New York: Farrar, Strauss.

_____. 1959. *The Evolution of Culture*. New York: McGraw-Hill.

Williams, Herbert. 1921. *A Dictionary of the Maori Language*. Auckland, N.Z.: Williams and Northgate.

Williams, William. 1892. *A Dictionary of the New Zealand Language*. Auckland, N.Z.: Williams and Northgate.

Williamson, Robert W. 1912. *The Mafulu: Mountain People of British New Guinea*. London: Macmillan.

Woodburn, James. 1968. "An Introduction to Hadza Ecology." in R. Lee and I. DeVore(eds.). *Man the Hunter*. Chicago: Aldine.

Woodburn James(director). 1966. <The Hadza>(film available from the anthropological director, Department of Anthropology, London School of Economics).

Worsley, Peter M. 1961. "The Utilization of Food Resources by an Australian Aboriginal Tribe." *Acta Ethnographica*, 10, pp. 153~190.

Worthington, Edgar B. 1961. *The Wild Resources of East and Central Africa*. Colonial Research Studies. London: H. M. Stationary Office.

찾아보기

지은이 마셜 살린스(Marshall Sahlins)

미국 컬럼비아대학교에서 인류학 박사학위를 받고 미시간대학교와 시카고대학교 등에서 교수로 재직하면서 인류학계에 큰 족적을 남긴 세계적 석학이다. 살린스 교수의 초기 연구는 칼 폴라니와 줄리언 스튜어드의 영향을 받아 인류의 경제체계가 문화에 의미심장하게 착근되어 있음을 논증함으로써 '합리적 경제인'을 위시한 주류 경제학의 기본 개념들의 허구성을 비판하는 데 중점을 두었다. 1960년대 이후에는 프랑스의 지적 전통, 특히 레비스트로스의 구조주의에 영향을 받아 인간의 인지와 행위가 인간의 생물학적 조건이 아니라 문화적으로 구조화된다는 사실을 인류학적으로 조명하는 데 지적 노력을 기울여왔다. 2021년 세상을 떠난 살린스는 평생 자신의 정치적 소신을 행동으로 실천하고 여하한 종류의 사회적 불의와도 타협하지 않으려는 모습을 보여줌으로써 비판적 지식인의 모범이 되었다. 대표적인 연구로는 이 책을 포함해서 이미 한국어로 번역 소개된 바 있는 *Culture and Practical Reason* (1976), *Islands of History* (1985) 외에 *Historical Metaphors and Mythical Realities* (1981), *Waiting for Foucault* (1999), *Culture in Practice* (2000), *Apologies to Thucydides* (2004), *The Western Illusion of Human Nature* (2008) 등 다수가 있다.

옮긴이 박충환

경북대학교를 졸업하고 미국 시카고대학교에서 석사학위를, 캘리포니아대학교 샌타바버라 캠퍼스에서 개혁개방 후 중국 도농관계에 관한 민족지적 연구로 인류학 박사학위를 받았다. 현재 경북대학교 고고인류학과 교수로 재직하면서 좁게는 현대 중국 사회, 넓게는 한국과 일본을 포함한 동아시아 지역의 문화, 정치경제, 과학기술의 연동관계, 그리고 인류세와 테크놀로지에 관한 과학기술인류학적 연구를 수행하고 있다.

한울모던클래식스 002

석기시대 경제학
인간의 경제를 향한 인류학적 상상력

지은이 **마셜 살린스** | 옮긴이 **박충환** | 펴낸이 **김종수** | 펴낸곳 **한울엠플러스(주)** | 편집 **신순남**

초판 1쇄 인쇄 **2023년 11월 10일** | 초판 1쇄 발행 **2023년 11월 30일**

주소 **10881 경기도 파주시 광인사길 153 한울시소빌딩 3층** | 전화 **031-955-0655** | 팩스 **031-955-0656**
홈페이지 **www.hanulmplus.kr** | 등록번호 **제406-2015-000143호**

Printed in Korea.
ISBN 978-89-460-8280-9 93300
※ 책값은 겉표지에 표시되어 있습니다.